学前儿童数学教育与活动设计

赵振国 主 编
李 娟 张亚杰 赵华民 副主编

图书在版编目(CIP)数据

学前儿童数学教育与活动设计／赵振国主编. —北京：北京大学出版社，2016.1
（21世纪学前教育专业规划教材）
ISBN 978-7-301-20887-8

Ⅰ．①学… Ⅱ．①赵… Ⅲ．①学前儿童—数学教学—高等学校—教材 Ⅳ．①G613.4

中国版本图书馆CIP数据核字（2015）第212126号

书　　名	学前儿童数学教育与活动设计 Xueqian Ertong Shuxue Jiaoyu yu Huodong Sheji
著作责任者	赵振国　主编
丛书主持	李淑方
责任编辑	李淑方　吴卫华
标准书号	ISBN 978-7-301-20887-8
出版发行	北京大学出版社
地　　址	北京市海淀区成府路205号　100871
网　　址	http://www.pup.cn　　新浪微博:@北京大学出版社
微信公众号	通识书苑（微信号：sartspku）　科学元典（微信号：kexueyuandian）
电子邮箱	编辑部 jyzx@pup.cn　　总编室 zpup@pup.cn
电　　话	邮购部 010-62752015　发行部 010-62750672　编辑部 010-62753056
印 刷 者	河北博文科技印务有限公司
经 销 者	新华书店
	787毫米×1092毫米　16开本　17.5印张　420千字 2016年1月第1版　2024年12月第5次印刷
定　　价	59.00元

未经许可，不得以任何方式复制或抄袭本书之部分或全部内容。
版权所有，侵权必究
举报电话: 010-62752024　电子邮箱: fd@pup.cn
图书如有印装质量问题，请与出版部联系，电话: 010-62756370

前　　言

"学前儿童数学能力发展与教育活动设计"是学前教育学科体系中争议较大的课程,从《幼儿园教育指导纲要(试行)》把数学领域并入到科学领域之后,学界就出现了数学教育是否还需要独立的教材的争论。但在本科教材的体系中,数学教育和科学教育一直以来仍然是两个独立的体系。

本教材立足于基础性、前沿性、重点性和实践性特征,以《幼儿园教育指导纲要(试行)》和《3～6岁儿童学习与发展指南》中的基本理念为出发点,强调学前儿童数学教育的教学法性质,关注理论指导下的实践方法和教育指导策略的应用。本教材在系统论述早期数学教育的基本性质及早期儿童数学学习的基本特点的基础上,从幼儿园数学教育活动的理论和实践两个方面,分别探讨了早期儿童数学能力发展与教育的基本理论、幼儿园数学教育活动设计和组织实施的基本原理,以及幼儿园数学教育中关键性经验内容教育活动的设计与实施策略。教材从教学法的特征出发,分析了幼儿园数学教育活动中所涉及的关键性经验和幼儿在这些关键性经验上的发展序列,基于发展的考察提出幼儿园教育活动的具体设计和实施策略。

本教材共分为10章,主要内容包括早期数学教育的性质和幼儿数学学习的基本特点、早期儿童数学能力发展与教育的基本理论、幼儿园数学教育活动的基本理论、幼儿园数学教育活动的组织与实施、学前儿童感知集合活动的设计与实施、学前儿童数概念与运算教育活动的设计与实施、学前儿童测量与统计教育活动的设计与实施、学前儿童空间与时间教育活动的设计与实施、整合思想下的学前儿童数学教育实践、学前儿童数学教育的研究与趋势。每章内容前有本章教学目标和内容概要,章后附有本章小结和思考练习题,以利于学生在学习过程中加强对各章内容的理解和把握。

本教材的四位编写人员均是直接从事学前儿童数学认知发展与教育领域的研究和教学工作的一线教师,具有扎实的专业基础和数学教育领域的实践性经验。其中三位老师先后师从于华东师范大学的周欣教授,对学前儿童数学教育的认识和思考一脉相承。他们在教学和研究中与幼儿园的教学联系紧密,对幼儿园的数学教育具有较深入的思考。全书共10章,其中1.2节和1.3节由河南大学的赵华民老师编写;1.1节、2.1节、第3章、4.1节、第6章、第8章由河南大学赵振国博士编写;第4章、第10章由河南大学张亚杰博士编写;2.2节和2.3节、第5章、第7章、第9章由河北大学李娟博士编写。本书的整体架构、纲目拟定和修改及统稿工作由赵振国完成。

本教材的出版是全体编写人员共同努力的结果。我们力图吸收同类教材的优点,弥补相关教材的一些不足,特别是借鉴了华东师范大学黄瑾教授和南京师范大学张俊教授的相关著作,汇集前人的研究成果而形成本教材。但由于能力有限,本教材肯定有需要进一步改进和完善的地方,我们恳请所有使用该教材的师生提出宝贵的意见,这将成为我们继续努力的方向和动力。

对于本教材参考和引用的国内外学者的著作和研究成果,以及一些网络中的资源和案例,我们在此一并表示感谢。我们还要特别感谢北京大学出版社为本教材提供的出版平台,感谢李淑方老师从策划到成书所付出的努力。感谢北京大学出版社的编辑老师在本教材出版过程中所做出的细致而辛苦的工作。

编　者

目 录

第1章 绪论 …………………………………………………………………………… 1
  1.1 关于数学的认识 …………………………………………………………… 1
  1.2 学前儿童数学学习的特点 ………………………………………………… 12
  1.3 早期数学教育的性质和任务 ……………………………………………… 16

第2章 早期儿童数学能力发展与教育的基本理论 …………………………… 30
  2.1 早期儿童数学学习与认知发展 …………………………………………… 30
  2.2 早期儿童数学能力发展理论的主要流派 ………………………………… 33
  2.3 不同幼儿园课程模式与早期儿童数学教育 ……………………………… 41

第3章 幼儿园数学教育活动设计基本理论 …………………………………… 48
  3.1 幼儿园数学教育活动设计的理论基础 …………………………………… 48
  3.2 幼儿园数学教育活动设计的基本要素和基本过程 ……………………… 57
  3.3 不同学习形式的数学教育活动设计 ……………………………………… 71
  3.4 学前儿童数学教育活动设计举例 ………………………………………… 78

第4章 幼儿园数学教育活动的组织与实施 …………………………………… 85
  4.1 幼儿园数学教育活动组织与实施的有效性 ……………………………… 85
  4.2 幼儿园数学教育活动组织与实施中的师幼互动 ………………………… 93
  4.3 幼儿园数学教育活动的评价与反思 ……………………………………… 98
  4.4 幼儿园数学教育活动的案例与分析 ……………………………………… 105

第5章 学前儿童感知集合活动的设计与实施 ………………………………… 119
  5.1 学前儿童感知集合的发展及其特点 ……………………………………… 119
  5.2 学前儿童有关分类的数学教育活动的设计与实施 ……………………… 127
  5.3 学前儿童集合比较教育活动的设计与实施 ……………………………… 136
  5.4 学前儿童有关模式的数学教育活动的设计与实施 ……………………… 141

第6章 学前儿童数概念与运算教育活动的设计与实施 ……………………… 149
  6.1 学前儿童初步数概念和数运算的关键性经验 …………………………… 149

6.2 学前儿童初步数概念和运算能力的发展及其特点 …………………… 153
6.3 学前儿童数概念及数运算教育活动的设计与实施 …………………… 160

第 7 章　学前儿童测量与统计教育活动的设计与实施 …………………… 178
7.1 学前儿童关于量的关键性经验 …………………………………………… 178
7.2 学前儿童量的认知能力的发展 …………………………………………… 182
7.3 学前儿童关于量的概念的教育活动的设计与实施 …………………… 184
7.4 学前儿童测量与统计教育活动的设计与实施 …………………………… 196

第 8 章　学前儿童空间与时间教育活动的设计与实施 …………………… 207
8.1 学前儿童关于空间和时间的关键性经验 ……………………………… 207
8.2 学前儿童空间概念和时间概念的形成与发展 ………………………… 213
8.3 学前儿童空间概念教育活动的设计与实施 …………………………… 220
8.4 学前儿童时间概念教育活动的设计与实施 …………………………… 238

第 9 章　整合思想下的学前儿童数学教育实践 …………………………… 245
9.1 幼儿园数学教育活动整合与渗透的原理 ……………………………… 245
9.2 幼儿园数学教育活动的整合与多渠道渗透 …………………………… 248

第 10 章　学前儿童数学教育的研究及发展趋向 ………………………… 257
10.1 学前儿童数学教育研究中的几个关系 ………………………………… 257
10.2 学前儿童数学教育研究的发展趋向 …………………………………… 258

参考文献 ……………………………………………………………………………… 267

第1章 绪　　论

教学目标

1. 在了解数学产生与发展历史的基础上，掌握数学学科的基本特性及其价值功能。
2. 在理解儿童思维发展规律的基础上，理解和掌握学前儿童数学学习的规律和特点。
3. 了解数学与学前儿童生活的关系，理解学前儿童数学教育的性质、任务和意义。

数学是研究客观世界中事物之间的数量关系和空间关系的科学，数学的产生与发展离不开客观现实世界。作为一门基础性和工具性学科，数学具有高度的抽象性、严密的逻辑性和广泛的应用性特征。同时，在人的成长和发展中，在整个人类社会的发展中，数学也发挥着重要的作用，主要体现在数学的应用价值、思维价值、科学价值、文化价值、审美价值和教育价值上。

对于年幼的学前儿童来说，数学不仅是儿童感知和认识外部世界的方式，也是其思维发展的重要途径。幼儿具有独特的思维发展特点，依据其思维发展的规律，幼儿的数学学习也具有自身的特点。早期儿童的数学教育只有遵循幼儿数学学习的这种特点和规律，才能有效地完成儿童的数学启蒙教育，激发儿童对数学的兴趣和探究欲，才能更好地发展其数学思维能力，建立其对初浅数学知识和概念的理解，为其入学打下良好的基础。

本章主要阐述了数学学科的产生、发展及其基本特性，数学的基本价值，学前儿童数学思维发展和数学学习的特点，学前儿童数学教育的任务和意义。

1.1　关于数学的认识

数学作为一门具有独特研究对象的科学，与其他学科一样，具有自身的发生、发展的历史。而对数学发展历史的了解，既有助于我们对数学学科基本特性形成一种清晰的认识，也有助于我们正确理解数学学科在人类生活中的价值功能。

一、数学简史

从数学的起源来看，数学和其他科学知识一样，是人类在自身的发展过程中，在同自然界的博弈和较量的过程中，对具体事物进行经验性的总结和提取的产物。数和数学是人类的伟大发明。数学的诞生，标志着人类的逻辑智慧和抽象能力的发展达到了成熟的水平。[1]

"数学"一词源于希腊文。在希腊语中意味着某种"已学会或被理解的东西"或"已获得的知识"，甚至意味着"可获得的东西""可学会的东西"，即"通过学习可获得的知识"。在中国的《周礼·地官·大司徒》中有："三曰六艺：礼、乐、射、御、书、数。""数"就是"数

---

[1] 张慧和.学前儿童数学教育[M].重庆：西南师范大学出版社，2001：2.

学",这个字在甲骨文中已经出现,"数"字本身也是一个多音多义的字。后来,算学、数学两个词并用的情况一直延续了几百年,直到1939年才统一使用"数学"一词。

数学与其他科学分支一样,是在一定的条件下发生与发展的。数学起源于人类的生活实践,其由具体走向抽象、由感性走向逻辑、由零散走向系统的发展过程具有阶段性,研究者根据一定的原则把数学发展史分成若干时期。目前学术界通常将数学发展划分为四个时期:数学萌芽期(公元前600年以前);初等数学时期(公元前600年至17世纪中叶);变量数学时期(17世纪中叶至19世纪20年代);现代数学时期(19世纪20年代以来)。

在公元前6世纪以前,在早期的一些古代文明社会中已经出现了数学的开端和萌芽。数学的早期萌芽与原始社会的形成紧密相关,原始社会时期人们的各种实践活动和智力的发展促使了数学的发生。在人类与自然的接触以及各种生产和生活实践中,数学的研究对象——空间形式和数量关系必然以某种形式反映到人的头脑中来,于是人类逐渐总结和形成了一些片断的、零散的、感性的,关于客观世界中事物的数量关系和空间关系的认识。最初数目的出现和几何图形的绘制等就是对这些生活经验的简单抽象的结果。人类由"手指记数""石子记数""刻痕记数""结绳记事"等具体的感性经验带来一些简单的运算,形成了一些最原始的计数和运算的方法,标志着"算术"的诞生。在这些原始文明社会中,有些社会只能分辨"1""2"和"许多";有些则知道并能够运算大的整数。也有一些能够把数作为抽象概念来认识,并采用特殊的字来代表个别的数,引入了数的记号,如在公元前2000年左右古巴比伦的阿卡德文字中就已经有了整数的写法。在古巴比伦和古埃及文明中,已经有整数和分数的算术,包括进位制记数法,有初步的代数和几何上的一些经验公式。此外,古人也认识到简单的几何概念,如直线、圆和角。

数的概念在中国的起源可以追溯到原始社会,如河姆渡和半坡时期的陶器上均有与数目有关的内容。《易·系辞传》上说:"上古结绳而治,后世圣人易之以书契。"这说明结绳记数和刻划记数是当时普遍的记数方法。在此基础上形成了数目字,半坡出土的陶器上的符号中就包含了数目字。在商甲骨文中已经有了十进制的记数系统。在出土的各种石器和陶器上,也反映出随着原始社会生产的发展,人们逐渐有了平面、球、圆、柱、锥、平行、垂直等许多初级的几何概念。但在原始文明中,数学的应用只限于简单交易、田地面积的计算、陶器上的几何图案、织布上的花格和计时等方面。数学仅是一种工具,形式上是些无联系的简单法则,用于解决人们日常生活中所遇到的问题。因而这个时期的数学是作为与实践直接有关的,从经验中提取出来的许多单个法则的总合而建立起来的。这些法则还没有形成统一的具有逻辑关系的系统,尚未形成真正的抽象思维的数学。数学也并未成为一门独立的学科,人们也未曾对数学本身进行过研究。

希腊人在文明史上首屈一指,在数学史上成就斐然。希腊人创造的文明和文化对世界数学的奠基具有决定作用。在公元前6世纪到17世纪中叶的数学学科初步形成时期中,古希腊和中国的数学家对数学思想的发展具有突出的贡献。这个时期可以称之为初等数学即常量数学时期。由于采用了拼音文字和草片纸张,希腊的文化活动空前繁荣。希腊人对数学本身的一个重大贡献就是有意识地承认并强调:数学上的东西如数和图形是思维的抽象,同实际事物或实际形象是截然不同的。这就决定了数学的性质。毕达哥拉斯(Pythagoras)领导的学派,以"万物皆数"为信条,将数学理论从具体的事物中抽象出来,予数学以特殊独立的地位。希腊数学黄金时期出现了名垂千古的三大几何学家:欧几里得(Euclid)、阿基米德(Archimedes)及阿波洛尼乌斯(Appollonius)。欧几里得总结古典希腊数学,用公理方法整理几何学,写成13卷《几何原本》(Elements)。这部划时代巨著的意义在于它树立了用公理法建立起演绎数学体系的最早典范。不仅确立了欧氏几何的诞生,也为数学发展史树立了第一块伟大的丰碑。

中国的数学经过原始社会和奴隶社会的长期积累,到西汉时期已经有了丰富的内容。早期的数学知识大都是孤立的,虽然墨家学派曾尝试用形式逻辑方法研究数学概念,但未形成体系。到西汉末期,出现了专门的数学著作,特别是《九章算术》的完成,标志着中国的初等数学形成了体系。如果把《九章算术》和《几何原本》做一比较,就会发现它们各有特点:《几何原本》以形式逻辑方法贯穿内容,未涉及应用问题,而《九章算术》以问题性质分类编排,以解应用问题为主;《几何原本》以几何为主而略有算术内容,《九章算术》包含了算术、代数、几何等内容。这两部数学书的不同特点在东、西方有深刻的影响,形成了东、西方数学的不同风格。希腊数学产生了数学精神,即数学证明的演绎推理方法、数学的抽象化以及自然界依数学方式设计的信念,为数学乃至科学的发展起了至关重要的作用。而由这一精神所产生的理性、确定性、永恒不可抗拒的规律性等一系列思想,则在人类文化发展史上占据了重要的地位。

经过文艺复兴运动之后,伴随天文学等科学的发展,数学发展史上形成了一个重要的转折期,到16世纪,对于运动的研究成为自然科学的中心问题。作为变化着的量的一般性质及它们之间依赖关系的反映,在数学中产生了变量和函数的概念,而数学对象的这种根本扩展就决定了向数学新阶段的过渡。数学科学进入了从常量数学到变量数学的转型。新的欧洲数学的第一个重大进展是在算术和代数方面。用符号表示未知量及未知量的乘幂等符号体系的建立是代数性质上最重大的变革。欧洲数学家在16世纪到18世纪期间创造的成果比希腊人在大约10个世纪中所创造的还要多得多。在此期间,代数上升为一门科学以及它的方法和理论的大大扩展,射影几何和概率论的开端,解析几何,函数概念,以及微积分等都是重大的创新。数学概念逐渐远离直接经验而从人的脑子中不断涌出。这就使数学从感觉的学科转向思维的学科。而分析方法在微积分中表现出的有效性,使代数成为数学中占优势的实体。作为一种新的数学工具,法国科学家笛卡尔采用代数方法研究几何问题而创立的解析几何,以及牛顿和莱布尼兹发明的采用代数记号和方法在代数的概念上建立的微积分,成为近代数学建立的主要标志和基础。

和前两个世纪一样,19世纪科学上的进展,给数学带来了较大的变化。代数学受到伽罗瓦(Galois)的全新的刺激,数论、偏微分方程、常微分方程、单复变函数论等分支趋于成熟,几何学也再次活跃起来,并由于非欧几何的引入,以及射影几何的复兴而发生根本的变化。从技巧性发展的观点来看,复变函数论是新的创造中最为重要的。但从最终影响数学本性的角度来看,最重大的发展还是非欧几何。数学爆炸成为上百个分支,使数学家的研究出现了专业化和脱节的倾向。20世纪初,在数学公理化的运动中,公理化方法不仅使许多旧的和新的数学分支的逻辑基础得以建立,而且也确切地揭示出每个分支以哪些假定为基础,使得有可能比较和弄清各个分支间的联系。

在20世纪的数学发展中,现代数学呈现出更加抽象高深和庞大复杂的特点。集合论、突变函数论、泛函分析、拓扑学、抽象代数等新颖学科不断涌现,人们对于数学的认识也发生了根本的改变,数学应当包含那些并不是直接地或间接地由于研究自然界的需要而产生出来的任意结构,这样的观点逐步被人们接受,数学成为研究数与形、运动与变化,以及研究数学自身问题的学问,从而形成了纯粹数学和应用数学的分裂。特别是电子计算机的出现,为数学的应用研究开辟了广阔的前景。20世纪五六十年代以来,数学扩展到自然科学、技术科学和人文社会学科等领域,不仅促进了物理数学、生物数学、经济数学等新的边缘学科的诞生,而且使现代数学新的理论和思想在实践应用中进一步推动着数学的发展。

从数学的发展历史来看,第一,数学是处于一种动态发展不断变化的过程中。它就是一个探究和认识的过程,是人类不断创造和发明的广阔领域,是不会终结的产物。第二,数学的产生与发展始终贯穿于人类对自然界及生活世界的实践性探索。生活实践与技术发展的需要是推动数学发展的根本源泉。第三,数学是抽象知识的结合体,这些知识可供个体学习或再发现,然后发展知识本身。第四,数与形是数学中相辅相成的两个部分,数是在对物质世界的形的特征的考察过程中逐步抽象和演进的,而数的发展又推动了人类对自然界中的形的问题的深入认知。公元前6世纪以前的数学主要是关于"数"的研究,而此后由于希腊数学的兴起,突出了对"形"的研究。第五,数学产生于问题,表达了一定时期人们的需要。数学的发展始终贯穿着问题的解决和广泛的应用,数学发展的过程就是人类探寻数学方法以解决各种自然科学问题的科学数学化过程,从牛顿以来的三百多年中,数学中的许多最重要的问题时常是其他学科提出来的。

二、数学的基本特性

自古希腊以来,数学哲学就试图诠释"数学是什么"的看似是纯理论的问题。其实,这对于数学教育来说却是很实际、很重要的问题。然而遗憾的是,许多数学教师对于"数学是什么"这样的基本问题很少思考。赫什认为,问题不在于教学的最好方式是什么,而在于数学到底是什么。

数学是先验的,还是经验的?从毕达哥拉斯的"万物皆数"到柏拉图的"理念世界",再到文艺复兴时代,许多思想家都在探寻数学的实质。哥白尼、开普勒、伽利略、牛顿等都认为是上帝按数学方式设计了自然界,数学活动的任务就是发现这些方式。而另外有些人认为数学是研究客观世界的数和形的科学,数学知识是人们不断实践而获得的成果。到近现代,许多人认为数学是理性与经验完美结合的产物。

近年来,随着人们对数学性质认识的不断深入,人们对数学提出了一些新的视角。如把数学看作一种普遍的符号语言。数学用符号表示数量关系和空间形式,数学为其他科学提供了一种严密而简洁的语言,能够有效地描述结果和自然现象。正如卡西尔(E. Cassirer)所言:"数学是一种普遍的符号语言——它与对事物的描述无关而只涉及对关系的一般表达。"[①]如把数学看作是一种方法,数学不仅是一种解决问题的方法,而且是一种思维方法,数学能使人们的思维方式严格化,形成有步骤地进行推理的习惯。数学除了提供定理和理论以外,还提供了包括建立模型、抽象化、最优化、逻辑分析、推断,以及符号运用等有特色的思维方式。数学使思维产生活力。而在许多数学家看来,数学是人类精神的自由创造物。集合论的创始人康托,就认为数学的本质在于自由。

---

① [德]卡西尔.人论[M].上海:上海译文出版社,1985:275.

知识卡片 1-1

　　对于"数学是什么"这个问题的回答，一般地说，可以分为两类——隐喻性回答和实质性回答。

　　所谓隐喻性回答，指的是用比喻的方式来表述数学是什么，如数学是思维，数学是艺术，数学是语言等。这些隐喻性回答对于了解数学、理解数学，进而喜欢数学、学习数学，再进而研究数学、应用数学或教授数学都是非常重要的。

　　实质性回答可分为两种类型，科学性回答和哲学性回答。

　　一位数学家认为，数学是研究数与形的科学。一位哲学家认为，数学是一门演算的科学。可以说，前者是从数学研究的基本概念的角度阐述的，而后者是从数学研究的操作的角度阐述的，就具体的论说而言都是十分精辟的。①

尽管不同的人对数学的本质有不同的认识，对数学知识有不同的分类。但不可否认的是，数学知识与其他知识相比具有其自身的特征。

（一）抽象性

数学知识是人们对现实世界抽象的结果，甚至是对抽象的对象进一步抽象的结果。数学知识的抽象性反映在数学对象、数学方法和数学符号等诸多方面。恩格斯称数学是研究现实世界的空间形式和数量关系的科学。这种"空间形式"和"数量关系"是从具体现实世界中抽取出来的。它研究的不是具体事物自身的特性，而是事物与事物之间的抽象关系。这种抽象跨越了事物的物质性区别，只保留了它们的结构与形式。准确地说，现代数学中研究的不仅是直接从现实世界抽象出来的量的关系和空间形式，而且还研究那些在数学内部以已经形成的数学概念和理论为基础定义出来的关系和形式。可以说，数学探求的是一些结构与模式，它们能为我们的宇宙带来次序，并使它简单明了。数学的本质特征就是在从模式化的个体作抽象的过程中对模式进行研究。数学家在数、空间、科学、计算机以及想象中寻求模式，数学理论解释模式间的关系。

拿数字符号来说，儿童对数字"5"的认识，虽然源自于现实世界中的 5 根手指、5 本书、5 朵花等，但"5"这个数量属性并不与任何一朵花或任何一本书的特征（大小、颜色、味道等）有关，而是存在于花朵与花朵、书与书的相互关系之中。是对 5 根手指的关系、5 本书的关系、5 朵花的关系进行抽象以后所获得的属性，它反映的是数量为"5"的一个整体所具有的属性。"一个数字不仅仅是一个名称的代表，而且是一种抽象的逻辑关系的体现。关系不存在于实际的物体之中，它是抽象的，超出物体现实之上的。这种关系能够表明某个数字在一个次序中的位置，还能够表明一组物体中包含多少物体，而且它还是稳定的，不管在空间上如何重新排列和出现。"②儿童掌握数量"5"，不仅要去除手指、书、花朵等具体物的无关特征而抽取其数量关系特征，而且这种关于具体物的关系特征还要继续抽象到普遍的数学关系，即 5 可以表示任何数量是"5"的物体的数量特征。拿空间形式来说，在现实生活中，我们充其量只能看到三维空间，但我们在数学中可以讨论 n 维空间的问题。而非欧几何更是脱离了人们的现实世界。

---

① 孙宏安.对"数学是什么"的哲学思考[J].大连理工大学学报(社会科学版),2001(3):39.
② 黄瑾.学前儿童数学教育[M].上海:华东师范大学出版社,2007:5.

总之,数学知识与其他知识的不同之处在于:"它完全舍弃了具体现象去研究一般性质,在抽象的共性中考察这些抽象系统本身,而不管它们对个别具体现象的应用界限。"[①]数学知识的抽象性特征具体表现在以下三个方面:第一,在数学的抽象中保留了量的关系和空间形式而舍弃了其他一切。第二,数学的抽象是经过一系列阶段而产生的,它们达到的抽象程度大大超过了自然科学中一般的抽象。第三,数学自身几乎完全周旋于抽象概念和它们的相互关系的圈子中。因此,数学概念没有直接的现实原型。也正是因为数学的这种高度的抽象性,才使数学的应用范围日益扩展到前人所不能设想的领域。

(二)逻辑性

数学揭示的是客观世界的逻辑关系,同时数学知识本身的体系也具有严密的逻辑性。逻辑推断和证明是数学研究的基本方法和原则。数学的概念、定理和法则均是彼此紧密联系的,它们构成了一个严密的体系,具有逻辑的严格性。数学知识的严格性正是依赖于它的演绎的逻辑性特征。

以数概念为例,数关系就是各种逻辑关系的集中体现。其中既有对应关系,又有序列关系和包含关系。如在计数时,首先必须保证口述动作和手点动作的协调一致,这就涉及一一对应的逻辑观念;其次是序列关系的正确,口述的数序与点物的动作序列必须是连续而有序的,不能有遗漏或重复;最后要把所有的动作合起来形成一个总数,这就涉及整体和部分的包含关系。

数学知识的严格性表现在数学定义的准确性、推理和计算的逻辑严格性以及数学结论的确定无疑。数学中任何定义、公理的推断都离不开严谨的逻辑分析和归纳演绎;而数学探索的过程也少不了逻辑方法的参与,它包括非正式的思考、猜测、验证和推理等。数学是建立在演绎推理的基础上的,演绎推理出来的结论确保了其正确性。正如爱因斯坦所言:"为什么数学比其他一切科学受到特殊的尊重,一个理由是它的命题是绝对可靠的和无可争辩的,而其他一切科学的命题在某种程度上都是可争辩的,并且经常处于会被新发现的事实推翻的危险之中。"[②]希腊数学至今还依旧像两千年前一样有效,牛顿和莱布尼兹的微积分三百多年来也未发生本质的变化。但数学的逻辑严格性也不是绝对的、一成不变的,而是相对的、发展着的。冯·诺伊曼就说,不要把数学上动不得的严密性看得太天经地义了。大多数最美妙的数学灵感都来源于经验,并且简直无法相信会存在绝对的、永远不变的、脱离所有人经验的数学严密性概念。

正是数学富于逻辑性的特点,使得数学探索和学习的过程成为一种积极思维的有意义、有趣味的过程。数学知识从简单到复杂,知识演进层层递进,环环相扣,循序渐进。儿童只有掌握了数学知识之间的逻辑关系,建立逻辑观念,才能理解和把握数学知识的体系。当然,儿童也正是在发现逻辑关系、形成抽象概念和运用数学方法解决实际问题的数学探索和学习过程中,不断锻炼和提升自己的逻辑判断和思维能力。

(三)精确性

数学的精确性主要是指数学定义的精确性、逻辑的严密性和数学结论的确定性。数学的精确性是其他学科所无法比拟的。数学的抽象性和逻辑性特征使得数学的对象成为一种纯理性的存在,可以在封闭的演绎联系中得到表现,因此它是所有科学的典范。在欧几里得

[①] 胡典顺.数学:意义的领域[D].武汉:华中师范大学,2009:28.
[②] 许良英,范岱年.爱因斯坦文集(第一卷)[M].北京:商务印书馆,1976:136.

的《几何原本》之前,柏拉图就认为几何是"永恒知识"的一门学科,其确实性就来自数学对象永恒不变的完美性。相比之下,物理世界的客体总是不断产生或消逝。物理世界变化不定,因此只是更高级的理想实体的一种近似。亚里士多德认为,几何学的成功不是基于完美的永恒客体,而是基于它的方法。对亚里士多德来说,数学的确实性建立在从自明的假设和明确陈述的定义出发而作的逻辑推导的可靠性之上,要是其他学科能够在同样的逻辑形式中得到理解,它们就会分享那种确实性。

笛卡儿认为,数学的这种逻辑性和精确性使其可成为一切知识的形式。他说:"那些长串连贯的推理,无一不是简单而容易,几何学者习惯用以推演更难证明的事理,使我联想到,凡人的能力所能认识的范围内,皆有同样情形。只要你不承认任何不真者为真,常常遵守应有的演绎程序,由一事理推演到另一事理,则最后绝不会有遥不可接、隐不可明的事理。至于必须从哪些事理开始,我已不难知道它;事实上,我已经知道,应当从最简单、最容易认识的事理开始。观察以前在科学上探求真理的学者,唯有数学家能找出一些确实自明的证明。"①

数学作为一种语言符号,它是精确性的语言。"数学语言追求的是精密性和确定性,即用简练的、抽象的符号反映严密的逻辑推理,并获得确定的结果。"②数学的这种精确性特征,要求学习者必须通过严谨的、严密的思维来解决问题。它也使我们能够更为准确地认识世界。

(四)应用性

数学的生命力,其源泉在于它的概念和结论尽管极为抽象,但却是从现实中抽取出来的,并且在其他科学中、在技术中、在全部的生活实践中都有广泛的应用。这一点,对于了解数学是最主要的。数学应用的广泛性也是它的特点之一。

我们经常地、几乎每时每刻地在生产中、在日常生活中、在社会生活中运用最普通的数学概念和结论,甚至并没意识到这一点。如果离开数学,全部现代技术都是不可能的。几乎所有科学部门都多多少少很实质地利用着数学。康德在《纯粹理性批判》中试图证明确立数学和数学性是自然科学的基础。他认为,任何一门自然科学,只有当它能应用数学工具进行研究时,才能算是一门发展渐趋完善的真实科学。而且一门科学对于数学工具的应用程度,就是这门科学渐变为真实科学的发展程度。

在人类的智力活动中,不受数学影响的领域已寥寥无几。从美国的《独立宣言》、马尔萨斯的《人口论》、阿基米德的杠杆定律、牛顿的《自然哲学之数学原理》,到爱因斯坦的相对论,无不说明这一点。数学对于科学家来说是一种"实践上的必需品",失去数学,他们将寸步难行。几乎在所有重大科学理论发展和完善的过程中,数学都起着不可或缺的作用,数学研究的成果往往是重大科学发明的催生素。例如,流体力学、电磁理论、相对论、量子力学、计算机、信息论、控制论、现代经济学、生物学等理论的发展和完善,数学要么直接为其提供研究工具,要么间接地影响其发展,成为幕后的无名英雄。数学是科学和技术的基础,没有高深的数学就不可能有强大的科学,高技术本质上是数学技术。不仅自然科学,各门社会学科也同样地不断求助于数学。如经济学、管理学、政治科学、心理学、社会学、人类学等。数学家已经清醒地认识到,并不是数学像细流一样渗透到应用之中去,数学与科学是一对同等的伙伴,互相为对方提供思想、概念、问题及解决办法。

---

① [法]笛卡儿.笛卡儿思辨哲学[M].尚新建,等译.北京:九州出版社,2006:18.
② 张慧和.学前儿童数学教育[M].重庆:西南师范大学出版社,2001:5.

我们已经看到数学给生物学、神经科学、信息技术以及纳米技术赋予力量,发现所到之处数学都是极好伙伴。数学对其他学科作出了许多贡献,几乎改变我们做的所有事情。同时,这些学科正用一些有趣的新型问题向数学家发出了挑战,这些问题又导致了新的应用,且越是基础的数学,其用处越广。

三、数学的价值

从数学的产生与发展的历史,以及数学的基本特征的分析来看,作为一门系统的科学,数学的应用价值、思维价值和科学价值是数学的重要价值,这已经成为人们的共识。但随着人们对数学教育的不断反思、对数学本质的深入理解,数学的文化价值、教育价值和审美价值也逐步为人们所挖掘和理解。

(一)应用价值

所谓数学的应用价值,是指"数学对于人类认识世界和改造世界的实践活动所具有的重要作用和价值"[①]。从数学的产生与发展的历史可见,数学产生于人类生产生活的实践活动,并在应对与解决人类在利用和改造自然过程中所面临的问题中获得推动和发展。因而数学从其诞生的那天起就背负了广泛的应用性特征及其价值。

我国著名的数学家华罗庚曾经说过:"宇宙之大,粒子之微,火箭之速,化工之巧,地球之变,生物之谜,日用之繁,无处不用数学。"[②]数学作为一种方法,它既是一种思维的方法,也是一种解决问题的方法。它是人们解决现实问题和科学问题所必须使用、精通的工具与手段。德国哲学家康德曾经这样说道:"我坚决认为,任何一门自然科学,只有当数学化之后,才能称得上是真正的科学。"马克思也说过:"一种科学只有在成功地运用数学时,才算达到了真正完善的地步。"在现代社会,数学更是与各个学科研究领域乃至整个人类的生活息息相关,一些高精尖的技术领域所用的方法归根结底都是数学在起作用。如爱因斯坦,在其借助黎曼几何和不变量理论作为工具,实现了广义相对论等重大理论之后反思道:"在几年独立的科学研究之后,我才逐渐明白了在科学探索的过程中,通向更深入的道路是同最精密的数学方法联系在一起的。"爱因斯坦的广义相对论恰恰揭示了非欧几何的现实意义,成为历史上数学应用最精彩的例子之一。

因此,让儿童认识到数学与其他科学乃至社会生产生活是紧密相关的,让儿童认识到数学是有具体应用的学问,能激发他们对数学学习的兴趣和认同感。

(二)思维价值

数学是一种思维方式。长期以来,数学被认为是"思维的体操"和"思维的工具"。国际数学教育委员会在《九十年代的中小学数学》这一文件中指出:许多世纪以来,数学一直被看作是训练思维能力的最佳学科,数学教学的目标是保证每一个孩子都能数学地思考,必须将数学思维的发展作为数学教育的首要目标。所谓数学的思维方式,著名数学家外尔(H. Weyl)认为:"首先是指数学用以渗入研究外部世界的科学,例如物理学、化学、生物学、经济学等,甚至渗入我们关于人类事务的日常思维活动中的那种推理形式,其次是数学家留给自己应用于自己领域中的推理形式。"[③]

[①] 黄瑾.幼儿园数学教育与活动设计[M].北京:高等教育出版社,2010:6.
[②] 周春荔,等.数学学科教育学[M].北京:首都师范大学出版社,2000:23.
[③] Herman Weyl.数学的思维方式[J].数学译林,1982(4).

数学牢固地扎根于人类智慧之中,其自诞生起就与思维结下了不解之缘,数学要通过思维来反映,数学又是思维的工具。数学除了提供定理和理论外,它还提供了有特色的思维方式,包括建立模式、抽象化、最优化、逻辑分析、推断,以及运用符号等,这是普遍适用并且强有力的思考方式。发展人的思维能力是数学重要的文化功能,没有数学就不存在有组织的逻辑思维。原始民族就已经表现了一定的数学思维能力。随着人类文明的发展,数学表现出了人类思维的本质和特征。任何一种完善的形式化思维,都不能忽略这种数学思维形式。数学思维可以帮助我们由日常思维过渡到形式思维。通过数学思维的训练,确实能够增强思维本领,提高抽象能力、逻辑推理能力和辩证思维能力。数学使思维产生活力,并使思维不受偏见、轻信与迷信的影响和干扰。张奠宙先生认为:"数学素质就是数学思维能力,亦即数学运算能力、逻辑思维能力和空间想象力,其核心则是逻辑思维能力。"[1]

"数学是关于人类接近世界的方法。人类只要思考就是以数学的方式思考。"[2]数学是一所优秀的思维学校,数学是一门睿智的训练学科,数学是一种抽象的思维模式。数学保持着精确,并使精细的分析和现实的计算成为可能。精确的数学语言让我们有条不紊地思考复杂的决策,而不是只凭轶事、猜测和雄辩。

(三)科学价值

数学的科学价值,是指数学对自然科学的产生与发展的作用和意义。自19世纪20年代以来,数学的研究对象和方法在本质上越来越突显出与自然科学的区别,数学也就从科学中分离出来,自成体系。当今时代,科学技术迅猛发展,科学数学化的趋势越来越明显,现代科学正朝着广泛应用数学的方向发展。

数学是科学的主要术语。数学语言与科学之间的联系,早在古希腊自然哲学中就已经突显。希腊哲学已经发现了一种新的语言——数的语言。这个发现标志着我们近代科学概念的诞生。数学思想方法对科学的发展也起着不可替代的作用。华罗庚说:"数学是一切科学的得力助手和工具。它有时由于其他科学的促进而发展,有时也先走一步,领先发展,然后再获得应用。任何一门科学缺乏了数学这一项工具便不能确切地刻画出客观事物变化的状态,更不能从已知数据推出未知的数据来,因而就减少了科学预见的可能性,或者减弱了科学预见的精确度。"[3]在科学的产生和发展中,应用数学知识是最为直接的,也是最为广泛的。哥白尼的日心说、开普勒的行星运行理论等天文学的发展,物理学中牛顿的力学、麦克斯韦的电磁理论、爱因斯坦的相对论等理论无不建立在数学的基础上。物理学家伦琴因发现了X射线而成为1910年开始的诺贝尔物理奖的第一位获得者,当有人问这位卓越的实验物理学家和科学家需要什么样的修养时,他的回答是:"第一是数学,第二是数学,第三还是数学。"对计算机的发展作出过重大贡献的冯·诺依曼(J. V. Neuman)认为"数学处于人类智能的中心领域"。科学与数学结合也产生了一些交叉和边缘学科,如数学物理、生物数学、数学生态,等等。丘成桐指出:"数学的本性决定了,它会随着科学研究的需求而拓宽自身的领域,并会随着综合分析而更为深入。在这个新世纪,数学将成为所有科学的中心。"[4]

(四)文化价值

文化是人类在社会历史实践过程中所创造的物质财富与精神财富的总和。数学对象并

---

[1] 张奠宙,李仕锜,李俊.数学教育学导论[M].北京:高等教育出版社,2004:54.
[2] [美]斯图尔特·夏皮罗.数学哲学——对数学的思考[M].郝兆宽,杨睿之译.上海:复旦大学出版社,2009:171.
[3] 华罗庚.华罗庚科普著作选集[M].上海:上海教育出版社,1984:328.
[4] 丘成桐.数学与科技[J].数学译林,2004(2).

非在物质世界中真实存在,而是人类抽象思维的产物,是"社会的建构",在此意义下数学是一种文化。数学的文化价值是指"数学作为一种理性文化,对人类文化的构成以及人类精神世界的影响所具有的重要的作用和价值"。① 数学一直是文明和文化的重要组成部分。数学也是形成现代文化的主要力量,是现代文化极其重要的因素。

数学活动就其性质来说是社会性的。美国学者怀尔德(R. L. Wilder)在《作为文化系统的数学》一书中提出数学文化的概念,把数学文化看成一种不断进化的物种。他认为"数学是一个由于其内在力量与外在力量共同作用而处于不断发展变化之中的文化系统,数学文化即是由数学传统与数学本身所组成的"。② 哈蒙德(A. L. Hammond)则认为,数学是看不见的文化,数学是暗藏的文化。数学历来是人类文化的一个重要组成部分,数学代表人类心灵最高成就之一。作为人类精神最原始的创造,只有音乐堪与数学媲美。数学本身就是一个充满活力的繁荣的文化分支,它以其抽象性和逻辑性的本质特征成为理性文化中的核心。数学是研究客观世界量的关系的科学。这一"量的关系"的本质特征的文化意义可以表现在以下方面:首先,数学因其是从量的方面揭示事物的特性,因而必然是抽象的;其次,客观世界中的质与量的特征是普遍的,因而数学在生活世界中的应用是广泛而普遍的;再次,世间事物的联系和影响方式是多样和复杂的,因而,数学需要以不同的模式来描述事物间多样、复杂的量的关系。

数学是人类共同创造、共同享受的文化,它打有各民族的文化烙印。如作为中国古代灿烂文化一部分的传统数学,也表现出多方面的特征:鲜明的社会性,形数结合,以算为主,寓理于算等等。我国古代数学是从问题而不是从公理出发,以解决问题而不是以推理为宗旨。这与西方以欧几里得几何为代表的所谓演绎旨趣迥异,途径亦殊。

齐民友教授认为,数学作为一种文化,在过去和现在都大大地促进了人类思想的解放,他指出:"一种没有相当发达的数学的文化是注定要衰落的,一个不掌握数学作为一种文化的民族也是注定要衰落的。""没有现代的数学就不会有现代文化,没有现代数学的文化是注定要衰落的。"③科学史表明,一些划时代的科学理论成就的出现,无一不借助于数学的力量。数学对人类文化的发展有着重要影响。众所周知,希腊几何学哺育了柏拉图的理想主义哲学。事实上,如果不从数学在西方思想史上所起的重要作用方面了解它,就不可能完全理解人文学科、自然学科,人的所有创造和人类世界。

克莱因说:"数学是一种精神,一种理性的精神。正是这种精神,激发、促进、鼓舞并驱使人类的思维得以运用到最完善的程度,亦正是这种精神,试图决定性地影响人类物质道德和社会生活;试图回答人类自身提出的问题;努力去理解和控制自然;尽力去探索和确定已经获得的知识的最深刻和最完美的内涵。"④数学是人类理性精神得到最充分发挥的领域。数学的理性精神对人内心世界的开掘与对人生价值、人生理想追求的倡导,提供了强大的精神动力,它以丰富的内涵,使学生在沟通情感中引起共鸣、共通,在思想中形成共识、共进。这是数学文化力量的真正所在,也是数学文化价值的精髓。

(五)审美价值

数学理论价值和实用价值已经被人们广泛地接受,但是数学审美价值尚没有被人们广

---

① 黄瑾.幼儿园数学教育与活动设计[M].北京:高等教育出版社,2010:8.
② 周春荔,等.数学学科教育学[M].北京:首都师范大学出版社,2000:27.
③ 齐民友.数学与文化[M].长沙:湖南教育出版社,1990:12-13.
④ [美]M.克莱因.西方文化中的数学[M].张祖贵译.上海:复旦大学出版社,2004.

泛地认同和接受。因为在很多人的眼中,数学是一些符号与文字的结合,是抽象的、枯燥的。他们根本感觉不到美在哪里。但数学确实存在着美。数学美就是反映自然界在数量关系与空间形式上合目的性与合规律性的和谐统一,它表现出人们在实践活动中对数学规律、内涵与结果发现和理解时产生的愉悦、兴奋、激动等强烈的感受。

数学巧妙和谐的体系、严密而无懈可击的说服力,以及它在解决实际问题时所表现出来的神奇力量,是使许多人倾倒于数学的根本原因。自古希腊以来的若干世纪里,数学一直是一门艺术,数学工作必须满足审美要求。将数学视为艺术主要从两个方面来说明:一是数学的创作方式与艺术类似;二是数学成果的作用也与艺术类似。数学在很大程度上是一门艺术,它的发展总是起源于美学准则,受其指导并据以评价。

哈代宣称,如果数学有什么存在权利的话,那就是只是作为艺术而存在。数学完美的结构,以及在证明和得出结论的过程中,运用必不可少的想象和直觉给创造者提供了美学上的享受:对称、简洁,以及精确地适应达到目的的手段而有其特有的完美性。

(六)教育价值

数学的种种价值,归根到底都具有教育价值。数学的教育价值是指数学对人的发展,特别是对人的认识能力和思维品质的提升所具有的重要作用。孔德认为,学习任何知识必须先学习数学。数学在科学的等级中是最高级的,不论对普通教育还是对专门教育,数学教育乃是任何教育的起点。美国哈佛大学数学物理教授阿瑟·杰弗(Arthur Jaffe)说:"数学和数理技术已经渗透到科学、技术和生产中去,并成为其中不可分割的重要组成部分。在现今这个技术发达的社会里,扫除'数学盲'的任务已经替代了昔日扫除'文盲'的任务而成为当今教育的重要目标。人们把数学对社会的贡献比喻为空气和食物对生命的作用。事实上,可以说,我们大家都活在数学的时代——我们的文化已经'数学化'。"①

1. 数学学科高度的抽象性和逻辑性特征,使得数学具有很高的思维价值

数学的这种思维价值,正揭示了数学在人的思维发展中的重要作用。数学概念的形成、定理的确立等都是伴随着逻辑推断、分析比较、归纳论证等一系列思维过程,因而数学对于训练和培养人的逻辑思维能力无疑是最好的材料。

2. 数学的教育价值还体现在数学的文化价值、科学价值和应用价值上

具体表现为数学在形成和发展人的理性精神、科学态度和世界观、道德素养和个性特征方面所具有的教育作用和意义。数学学科所具有的科学性、准确性、严谨性的特点对培养学生的思想、品质、启迪学生的智慧有着重要的意义和作用。对形成学生的精神世界、造就学生个性的理性成分和民族道德成分具有重要的意义和作用。

3. 数学的教育价值也体现在其所具有的美育价值上

即指数学在培养审美情趣和能力方面所具有的教育作用和意义。克莱因说过,数学是人类最高超的智力成就,也是人类心灵最独特的创作。音乐能激发或抚慰人的情怀,绘画让人赏心悦目,诗歌能扣动人的心弦,哲学使人获得智慧,科学可以改善人的物质生活,但数学能给予人以上的一切。

总之,数学以它的思维性、理性精神和优美性成为当今社会文化生活中的一个基础组成部分。一个人如果不知道数学为何物,理性思维贫乏而又缺乏审美意识,那么他的整体素

---

① 周仲良,郭镜明译.美国数学的现在和未来[M].谷超豪,等校.上海:复旦大学出版社,1986:53-54.

质、洞察能力、判断能力以及创造能力必将受到很大的影响。数学素质对于一个现代人来说已不是一种时髦,而是工作、学习和人际交往中的一种实在需要。

1.2　学前儿童数学学习的特点

数学是一种抽象的逻辑关系的体现。这种关系不是直接从具体的事物感知到的,而是一种超越于物体现实之上的抽象,它所依赖的是作用于物体的一系列动作之间的协调的抽象。从数学知识高度的抽象性和逻辑性的本质来看,学前儿童学习数学,必须具备一定的概括能力和逻辑思维能力,它是儿童学习数学的重要准备。那么学前儿童的思维发展为其数学学习提供了怎样的准备?幼儿的数学学习具有什么样的特点呢?

> **案例 1-1**
>
> **爱丽丝的例子**[①]
>
> 爱丽丝,一位三岁半的小女孩,她正在为她两岁生日的妹妹庆生。
> 父亲:爱丽丝,爱丽安妮今天几岁?
> 爱丽丝比出两根手指头。
> 父亲:那爱丽丝几岁?
> 爱丽丝比出三根手指头。
> 父亲:爸爸几岁呢?
> 爱丽丝稍停顿了一下,然后比出四根手指头。
> 过了几个星期之后,发生了以下的情况。
> 父亲比出三根手指头说:这是多少?
> 爱丽丝像往常一样点数自己的手指头说:一、二、三。
> 父亲比出两根手指头问:这是多少?
> 爱丽丝:那像安妮(即爱丽安妮的年纪)。
> 父亲:那是多少呢?
> 爱丽丝:二。
> 父亲拿出三个硬币说:你能否用手指头告诉我,这里有几个硬币呢?
> 爱丽丝比出三根手指头,然后计算:一、二、三、四。

从爱丽丝的例子中,我们看到这位学前儿童已经具有某些重要的数学禀赋。对爱丽丝而言,手指头是其表达数学观念的重要的中介工具。爱丽丝的数学是建立在具体的经验上的,像计数与使用手指头之类的事情,这种具体的经验对于儿童的数学发展有多重要呢?

一、学前儿童思维发展的特点

按照皮亚杰思维发展理论的分析,儿童的思维发展是经由动作性思维进入到表象性思

[①] Arthur J. B. 儿童的数学思考[M]. 桂冠前瞻教育业书编译组译. 台北:桂冠图书股份有限公司,2000:26.

维,再由表象性思维逐渐过渡到符号性思维。在这种转化过程中,思维工具的概括性水平逐渐提高,因而思维的抽象概括程度也越来越高。学前儿童的思维发展过程是表象性思维替代了动作性思维成为思维的主体,而又以此为基础萌发了抽象逻辑思维。所以,学前儿童的思维发展具有以下特点:

(一)思维发展依赖于动作

学前儿童的思维具有很大的局限性。无论是其概括化水平还是逻辑推理的水平都是无法脱离自己的行动和具体的物体的。皮亚杰认为,儿童的思维起源于动作,抽象水平的逻辑思维能力来自于对动作水平进行具有逻辑意义的概括和内化。

首先,从儿童逻辑的起源来看,皮亚杰认为,幼儿通过反省抽象所获得的逻辑数理知识正是其逻辑的来源。这种反省抽象就是对作用于物体的一系列动作之间的协调与抽象。儿童的逻辑包含有两个层面,即动作的层面和抽象的层面。儿童逻辑的发展遵循着从动作的层面向抽象的层面转化的规律。幼儿基本的逻辑结构主要体现为对应结构、序列结构和类包含结构,幼儿的这些心理逻辑也正是与数学知识的逻辑相对应的。如幼儿的一一对应观念形成于小班中期(3岁半以后)。它的形成起源于幼儿对应的操作。起初,幼儿可能会在对应物的操作中感受到某种秩序,并未将其作为集合比较的方法。但他们逐渐在操作中会发现,通过一一对应来比较物体常常是一种可靠的方法,这样幼儿就会建立起一种牢固的一一对应的观念。但这种一一对应的观念并没有进入到高度抽象概括的水平。如皮亚杰采用"放珠子"实验说明了幼儿的一一对应逻辑还不能脱离具体的动作和物体。实验者给幼儿出示两个盒子,一个盛有许多珠子,让幼儿把珠子一个一个放到另一个空盒,问幼儿如果一直放下去,两个盒子里是不是会一样多,幼儿不能确认。说明该年龄段的幼儿在没有具体的动作和物体支持时,无法在头脑中将两个盒子里的珠子作一一对应的比较。再比如,幼儿序列观念的形成,也是在不断面对操作材料进行多次比较的经验中,逐渐在比较之间建立了某种传递性的关系。同样,幼儿"类包含"的观念也是在对具体事物的分类活动中逐渐形成了类与子类之间的层级性关系。

其次,从思维的抽象性来看,抽象的思维起源于具体的动作。抽象水平的逻辑来源于对动作水平的逻辑的概括和内化。幼儿在形成客体永久性概念以后,在1岁半左右思维就具备了表象性功能,这就使得儿童的思维可以脱离具体的实物而进行思考。幼儿能够借助于头脑中的关于事物的表象,对已经不在此时此地的事物进行间接的思考。能够摆脱时间和空间的限制而在头脑中进行思考,这是幼儿抽象思维发展的开始。儿童的这种抽象首先是在动作水平上建立起来的,儿童在与周围事物的互动中,逐渐会把一些动作概括化为解决问题的目的性动作,然后儿童逐渐可以摆脱时间和空间的限制在表象水平上对动作和事物进行概括,最后发展到抽象的符合形式的概括。然而,儿童要在头脑中完全达到一种抽象的逻辑的思考,则要到十几岁以后。儿童不仅需要将动作内化于头脑中,还要能将这些内化了的动作在头脑中自如地加以逆转,即达到一种可逆性。

(二)思维具有过渡性

从儿童抽象逻辑的发展来看,儿童逻辑的发展应该包含三种工具水平的逻辑,即动作层面的逻辑、表象层面的逻辑和符号层面的逻辑。儿童逻辑的发展就是要从动作逻辑走向抽象逻辑。而其间,表象性思维是幼儿思维的一个重要特点。幼儿时期的表象性能力发展迅速,这对于他们在头脑中进行抽象的逻辑思考有着重要的作用。但从根本上来说,表象仅是提供了幼儿进行抽象思维的具体材料,儿童的抽象逻辑思维取决于他们在头脑中建构事物之间关系的能力。而从幼儿思维抽象性的发展来看,实际上伴随着两个方面的内化过程,一个是外部的具体的形象内化为头脑中的表象,另一个是施加于外部具体形象的外在的动作内化为头脑中的思考。后者是思维的根本。当然,表象性思维是儿童由动作性思维进入到高度抽象的符号性思维的必经阶段。

二、学前儿童数学学习的特点

幼儿思维的发展为他们进行数学学习提供了一定的心理准备。但同时,幼儿逻辑思维发展的特点又造成了他们在建构抽象的数学知识时所存在的困难。因此,在整个幼儿期,幼儿必须借助于具体的事物和动作,在头脑中逐步建构一个抽象的逻辑体系。但同时,幼儿学习数学的过程中又必须不断努力摆脱具体事物和动作的影响,使那些和具体事物相联系的知识能够内化为头脑中的经验,成为具有一定概括性意义的数学知识。这样,幼儿学习数学的心理特点可以概括为以下几点。

(一)儿童早期数学概念的发展是一个渐进的体验过程

对学前儿童来说,早期数学概念的发展离不开儿童在具体环境和生活中对具体事物的动作操作和体验,它是儿童在与物打交道的过程中不断积累感性经验,并借助于具体事物的形象在头脑中建构起一个抽象逻辑概念的渐进性发展过程。在这一过程中,儿童既要依赖于具体的事物和针对事物的具体动作,但同时又要努力摆脱具体事物的其他无关特征,而去抽取事物内部或事物和事物之间的一般化、抽象化的数量特征,并逐步能够采用抽象的符号去理解和表征这些特征,它是一个不断进行内化、抽象和概括的思维过程。因而,在儿童早期数学学习的渐进性过程中,受思维发展所影响,表现出一些具有过渡性质的特点。[①]

1. 从具体到抽象

学前儿童的思维发展主要表现为以具体形象思维替代感知动作思维成为思维的主体。他们对于事物的认识和理解往往离不开直接的、具体的物体和材料,也离不开施加于这些具体物体和材料上的具体的动作。而数学知识是表征事物之间关系的,它需要抽离事物自身的一些无关的具体特征,以抽象的符号概念来表征和理解。这就使得儿童在获取和理解数学概念的过程中有一个源于具体事物而又要逐步摆脱具体事物的过渡性过程。如小年龄的幼儿在面对"家里有几个人?"的问题时,能够准确地回答出"有爸爸、妈妈、爷爷、奶奶和自己",但却不能用数字"5"来概括出共有几个人,随着儿童数数(shǔ shù)能力的发展,儿童可以用5根手指表示出来,再后来逐渐发展到用数字"5"来表示。这一发展变化过程说明,学前儿童数学学习中从具体走向抽象的渐进过程依赖于幼儿的心理和生理的成熟、数学经验的不断积累和思维水平的发展。

2. 从个别到一般

学前儿童数学概念形成过程中由具体走向抽象的过程也伴随着儿童对数学关系的理解是从对个别的具体事物和现象的理解走向一般和普遍意义的理解。例如儿童在学习集合概念的时候,刚开始是与个别的具体事物相联系的,随着理解的深入,儿童可以把集合概念扩展到任何事物上。儿童对集合概念的理解从一类相同事物扩展到一类不同的事物,再扩展到不同类的事物可以共组集合。这就是一个从个别到一般的过程,这样儿童对数量关系的

[①] 黄瑾.幼儿园数学教育与活动设计[M].北京:高等教育出版社,2010:14-16.

意义理解就由个别化的意义扩展到一般性的普遍化的意义了。

3. 从外部动作到内部动作

儿童思维发展的过程就是由外部动作为源起,逐渐走向内化的动作的过程。因而,幼儿在数学学习过程中也正是经历着这样一个动作转化的过渡过程。比如小班时期的小朋友在完成点数的时候,常常要借助于外显的动作,用手一一对应地去摸着物体点数;而后动作会逐渐转化为凌空点数,手指已不需要接触物体;再后来,儿童就隐去了手指点数的外部动作,开始在心里默数。这一过程真实地反映了幼儿在数学学习过程中思维由外部动作向内部动作转化的过渡过程。可见,对于学前儿童来说,对数学概念的理解和学习是一个从外显的、具体的动作表征水平逐渐向内化的、抽象的心理运算水平过渡的过程。因而,在数学学习过程中应该给年幼儿童尽可能提供动作水平上的操作,它既符合幼儿学习数学的心理需要,也更有助于幼儿完成对数学概念意义理解的心理转化。

4. 从不自觉到自觉

由于幼儿大脑的生理发育需要一个时间过程,因而幼儿思维发展也就遵循这样的一种过程。年幼的幼儿由于大脑发育不够完善和外部经验的缺乏,他们外部的动作还没有完全内化,对事物的判断和思考还停留在具体动作的水平,而没有上升到抽象的思维水平。因而,他们对自己的思维过程常常缺乏自我意识。幼儿思维的自觉程度是和其动作的内化程度有关的。随着机体的成熟和经验的增加,幼儿会从认识过程的不自觉状态逐渐过渡到自觉的状态。如年龄小的幼儿在用语言归纳或表述自己的"数行动"或操作结果时,常常会出现"言不由衷"的不一致情况;但随着年龄的增长和经验的增加,儿童逐渐能够清晰地描述自己的思维过程。这说明对年幼的幼儿来说,他们在掌握数学概念的过程中尚未能从具体的事物中抽取出本质的数量特征,而常常会停留在具体的经验和外部动作上。随着思维和语言的发展,动作逐渐内化,幼儿就会不断提升对其动作和思维过程的意识程度。

5. 从自我中心到社会化

对学前儿童来说,"去自我中心",即从自我中心到社会化,是其思维抽象性发展的重要标志之一。因而,幼儿在数学学习过程中也会表现出这样的过渡性特征。年幼的学前儿童由于其认知和思维的"自觉"程度不高,概括和内化水平有限,常常会表现出思维上的"自我中心化"特征。他们常常仅关注于自己的动作,不能把自己的动作和同伴的动作进行比较和协调,且不能有效地去监控自己的动作过程,所以也就难以与同伴形成合作交流。因此,帮助幼儿在发展数学认知能力的过程中逐渐完成"去自我中心",提高儿童的社会化程度是非常重要和关键的。

(二)儿童早期数学学习起始于动作

皮亚杰理论认为,儿童的思维起源于动作,抽象水平的逻辑思维能力来自于对动作水平进行具有逻辑意义的概括和内化。由于数学关系是一种数理逻辑知识,它不直接体现在事物本身,因而也无法直接感知而获得,必须通过对施加于具体事物的动作的协调和组织才能完成建构。因此,对学前儿童来说,其数学概念的获取也就离不开对具体事物和材料的感性体验,感性体验和操作是幼儿数学认知发展的基础。

幼儿在数学学习过程中常常会表现出许多外部的动作,正是这些外部动作协调着事物之间的关系,这对于他们理解和建构数学中的关系的意义是不可或缺的。基于材料的操作和多感官参与的行动过程是学前儿童建构数学概念的必经之路。

(三)幼儿数学知识的内化过程需要借助于表象的作用

表象性思维是幼儿思维发展中的一个重要特征,学前儿童的思维发展过程就是表象性思维替代了动作性思维成为思维的主体。因而表象在幼儿数学学习中也起着非常重要的作用。幼儿对数学概念的理解和建构起始于外部的动作,但要把这些外部的动作进行组织与协调,把它们变成头脑中抽象的数学关系和数学概念,这还有赖于动作的内化过程,即在头脑中组织和协调动作之间的逻辑关系。而表象的作用就在于帮助幼儿完成这样的内化过程。

(四)儿童早期数学概念的获得是一种主动建构过程,也是一种社会性互动过程

数学知识是一种抽象的关系,这其中既包含数理逻辑知识,也包含社会性知识。对于数理逻辑知识来说,儿童对数学知识的获得不可能通过口耳传递、模仿记忆的方式获得,数学知识所表征的内在关系需要儿童在与物体打交道的过程中,在感性体验的基础上通过对动作的协调与组织主动建构才能获得,这种具有个体意义的主动建构过程是建立在儿童已有的认知结构和发展水平之上的,是以儿童的已有经验为基础的,是基于反复的实物操作和思维内化的认知重构过程。而对于社会性知识来说,就不是儿童仅仅通过与物打交道的动作协调过程可以建构的,它必须是在个体与他人的互动过程中进行建构。因而,幼儿的数学学习并不仅仅是一种个体孤立地与物打交道的过程,而是一种合作、交往的活动,是儿童在与同伴、成人进行社会性协商、互动合作中共同建构和分享的活动。但儿童对数学关系的理解和建构总是以儿童的动作协调为基础的。

(五)儿童早期数学概念的获得需要与日常生活情境相联系的学习背景

对于学前儿童来说,数学就存在于周围现实的生活世界中,能从真实的生活和游戏中感受事物的数量关系并体验到数学的重要和有趣,这是他们进行非正式数学学习的价值所在。因此,把儿童的数学学习活动置于有意义的、真实的日常生活情境和背景之中,不仅可以顺应其对生活世界本能的好奇心和求知欲,从而激发儿童主动建构和发现数学关系的内在动机,促进儿童基于已有的经验去理解其所发现和建构的数学关系的意义;而且这种真实的情境更可以唤起儿童已有的经验,为儿童提供了新经验与旧经验整合的基础,也为其提供了将数学知识与其他知识整合的基础。

学前儿童的数学学习主要是一种非正式的数学学习,它常常发生在非正式的学习情境和日常生活问题背景之中。来自于儿童直接的生活情境中的数学问题才是儿童发现数学,建构数学关系,理解数学意义的背景。因此,对于儿童早期数学概念的发展来说,提供与日常生活情境相联系的学习背景是十分重要和必要的。为儿童的数学学习营造一个适宜的富有挑战的情境,儿童可以在此情境中发现问题、提出问题,并能够以数学的方式来分析和解决问题。一方面能使儿童借助于与同伴和成人的互动,利用必要的学习材料,通过意义建构的方式获得数学概念;另一方面,更能把数学学习发生于真实的应用情境中,使儿童在解决真实情境问题的思维过程中体验数学思维的重要与有趣,发展其思维的逻辑性、变通性和灵活性。

1.3 早期数学教育的性质和任务

当我们对数学的本质、特征及其价值有了较为全面和深入的理解之后,也许我们会萌生这样一些疑问:既然数学是具有高度抽象性和逻辑性的科学,它体现的是理性的精神,遵循

的是严格的逻辑推理的方法论准则,这一切似乎与幼儿的生活相去甚远,那为什么还要进行早期数学教育呢?学前儿童的数学教育是干什么的?数学与幼儿的生活究竟具有什么样的关系?

  知识卡片 1-2

在 20 世纪 80 年代以前,学习被看作是发生在大脑中的纯思维过程,它的结果是形成思维表征。近来受到普遍关注的情境学习理论不是把知识作为心理内部的表征,而是把知识视为个人与社会或物理情景之间联系的产物。学习本质上是一种与特定社会文化中的人与物进行互动的活动。

……

学前儿童的数学学习在本质上是一种非正式的数学知识的学习,它在很大程度上受到日常生活经验的影响,同时也不可避免地受到父母和家庭环境的影响。要促进儿童数学的学习与发展,就要考虑如何利用和拓展儿童已有的生活经验,如何创设儿童能够真正理解的学习情境,如何把这种学习情境融合到幼儿园的课程中去。①

一、数学与儿童的生活

(一)数学是幼儿生活世界的组成部分

数学是儿童外部世界的存在方式。在儿童的生活中,数学既是普遍的存在,又是抽象的存在,是抽象性与现实性的统一体。儿童的生活中到处都是数学的存在。无论是在家庭、幼儿园、社区还是自然界中,在其生活的现实世界中所出现的事物无不存在着数、量、形、空间的属性。儿童每天接触的各种事物都会和数、量、形、空间有关。比如,儿童对自己和家人的认识上就存在了各种数、量、形、空间的问题。妈妈的脸是圆圆的,两只眼睛是大大的,手臂是长长的,个头是高高的,自己的两只小手各有 5 根手指,它们粗细、长短不一。家里的人数,儿童的年龄、身高,各种玩具的大小、多少,各种玩具和积木的形状,以及各种物体摆放的规则、顺序及空间位置等都会涉及数的问题、量的问题和形状的问题,会存在事物之间的数量关系和空间关系。

儿童的生活中还会遇到各种各样的问题需要运用数学来加以解决。儿童在生活中需要对环境中的事物的多少、大小、轻重、长短、厚薄、形状、位置等做出判断,这就需要采用比较的手段建立事物之间的数量关系和空间关系。如儿童在生活中经常会遇到平分物品的事情:分糖果、分蛋糕等,从日常的眼光来看,这些问题是关于如何实现"公平原则"的问题,但它同时又是一个数学的问题。把一定数目的糖果平分为几份,就是对一个数目进行等分的问题,而把一定形状的蛋糕平均分割为几份就是一个图形等分的问题,儿童会在一一对应和比较的过程中尝试解决数量多少不等所带来的问题。总之,幼儿在自己生活的环境中不断感知着数、量、形、时间、空间等数学知识,不断感知和运用着分类、比较、对比、排序等基本数学技能。可以说,数学就是儿童生活中无处不见的一个重要组成部分。

---

① 周欣,黄瑾,杨宗华.幼儿园综合课程中的数学教育[M].南京:南京师范大学出版社,2012:012-013.

(二)数学是幼儿探究生活的工具

数学是儿童探究和认识外部世界的手段和工具。数学可以帮助儿童精确地、概括性地认识生活中的各种事物,以及它们之间的关系。

儿童从呱呱坠地开始就开启了对外部世界的探究。人类探究未知世界的原动力来自其与生俱来的对未知世界的好奇心和求知欲。正是这种好奇心和求知欲推动着人类去探究事物的本质,追求问题的解决之道。也就是说,当一个学龄前儿童面对未知事物时,他的第一反应就是去弄清楚"这是什么"和"为什么会这样"的一些问题。因而,从某种意义上说,儿童的生活就是一种探究性的生活。而"数学是一门探索性的科学,它力求理解所有的模式——自然界中的模式,人类创造的模式,甚至由其他模式产生的模式。为了学习数学,学生必须面对符合他们生活的各种各样的模式,这样他们才能理解数学的变化、规律和联系"。[①] 而这些变化、规律和联系正是潜在于儿童探究的这个世界中,存在于儿童的生活之中。儿童只有在对生活世界的不断探究中才能建构起事物的变化、规律和联系,才能抓住事物的本质属性。当幼儿面对未知事物或问题时,最原始也最直接的方法就是去实际摆弄一下,切身体验一下,亲自操作一下。通过这种亲身体验,幼儿获得了关于外部世界的最直接的操作经验。正是通过这种对物体的操作性的体验,儿童建构了外部世界中物体之间的数量关系、时间关系、空间关系和因果关系等。

数学不仅能帮助儿童精确地认识生活世界中事物的数量属性和空间属性,而且还能帮助儿童对这些事物形成概括性的认识,即从这些具体的现象和事物中概括抽取出各种数量关系和空间关系,获得对生活世界中的事物之间关系的认识。

(三)数学是幼儿成长发展的必要阶梯

数学启蒙是儿童全面发展的重要基础。从数学的价值分析中我们知道,数学具有应用价值、科学价值、文化价值、思维价值、审美价值和教育价值,因而,数学对个体的发展,尤其是对个体的认识和思维的发展具有重要的作用。

关于数学认知发展的研究表明,儿童早期数学能力的发展有着巨大的潜力。新生儿已经对数的问题有一定的敏感和反应,虽然这种反应是不精确的,但大多数数学家和心理学家已经认为,人和动物一样,可能都在遗传中获得了一种先天的、通过生物进化而来的对数的敏感和反应机制,这种先天的生理机制通常表现在计数、数量的运算等与生活中的数量问题相关的方面,当然,对环境中事物的空间关系的敏感和反应上也具有同样的先天生理机制。如某些数学认知理论的解释认为婴儿和动物一样具有一种先天的数数机制,它能让婴儿感知和辨别生活世界中的各种集合的数量特征。婴儿在出生后的头一年里就已经开始出现分类和计数的思维结构萌芽。但这些随遗传作用进化而来的先天作用机制仅仅是为人的数学能力的发展提供了一种生理基础,这些先天的数学能力能否在后天的环境中得到充分的表现和发展,关键要看社会文化环境中的相关因素对个体数学能力发展所产生的影响作用。

研究表明,人类的数学能力自婴儿期就开始发展,在学前期会获得大量感性的数学知识和经验,学前期儿童所具有的这种数学知识和经验称之为"非正式数学知识",有别于正式数学知识。"正式的数学知识是儿童在学校中习得的由符号和惯例组成的书面数学知识,它是经过组织和整理的逻辑性很强的知识。而非正式数学知识是建立在儿童的日常生活经验基

---

① Afzal Ahmed,Alison Clark-Jeavons,Adrian Oldknow. How can teaching aids improve the quality of mathematics education[J]. Educational studies in mathematics,2004,56:313-328.

础上的,对数的一种感性的、直觉的理解。"[①]研究认为,儿童的这些非正式数学知识是其获得正式数学知识的重要基础。没有具备较好的非正式数学知识经验的儿童在其小学的数学学习中会有困难。根据皮亚杰的观点,学校教的数学是儿童已经具备的感性数学经验的正式化过程或扩充。现有的研究表明,儿童数学知识和数学技能的早期发展有其独特的发展规律以及内在的逻辑和时间上的顺序。与这种发展规律相适应的学习经验和教育才能有效地促进儿童数学能力的发展。

此外,根据皮亚杰的儿童思维发展理论,儿童的思维发展是经由感知运动思维、具体形象思维到抽象逻辑思维的发展过程。学前儿童思维发展的特点,是具体形象思维逐渐取代了感知运动思维而成为思维的主要特点,同时抽象逻辑思维也开始萌芽。因而,学前儿童的思维虽然还不能完全摆脱具体的动作和形象的束缚,但已经开始了向抽象逻辑思维过渡的漫长时期。对于生活世界中的某些具体的问题或情境,儿童已经能够用一些不够成熟的逻辑的方法进行思考和推理。而数学的重要特征就在于其抽象性和逻辑性。数学把现实生活中的具体问题和具体现象抽象化,去除那些具体的事实材料,揭示其在数量和空间上的本质特点,并运用数学的方法加以解决。比如"妈妈给小丽2颗糖,然后又给了小丽3颗糖,那小丽现在一共有几颗糖?"这样的问题,儿童在解决问题的时候就要去除具体的情节(妈妈给小丽糖果)而抽象出事实中的数量关系(2和3合起来是多少?),从而采用加法运算的法则来获得答案。数学是模式的科学,它帮助我们透过具体的、表面的现象,将具体的事物和问题加以模式化,使之成为抽象的问题。因而,数学是发展儿童抽象思维的途径。国内外很多心理与教育的实验也证明,早期的数学学习能够促进儿童的初步抽象思维能力和逻辑推理能力的发展。

二、学前儿童数学教育的基本含义

从数学与儿童的生活关系可知,儿童的生活中处处充满了数学的事实和问题,而儿童的发展也离不开数学这一重要的思维工具。学前儿童一方面从生物遗传中获得了数学智能发展的先天生理基础;另一方面,儿童生活的世界中充满了数、量、形等事物和现象,这为儿童提供了丰富的关于数学知识的感性经验,使得儿童可以在成人的启发和帮助下,通过与环境和社会文化的互动而不断完善对数学的思考和逻辑判断。因而,学前儿童的数学启蒙教育不仅是可能的,也是必要的,它应该是儿童早期发展与教育的一个重要组成部分。

(一)学前儿童数学教育的含义

学前期儿童由于大脑和思维处于快速发展期,从大脑发展来说,到5岁左右,由于髓鞘化而形成的神经元连接使得儿童的思维更加协调,但负责执行功能的大脑皮层的额前叶区域中的神经修剪、突触和髓鞘化的发展要从儿童早期持续到青少年期。受脑的发育和心理发展水平所限,学前儿童的思维尚处于以形象思维为主的发展阶段,而数学自身的抽象性和逻辑性特点是与抽象逻辑思维紧密相关的,这就决定了学前儿童的数学教育不在于让幼儿获取抽象的数学概念和知识,而在于引发儿童对数学的兴趣和学习动机,通过适合儿童的活动来培养他们的数学思维习惯和能力。

因而,学前儿童数学教育,就是将幼儿探索周围世界的数量关系、空间形式等需求纳入到有目标、有计划的教育程序之中,通过幼儿自身的感知、观察、操作、发现等主动探究过程

---

① 周欣.儿童数概念的早期发展[M].上海:华东师范大学出版社,2004:5.

和建构活动,让幼儿积累大量有关数学方面的感性经验,建构表象水平上的初步数学概念,学习简单的数学方法和技能,发展初步的逻辑思维能力,对数学形成愉快的情绪体验,产生对数学的兴趣并形成良好的数学学习和思维习惯。

(二)学前儿童数学教育的特点及基本原则

儿童心理发展的特点和数学自身的特点共同决定了学前儿童学习数学的特点,而学前儿童学习数学的特点也就决定了我们对学前儿童进行数学教育的特点和原则。学前儿童的数学教育,一方面要顺应儿童自身发展的规律和特点,让儿童在其已有的经验水平上主动获得发展;另一方面,成人也应该为儿童的数学学习提供丰富的环境和必要的指导,从而促进儿童的发展。因而,学前儿童的数学教育具有与学龄儿童数学教育不一样的特点和教育原则。

1. 学前儿童的数学教育是立足于儿童现实生活的非正式数学教育

数学来源于现实生活,并且是对现实生活的抽象。对儿童来说,由于其思维发展的由直觉行动思维和具体形象思维逐渐向抽象逻辑思维转换的过渡性特点,现实生活是儿童提取数学事实、抽象数学关系、理解和形成数学概念的源泉。年幼儿童数学概念的发展以一种复杂的方式依赖于儿童具体的生活经验。儿童在数学概念形成过程中所依赖的具体经验越丰富,他们对数学概念的理解就越具有概括性。认知领域的研究也表明,早期认知能力的发展"在很大程度上,是由相当个别的,与具体情境有关的规则和技能的习得所组成的,这些技能和规则慢慢发展成更一般性的一体化的原则"。[①]"现实生活为儿童提供了通向抽象数学知识的桥梁。"[②]"导致儿童数学发展方面的最重要的因素是他们在日常生活中接触数学活动的频率。那种经常要用到精确量化的环境中,儿童则更可能较早地学到数词的用法,更早地学会数数及运用数数或其他方法去解决数学问题。"[③]

家庭、幼儿园及社区的日常生活中有很多活动是与数学有关系的。如儿童在玩拼图玩具或搭积木时,就会考虑拼图玩具的数目或所搭积木的形状和数量,而且在这些拼搭活动中,他们都会自然地运用分类、比较、对比等基本数学技能。再比如,上超市购买物品时也会涉及多少、大小、方位、形状、价格和使用钱币等问题,有时父母可能会有意识地让儿童去按数拿取物品,或者按大小或形状拿取物品,这些均给儿童提供了数数、比较或辨别的机会。即使有时候父母并没有刻意去要求,但儿童也可能从父母按数拿取商品或对商品的数量、价格、形状等的比较和讨论中获得经验。这些实际上正是一种隐含的非正式的数学学习活动,类似的事情在儿童的生活中经常会发生,儿童常常在不自觉中获得了丰富的数学经验。而这些数学经验又是儿童进行正式数学学习的广泛基础。研究表明,"儿童的家庭生活经验与他们进入小学时的数学技能之间有着密切的联系"。[④]

《幼儿园教育指导纲要(试行)》指出:"能从生活中和游戏中感受到数学的重要和有趣……""引导幼儿对周围环境中的数、量、形、时间和空间现象产生兴趣……"这些都强调了生活环境在幼儿数学学习中的重要作用。现实生活中包含了大量的数学信息,幼儿每时每刻都在

[①] Pennington B, Wallach L, Wallach M A. Nonconservers's use and understanding of number and arithmetic. Genetic Psychology Monograph, 1980, 101:241. 转引自:周欣. 儿童数概念的早期发展[M]. 上海:华东师范大学出版社, 2004:39.

[②] 张慧和,张俊. 幼儿园数学教育[M]. 北京:人民教育出版社, 2004:24.

[③] 周欣. 儿童数概念的早期发展[M]. 上海:华东师范大学出版社, 2004:49.

[④] 周欣. 儿童数概念的早期发展[M]. 上海:华东师范大学出版社, 2004:50.

与数学打交道，但生活中的数学信息分散和隐蔽，幼儿难以主动感知。这就要求教师应是数学意识很强的人，既善于在生活环境中捕捉数学信息以引起幼儿的注意，丰富幼儿的数学知识；又要注意引导幼儿把学过的数学知识和生活联系起来。比如幼儿认识数字后，可以引导幼儿在生活中寻找数字，想想数字的用处，激发幼儿对数字进一步认知的兴趣。另外在数学活动中，要创设生活情境，联系幼儿的生活经验帮助幼儿理解数学知识，建构数学概念。

因而，对幼儿进行数学教育就要遵循密切联系生活的原则。具体应该表现在学前数学教育的内容要和幼儿的生活相联系，要从幼儿的生活中选择教育内容，要把教育内容建立在儿童已有的非正式数学经验之上。如把数的组成的概念建立在儿童日常生活中分配东西的经验之上；学前儿童的数学教育不仅仅是有计划、有目的、有组织的集体性教学活动，还包括幼儿的游戏活动和日常生活活动等，数学教育要密切联系儿童的生活也就是要利用幼儿的日常生活活动，在生活情境中引导幼儿关注和提取生活世界中的数、量、形、时间、空间等数学关系，在生活中完成数学教育。如在分点心和吃午餐的生活活动中，可以引导幼儿完成碗筷的分发和食物的分配等；此外，密切联系生活的数学教育还要引导儿童积极有效地使用数学方法解决生活中的各种问题，让儿童感受到数学作为一种工具在实际生活中的作用。如在购物游戏和搭建游戏等活动中，可以创设一些生活性的问题，让儿童在问题解决的过程中体验应用数学方法解决生活问题的快乐和情趣。

2. 学前儿童的数学教育是儿童通过自身活动主动建构数学经验的探究过程

儿童对数学知识的学习是一种主动的重新建构的过程。这是皮亚杰理论的一个观点。数学并不是一种可以通过成人的口述和儿童的模仿、记忆或重复性的练习来学习的互不相关的事实和程序，而是一种通过关系建立起来的，具有较高结构化水平和内在逻辑关系的抽象的信息体系。有意义的数学学习就是要利用这些关系建构自身的理解和意义，这种建构是建立在儿童已有的发展水平和生活经验之上的。

幼儿是天真的、好奇的、创造的，更是行动的。而行动是人的基本需求，是人的存在的基本方式，也是人的经验的来源。行动是幼儿学习的主要方式。幼儿正是在对外部世界的感知、理解、探究和改造的行动中丰富着自身对世界的认知，也在完善和丰富着自己的心智和情感。从皮亚杰的知识分类来看，数学知识主要包括"数理逻辑知识"和"社会知识"两部分。儿童对"数理逻辑知识"的获得不是来自于客体本身，而是通过摆弄它们和在内心组织自己的动作完成的。而儿童对"社会知识"的获得也是在与同伴和成人的互动过程中形成的，但这些"社会知识"要在儿童的内心建构出数学的意义，还必须回还到儿童与物的行动中。因而，儿童是在指向于客观世界行动中探究并建构着数学的关系和意义。探究是儿童数学学习的基础。

学前儿童在行动中探索数学的学习特点说明了动手操作对于儿童建构数学概念意义的重要性。儿童逻辑思维结构的建构，是从动作开始的。动作是儿童建构思维结构最坚实的基础。学前儿童的数学教育就是要让儿童在对客观世界的种种行动中探究和发现数学关系，建构数学意义，并利用所发现和建构的数学关系和意义来分析、解释、解决生活与游戏中的问题。因而，学前儿童数学教育就要遵循让儿童动手操作、探索的原则。让儿童动手操作、探索的原则，就是要让幼儿通过自己的活动建构数学知识的意义。而且数学知识本身也是在儿童操作物体和探索世界的过程中建构起来的。这一建构过程也是伴随幼儿认知结构的发展建构的过程。因而，知识不是幼儿园课程的表现形式。如果教师在教学中过分或仅关注于幼儿知识结果的获得，那必然在教学过程中会以教师的"教"来剥夺幼儿自己操作、探索的机会,从而会影响到儿童的发展。让儿童操作具体的实物,探索事物之间的各种关系,并在这种探索中不断将具体的动作内化于头脑,这才是发展幼儿思维的根本途径。

让幼儿动手操作的原则,要求教师在教学的实践过程中要以操作活动为主要的教学方法,教师要退出教学的前台,把前台让位给幼儿。教师要在儿童操作的幕后观察儿童的最近发展区,并为儿童的发展创设适宜的操作环境和操作机会。因为操作活动能够给幼儿提供在具体动作水平上协调、建构和理解事物之间关系的机会。这才是适合于幼儿学习特点的教学方法。以儿童学习计数为例,成人教幼儿口头唱数的时候能让幼儿获得社会知识中的称名知识,他们能记忆数的顺序,但这种活动无法让幼儿理解数名所对应的数量意义和数量关系。很多小班小朋友在唱数活动中已经能唱到10以上,但是这并不代表他们对这些数的顺序和数序中的数量关系,以及数名所表征的数量意义获得了真正的理解。儿童只有在操作活动中,通过一一对应的方式,把口头唱数和点数(shǔ)实物的动作协调起来,才能建构起数的真实意义来。

因而,教师在教学中要遵循让幼儿动手操作的原则,就需要把教学的过程变成幼儿自己主动探索的过程,让幼儿在与材料的互动中探索和发现数学的关系,从而建构其数学经验。教师就是在了解儿童已有发展水平和已有经验的基础上创设发展适宜的环境,让儿童在环境中与物互动、与同伴互动、与教师互动,不断积累新的经验,获得主动积极的发展。

3. 学前儿童的数学教育是促进儿童思维发展与转换的教育

数学不仅能帮助儿童精确地认识客观世界中事物的数量属性,它还能帮助儿童从具体事物的数量属性中概括抽取出各种数量关系,从而对事物和现象形成概括性的、规律性的认识。林嘉绥教授曾指出,学前儿童学习的数学内容中包含有许多种数学的关系,它们蕴含在幼儿生活世界的具体事物中:"1"和"许多"的关系、一一对应的关系、等量关系、守恒关系、可逆关系、包含关系,等等。学前儿童的数学教育就是让儿童在充分体验和探索生活世界的过程中,发现具体事物和现象背后的数学关系,从而让儿童获得一种以数学方式来认识和思考世界的思维方式。

幼儿学习数学的任务不在于掌握系统的数学知识,而是获得一种数学的思维方式。数学是客观世界的存在方式,这种存在方式既是普遍的具体的存在,又是一种抽象的存在。学前儿童思维的发展遵循着从具体的动作的层面向抽象的层面转化的规律。皮亚杰认为,儿童的思维起源于动作,抽象水平的逻辑思维能力来自于对动作水平进行具有逻辑意义的概括。因而,幼儿的逻辑思维是以其对动作的依赖为特点的。由于幼儿的动作总是指向于具体的事物,所以源于动作的思维也必然依赖于具体的事物。数学教育就是要让幼儿在与具体事物的动作中发现生活中的数学,并自觉地将具体的问题转化为抽象的数学模式并采用数学的方法来加以解决。因而,数学本身所具有的抽象性、逻辑性以及广泛的应用性特点,决定了数学教育是促进儿童思维发展的重要途径。

幼儿思维发展的特点是具体形象思维逐渐取代直觉行动思维而成为主要的思维类型,同时抽象逻辑思维也开始萌芽。具体形象思维成为抽象逻辑思维的基础。学前儿童的数学教育既要顺应于儿童思维发展的规律和特点,但同时,由于数学知识自身具有的抽象性特点,儿童自己很难从具体的事物中摆脱出来,因此教师要在数学教育中帮助儿童透过具体的现象概括出抽象的关系,从而养成其初步的抽象思维的习惯。数学教育的过程也就是让儿童在动作层面、表象层面、符号层面去认识和理解生活世界中的数量关系和空间关系,从而让儿童的逻辑思维由动作层面向表象层面,再到符号层面发展转换,抽象的水平不断提升。

如儿童在计数能力的发展中,先是在动作层面上完成对集合中物体的点数,每次的点数都会表现出一一对应的具体动作,而后儿童会发展到表象层面的计数,儿童在纸张上以竖杠或圆点等图形与实际物形成一一对应的数数来完成计数,最后儿童会发展到隐退所有外显的动作而采用默数的方式,并最终采用数字符号来计数。那么在这样的过程中,儿童逐渐消退了具体的动作和事物,进入到图形表征和符号表征的水平,抽象概括的水平逐级提高。

由于数学教育本身具有促进儿童思维发展与转化的特点,因而,学前儿童的数学教育就要遵循"发展儿童思维结构"的原则。该原则表明,学前儿童的数学教育不应该只是着眼于具体的数学知识和基本技能的教学,而应该主要指向于促进儿童思维结构的转化与发展。

在学前儿童的数学教育中,幼儿对一些具体的数学知识的理解和把握只是某种外显的现象,内在的发展本质是儿童思维结构发生了变化。皮亚杰学派的研究表明,儿童思维发展的本质就是其思维结构的发展与改变。思维结构具有超越于具体事物的一般性和普遍性特征,它是幼儿学习具体知识的前提。反过来,幼儿在对具体事物的操作和认知活动中,会不断抽取出事物之间或事物内在的关系,从而推动思维的逻辑性和抽象性的发展。

国内外许多心理与教育的实验和实践都证实了早期数学教育能促进儿童初步抽象思维能力和逻辑推理能力的发展。因而,在学前儿童的数学教育中,儿童掌握数学知识只是发展的表面现象,关键在于其思维结构是否得到了发展。思维结构的发展一方面体现在幼儿思维抽象性上的发展,即让幼儿的具体形象思维建基于直觉行动思维而发展起来,并可以成为抽象逻辑思维萌芽的基础,从而发展儿童初步的抽象能力。另一方面,思维结构的发展还体现在其逻辑推理能力的发展,幼儿的逻辑推理能力也是在幼儿与物的互动中逐渐经由动作层面的推理到表象层面的推理再到符号层面的推理,从而逐步形成初步抽象逻辑推理能力。

在幼儿数学教育的实践中,教师常常要在数学知识的传授和思维发展之间进行选择,且常常会由于教育的惯性而把知识传授放在第一位。其实二者并不是冲突和矛盾的,二者实际上是眼前利益和长远利益的关系。知识的传授始终要服务和遵循于发展思维结构的原则,教师在教学过程中对某些知识技能的放弃,是为了让幼儿有更多的机会在自我的行动中进行自我调节和发现数学的关系,完成思维的建构。如在排序的教学中,教师常常急于把"正确"排序的方法和知识传递给幼儿:每次找最长的一根排到前面,然后从剩下的木棍中再次找出最长的……幼儿可能会正确地完成排序的任务,但并不一定会获得序列的逻辑观念。学前儿童的数学教育并不主要是教给幼儿这些知识和技能,而是要给他们提供充分操作和尝试的环境与机会,从而获得各种逻辑的经验,并逐步建立起序列的逻辑观念。

4. 学前儿童的数学教育是养成其良好学习习惯和兴趣的入学准备教育

虽然数学具有抽象性和逻辑性的特点,但学前儿童的数学教育并不在于要完成和发展儿童的抽象逻辑思维,也并不在于对具有高度抽象性和逻辑性特点的数学知识进行体系化的学习,而仅仅是对儿童进行启蒙性的教育。众所周知,对学前儿童来说,这个年龄段最重要的事情并不是严格意义上的正规学习,而是一种积累和获取经验的非正式学习。儿童通过自由的游戏和玩耍,在与大自然和周围世界的交流与接触中,逐步积累和获得丰富的人生体验,学会与周围的人和物相处,进而形成良好的习惯和兴趣。而其数学启蒙教育就是通过儿童自身参与的形式多样的活动和体验来帮助他们获得初浅的数学经验和知识,这些活动是以儿童的兴趣和需要为前提和出发点的,也是以他们对数学的持续性的兴趣为归宿的。兴趣是幼儿从事一切活动的主要特点。

幼儿学习的数学初步知识和技能与小学数学学习的要求有很大的区别。小学数学教育的任务之一是让学生掌握数的最基础知识和技能,而幼儿数学学习仅是为这个基础知识和技能做经验上的准备,只起着数学的启蒙作用。儿童在早年生活中已经积累了大量有关数学方面的感性经验,他们生活所接触到的周围世界中形形色色的物体也无不在其幼小的心灵中积累下关于数、量、形、时间、空间等方面的丰富的感性经验。这些均能引起幼儿对数学知识的兴趣和探求,为幼儿学习初步的数学知识提供感性经验和基础。学前儿童数学兴趣主要表现为对具体的数学活动的兴趣。学前儿童的数学教育就是引导儿童参与到数学的操作活动中,在具体的数学操作活动中体验数学的魅力,从而让儿童在这种体验中逐渐由对数学活动的外在兴趣转变成对数学本身的内在兴趣。这不仅是对数学知识的兴趣,更是对数学思维活动的兴趣。

学前儿童数学教育的启蒙性特点要求我们必须重视幼儿发展的个别差异性特点,遵循"重视个别差异"的原则。幼儿在发展中具有一些与生俱来的独特性,既表现在其发展上具有独特的发展步骤、节奏和特点,也表现在其性格、态度等方面会存在较大的差异。启蒙即是基于儿童个体的特点和内在的品质,让儿童建构符合自身发展需要的个体经验。在数学教育中,幼儿的个别差异表现尤为明显。它不仅表现为思维发展水平上的差异和发展速度上的差异,也表现在幼儿学习风格和学习品质上的差异。即使是同样存在数学学习困难的儿童,他们的困难也常常会存在很大的差异,有的可能表现在抽象概括能力上,有的可能表现在记忆或执行功能等认知过程上,有的可能表现在注意力系统上,有的可能是由于缺乏相应的学习经验。学前儿童数学教育作为一种启蒙性的准备性教育活动,就是要着眼于儿童的个别差异,让每个儿童在自己的水平上得到发展,教育要为他们的发展提供一种有准备的环境。

三、学前儿童数学教育的意义和任务

(一)学前儿童数学教育的意义

1. 有助于儿童更好地生活和认识周围世界

儿童生活在社会和物质的世界中,周围环境中存在的各种物体均表现为一定的数量,有一定的形状,并以一定的空间关系存在着。可以说,数学既是现实生活的一种普遍存在,又是一种抽象的存在。儿童自出生之日起,就不可避免地要和数学打交道。儿童在认识自然界绚丽多彩的事物和现象时,总是要与数量关系和空间关系知识的获得、运用结合在一起,才能达到对事物和现象的客观而准确的认识。如儿童对小狗外形特征的认识离不开必要的数学知识,幼儿需要知道小狗有一张嘴巴、两只耳朵、两只眼睛、四条腿,还有一条长长的尾巴。

数学作为一种独特的语言,它的精确性、抽象性和逻辑性使我们可以更加精确地、概括地认识生活中的各种事物和它们之间的关系。如在生活中,他们常常要用数学的语言来判别、表示和索取物体。"我要一块大的!""我要两块小的!"如我们问一个还不会计数的两三岁的幼儿:"你家里一共有几个人?"幼儿常常只能一一地去列举,而不能回答出"一共有三个人"。有的幼儿能通过直觉进行多少的判断,却不能正确认识事物的数量特征。当然,数学不仅能帮助幼儿精确地认识事物的数量属性,还能帮助儿童概括性地认识周围的事物和现象。即从周围世界的具体的事物和现象中抽取出各种数量关系和空间关系,获得对事物之间的关系的认识。这样能更好地把握和理解周围的世界。

2. 有助于儿童形成对数学的持续的兴趣和探究欲

幼儿天生就对周围世界中的事物和现象充满了好奇心。好奇心驱使他们去注视、观察、摆弄、发现、探索和了解周围世界中的事物和现象。它是幼儿学习获得成功的先决条件。正如杜威所说,儿童有调查和探究的本能,探索是儿童的本能冲动,好奇、好问、好探究是儿童与生俱来的特点。数学反映的是事物之间的关系,它是在对物质世界的研究中发展起来的。儿童对数量关系的认识是以对具体事物的认识为基础的。学前儿童的数学教育就是要通过儿童自身参与的活动和体验,帮助幼儿建构和理解周围世界中的事物和现象之间的关系,从而体验数学的重要和有趣。

早期数学启蒙教育的重要价值之一就是要保护好儿童对数学的喜爱和兴趣,帮助他们在亲近生活中的数学、探究生活和世界中的数学关系的过程中积累经验,养成善于思考的习惯,以利于幼儿今后持续性的发展。

3. 有助于儿童发展初步的逻辑思维能力和思维品质

发展幼儿的思维能力是多途径的,向幼儿进行初步的数学教育是发展幼儿思维能力的一种重要的途径。数学被称作思维的体操。数学结构与幼儿思维的结构之间有着非常直接的、密切的联系。国内外的很多研究证实了早期数学教育能够促进幼儿的初步逻辑思维能力和初步的抽象思维能力的发展。例如林嘉绥等的《3～6岁儿童掌握长度排序的初步探讨》的实验研究表明,在幼儿期,特别是5～6岁儿童具有初步理解数量中的可逆性、传递性(推理)和双重性(相对性)的能力。[①] 幼儿初步的逻辑思维能力是指幼儿能够对事物或现象进行分类、比较、匹配、对应、排序、概括和简单推理的能力。而数学学习的过程就包含了这些基本的逻辑活动。幼儿在理解和掌握初浅的数学概念和学习简单的数学运算的过程中,常常需要把感知到的材料经过一番分类、比较、概括等分析与综合、抽象与概括、判断与推理的思维过程,经由感性经验逐步上升到理性的概念。这个过程正是发展儿童逻辑思维的最佳过程。幼儿在这样的过程中,经由在动作层面上的推理概括逐渐进入到表象层面的推理,为建构和形成符号层面的抽象逻辑推理能力积累丰富的感性经验。幼儿借助具体事物和直接的操作活动所获取的这些粗浅的数学经验,可以帮助他们建构抽象的数学概念。

此外,早期的数学启蒙教育也有助于幼儿形成准确、灵活、敏捷、发散等良好的思维品质。首先,幼儿园的数学教育活动为幼儿提供了丰富而具体的数学操作材料、生动而有趣的数学活动形式,给幼儿提供了主动参与活动的机会,能够让幼儿在主动的探索和学习过程中发现问题、分析问题、解决问题,形成一种主动、积极的思维习惯。其次,丰富而有趣的数学教育活动由于常常是建基于幼儿自身的生活经验,幼儿在数学活动中展开基本的数学思维时,他们常常在与同伴的互动中既要表现出一定的思维活动的速度,又要能够根据具体的情境去调整和改变思维的方向,对同一事物和现象从不同的方面进行观察、比较和分析,从而不断地提升自己思维的灵活性和敏捷度。思维的发散性和创造性同样在幼儿的数学学习中有所体现,并可以不断提升和发展。例如,在分类活动中,幼儿根据物体的某一特征进行多角度的分类,并可以基于某些特征进行排序。在模式活动中,幼儿可以寻求不同的方式去建构模式。这些活动均要求幼儿不断改变思维的方向,对同一对象从不同的方面进行观察、思

[①] 林嘉绥,王滨.3～6岁儿童掌握长度排序的初步探讨[J].学前教育研究,1988:5.

考,体现了幼儿思维的灵活性,也锻炼和发展了幼儿思维的发散性和创造性。

4. 有助于为儿童的入学教育打好基础

早期儿童的数学教育可以发展儿童初步的逻辑思维能力和思维品质,它同样也让幼儿获得一种数学的思维方式。有了这种数学的思维方式,儿童就能够发现生活中的数学,自觉地将生活中和游戏中所遇到的具体问题转化为抽象的数学模型来加以解决。数学将具体的事物和问题模型化,使之成为抽象的数学问题,它帮助我们透过具体的、表面的现象,揭示事物本质的、共同性的特征和规律。这样的良好的思维能力和思维品质是幼儿入学教育的准备性前提和基础。

在幼儿园中,幼儿的数学操作活动常常会表现出明确的规则、要求和评判标准,且带有较为明确的任务性。幼儿在从事这些操作活动的过程中就会逐步形成学习的任务意识、规则意识。如小班幼儿在操作活动的过程中常常会忘记自己正在进行的操作任务和操作规则,而在其与教师和同伴的互动中会逐渐关注到自己的操作任务和操作规则,从而逐步建立初步的任务意识和规则意识。幼儿对操作任务和操作规则的理解与关注,具有双重的意义。它既是幼儿完成数学操作的保证,也是幼儿社会性发展的具体表现。任务意识和规则意识的发展,能为幼儿适应小学正规化的学习活动打下基础。

认识自然界的数量关系和空间关系是人类认识世界的一个重要方面。数学是现代科学技术的基础和工具,同时也是基础教育中一门重要的基础课程。在幼儿入学前进行数学启蒙教育,让幼儿积累关于世界中事物的数量关系和空间关系的感性认识和经验,就是让幼儿在生活的非正式活动中感知数学的科学美、抽象美和创造美,体验数学的精确性、逻辑性、抽象性,以及数学在现实生活中的普遍和有用,从而为幼儿以后形成正确的数学观念和数学概念做好准备。同时,大量的相关研究也表明,与那些未受过学前期训练的同龄人相比,早期接受过较为系统的数学启蒙教育的儿童在进入小学,甚至中学后的数学学业成绩和学习能力会表现得更出色。

(二)学前儿童数学教育的任务

《幼儿园教育指导纲要(试行)》规定了幼儿园的任务是"为幼儿提供健康、丰富的生活和活动环境,满足他们多方面的发展需要,使他们在快乐的童年生活中获得有益于身心发展的经验","为幼儿一生的发展打好基础"。由此我们可理解到,向幼儿进行数学教育就是让儿童在健康、丰富的生活和活动环境中获得有益于身心发展的数学经验,让幼儿"能从生活和游戏中感受事物的数量关系并体验到数学的重要和有趣"。

好奇心与探究欲是人类认识活动必不可少的主观前提,是探究和学习的原动力、内驱力。认识自然界的各种数量关系和空间关系,是人类认识自然界的重要组成。幼儿阶段正是积累有关数量关系的感性认识和经验的关键时期,因而作为启蒙教育的学前儿童数学教育就具有以下基本任务。

1. 保持和增进幼儿对数学的持续的兴趣和探究欲

对周围世界充满好奇心和求知欲是每个儿童的天性,也是儿童学习兴趣的源泉。对幼儿而言,这个阶段最重要的不是去学习知识,而是要把其对周围事物的好奇心和求知欲发展为对世界探索的持续性的兴趣和学习习惯。早期儿童的数学启蒙教育就是要利用儿童的这种天性,把儿童与生俱来的对外在世界的探索兴趣转化为对隐藏在事物、现象背后的数学关系探索的内在兴趣。

由于数学知识本身具有抽象性的特点,儿童对数学的兴趣具有一定的特殊性。一般来说,儿童容易对数学活动的形式以及数学活动中的材料等外在的形象产生兴趣,但对事物和现象背后的数学属性和数学关系难以自发地产生兴趣。学前儿童的早期数学教育就是通过活动的创设、材料的创造来吸引儿童操作的兴趣,进而把这种兴趣转移到操作的内容上。在操作活动中,幼儿通过自主性的操作,充分地与材料相互作用,既能够满足幼儿的操作愿望,也能够让幼儿在操作过程中发现数学关系,体验数学的有趣。从而把对数学活动的外在兴趣转变为对数学本身的内在兴趣。这种兴趣不仅是对数学知识的兴趣,更是一种对思维和理性活动的兴趣。

2. 发展幼儿初步的逻辑思维能力和应用数学的能力

"数学是关于人类接近世界的方法。人类只要思考就是以数学的方式思考。"[①]数学自诞生起就与思维结下了不解之缘,数学要通过思维来反映,数学又是思维的工具。学习数学的人能更有效地进行思维,发展人的思维能力是数学重要的文化功能,没有数学就不存在有组织的逻辑思维。数学是一所优秀的思维学校,是一门睿智的训练学科,也是一种抽象的思维模式。所谓"掌握数学",实际上就是掌握基本的数学思想和数学方法,是一个运用数学进行思维的过程。

有学者指出:"当前中国国民应有的数学素养包括:数学知识、数学方法、数学思想和数学能力、数学意识、数学语言、科学精神和科学价值以及使用计算机的技能和能力。"[②]

首先,幼儿园数学教育要培养幼儿以数学思维思考问题的意识。我们通常说一个人数学的能力并非简单地指他记忆数学知识的多少,而主要是说他能否将数学作为一种工具对其所研究的学科进行深化运用和升华创新。对幼儿进行数学教育时,教师不能把数学教学简化为单纯的知识传授,而应着重于训练幼儿的分析、理解、应用的思维方法。教师主要的职责在于使幼儿在和充满数学的世界打交道的过程中,建构自己的认知,实现着自己思维的发展与转化。幼儿数学教育就是要让幼儿的初步逻辑推理能力在动作水平、表象水平和符号水平之间发生转化。在此转化过程中,表象水平的逻辑推理能力是幼儿思维由具体走向抽象的重要一环。

其次,幼儿园数学教育要让幼儿"会用数学"。荷兰数学教育家弗赖登塔尔曾说过:"数学学习的过程就是要通过数学语言,用它特定的符号、词汇、句法和成语去交流,去认识世界。"数学在人的素质的养成中具有不可替代的作用。"在个人生活和社会生活中,数学能使人成为有教养的公民,能使人作出明智的决定。"[③]数学是一种方法。数学能使人们的思维方式严格化,养成有步骤地进行推理的习惯。人们通过学习数学,能使他们的理智获得逻辑推理的方法,从而他们就可能把知识进行推广和发展。

3. 为幼儿提供和创设发现与体验数学的环境

儿童的心理是在活动中,在和周围世界中的物与人的相互作用中发展起来的。数学的主体是高度抽象的数理逻辑知识,它必须依赖于幼儿作用于物体的一系列动作以及动作之间的协调才能够建构起来。物质材料是通向抽象数学世界的桥梁。在数学活动中,幼儿与

---

① [美]斯图尔特·夏皮罗. 数学哲学——对数学的思考[M]. 郝兆宽,杨睿之译. 上海:复旦大学出版社,2009:171.
② 孙宏安. 数学素质界定我见[J]. 数学教育学报,1996(4):10-14.
③ Preamble. The Thirteenth ICMI Study on Mathematics Education in Different Cultural Traditions: A Comparative Study of East Asia and the West[J]. Educational Studies in Mathematics, 2000, 43:95-116.

周围的人以及物质材料发生相互作用,从而产生积极的思维活动,才能促进幼儿探索和建构数学经验的进程。物质材料在形成和改变幼儿脑结构的过程中起着十分重要的作用。因此,在早期数学启蒙教育中,为幼儿提供和创设丰富的数学学习环境和数学学习材料是幼儿数学教育重要的任务。

学前儿童的心理发展特点决定了幼儿学习数学的方式是在其生活世界中与物体打交道的过程中形成数学的体验和感受,建构初步的数学经验。因此,教师在充分认识到环境与材料在幼儿数学学习中的重要作用的前提下,必须积极地为幼儿创设有准备的且有吸引力的环境和材料。有准备的环境和材料体现在环境和材料要与儿童的思维发展水平和真实的生活经验紧密相连,要具有生活经验的适宜性。有吸引力的环境和材料是指要为幼儿提供可供其动手操作和思考的多种感性材料,能够调动儿童的多种感官,引发儿童的兴趣和注意力;提供他们与教师和同伴互动的机会,让儿童在游戏的状态下操作、学习,有足够的时间、空间去探索、发现、思考和建构数学关系,获得数学经验,体验数学的快乐和有趣。

4. 促进幼儿对数学经验的积极建构,为其入学做准备

"当学习发生在有意义的和熟悉的情境中时,儿童就能够在他们熟悉的环境中获得经验,主动建构知识,发现新关系。成人的作用就是以这些知识为基础,支持儿童向更高层次发展。"[1]查尔斯沃斯在《3~8岁儿童的数学经验》一书中,将儿童学习中的数学经验分为三类:自然学习经验、非正式学习经验和结构化学习经验。自然学习经验是那些由儿童自主的选择和行为的经验,最初是完全由儿童所控制的学习经验。它常常是儿童在日常活动中自主萌发的。这些经验是感知运动阶段儿童主要的学习方式。非正式学习经验是由儿童选择的活动和行为,但在某种程度上受到成人的干预。它常常是由成人在儿童进行自然学习过程中引发的经验。这种经验不是事先计划好在某个特定时间进行的,而是发生在成人根据自己的经验或他的直觉告诉他该提供支架时。例如,一个3岁小孩竖起三根手指说:"我6岁了。"爸爸说:"我们来数数这是几根手指。1,2,3,三根手指。你几岁了?"当教学机会偶然出现时,非正式学习经验就发生了。而结构化经验是由成人为儿童选择的经验,并给予儿童的行为一些指示,是预先计划好的教学或活动。

张奠宙认为,所谓基本数学经验,是指在数学目标的指引下,通过对具体事物进行实际操作、考查和思考,从感性向理性飞跃时所形成的认识。并指出,数学经验,专指对具体、形象的事物进行具体操作和探究所获得的经验。因而,早期儿童的数学启蒙教育也就担负着重任——让儿童在生活中积极建构和积累丰富的自然经验和非正式数学经验,从而为进入正规的结构化学习做准备。

本章小结

数学是关于客观外部世界中事物之间数量关系和空间关系的科学。数学起源于人类的生活实践,其由具体走向抽象,由感性走向逻辑,由零散走向系统的发展过程具有阶段性。数学具有抽象性、逻辑性、精确性、应用性等基本特性。数学的价值主要体现在其应用价值、思维价值、科学价值、文化价值、审美价值和教育价值上。

学前儿童的思维发展特点表现为思维发展依赖于动作和思维具有过渡性两大特点。学

---

[1] 胡典顺. 数学:意义的领域[D]. 武汉:华中师范大学,2009:153.

前儿童数学学习的特点表现为:儿童早期数学概念的发展是一个渐进的体验过程;儿童早期数学学习起始于动作;幼儿数学知识的内化过程需要借助于表象的作用;儿童早期数学概念的获得是一种主动建构的过程,也是一种社会性互动的过程;儿童早期数学概念的获得需要与日常生活情境相联系的学习背景。因而,早期儿童数学教育的特点表现为:学前儿童的数学教育是立足于儿童现实生活的非正式数学教育;是儿童通过自身活动主动建构数学经验的探究过程;是促进儿童思维发展与转换的教育;是养成良好学习习惯和兴趣以适应小学阶段学习的准备性教育。

学前儿童数学教育的意义在于:其有助于儿童更好地生活和认识周围世界,有助于儿童形成对数学的持续的兴趣和探究欲,有助于儿童发展初步的逻辑思维能力和思维品质,有助于为儿童的入学教育打好基础。因而学前儿童数学教育的任务在于:保持和增进幼儿对数学的持续的兴趣和探究欲;发展幼儿初步的逻辑思维能力和应用数学的能力;为幼儿提供和创设发现与体验数学的环境;促进幼儿对数学经验的积极建构,为入学做准备。

思考与练习

1. 数学学科具有哪些基本特性?对学前儿童数学教育具有什么样的启示?
2. 通过对儿童个案的观察,理解和体会学前儿童学习数学的基本特点。
3. 结合实际,思考学前儿童数学教育的性质、任务和意义。

第 2 章 早期儿童数学能力发展与教育的基本理论

> **教学目标**
> 1. 了解早期儿童数学学习与发展的基本观点。
> 2. 初步了解早期儿童数学学习与教育的主要理论流派及其主要观点,进一步把握儿童数学学习的本质特征。
> 3. 初步了解不同的幼儿园数学教育课程模式的特点和精髓,批判性地反思各种幼儿园数学教育课程模式。

多年来,众多的认知心理学家、发展心理学家、数学教育家,从不同角度展开了大量的研究,探究了儿童数学学习与发展的规律和特点,并在此基础上提出了自己的数学教育思想和主张。本章主要介绍了列乌申娜的早期儿童数学教育理论、以皮亚杰为代表的建构主义数学学习理论、以格尔曼为代表的"数数模式"理论以及以西格勒为代表的"数学策略"选择理论。

基于不同的理论,发展出了不同的数学教育模式和方案。本章主要介绍了蒙台梭利数学教育课程、认知导向的海伊斯科普课程和格里芬的"数字世界"儿童数学课程。

这些理论流派和课程模式在儿童数学教育方面带给我们非常大的启示,进行幼儿园数学教育时可以参照这些理论流派和课程模式的观点与主张。与此同时,我们也不要盲目崇拜,对于这些理论我们要批判性地吸收。

2.1 早期儿童数学学习与认知发展

儿童对数学知识理解的本质以及儿童数学知识的发展机制一直是心理学和教育学争论的核心话题。关于儿童数学知识的发展机制问题,一种观点认为人类在进化过程中形成了一种内在的系统用以表征和处理数量信息;而另一种观点认为,儿童数学知识的发展机制是一种生成数学知识的一般性学习机制。由此就形成了两种关于早期儿童数学学习与发展的不同观念。

一、数学知识的起源问题:先天和后天的论争

数学知识的起源问题和数学知识在整个儿童期如何发展变化的问题是认知发展领域和数学教育领域的核心问题。发展心理学家一直热衷于数学知识的起源问题及其与其他认知发展领域的关系。而关于知识是学习的结果还是生物遗传的结果,是哲学界和心理学界长期以来争论的话题。如经验主义对这一问题的解释是,儿童通过对外部世界的观察和实际获得的经验来理解哪怕是最简单的数学关系,儿童的数学知识是通过对不同情境经验的归纳得来的。而理性主义认为,人的大脑中有一种先天的数概念,这种数概念给儿童后来的数学能力的发展提供了基础,儿童大脑中先天就有的数概念系统给儿童理解有关数的感知信息提供了可能性。但争论的结果是后天的学习与先天的生物遗传对人的发展来说都是最基

本的因素。如即使是"白板说"的提出者洛克,也认为知识完全来自于人的经验,但人的思维能力是来自于生物遗传的能力。他把来自于经验的知识与归因于生物本性的思维能力进行了明确的区分。但他认为思维能力在人的观念的形成中起着非常积极的作用,经验的影响总是依赖于有机体的生物特性。

在数学哲学领域中,数学领域的实在论者认为,数学对象完全是真实的,独立于我们而存在。比起如苹果这样的日常对象或如电子这样的科学实体而言,数学对象与之并无不同。我们不以任何方式创造它们,只是发现它们。数学不是约定的,而是描述性的。数学不是基于经验证据的知识,而是先验知识。一项数学成果即是发现一个已经存在的、特殊领域的客体,这先于人类知识;算术命题是真实的,因为它与我们日常称之为"数字"的实体相一致;而几何告诉我们理想条件下的实体,即"点""线"之间如何相互关联。而建构主义认为数学实体是我们人类所建构的。如维特根斯坦认为,数学是人类生活形式及语言规则的约定,是特定生活形式的规则体系或语言游戏。数学的可靠性建立在生活形式一致的基础之上。①

那么,人类的数学能力是与生俱来的还是后天习得的?这个问题一直是数学心理学中的经典问题。斯坦尼斯拉斯·迪昂(Stanislas Dehaene)的认知神经研究发现并证实了大脑顶内沟(intraparietal sulcus)的数字认知功能。他认为,数学本身也是进化上另一个缓慢的生物演进结果,大脑中专化的智力器官之一为原始数字处理器,它能将我们在学校中学习的数字先转换成形象。人类即使是在较低级的发展阶段,还是具有一种特殊的能力,即数字感(number sense)。这是一种让动物和人类具有数字意义的直觉感。许多关于婴儿的科学研究表明,即使是1岁以下的儿童,甚至是在他们还无机会通过与周围环境的互动而建立起抽象前,已经具有或多或少的数字概念。新生儿即使是仅出生数天,也能区分数字2与3。但苏联心理学家维果茨基从发展的文化背景出发,认为文化实践和与之相关的工具和符号系统对知识的具体类型的发展具有调节性作用。认知领域至少在某些方面会受到文化实践的塑造。知识获取的过程会随文化实践的内容领域而变化。

英国著名认知神经科学家巴特沃斯(B. Butterworth)基于认知神经科学的证据并从模块理论的假设出发,提出了人类大脑中存在"数字模块"的理论。巴特沃斯认为,数学能力是一种高速的、自动的、具有领域特殊性的认知模块。它不是后天习得的,而是我们先天具有的。他指出:"我们先天就具有了专门从事识别较小数量感的大脑回路,我将这些回路称为数字模块,它们构成了我们数字能力的内部核心。数字模块的功能就是以'数量感'(numerosity)来对世界(通常表现为较小物体的集合)进行归类。接着,在这个内部核心的基础上,我们再主要从我们身边的文化中获取数字和数字的有关知识,建立起高级数字能力。这就意味着你我的数字能力取决于三个因素:天赋的内部核心、我们所处的文化中的数字知识和我们所掌握这一数字知识的程度。"②人类的数学大脑包括先天的数字模块和后天的拓展模块功能的概念工具。其中数字模块是数字能力的内部核心,而概念工具则包括了拓展数字模块功能的文化资源。我们拥有的资源和我们对资源的掌握程度决定了我们数字能力的拓展程度,即决定了更为先进的技能。而先天数字模块和后天数字功能的延伸是通过手指得以联系的。从物种进化角度看,人类手指的广为使用是数字发展的关键;从个体发育角度

---

① 魏屹东,樊岳红.数学是先天生成还是后天建构?[N].中国社会科学报,2013-03-18(A05).
② Brian Butterworth. 数学脑[M]. 吴辉译. 上海:中国出版集团东方出版中心,2004.

看,儿童成长发育时,数字模块的大脑核心回路就与手指的大脑回路相联系,使数量感功能得到拓展。数字模块发育正常的情况下,儿童之间的能力差异完全是由源自文化的概念工具的不同决定的。在数字能力的发展因素中,先天因素就是由基因所提供的数字模块,后天因素即教育和练习。

二、儿童数学知识发展的两种观点

(一)数数是儿童数学知识发展的基础

绝大多数关于儿童数学思维发展的研究假设,数数(shǔ shù)或者某些决定不连续量的数值的形式是儿童数学知识发展的基础。以格尔曼为代表的一些数学心理学家认为,有一种先天的数数机制能够让婴儿辨别物体集合的数量特征。也有一些理论认为婴儿刚开始仅有有限的,以知觉为基础的、辨别 3 以内集合数量的机制,这种机制是儿童数概念发展的基础。

先天数数机制理论认为,儿童先天具有一种累加器(accumulator)的机制,能进行一种非言语的数数活动。一种神经冲动发生器会以规则的频率发出神经冲动,这些神经冲动必须穿过一个控制门进入到累加器中。当控制门关闭的时候,神经冲动就不能进入到累加器中。因为每次门开启的时候,就会有一个可数的项目,累加器的内容就会随数到的项目的增加而增加。这样,累加器的最后状态就表明了数到了多少项目。由于每次控制门开启时穿过控制门的神经冲动的数目是不精确的,因而,累加器的最后状态所表征的数量也是不精确的,但它表征了一种顺序。先天的非言语的数数机制是儿童学习言语数数的基础,言语数数系统也要遵循像非言语数数体系一样的规则。那些首先在非言语数数系统中不明确的知识慢慢会在言语数数系统中明确起来。例如,儿童可以利用数数中的数与实体一一对应的关系来进行数守恒的推理。

(二)量的比较是儿童数学知识发展的基础

而以达维多夫(V. V. Davydov)为代表的心理学家认为,儿童数学发展的基础并非数数或其他有关数量理解的机制,而是关于量的关系的基本概念,如相等、少于、大于等概念。这些概念在数值和物体的特征量之间建立联系。该理论认为,数概念的获得是以对不连续量的非数值思维形式为基础的。

他们认为,儿童数学思维的起源是量的比较,量的比较是儿童对数的理解的基础。数系统的界定是基于一系列的诸如集合、相等、许多等概念链。因而,他们认为这些基本概念比数数更基础。量的比较的重要基础是单位(unit)概念的构造。例如,当我们对一个集合的元素数目进行数数的时候,我们就像测量一个连续量一样,首先要决定所数为"1"的物体,然后在集合内重述这个单位。单位在两个方面形成了可比较性特征:一是单位之间的相等关系;二是观察到不同的单位可以应用于同样的特征量,从而认知到数值是对所选单位与特征量间关系的最基本表征。因而,为了较好地理解测量的单位,以及单位大小的变化对数值结果的影响,儿童需要从日常的客体概念中辨别出具有数学意义的单位概念。

三、儿童数学学习的两种观点

在对儿童学习的认识上,主要有两种基本的学习理论,即吸纳理论(absorption theory)和认知理论。这两种理论对于知识的本质、知识如何取得,以及怎样的知识才是知识等问题具有不同的观念。吸纳理论认为知识是事实的集合,是由外在而植于内心的。学习就是使信息内化的过程。而认知理论认为,有意义的知识并不是从外面强行获得的,而是从内心产生的。真正的知识需要洞察和理解。

(一)吸纳理论的数学学习

根据吸纳理论,数学知识本质上就是事实的集合。因而,数学学习就是一个被动接受事实的过程。也就是说,数学学习是一个不断重复练习而形成记忆的过程。知识的增长就如同建造一座事实的仓库,基本上是一种累积的过程。

吸纳理论认为,学习必须通过外在的力量。教师必须通过奖励或处罚的方式来控制儿童的反应。

(二)认知理论的数学学习

认知理论认为,知识的本质上是信息元素借由相互的关系而结合在一起形成有组织有意义的整体。获取知识的过程就是内在自发性地学习和建构关系的过程。这种关系的建构过程意味着儿童思考方式的改变。儿童数学的发展,除了数学经验的量的增加,更重要的是其思维方式的改变。

认知理论认为,学习可以作为它本身的报酬。儿童有一种天然的好奇心,有一种对世界探求的欲望。一旦他们的知识逐渐形成,自然就会寻求更困难的挑战。因而,认知理论认为数学教学就是将数学转换成儿童可以体验的形式,给予儿童去发现数学关系、数学意义以及制造机会供儿童建立数学思考和数学表达的过程。最能激发儿童积极参与学习的方式就是游戏和操作。

2.2 早期儿童数学能力发展理论的主要流派

在儿童早期数学教育领域中,不少心理学家,尤其是认知心理学流派都进行了大量研究,揭示了儿童数学学习与发展的规律,并在此基础上提出了自己的数学教育主张。本节将简要介绍这些理论流派的研究结果,以期使读者了解不同理论观点,并在此基础上做出自己的思考。

一、列乌申娜的早期儿童数学发展与教育理论

列乌申娜(1898—1984)是苏联著名的幼儿教育专家。她较早就致力于学前儿童数概念发展与教育的研究,代表性的著作是《学前儿童初步数概念的形成》。该书系统地阐述了学前儿童初步数概念的形成与发展的理论和特点,详尽介绍了对3~7岁儿童进行数概念教育的具体方法、形式及原则。她的数概念理论主要体现在她关于幼儿数概念的形成、发展、幼儿的教学与发展之间的关系,以及幼儿数学教学的基本原则等方面。

(一)儿童数学学习与教育的一般观点

列乌申娜认为数学基础知识来自于现实生活。儿童从婴儿时期就认识到客体、声音和运动,并用视觉、听觉等分析器感知它们、比较它们,从数量上区分它们。她认为,感觉过程是儿童认识事物和现象的质量与数量特征的基础,因此,感觉的发展是儿童智力和数学发展的感性基础。儿童用眼睛仔细观察物体的形状和大小,用手触摸和探察它的形状和材料。这种研究物体的考察活动叫做知觉活动。很多知觉活动的事实证明,感觉过程是最初的数学概念形成的基础。儿童在知觉活动中,进行着形状、大小和数量关系的比较,比如儿童抓1

颗糖和抓3颗糖的感觉是不一样的,从而在这种知觉中感知数量的大小关系。因而,周围的客观世界就是儿童基本数学概念形成和发展的重要源泉。

(二)教学与儿童发展

列乌申娜主张教学必须走在发展的前面,教学引导着发展,教学是发展的源泉。教学在儿童的发展中起着主导作用。她认为,儿童数学概念的发展是在儿童自己多样的活动过程中、在和成年人的交往中以及成年人引导下的教学活动过程中实现的。因此,教师的教学工作在儿童数概念的发展中也起着重要的主导作用。教师组织的教学活动,影响着儿童的心理发展。

(三)儿童早期数学教学的内容、方法和原则

在教学引导着发展的理论影响下,列乌申娜认为数学教学必须以揭示事物规律性联系的知识为核心,将零散的知识按层次联合成结构完整的数学知识体系,内容应当包括数前的有关集合概念的教学、数概念与计数的教学、空间与时间概念的教学。

列乌申娜认为,有效的教学方法和教学形式主要是游戏、操作和小实验。游戏是儿童最喜爱的活动形式,将数学的知识和概念体现在游戏的情境中,不仅可以调动儿童的学习兴趣,激发儿童形成良好的参与数学学习活动的动机,且可以有效地帮助儿童在情境中体验和获得相关的数学概念。通过操作活动,对不同材料的感知,可以让儿童在动手体验和发现的过程中积累数的经验,为数概念的获得提供感性经验和前提。而小实验也是给儿童提供主动发现问题和解决问题的机会,从而在感知活动中体验数学关系的一种重要活动形式。

在数学教学原则方面,列乌申娜提出了发展的原则,科学性和联系生活的原则,教学的可接受性原则,教学的直观性原则,系统性、连贯性和掌握知识的巩固性原则,个别对待的原则,儿童掌握知识的自觉性和积极性原则。

1. 发展的(教育性)原则

列乌申娜认为数学教育的目的是使儿童的个性得到全面发展。首先要引导儿童认识数量的、空间的和时间的关系,发展儿童思维的灵活性,同时还要促进儿童个性、认识能力以及集体关系等方面的全面发展。

2. 科学性和联系生活的原则

科学性原则要求幼儿数学教育的知识应该是系统地提示了数量、空间和时间等方面的相互关系,同时这些知识还应该是以数学、儿童心理学和教育心理学的科学知识为基础的。联系生活的原则意味着儿童的数学知识是在具体的和实际的生活材料中获得的,同时要求儿童必须善于在不同条件下应用知识。把获得的知识应用于不同的情况极大地促进了知识的内化、巩固,同时让儿童懂得知识对于实际生活的意义,懂得数学知识的价值。比如,让儿童在实际生活中购买东西,儿童需要在这种实际生活情境中兑换钱币、学习并应用计算。

3. 教学的可接受性原则

可接受性原则强调早期数学知识内容和数学教学方法要符合儿童的身心发展水平和特点。教学内容和过程的安排要由易到难,由已知到未知,由简单到复杂,由近及远。

4. 教学的直观性原则

直观性原则的基础是认识的感性和理性的统一。幼儿的思维具有具体形象性,数学活动中应该广泛地使用实物和形象的三维立体教具与材料。少用纸笔材料或者二维的图片。

动手操作的立体材料有利于儿童的感知,这会促进儿童数学知识的获得与内化。

5. 教学的系统性、连贯性和掌握知识的巩固性原则

该原则强调数学教学必须在严格的逻辑顺序中安排教学内容,学习数学知识,并培养儿童行动和思维的组织性、自我监督,避免盲目模仿,以便儿童掌握系统的数学知识、技能和技巧。

6. 个别对待原则

在集体活动中并在集体帮助下培养个性是个别对待原则的出发点。该原则要求在教学过程中尊重儿童的个别差异,正确做到个别对待。

7. 掌握知识的自觉性和积极性原则

自觉性原则要求在数学教学活动中注意感性认识和理性认识的统一。积极性原则要求教学中始终注意保持儿童的学习积极性。

列乌申娜的数学教育理论从教学引导儿童的发展出发,强调儿童的感知经验是其数学认知发展的基础,强调对儿童初步逻辑思维能力的培养,因而强调教学内容和教学过程的系统性、连贯性;明确提出了建立一个丰富而全面的数学知识体系来促进儿童逻辑思维能力的发展。

二、皮亚杰儿童数学发展理论与建构主义数学学习理论

皮亚杰(Jean Piaget,1896—1980),瑞士心理学家,发生认识论创始人。皮亚杰的许多研究涉及儿童期的概念获得和认识发生,特别是在儿童物理知识和数理逻辑知识的获得方面的研究,对心理学和教育学领域产生了广泛的影响。

(一)皮亚杰儿童数学发展理论

皮亚杰对儿童逻辑和数学概念发展的系统研究涵盖了儿童的逻辑发展、数概念、守恒概念、空间和时间概念等的发生发展,对儿童获取概念的过程和特点进行了详尽的分析,并解析了其主要的影响因素。他的有关儿童数学概念获得与发展的研究主要集中于五部著作中:《儿童的数概念》(1952年)、《儿童的几何概念》(1960年)、《儿童的空间概念》(1967年)、《儿童的时间概念》(1969年)、《儿童的机遇观念的起源》(1975年)。皮亚杰的儿童数学发展理论是与其儿童认知发展理论紧密联系的。

1. 儿童认知发展阶段论

皮亚杰认为所有孩子在获得各项概念(例如获得数的守恒、长度守恒概念)时,都要经过一系列阶段。他把儿童智慧(思维)发展分为四个阶段:感知运动阶段、前运算阶段、具体运算阶段和形式运算阶段。

(1)感知运动阶段(0~2岁)

感知运动阶段是儿童智力发展的萌芽阶段,在这个阶段,儿童只能依靠感知和动作来适应外界环境。他们这时还不能对主体与客体作出区分,因为是"自身中心化"的。用皮亚杰的话来说,儿童在这个时期只有一种图形的知识,即仅仅是对刺激的认识。应该看到奶瓶,就作出吸吮的动作。

(2)前运算阶段(2~7岁)

皮亚杰认为这个阶段的儿童发生了哥白尼式的革命,即儿童能够把自己看作由许多永久客体组成的世界中的一个客体。这个时期儿童的认知开始出现象征或符号功能(如能凭

借语言和各种示意手段来表征事物),这使得表象或思维的出现成为可能。但是在这个阶段儿童还不能形成正确概念,他们的判断还受直觉思维的影响,他们的逻辑思维不可避免地带有局限性。如儿童此时的思维仍处于不可逆的状态,具有不可逆性;儿童的思维具有中心化特点,不能在头脑中同时保持两维的变化,也就不可能考虑他人的观点,表现出典型的自我中心的倾向。最著名的实验便是皮亚杰用来观察儿童是否具有守恒概念的实验:他先用A与B两个大小完全相同的玻璃杯,在杯中盛入等量的牛奶(或果汁),并经儿童确认两杯中牛奶量完全相等。然后当着儿童的面将B杯牛奶倒入广口的C杯中,结果形成A杯与C杯的状态。此时前运算期的儿童都相信A杯中盛着较多的牛奶。原因是他只集中注意于牛奶在容器中深度的改变,而忽略了容器广度的改变,致使无法形成牛奶体积守恒不变的概念。还有一些例子:比如,只有两根等长的小木棍两端放齐时他们才认为两根木棍是同样长的。如果把其中一根朝前移一点,他们就认为它长一些。再如,将10块积木紧挨着排为一短行时,儿童相信比同块数积木分散排为一长行时为少,认为排列紧密的9颗钮扣比排列稀松的8颗钮扣要少。

(3)具体运算阶段(7~11岁)

这一时期的儿童已经表现出与实物有关的逻辑思维,其标志是儿童的思维具有可逆性、守恒性、灵活性和去中心化的特点,儿童已经具备了明确的数目、分类和序列等概念。

(4)形式运算时期(11~15岁)

这一时期儿童的思维不再受具体事物的局限,进入形式思维,儿童能充分理解符号的抽象,超出具体现实进行抽象思维。

2. 皮亚杰关于知识与数理逻辑概念的获得

皮亚杰关于儿童认知发展的理论概括起来就是:儿童是在与周围环境的相互作用过程中,逐步建构起关于外部世界的知识的,从而使自身的认知结构得到发展。儿童与环境的相互作用涉及两个基本过程:"同化"和"顺应"。同化是指把外部要素整合进儿童已有的认知结构中去。顺应是指儿童调节自己内部结构以适应外部环境发生的改变。儿童就是通过同化与顺应达到与周围环境的平衡,并在"平衡—不平衡—平衡"中得到不断的丰富和发展。

皮亚杰认为儿童的数理逻辑知识起源于"动作",包括有意的或无意的,实物的操作或智力性操作等。在皮亚杰看来,活动不仅是思维的起源,而且构成主客体关系的中介。"为了认识客体,主体一定要作用于客体",主体只有通过自己的活动而不仅仅是通过知觉来认识世界。他认为,如果儿童要形成5的概念,必须经过对包括数目是5的物体的颜色、大小、形状、重量、粗细等等对物体进行分类,以及对东西的长短的序列练习。

皮亚杰强调,除了遗传本能行为外,知识的发生、知识的获得主要来自于两类经验,即物理经验和数理逻辑经验,其中物理经验依赖于主体的个别动作,被皮亚杰称为"简单的抽象",即儿童摸一下石头,知道是硬的。数理逻辑经验的获得则依赖作用于物体的一系列动作以及动作之间的协调,被皮亚杰称为"反省抽象"。比如,组成5个橘子中的每一个橘子,都不具有"5"的性质;相反,"5"这一数量属性也不存在于任何一个橘子中,而存在于它们的相互关系中——它们构成了一个数量为"5"的整体。儿童对于这一知识的获得,也不是通过直接的感知,而是通过一系列动作的协调,具体说就是"点"的动作和"数"的动作之间的协调。首先,他必须使手点的动作和口数的动作相对应;其次是序的协调,他口中数的数应该是有序的,而点物的动作也应该是连续而有序的,既不能遗漏,也不能重复;最后,他还要将所有的动作合在一起,才能得到物体的总数。

皮亚杰认为,儿童数学概念的获得,在相当程度上是儿童自己独立地、自发地发展这些概念的结果。儿童数学认知的发展是儿童在环境中为解决认知上的冲突或不平衡,经过同化和顺应两种功能的平衡化过程重新建立新的认知结构的过程。数理逻辑知识既非存在于物体本身,也非存在于主体,而是在主客体交互作用过程中主体基于动作的协调而自我建构的。因而,按照皮亚杰的观点,儿童数学概念的获得过程是儿童在对客观外在世界的行动中不断建构数学关系和数学意义的过程。

(二)建构主义数学学习

1. 激进建构主义数学学习理论观点

激进建构主义是以皮亚杰理论为基础而兴起的一种具有广泛影响力的认识论和学习理论。该理论认为学生是知识意义的主动建构者,学习过程是一个意义的建构和生成的过程,新知识也是在学习者原有认知图式的基础上逐步生成的。它强调知识的动态性,强调学生的经验世界的丰富性和差异性,强调学习的主动建构性、社会互动性和情境性,明确指出学生是自己知识的建构者,只有学生自己才是学习的唯一主体。强调数学学习是靠认知主体依自己经验主动建构个人知识的过程,并非是简单记忆公式、法则或外显行为的改变。具体到数学领域教育,教师不能只是口头传授,更多的应该让儿童动手操作,自己建构。

2. 社会建构主义的数学学习观点

维果茨基在借鉴、批判激进建构主义的基础上,提出了社会建构主义。

(1)数学学习具有社会性

当儿童与他人共同学习时,他们不仅仅是在对物体进行操作,而且是在与他人共同建构。儿童会不断把自己的观点与别人进行比较、协调。比如,儿童形成守恒概念的过程是这样的:先让儿童一起进行数量守恒的任务,然后再问儿童两个集合数量的大小,此时的答案就较为理想。如果没有任何背景,直接让儿童比较两个有视觉干扰的集合,儿童很可能回答错误。与其他儿童的协商、交流促进了儿童数量守恒概念的获得,这种过程在儿童只是与物体发生交互作用时是不可能发生的。

(2)数学学习的互动性

社会建构主义认为学习者带着不同的先前经验,进入所处的文化和社会情境进行互动,通过学习者之间的合作和交流,互相启发,互相补充,增进对知识的理解。例如数学发展较弱的儿童与发展较强的儿童一起玩"纸牌游戏",互动过程极大促进了数学发展较弱儿童对集合、数符号的认知。

(3)数学学习具有社会协商性

数学的意义总是情境性的,儿童的数学学习知识要来源于生活现实,数学知识的理解需要儿童生活中的相关感性经验。而且他们极为看重儿童学习共同体这种促进儿童之间交流、讨论、学习的方式。

总之,皮亚杰的儿童数学发展理论和建构主义数学学习理论均强调数学学习过程中的实物操作过程,强调概念的建构过程,强调意义建构过程中的互动性特点。建构主义主张在数学学习活动中提供一定的实物材料、创设相应的环境,让儿童在操作材料、解决问题的情境中建构有意义的数学概念。皮亚杰也强调在教学活动中要为儿童提供实物,让儿童动手操作,帮助儿童发展提出问题的技能。皮亚杰认为,数理逻辑经验正是儿童在对物的行动中通过动作的协调而建构起数学关系和数学意义的结果。社会建构主义强调数学知识构成中的符号性特征,认为数学的符号性特征决定了数学所具有的社会文化性质,因而数学符号的意义建构除了要依赖于与物的互动外,还依赖于与人的互动,即数学学习具有很强的社会协商性。

三、以格尔曼为代表的"数数模式"理论

格尔曼(Rochel Gelman)是美国罗格斯大学心理学系教授,在儿童认知发展、幼儿数学学习与概念形成等方面的研究颇有建树。格尔曼和加利斯特尔共同合著的《儿童对数的理解》中明确提出了颇有影响的正确数数的5个原则。他们认为,儿童如果要成功地完成数数的任务,就必须要掌握5个原则。儿童的数数不仅仅是单纯的语言能力,而且是一种受数数原则支配的复杂认知能力。格尔曼和加利斯特尔认为,数数是一种先天能力,儿童的数数能力受到先天就有的内在的数数原则支配,它为儿童后来的数学能力发展提供了基础。儿童的数数能力由三部分构成,即概念性能力、过程性能力和应用性能力。儿童很早就掌握了概念性能力,儿童数数能力的发展过程是三种能力的协调过程,也就是儿童在前言语数数机制和言语性数数符号之间逐步吻合和转接的过程。在该过程中,儿童数数经验的获得和实践具有重要的价值。

1. 第1个原则:一一对应原则

即儿童必须理解在数的集合中的每一个物体只能对应于一个数词。也就是说,儿童要记住一个物体只能数一次,在数这个物体的时候只能说一个数词,不能点着一个物体,而连说好几个数词,例如点着第3个物体而说出3、4两个数词。被数的物体要和儿童嘴巴里讲出的数词一个一个对应起来。年幼的儿童往往要靠手指点数的动作或点头的动作来区分被数的一个一个物体,越是数数不熟练的儿童,手指越要触碰到物体。数数熟练的儿童,后期会用点头或者眼睛扫射的方式代替手指触碰。由以上论述,我们可以看出,熟练的唱数(儿童像背儿歌一样,熟练地数,这时他们还没有对数词和量的认识)是儿童正确数数的基础,如果连唱数都不熟练,要求儿童协调数词和点数物体之间的关系就更加难上加难。在遵循这一原则上,儿童可能犯几种错误:一种错误是漏数一个物体或一个物体数了两次;另一种错误是漏了数词(跳数)或重复使用了相同数词(比如,嘴巴里数4,可是手指指着第4、5个物体);还有一种错误是儿童口数的数词和点数的动作不能一致起来,有可能说的数词多于物体,也有可能少于物体。

2. 第2个原则:固定顺序原则

这一原则是由数词系统本身特定的顺序和规律来决定的。儿童在数数的时候,数词的顺序用于数不同的物体时应该是一样的,而不可以任意地改变。比如说,我们用1、2、3的顺序数一堆苹果,数一堆香蕉的时候也应该是1、2、3的顺序,而不能用2、3、1或者3、2、1等顺序。这一原则也跟儿童的唱数有关,儿童熟练的唱数能够帮助他们记住并自觉应用数词的顺序。

3. 第3个原则:基数原则

"基数原则是指儿童用于数某个集合的最后一个物体的数词同时又代表了这个集合的总数。"[①]考察儿童是否掌握这一原则有两种评价方式:一种方式是让儿童数一数集合,

---

① 周欣.儿童数概念的早期发展[M].上海:华东师范大学出版社,2004:78.

然后说出这个集合的物体的数量是多少;另一种方式是让儿童从一个集合中拿出特定数量的物体。后一种方式更加可靠,因为即便在第一种方式中,儿童正确地说出了物体的总数,也不见得是真正理解了基数概念,有可能是儿童模仿成人的行为,因为成人经常把物体的数量数一数,然后数到最后一个物体时,声音放大放慢强调最后一个数词。比如成人数一数5个苹果,然后放慢速度大声数最后一个词5,然后告诉儿童,一共有5个!慢慢地,儿童有可能就记住了,最后一个数词就是数量的总数,而不是真正理解了基数的概念。相反,如果儿童能够从一堆钮扣中正确取出7个钮扣,则说明儿童真正理解了7这个基数概念。学前儿童在后一种评价方法中的得分一般会低于前一种。

4. 第4个原则:抽象性原则

这一原则指前面所说的如何数的3个原则可以应用于任何一个集合,比如3可以是3个苹果,也可以是3根香蕉、3个小朋友、3张桌子、3块饼干,等等,即任何由可数实体组成的集合都可以计数。

5. 第5个原则:不相干原则

即一个集合的总数与点数这个集合中的每一个物体的顺序无关。即从左到右数和从右到左数,集合的数量是一样的。这个概念对于儿童来说,并不容易。在数数不熟练的情况下,儿童往往运用习惯的数法,从左到右数,而且认为从左到右数是唯一正确的数数方法。有研究表明,4岁儿童的数数技能和这一原则的掌握有关。主试先让儿童从左到右地数一排物体,然后问儿童能不能反过来从右到左数,29个被试中有22个儿童认为可以这样做。主试又问反过来数是多少个物体呢?这22个儿童中只有16个儿童回答对了。

四、以西格勒为代表的"数学策略选择"理论

在对学习策略和数学学习策略的研究不断深入的基础上,人们逐渐发现学前阶段的幼儿就已经具有了相当水平的数学知识、技能和学习策略,而这种知识、技能和策略会在一定程度上影响小学以后儿童数学能力的发展。数学学习策略是指一切有助于数学学习的学习策略,包括对概念公式的理解、记忆和运用以及数学问题的解决等。

西格勒的策略选择理论认为,各年龄段的儿童均了解和使用多种相互之间有竞争的手段(如策略、规则或表征),每一种手段的选择依赖于对具体的问题和情境的适应。随着各种类型的手段在不同类型问题上的使用,儿童就积聚了大量关于每种手段在具体问题类型上的相对适应性信息,这样就会逐步选择出更适合的策略。因而,该理论认为,人们一般会用多种策略和表征来解决遇到的问题,而不是仅仅一种。各种策略和表征会在很长的时段内共存,而非一个简短的转换阶段。人们会根据情境的适应性来选择策略和表征。他们会根据问题和情境特征来调整自己的选择,从而产生更精确和快速的表现。相关的经验导致人们会拥有多种策略,它可以通过保持过去处理过程中的策略使用经验以提高未来的表现。

(一)儿童数学策略的选择:提取性策略与支持性策略

西格勒的研究揭示,数学策略可以粗略划分为两大类,即提取性策略(retrieving stratege)和支持性策略(backup stratege)。提取性策略是指儿童直接从长时记忆中检索出问题的答案。支持性策略是指儿童要借助于手指和言语来计算,包括数手指、用手指、言语数数三种策略。我们经常可以看到,儿童在解题过程中借助于手指或出声的计算问题,即便没有出声,也可以看见他们嘴唇的活动。他认为,在多重策略中,儿童对策略的选择取决于速度

和精确性。当强调速度时,儿童采用提取性策略;当强调正确时,儿童采用支持性策略,儿童总是在速度和精确之间做出有效的权衡。例如,9的分解活动中,教师用一个儿歌的方式要求儿童很快地说出答案——"嘿嘿,我的3球碰几球?"儿童需快速说出"嘿嘿,你的3球碰6球"。这个过程中,儿童来不及用手指、言语等支持性策略,他运用的是提取性策略,即从自己的记忆中回忆、提取。

提取性策略和支持性策略有不同优点,提取能保证快速获得答案,当儿童不能提取时,支持性策略能保证答案的精确。西格勒认为,对容易的问题,儿童主要选用提取性策略;对困难的问题,主要选用支持性策略。比如,在集合比较的任务中,如果让幼儿比较较小数量的大小,如3和2的大小,儿童会运用提取性策略。如果让儿童比较较大数量的大小,如9和7的大小,儿童很可能会运用支持性策略,借助掰手指的方法来比较。

(二)儿童数学策略运用的特点

西格勒发现,儿童的策略运用是变化而多样的,我们若忽视这种多样性则会严重歪曲对儿童认知活动的认识。研究表明,大多数儿童在完成较简单的熟悉的任务时,至少运用三种不同的策略。在获得策略的初期阶段,儿童相应知识背景少且策略运用不熟悉时,仅用一种策略(最保险、最熟悉的策略),在策略获得的后期阶段,儿童具有相当知识背景且策略运用较为熟练时,也往往仅用一种策略(最适合的策略),在这两个阶段之间则运用多种策略解决同一问题。例如,儿童初学一位数的加法时,均以手指的策略解决问题。当他们对问题完全熟悉时,会采用提取策略,直接从长时记忆中提取答案;但是在过渡阶段,儿童可能采用数手指、提取、从较大的加数数起、将问题分解成小问题等多种策略。因此,运用多种策略解决同一问题是策略从初级向高级阶段过渡的中间环节。再如,儿童初学集合比较时,往往运用视觉提示的方法来比较,即排列稀疏7个钮扣看起来比排列密集的8个钮扣要长,即认为更长一些的7个钮扣多;当他们对问题完全熟悉时,往往运用数一数每个物体的数量,随后从长时记忆中提取8比7大。而当儿童处于过渡环节时,很可能采用视觉提示、一一对应、数一数等多种策略。

(三)儿童数学策略运用的发展性

儿童数学学习策略的发展是一个逐步成熟的过程,会随着运用而不断发展变化。西格勒研究发现,儿童策略运用的发展变化主要体现在:

(1)新策略的获得。儿童即使已有一些策略,并且这些策略能较好地解决问题,但他们还是会不断发现新的策略。

(2)对最有效的策略运用频率增高,儿童对不同策略的使用频率是不断变化的。例如5~7岁儿童做加法时,可能会运用到直接提取、接数、减法等策略,但是随着儿童年龄的增大和数学发展水平的提高,第一种策略使用的频率是稳定增加的。

(3)儿童获得新策略的初期,运用新策略解决问题惊人地缓慢。例如,虽然儿童知道更为有效的策略,但是他们却不经常使用他们,他们宁可固守他们原来已经掌握的、更加方便的策略。只有通过不断成功练习,儿童才知道更有效地运用每一个策略。

西格勒的研究同样表明,向儿童说明并解释新策略,让儿童会用自己的语言来解释为什么运用新策略这种方式,有助于儿童习得新策略。儿童经常有机会通过观察别人的问题解决而学习新策略。当孩子们学习这个新策略时,只是通过观察,他们经常也这样做,但是没有人向他们解释这个策略的逻辑和内涵。孩子们只是简单地记住他们所观察到的行为而后尝试去复制他们。但是很多情况下,成功地解决方法需要适用于特定的情境。如果不明白为什么这个策略有效,儿童很可能在其他问题解决情境下,就不能迁移新的策略。

解释新策略使用的时候,需要注意三个方面:第一个方面是解释的"量"非常重要,那些经常听成人解释新策略运用原因的儿童比其他儿童能在更广范围内运用新策略。第二个方面是解释的"背景"非常重要。当成人向儿童解释运用新策略的原因时,最好是扩大一下行为发生的条件和背景。因为,在解决问题的情境下,要想成功必须要面对不可预知的结果调整自己的策略,这种策略要有足够的灵活性。第三个方面,解释的"对象"非常重要。当儿童聚焦于解释成人使用的先进策略,比他们关注自己使用的"低级"策略,更容易习得新策略。

2.3 不同幼儿园课程模式与早期儿童数学教育

在认知心理学和发展心理学众多理论的影响下,数学教育领域产生了不少的课程模式和方案,这些颇有特色的、符合儿童数学学习与发展规律的课程模式与方案为后来者提供了大量的参照,在进一步完善、发展早期儿童数学教育课程方面,带给我们很大的启发。

一、蒙台梭利课程与早期儿童数学教育

蒙台梭利是意大利幼儿教育家,被誉为在世界幼儿教育史上,自福禄贝尔以来影响最大的一个人。蒙台梭利早年从事医学,研究智力缺陷儿童的心理教育问题。1907年,她在罗马的贫民区开设了第一所"儿童之家",将对智力缺陷儿童的教育方法应用于正常儿童。1914—1935年,蒙台梭利教育方法盛行于欧洲,后因法西斯政权而受阻,二战之后重新受到欧洲各国的欢迎。20世纪60年代在美国教育改革的呼声中风靡美国。迄今为止,蒙台梭利教育方法在幼儿教育中仍然有着广泛影响。

蒙台梭利教育体系中,感官教育占有特别重要的地位。从心理学角度讲,感官教育符合该时期儿童心理发展的状况;从教育学角度讲,从感官教育能引发出算术、语言、书写等。她把抽象的数学逻辑思维变成大量可进行实物操作的具体活动,让儿童在动手操作的过程中发现和认识各种数学知识和原理,从而帮助儿童获得坚实的数理基础和数学逻辑思维模式。

蒙台梭利课程中数学教育涵盖了算术、代数、几何三大方面的内容,其中数和量的认识、基本的四则运算是主要内容。具体包括数前教育和数学教育两部分:数前教育的具体内容包括观察与描述、比较、分类、排列、一一对应、相等化、组合与分解、背诵式计数等,感官教育中的配对、序列和分类是数前教育的三种基本操作;而数学教育内容包括了合理性计数,数的集合概念的形成,比较数的多少,建立数名、数量、数字统一的概念,了解0~10的基数的意义,学习10的合成,了解位值的表示方法,简单的加减运算,记忆性计算,等等。数前教育的目的是培养儿童初步的数理逻辑能力,而数学教育内容是让幼儿形成数概念和数的初步运算能力。

正因为蒙台梭利认为感官教育是数学教育的基础,所以她针对不同的数学教育内容,设计了不同的数学工作材料。例如,为了让儿童理解0~10的数字和数量,可运用的教具有数棒、砂数字板、纺锤棒及纺锤箱,等等。

数棒如图2-1所示,1是下面最短的一根,10是最长的一根,从1~10不断加长,并且由红色、蓝色两种颜色交替加长。这样就让儿童从感官上感受到从1~10,数量是不

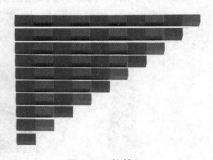

图2-1 数棒

断增加的。

砂数字板如图2-2所示,板上有0~9这10个数字,数字是凸出来的,儿童可以用手触摸数字的书写。这个教具主要用于儿童前书写时期,认识这些数字,学习数字的书写。

纺锤棒及纺锤箱如图2-3所示,箱子上写着0~9这几个数字,数字几就对应着几根纺锤棒。儿童通过用手抓握不同数量的纺锤棒,感觉不同数量纺锤棒的多少,从而建立数字与数量之间的关系。

图2-2 砂数字板

图2-3 纺锤棒及纺锤箱

为了让儿童认识十进位的基本结构,蒙台梭利发明了教具金色串珠、数字卡片等。

图2-4和图2-5展示的是金色串珠及其操作情况。1个珠子代表1,串成一串的10个珠子代表数量10,然后以串成一串的10个珠子为一个单位组成的正方形代表100。如果让儿童摆出20这个数量,儿童应该知道拿两个"10"就可以了,而不用拿20个"1"。

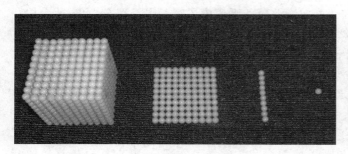

图2-4 金色串珠

图2-5 金色串珠操作展示

除了计算方面,蒙台梭利还发明了很多其他工作材料促进儿童数学其他方面的发展。比如粉红塔(图2-6)可以促进儿童对大小的认识(大的放在下面,小的放在上面才稳);三角形板(图2-7),可以让儿童透过视觉认识三角形及了解三角形与多边形的几何关系概念;棕色梯(图2-8)促进儿童正确地辨别粗、细,初步感知二维面积的差异,培养逻辑思维能力,等等。

图2-6 粉红塔

图2-7 三角形板

图2-8 棕色梯

以上简要列举了蒙台梭利教育中有关数学教育的工作材料及这些教具的教育思想和玩法。促进儿童数学发展的蒙台梭利工作材料还很多,比如为了学习奇数和偶数的"数字与筹码",为了学习数字排列的"塞根板",为了学习加法的"加法板""订正板""定规尺""心算板",等等,这里不再一一列举。总而言之,蒙台梭利课程的指导思想便是通过感官、触摸等方式学习抽象的数学知识。将感官教育与数学教育相结合可以说是蒙台梭利数学教育的经典内容。

另外,蒙台梭利教育法是一种带有玛利亚·蒙台梭利个人烙印的教育法,反映的是蒙台梭利个人的价值观。这种教育方法也有缺陷,并不完美,我们也不应该盲目追风。

二、海伊斯科普课程(High/Scope)与早期儿童数学教育

海伊斯科普课程发起于1962年,由韦卡特(D. P. Weikart)等人带动的这种早期儿童教育课程,是美国"开端计划"中第一批通过帮助处境不利的学龄前儿童摆脱贫困的学前教育方案。在这一教育方案中,儿童被随机抽取和分配,并允许研究者通过对参与该方案的儿童今后生活状况的考察来追踪该方案的作用。因此这一研究能显示海伊斯科普课程对儿童的短期和长期的好处,诸如更佳的入学准备、学业失败的减少、更低的留级率等。

海伊斯科普课程的设计者称,该课程的理论基础是皮亚杰的儿童发展理论。在课程第一阶段,他们主要关注为儿童进小学做准备的知识和技能学习方面;第二阶段,他们开始尝试把那些代表儿童该发展阶段水平的技能教给儿童;第三阶段,教师通过直接和表征的经验,以适合儿童发展水平的方式帮助儿童增强认知能力,而不是通过教授皮亚杰的技能去加速儿童的发展。

海伊斯科普课程目标是根据日内瓦研究课题——分类、排序、时间关系和空间关系而制定的。所以他们的课程非常关注认知发展的关键经验。在由霍曼、班纳特、韦卡特合著的《活动中的幼儿》一书中列出了49条儿童应该获得的关键经验。在此列出其中与数学认知相关的关键经验。

1. 发展逻辑推理的关键经验

(1)分类
- 注意并描述事物的异同,进行分类和匹配。
- 描述事物所不具有的特征或不归属的类别。
- 同时注意到事物一个以上的特征。
- 区别"部分"和"整体"。

(2)排序
- 比较:哪个更大(更小)、更重(更轻)、更粗糙(更平滑)、更长(更短)、更宽(更窄),等等。
- 以最具某种特征来排列物体,并描述它们之间的关系(最长的、最短的,等等)。

(3)数概念
- 比较数和量:多/少,等量;更多/更少,数量一样多。
- 用一一对应的方式比较两个数群的数量。
- 点数物体和唱数。

2. 理解时间和空间的关键经验

(1)空间关系
- 从不同的空间角度观察事物和场景。

- 体验和描述物体和人的运动方向。
- 体验和描述事物之间和地点之间的相对距离。
- 学习确定教室、幼儿园以及周围环境中各种物体的位置。
- 理解绘画和图片中所表征的空间关系。
- 认识和描述各种形状。

(2)时间
- 制订计划和完成计划。
- 描述和表征过去的事件。
- 用语言推测即将要发生的事件,并为此做好适当的准备。
- 在讲述过去和将来的事件时,学习使用惯用的时间单位。
- 比较时间的间隔(短、长、新、旧、年轻、年老、一会儿、长时间,等等)。
- 注意观察钟表和日历,将其作为时间消逝的标记。
- 观察季节的变化。

事实上,这些关键经验并非课程目标,它们可以通过适合儿童不同发展水平的多种活动获得。包含关键经验的活动不是相互排斥的,任何一个单独的活动都可以包含几种关键经验。

海伊斯科普课程是一套以促进儿童认知发展为导向的课程方案。该课程在儿童数学教育方面主要遵循皮亚杰关于儿童是知识主动建构者的观点,强调儿童数理逻辑知识的获得是儿童自我的经验建构的过程;强调从与儿童生活活动相关的关键经验入手,建构儿童关于分类、排序、数概念、时间和空间关系等关键概念,发展儿童的早期数学认知能力;强调教师作为儿童数学活动环境和材料的提供者,活动过程的积极鼓励者、支持者,在推动儿童积极参与到活动的选择、计划、讨论、操作、思考、表述与交流等过程中,通过发现问题和积极地解决问题获得与其关键经验有关的思维发展和逻辑推理能力的发展。

三、格里芬"数字世界"儿童数学课程中的数学教育

"数字世界"(Number Worlds)儿童数学课程是由美国克拉克大学心理学教授莎朗·格里芬和新皮亚杰学派代表人物罗比·凯斯等研究者在有关儿童早期数概念发展的研究中提出的,这一课程的目的是培养儿童的数字感知能力,使其获得数学学习所需要的一些基本概念和能力。该课程是以凯斯的中心数概念结构理论为核心,意在促进学前到小学二年级这4个年龄阶段儿童中心数概念结构的发展的一套完整的数学课程。

(一)关于数概念的发展

格里芬和凯斯提出了儿童数概念发展过程中的中心数概念结构。中心数概念结构是由核心的数知识组成的,"它不仅是在大量数学和相关问题中任务执行的基础,而且进一步的数学学习也取决于现有的结构"。[1] 他们的研究表明,儿童能在涉及时间、距离、音乐和钱币等众多领域运用这一中心数概念结构。[2] 所以,为了促进儿童的数概念发展,格里芬和凯斯

---

[1] Case R, Yukari Okamoto. The role of central conceptual structures in the development of children's thought. Cambridge University Press, 1996.

[2] Griffin S, Case R. Evaluating the breadth and depth of training effects when central conceptual structures are taught. Society for Research in Child Development Monographs, 1996, 59: 90-113.

设计了培养儿童数字意识发展的数字世界。

格里芬认为,数学不仅仅包含数字概念,更重要的是包含量的概念。当儿童意识到每一个数字都代表一定的量,意识到数字比日常使用的"许多""一点"等词语更能准确地对一定量进行描述的时候,数字才能对他们产生意义。因而,格里芬认为以物体的量以及量的各种表征形式为基本内容向儿童进行数学教育是非常关键的。

(二)"数字世界"课程中数学教育的基本内容

"数字世界"的主要目标是发展儿童数学学习中的关键性的中心概念结构,为数感的发展建立牢固的基础。具体涉及三个方面:一是帮助儿童整合计数、量以及符号的知识,并在三者间建立丰富的联系;二是让儿童感知在其所在的文化中数和量的主要表征方式及不同表征方式之间的联系,并意识到数字的相关价值;三是让儿童在由视觉到立体空间的学习情境中探索数字的意义和价值。①

"数字世界"儿童数学课程包含五个方面的基本内容,向儿童呈现了五种不同的数字表征形式。

1. 实物表征

实物表征即用若干实物来表征数字,比如几枚硬币、几块糖、几根手指头。这些物体都是真实可触摸的,具有可分类的自然属性,可以供儿童进行直观的比较、探索、讨论。处于具体形象思维阶段的儿童应该多接触以实物表征的数量,尤其对于数学能力发展较弱的儿童,教师更应该多提供实物,以供儿童从具体的实物入手,慢慢抽象概括出其中的数与量。

2. 图片表征

图片表征即将一定数量的图形以各种形式排列来表征数字,它将具体的实物和抽象的符号联系起来。教师所提供给儿童的图片,如 5 只小白兔的图片和 4 只小白兔的图片,在儿童的大脑中,模式是相同的,只是"5"比"4"多了一只小白兔。在这一阶段,教师可以给儿童提供一些卡片游戏或者骰子游戏。

3. 排列表征

排列表征是指用横向连续的空格(类似于直线上的线段)来表征数字,用表示距离的语言描述数字。数字既可以表示线段上的某个特点的地方,如第 3 个点;也可以表示沿着路线移动的数量,如移动了 3 个格子。儿童可以借用直线上的距离来理解数与量,如图 2-9。

图 2-9 排列表征

4. 高度表征

高度表征是指用条线图和刻度表征数字,用表示高度的语言描述数字,例如温度计或量身高的量尺。如图 2-10,这种表征方式与排列表征类似,两者的最主要差别是变化的方向。

---

① Griffin S. Number words: A research-based mathematics program for young children. In D. H. Clements, J. Sarama, A. M. Dibiase(Eds.). Engaging young children in mathematics: Standards for early childhood mathematics education. Lawrence Erlbaum Associates, 2004.

理解数字的高度表征有助于儿童在数字和量度之间建立联系,用标准单位来计量连续量。

5. 循环表征

循环表征是指用钟面、刻度盘等来表征数字,它将周期性(自我重复的方式)纳入计量之中。儿童在生活中会经历许多周期性的过程,如儿童学习和睡觉的生活规律、太阳的升起和落下、一周的循环。这些表征方式对儿童来说有一定难度,因为儿童一般无法动态地看待世界,尤其是循环关系。

以上就是"数字世界"的五种表征,虽然这一课程主要针对数字这一中心数概念,但其课程设计并非单纯地让儿童认识数字,而是强调让儿童充分感知社会生活中数字的各种表征形式和表达方式,帮助儿童理解计数、量和表征符号三者之间的联系。而且"数字课程"开发设计了大量的教学活动实例,这些活动多以游戏或竞赛的形式展开,有助于培养儿童数学学习的兴趣和积极的学习态度。每个活动都有相应的活动材料,为幼儿搭建了实际操作、自主探究的平台。"数字世界"还强调在儿童获得数学感性经验的基础上,还应重视培养儿童的数学思维能力,而不仅仅是简单的操作。这一点应该对我们幼儿园数学教育有所启示。

图 2-10　高度表征

本章小结

关于早期儿童数学学习与发展的起源及早期数学学习与发展的本质问题,不同的学派具有不同的解释。儿童数学认知的起源是基于数数机制,还是基于量的比较的机制?是先天的数感,还是后天的教育?争论的结果是,人们更倾向于认为人类的数学大脑既包括先天的数字模块,也包含后天的拓展模块功能的概念工具。其中数字模块是数字能力的内部核心,而概念工具则包括了拓展数字模块功能的文化资源。从个体发育角度看,儿童成长发育时,数字模块发育正常的情况下,儿童之间的能力差异完全是由源自文化的概念工具不同而决定的。在对待数学学习的问题上,基于知识观的不同,吸纳理论认为数学知识本质上就是事实的集合。数学学习就是一个被动接受事实的过程,即一个不断重复练习而形成记忆的过程。而认知理论认为,获取知识的过程就是内在自发性学习和建构关系的过程。这种关系的建构过程意味着儿童思考方式的改变。儿童数学学习过程就是去发现和建构数学关系、数学意义以及建立数学思考和数学表达的过程。

基于早期儿童数学学习与发展规律和特点的研究,由于关注的差异,形成了关于早期儿童数学学习与教育的不同理论流派。列乌申娜的早期儿童数学教育理论认为感觉过程是儿童认识事物和现象的质量与数量特征的基础。儿童数学概念的发展是在儿童自己多样的活动过程中、在和成年人的交往中以及成年人引导下的教学活动过程中实现的;以皮亚杰为代表的建构主义数学学习理论,认为儿童的数学学习是在与物质世界和人打交道的过程中,主动建构数学的关系和意义的;以格尔曼为代表的"数数模式"理论认为儿童的数数能力受到先天就有的内在的数数原则支配,它为儿童后来的数学能力发展提供了基础;以西格勒为代表的"数学策略"选择理论认为任何年龄的儿童都懂得并使用多种策略和表征,每一种策略或表征的选择或多或少都是同是否与问题和情境相适应有关。随着在不同的问题上使用不同的方法,这样就积累了大量的有关每种方法对具体类型的问题的相对适应性的信息,且逐渐会选择更具适应性的策略或表征。

在认知心理学和发展心理学众多理论的影响下,数学教育领域产生了不少的课程模式和方案。本章主要介绍了从感官教育出发,把抽象的数学逻辑思维变成大量可进行实物操作的具体活动,让儿童在动手操作的过程中发现和认识各种数学知识和原理,从而帮助儿童获得坚实的数理基础和数学逻辑思维模式的蒙台梭利教育模式;以促进儿童认知发展为导向,遵循皮亚杰知识建构观,强调关键经验建构的海伊斯科普课程;以发展儿童中心数概念结构为目标,强调让儿童充分感知社会生活中数和量的各种表征形式,帮助儿童理解计数、量和表征符号三者之间的联系的格里芬"数字世界"课程。

  思考与练习

1. 阅读并搜集有关文献资料,进一步理解早期儿童数学学习过程中数数与量的比较之间的关系。

2. 比较四种数学学习理论,结合我国学前儿童数学教育的实际,分析其各自的优缺点,并尝试提出各理论对解决我国学前儿童数学教育实际问题的启示。

3. 结合实际,思考我们在学前儿童数学教育中如何吸收和利用已有的相关数学课程模式。

第3章 幼儿园数学教育活动设计基本理论

教学目标

1. 学习和了解幼儿园数学教育活动设计的基本原则,理解幼儿数学学习理论和教学理论与幼儿园数学教育活动设计之间的关系。
2. 学习和了解幼儿园数学教育活动设计所包含的基本要素和基本过程。
3. 学习和了解幼儿园数学教育活动目标设计的依据,掌握目标的框架结构和表述特点。学习和了解幼儿园数学教育活动内容的选择和编排原则、范围,理解学科取向和生活取向的幼儿园数学教育活动内容的组织形式的差异。
4. 学习和理解不同学习形式的幼儿园数学教育活动设计的要点和方法。
5. 了解完整的幼儿园教育活动方案设计的基本步骤,并尝试进行相应的数学教育活动设计。

《幼儿园教育指导纲要(试行)》指出:幼儿园的教育活动是教师以多种形式有目的、有计划地引导幼儿生动、活泼、主动活动的教育过程。幼儿数学教育活动主要有:数学教学活动、活动区中的数学活动、数学游戏活动、日常生活中的数学活动。教学设计一般是指在进行教学活动之前,根据教学目标的要求,运用系统的方法,对参与教学过程的诸要素所进行的一种系统分析和策划的过程。幼儿园数学教育活动的设计就是在一定的教育教学理论和儿童心理发展理论的指导下,依据幼儿数学教育的目标,选择一定的数学教育内容和方式,制订在一定的时间内对幼儿施加数学教育影响的具体方案的过程。幼儿园数学教育活动设计的根本目的是为了更有效地促进儿童的全面和谐的发展。幼儿园数学教育活动设计是教师设计与幼儿生成相协调、相结合的过程,也是对教育活动各组成要素进行有机协调和组合的过程。它是对"儿童学什么""教师教什么""儿童怎样学""教师怎样教"等问题的操作方案。为了更好地理解和把握幼儿园数学教育活动设计的内涵,有必要对幼儿园数学教育活动设计的相关理论进行分析。因而,本章主要对幼儿园数学教育活动设计的基本原则、基本价值选择及活动设计的基本要素和过程进行阐述和讨论。

本章分为四节,分别对幼儿园数学教育活动设计的基本原则、基本价值理论,幼儿园数学教育活动设计的基本要素和基本过程,不同学习形式的幼儿园数学教育活动设计等方面展开讨论和分析。

3.1 幼儿园数学教育活动设计的理论基础

教育在本质上是一种价值选择与价值追求,幼儿园数学教育活动设计就是依据一定的教育教学理论和儿童发展理论对参与教育活动过程的诸要素进行分析与策划的过程。教育活动设计既是某种教育理论、教育观点和课程设计思想的具体体现,也是实施、完成教育目标的重要环节和保证。因而,我们需要从儿童发展理论中的幼儿数学学习理论和教育理论中的教学理论两个方向对幼儿园数学教育活动设计的价值选择与价值追求过程进行分析。

一、幼儿园数学教育活动设计的依据和原则

教育目标常常被看作是社会对受教育者的总的要求。它规定着把受教育者培养成为什么样的人的根本性问题。它是教育活动设计的出发点和主要依据。但从学前教育自身的特点来说,教育目标的制订并不单纯或只是基于社会对人要求的问题,而更多的是基于人的发展的可能性问题。它必须涉及对教育对象——儿童的发展水平的认识。因而,教育对象的身心发展特点应该是学前儿童数学教育活动设计的一条重要的依据。这里的发展水平,既包括儿童在数学方面的基础性经验和发展水平,也包括儿童在身体、认知、情感、个性、社会性等方面整体的发展水平和特点。只有考虑到儿童发展的共性特征和差异性特征,才能在活动设计过程中较好地协调教育活动构成的基本组成要素,更好地调动和服务于儿童的学习。

由于在教育活动设计过程中既要遵循一定的价值选择和价值追求,对特定的教育思想和教育理论观点进行体现,又要反映受教育者的基本发展特点,遵循教育活动的客观规律。因此,在学前儿童数学教育活动的设计中就要遵循以下的一些原则。①

1. 发展性原则

发展性原则意指在教育活动设计中要着眼于促进所有儿童全面和谐的整体发展。它基本包含两方面的含义:一是指学前儿童的数学教育活动设计应该紧紧围绕和适应学前儿童自身的发展水平,考虑儿童的已有经验在教育活动中的基础性意义,教育要求和教育内容应以儿童个体的身心发展的成熟程度和可接受水平为基础。既要考虑到各年龄段儿童心理发展的特点,更要顾及儿童发展过程中的个体性差异,既不可任意拔高,也不能盲目滞后。二是指数学教育活动设计要以促进儿童发展为宗旨,这是数学教育活动设计的核心。因此,在学前儿童的数学教育活动设计的选择和制订上都要以如何有利于促进儿童的发展作为依据和准则。但这种促进儿童发展的宗旨既要考虑儿童发展的协调性,也要考虑儿童发展的可能性。即促进儿童的发展是一种全面和谐的发展,它不能以损害儿童某一方面的发展为代价,而是既包含儿童在数学认知和数学思维方面的发展,也包含儿童在其他认知领域,在身体、情感、态度、个性和社会性方面均能得到协同性的发展。同时,对儿童发展的促进性方式和措施也不是无节制的,而是要限定在儿童发展的可能性范围内。因此,在学前儿童数学教育活动的设计中,要从学前儿童身心发展的特点和现实水平出发,既要从他们现实的需要和兴趣出发,又要从他们发展的可能性出发,让他们经过一定的学习能够获得进一步的发展和提高。正像苏联心理学家维果茨基所认为的,教学要建立在儿童的最近发展区上,从而使教学活动走在发展的前面,更好地促进儿童的发展。

2. 主体性原则

从幼儿园数学教育活动本身的呈现特点来看,教师教的活动和幼儿学的活动融合在其共同参与、相互配合的协调性的行动中,因此他们理应是教育活动的主体。从数学知识的构成上来看,它主要包含皮亚杰知识分类中的数理逻辑知识和社会性知识。儿童对数理逻辑知识的获取主要是通过与物互动的过程完成的,而社会性知识的获取主要是通过与人互动的过程完成的。但对学前儿童来说,许多社会性知识的意义建构又必须回到数理逻辑知识

---

① 黄瑾. 幼儿园数学教育与活动设计[M]. 北京:高等教育出版社,2010:129-133.

层面上去寻求支持。因此,数学教育活动设计中的主体性原则主要是指教师必须坚守和遵循以儿童作为数学活动和学习的主体,不仅要在活动内容的选择以及活动形式的安排等方面注意儿童的经验性、自主性、能动性和创造性,依据儿童的兴趣和需要创设可供儿童自由交流和操作的环境与材料,从而引发儿童积极主动地与环境相互作用以获得相应的数学经验和数学概念,使儿童在这种自我发现和解决问题的过程中发展他们的数学能力和数学思维。教师对儿童所施加的影响,永远不能代替儿童自己的学习、实践和发展。

但同时我们也要认识到,主体性原则并不是把教师排除到教育活动之外,教师要在重视儿童主体性地位的同时,适时、适地、适宜地发挥自身教育影响的主体性作用。即在教育活动设计中要正确地认识和把握好教师的角色和作用。幼儿园的教育活动是一种师幼双边互动的活动,教师是幼儿学习活动的参与者、合作者和支持者。教师教的主体性地位不仅体现在对儿童活动的直接性的指导方面,而且也体现在其对儿童数学探究、数学思维活动的"隐性支持"方面。

3. 生活化原则[①]

生活化原则就是让幼儿园数学教育具有幼儿生活的色彩和意义。将数学教育的目标、内容和方法与幼儿的生活建立有机联系,选择符合幼儿学习规律的生活经验,抽取富有教育价值的内容纳入教学活动之中,增加数学教育的人文精神。

数学作为一种文化具有普适性和渗透性的特征,在日常生活中我们经常要用数学的方法解决问题,因此在对幼儿进行数学教育时,尽可能地利用实际生活这一活教材,让数学动起来。"儿童数学学习并不仅仅是以一种个体孤立的方式和状态存在的,如果我们把儿童置于社会情境中,儿童发生认知冲突的可能性就会大大增加。来自儿童直接社会生活情境中的数学问题才是儿童重新发明算术的背景。儿童头脑中的数概念既不是来自书本,也不是来自教师的解释,而是来自儿童对其生活的现实进行逻辑融入社会生活经验之中的'社会情境中学习'。"[②]

生活化原则要求在幼儿园数学教育活动设计时要紧密结合幼儿的生活,遵循生活化的要求。主要注意以下两点:

(1)教育活动的生活化。教育活动的生活化包含了教育活动内容选择的生活化和教育活动形式的生活化。提倡数学教育活动的生活化,并不是把生活与教育活动相混同,而是要加强数学教育与生活的联系,将切近幼儿生活的内容加以选择,广泛利用幼儿的生活经验,帮助幼儿更好地组织生活经验。儿童在早年的生活中已接触并积累了大量有关数学方面的感性经验,这是向幼儿进行数学教育的重要前提。

(2)生活环节教育化。幼儿园数学教育活动设计不仅仅是数学课堂教学活动,也应该包括幼儿日常生活的各个环节。让幼儿在生活中体验数学的应用。不仅要让幼儿在生活中感知数学,还要让幼儿学会运用数学知识尝试解决生活中简单的数学问题。因此,我们必须充分利用幼儿已有的生活经验,引导幼儿把所学的数学知识应用到现实生活中去,以体会数学在现实生活中的应用价值,增进幼儿对数学的理解和应用数学的信心。

总之,如果将幼儿的数学教育与幼儿的现实生活紧密结合,将幼儿园数学教育教学贯穿于幼儿的日常生活中,从幼儿的生活中提取数学教育的素材,通过幼儿的生活进行数学教

---

① 梁慧琳.幼儿园数学教育活动设计[M].北京:中国社会出版社,2010:46.
② 黄瑾.从"操作中学习"到"社会情境中学习"——学前儿童数学教育观刍议[J].幼儿教育,2002(12):6.

育,那么幼儿就对周围环境的数、量、形、时间、空间等现象产生兴趣,建构初步的概念,学会用简单的数学方法去解决生活和游戏中某些简单的问题。

4. 整合性原则

整合性原则指的是在数学教育活动设计中要将数学教育的内容和方法与儿童的生活、与儿童各种不同的教育领域内容、各种不同的学习形式与方法加以有机融合,将其作为一个相互联系而不可分割的完整体系。数学教育活动的整合性原则主要体现在两个方面:

(1)数学教育的内容要回归儿童的生活,使数学教育内容和其他领域内容以及儿童的生活经验相互渗透和融合。幼儿园课程和教育活动是以儿童的生活和经验为起点建构起来的活动,儿童生活活动的内容会涉及科学、艺术、语言、社会、生活等各个方面,常常是难以按领域来分割的。数学教育领域的相关内容也应当与儿童的生活相联系,从生活出发,使各领域的教育内容可以在具体的教育活动中相互渗透和补充,这样可以更好地体现发展性原则中所要求的全面和谐的发展。

(2)数学教育活动的形式也应该回归儿童的生活。在教育活动设计上,以儿童活动为中心,注重趣味性、情境性和体验性,让儿童在合作、交流、体验和探索中发现和建构知识,避免将集体教学活动形式作为唯一的教学组织形式,而是将集体的教学活动形式与个别选择的活动形式、小组活动的形式等进行相互渗透和融合。

5. 科学性原则

科学性原则主要是指学前儿童的数学教育活动的设计在内容和方法的选择上必须是科学的。从内容的科学性来说,主要涉及教师在进行活动设计时,对某些抽象的数学知识进行通俗化和形象化时,要注意避免对知识和概念的曲解而造成对数学知识的损害。此外,在数学语言的使用上也要注意规范和正确,活动内容的选择必须符合客观实际等。而从方法的科学性来说,一方面是要根据所学习的内容选择相应的方法,另一方面就是要根据儿童的年龄特点选择适合于不同年龄儿童认知特点的方法。

6. 系统性原则

系统性原则是指在数学教育活动设计中要遵循数学知识本身严密的系统性、逻辑性的特点,体现出内容上的循序渐进和系列性。在设计数学教育活动内容时,必须按照数学概念的逻辑顺序循序渐进,按数学概念形成的抽象过程,即动作表征→形象表征→符号表征,促进儿童的思维按动作思维→表象思维→抽象思维发展。此外,这种系统性也体现在活动过程的逻辑性特征上,数学活动中前后环节的安排,问题的引出与深入,思维的拓展等都应该遵循循序递进,逐步深入的原则。总之,数学教育活动设计的系统性原则,既可以顺应数学知识发生发展的逻辑性顺序,也可以顺应儿童学习数学概念的思维发展路径,这样就为儿童较好地学习和获取数学关系,理解数学概念做好了充分的心理准备。

二、幼儿数学学习理论与幼儿园数学教育活动设计

教师为了拟订有效的教学计划,必须了解儿童是怎样学习数学的。对学习过程的了解可以帮助教师选择适当的课程方法、教材及顺序,可以协助教师对儿童在数学学习中可能面临的困难、可能采取的预防或补救此困难的方法预先做出计划和设想。实际上,教育计划将儿童心理学列入考虑的范围是不可避免的。不论是对课程、教育方式还是教育活动过程等一般性或特定情形拟定决策,教师必须考虑儿童的学习和思考方式,以及他们需要什么、感觉如

何、重视什么等问题。如果我们对于儿童的学习方式和思考方式未能加以适当的注意,那么我们很可能就会使幼儿早期的数学教育变得非常困难,使儿童在学习上受到挫折。

一般可以把学习理论划分为两种:吸纳理论和认知理论。两种学习理论对于知识的本质、知识的获取方式以及知识是什么等问题具有各不相同的观念。

根据吸纳理论,数学知识本质上就是事实与技巧的集合。因而,学习就是重复展现事实和技巧,通过反复练习把事物强行记入头脑中。知识的增长如同建造一座事实与技巧的仓库,通过记忆新的事实与技巧,知识不断地扩展,这种扩展过程基本上是一种知识累积的过程。因而,学习过程基本上是一种被动的、接受的过程,是必须通过外在的力量加以控制的过程。

在数学活动设计时,如果是基于吸纳理论的观点,那么会认为儿童是带着空白待填的白板来到这个世界的,准备接受成人直接给予的数学概念。数学上所要求的知识基本上均是以形式训练开始来传授给儿童的。吸纳理论认为基本数学是由很多基础的以及社会上需要的事实与技巧所组成的。因而,它把课程当成是很多事实与程序的集合,包括算术、几何以及每天生活中常用的基本数学事实、计算程序以及定义等。吸纳理论认为教学的目标就是要帮助儿童获取课程中的事实与技巧。事实上,这种理论把精于计算方面的事实与技巧当成是基本数学教育的主要教学方针。教学的方法也是很明确的,由于吸纳理论认为儿童的程度没有多大的差异,因而直接教学方式被认为是最有效率的一种。这种源自吸纳理论的教学方式,一般都非常注重口头解释与抽象的数学符号的获取。例如,数的组合与分解的教学可能是从教师提醒学生"5可以分成2和3,5可以分成3和2"开始的。口头上的教学是将说明写在黑板上,老师将基本的操作步骤进行示范,儿童通过模仿而建立"5可以分成2和3,5可以分成3和2"的观念;儿童单调地跟着老师念"5可以分成2和3,5可以分成3和2",或模仿老师的操作步骤对"5可以分成2和3,5可以分成3和2"的观念进行操作,借着练习把这种事实灌输到记忆中。

认知理论主张真正的学习不只是从外部吸收和记忆信息,而且是要在信息之间或信息内部内在地建构关系的活动,这种关系是学习者内在自发性地建立的。有效的学习必然需要依赖个人本身的既有经验和才智。

而认知理论认为基本数学是一套由处理数学问题的基本观念和方法所组成的系统。数学教育的基本目标应该是培养理解力和巧妙运用数学关系的能力。认知理论认为教学的目标是为了帮助儿童建立更正确的数学表达及更成熟的思考模式,数学教学基本上是一种将数学转换成儿童可以接受的形式而提供经验,给予儿童去发现数学关系、建构数学意义以及建立数学思考和解决问题的能力的过程。所以认知理论认为有儿童积极主动参与的教学活动最能帮助儿童形成理解力并建立成熟的思维模式。这种观念是把幼儿学习数学的过程看作是一种对知识和技能的累积性建构过程。幼儿在知识、技能的获取过程中是基于已有经验,通过与环境互动的过程进行有意义的主动建构的。在此过程中,重要的不是数学内容本身,而是幼儿做数学游戏活动的过程。也就是说,有意义的数学学习关注的并不是学习结果,而是学习过程本身。在这些学习过程中,幼儿既具有自我调节的内在机制,也有一种不断与环境中的物和人互动的过程。因而,游戏活动和实物操作活动是最常用的让儿童积极参与有意义的数学教学活动形式。

因而,基于不同的幼儿数学学习理论,教师在数学教育活动中的关注点和设计思路就会存在较大的差异。基于吸纳理论的教师在数学教育活动设计时,在目标设计上会关注幼儿对数学知识的获取结果;在内容选择上会严格遵循数学内容的内在逻辑;在教学方式设计上会以集体教学活动为主体,强调知识的灌输和记忆形式;在教学过程设计上主要关注的是自己该告诉幼儿什么,自己在教学活动过程中该做些什么;在教学评价上主要着眼于知识结果的质与量。而基于认知理论的教师在数学教育活动设计时,在目标设计上关注的是幼儿自身学习行为的变化;在内容选择上会把儿童的生活经验与数学内容自身的逻辑相协调;在教学方式设计上更多采用游戏和操作性的探索活动,让幼儿在与人和与物互动的过程中发现和建构数学关系和意义;在教学过程设计上主要关注让幼儿干什么的问题,关注如何为幼儿学习提供那些具有个人意义建构的材料和环境,那些能够引发幼儿个体行动和人际互动的材料;在教学评价上主要关注的是幼儿在数学学习和操作行动中的行为和思维变化过程。总之,两种学习理论所导向的幼儿园数学教育活动的设计上,前者更加突出"知识中心""教师中心""结果中心""教材中心"和"课堂中心",而后者把重心更倾向于"经验中心""儿童中心""过程中心""活动中心"。

三、教学理论与幼儿园数学教育活动设计

所谓教学,是指教师教和学生学的统一活动。在这个活动中,学生掌握一定的知识和技能,同时,身心获得一定的发展,形成一定的思想品质。教学永远包括教和学,没有学,教就不能存在,而没有了教,学也同样不能存在。[1]

由此可见,教学活动是由教和学两种活动所构成的,教的活动关注的是教师的行为,即教师引起、维持和促进学生学习的所有行为。而学的活动关注的是儿童的行为,主要是儿童在学习活动中所表现出来的各种行为,包括对物的行为和对人的行为,这些行为中也包含了儿童的态度和生活方式。教学应是由教师发起的,旨在维持和促进儿童学习的所有行为的师生共同活动。

苏联心理学家维果茨基在对教学活动的分析中认为,在教与学的互动性活动中,总会存在两种大纲,教学活动中教的行为的发起者总是持有一种成人的大纲,而作为学习行为发起者的儿童又总是会有儿童自己的大纲。3岁前儿童的教学特点就是这一年龄阶段儿童是按照他们自己的大纲进行学习的,成人的大纲常常对他们是没有意义的。维果茨基把这种教学类型称为自发型教学。而学龄阶段的儿童能做教师要他做的事情,所以常常可以按照教师的大纲进行学习,维果茨基称这种教学类型为反应型教学。而学前儿童的态度是这样确定的:他做他想做的事情,但他要做的事情,恰恰也是他的领导希望他做的。因此,维果茨基认为,幼儿园教学大纲应该也是儿童自己的大纲,也就是说,大纲实施的次序应符合儿童感情丰富的兴趣,符合他的与一般概念相联系的思维特点。幼儿园的学前儿童的教学是出于自发型向反应型过渡的位置,可以称之为自发-反应型。[2]

根据幼儿园教学的过渡性特点,在教学活动设计中既要考虑儿童按照自己大纲学习的自发型特征,又要考虑成人大纲对学前儿童的意义和作用。要让儿童逐渐由单纯遵从自己的大纲向兼顾成人的大纲转化。教师在数学教育活动设计中要想有效地在二者之间建立起转化的桥梁,就需要把成人的大纲首先转化为儿童的大纲。那么幼儿园的数学教育活动就具有以下特点。

---

[1] 王策三.教学论稿[M].人民教育出版社,1985:88.
[2] 余震球选译.维果茨基教育论著选[M].人民教育出版社,1994:379-386.

1. 幼儿园数学教育活动是有目的、有计划、有组织的活动[①]

在进行数学教育活动的设计时,教师要根据教育目标、幼儿自身的身心发展状况以及幼儿的兴趣和需要,制定具体教学活动的目标,选择相应的数学教育内容、教学方法和活动的组织形式。这种教育活动设计的计划性和预成性特征体现了教育活动设计中对儿童大纲和成人大纲的协调和兼顾。幼儿的数学教育活动是有目的地对幼儿的发展施加影响的。在数学教育活动中,向幼儿提供的学习经验是经过教师有意识地选择出来的,它们具有较好的系统性和组织性,是异于儿童在日常生活中自发形成的那些零星的、片断的、有时甚至是表面性的数学经验的。教师在教学活动设计中,通过有意识地创设情境,提供具有典型意义的材料,将物体的数量、形状特征、事物之间的数量关系鲜明地凸显出来,从而让幼儿更好地感受蕴含于事物之间的数量关系,有利于其数概念的建构。

2. 幼儿园数学教育活动具有情境性、操作性和游戏性的特点[②]

幼儿的学习是一个按照自己的大纲进行主动建构的过程。他们的兴趣和需要是其学习的内在动力。幼儿在学习过程中能做的只是与他们的兴趣相符合的事情。因而,在进行幼儿园数学教育活动设计时,教师就需要把成人的大纲转化为与幼儿相一致的大纲,把按照成人大纲预设的教育目标和内容转化为幼儿自己的需求和兴趣,以激发幼儿的学习兴趣和热情,使他们主动参与活动。而教学活动设计的情境性、操作性和游戏性的特点就可以更好地利用幼儿自身的发展大纲,能够较好地把成人的大纲转化为幼儿自身的兴趣和需要,将教师要幼儿做的事情转化为幼儿自己要做的事情。如小班幼儿在学习一一对应的观念时,教师创设了《梅花鹿请客》这样的游戏情境,在游戏活动中,梅花鹿邀请小朋友帮助它给每位"客人"(请来的小动物)送去爱吃的食物。那么小朋友就沉浸在这种愉快的游戏情境中,而这种情境又非常符合幼儿内在的兴趣和需要,他们会利用自己已有的经验,愉快地、积极地参与到活动过程中。在这样的游戏活动中,幼儿不仅通过相互之间倾听、观察、理解同伴的思维过程,利用各自已有的生活经验,建构了动物与食物之间的关系,而且学习着采用一一对应的方法来表达事物之间的关系,激发了求知的欲望和积极学习思考、解决问题的热情。

幼儿的数学学习是在操作中进行的,他们通过操作、摆弄材料进行探索和学习。儿童的思维发展就是表现为动作水平的思维向抽象水平的思维转化的过程。作为幼儿园教学过程的过渡性特点也是遵从和服务于幼儿这样的思维转化特点的。因此,在幼儿园数学教育活动设计时,就要把成人大纲中的数学教育目标和内容转化为能够吸引儿童动手操作的材料,让儿童在与材料的互动中,感受和体验到数学概念的属性和运算技能的要素,获得相关的数学经验,从而直接去体验和理解成人大纲中的数学逻辑关系和意义。

四、幼儿园数学教育活动的不同取向

教育本质上存在价值选择性特征,幼儿园数学教育活动设计也是一个价值选择与追求的过程。总是依存于特定的数学学习理论以及对儿童数学教育的性质和价值的认识,反映的是该教育活动的基本价值和性质。在我国,较为常见的幼儿园数学教育活动设计取向主要有两类,即学科取向的数学教育活动设计和生活取向的数学教育活动设计。[③]

---

① 张慧和,张俊.幼儿园数学教育[M].北京:人民教育出版社,2004:57.
② 张慧和,张俊.幼儿园数学教育[M].北京:人民教育出版社,2004:57-58.
③ 黄瑾.幼儿园数学教育与活动设计[M].北京:高等教育出版社,2010:123.

(一)学科取向的数学教育活动设计

学科取向的数学教育活动设计,是以数学的学科特性和学科知识体系为逻辑起点,在活动设计中遵循和体现数学知识自身的系统性、连贯性,以组织严密、层次递进的高结构化的活动方案落实对学前儿童早期数学能力的培养以及相关知识概念的获得。因而,在教学策略上更多强调的是知识内在的逻辑关系,认为数学是由一系列固定的、绝对的知识组成的体系,往往把数学看成是静态的数学知识的汇集,在幼儿园数学教育中,数学常常以科学的姿态出现在儿童的学习过程中,它带有抽象性、严谨性、科学性和系统性,教给幼儿数学知识是幼儿园数学教育的重要形式。教师更多设计的是如何把具有完整结构的知识传递给儿童。教师把数学当作一种需要记忆的知识进行机械的训练式教学。

在学科取向的数学教育活动设计中,教师对于活动目标的制订,活动内容的选择和组织,活动环境的创设和材料的提供,以及活动评价的实施等环节均是紧紧围绕着数学学科知识内在的逻辑关系和基本结构而进行,把知识传递放在第一位。因而在活动目标的制订上,凸显的是对儿童数学基本知识和基本技能获得的追求,以知识为本位,容易忽视儿童的情感、态度等目标;在活动内容的选择和组织上,常常以数学学科内容知识体系的内在结构作为内容选择的准则,以数学学科内容知识体系中的数、量、形、空间、时间等相关的知识点作为横向组织架构,而把这些知识点内在演进的逻辑顺序按照儿童年龄发展顺序作为内容提升的纵向组织依据;在活动环境的创设和材料的选择上,也是紧紧围绕数学学科知识的结构化特征,环境常常成为数学知识结构再现的载体,帮助儿童完成知识的巩固性记忆,而材料的操作也是为了帮助儿童记忆和理解教师已传递的知识,起到强化和巩固的作用;而活动评价则更加注重结果性评价,紧紧围绕活动目标中的知识性特征,对儿童是否获取了数学的基本知识和基本能力加以考察。

学科取向的数学教育活动在幼儿园的数学教育中,主要表现为幼儿园的集体数学教育活动,当然在幼儿园的数学区角活动和其他数学教育活动中均会有所反映。学科取向的数学教育活动强调的是知识的"给予"性质,强调数学内容知识可以按照自身的逻辑结构和演进顺次有序地灌输给儿童,儿童可以通过反复的练习和记忆获取这些知识,巩固这些知识。因而,集体数学教育活动会成为学科取向的数学教育活动最经济有效的传递知识的方式。而以儿童个别学习或操作性为主的区角活动虽不像数学集体教育活动那样有明确一致的目标和内容,但在学科取向那里,材料的选择和投放主要指向的是儿童所要获取的数学概念、数学知识的组织结构,数学区角活动仅仅是数学集体教育活动的延伸和补充,是对集体数学教育活动所传递知识的进一步巩固和熟化。总之,学科取向的数学教育活动总是突出"知识中心""教师中心""结果中心""教材中心"和"课堂中心"。以学科为取向的数学教育活动的设计具有以下的特点:①相信儿童的数学知识的获得依赖于外部的教学传授,有计划、有组织的教学可以促进儿童数学概念的获得和数学知识结构的把握;②数学知识和概念是相互联系而前后贯通的具有严密逻辑结构的系统,循序渐进的教学序列有助于儿童获得相关的数学概念和知识;③数学教育活动的目标、内容、教学活动策略和活动评价等环节主要关注的是儿童是否获得相关的数学概念和数学知识。

(二)生活取向的数学教育活动设计

雅斯贝尔斯在论述"什么是教育"的问题上,认为持有"教育是生活的准备"观点的人,"看不到儿童的生活,看不到儿童在生活,看不到教育是在儿童的生活中展开并作为一种独特的方式纳入、充盈儿童生活的。这种教育中充斥的是各种各样的'训练'"。"理想的教育生活应该在儿童生活中展开,儿童生活构成教育生活的主要背景。"①生活取向的教育活动正是在对学科取向的教育活动的批判中发展自身的。

生活取向的数学教育活动设计,是以儿童的日常生活经验为背景,在活动设计中将蕴含于儿童生活中的有关数、量、形等数学概念和数学关系渗透在一定的情境之中,以联系幼儿生活,应用于问题解决的数学学习过程来发展和培养儿童多方面的数学素养。

幼儿园数学教育生活化的取向主要体现在:活动目标的生活化,强调用幼儿能理解的数学观点和方法引导幼儿去发现和解决生活中的实际问题;活动内容的生活化,强调利用幼儿广泛的生活经验体验数学;活动途径的生活化,强调将数学教育活动渗透在幼儿日常生活之中。在生活取向的幼儿园数学教育活动设计中,活动目标的制订、活动内容的选择和组织、活动环境和材料的提供,活动评价的实施等环节并不是仅仅指向于数学本身,而是更关注和体现儿童全面、和谐、整体的发展。

在活动目标的制订上,注重儿童在认知、情感和社会性等多方面的发展,关注在一定情境下对幼儿各方面能力的培养和发展。在数学能力方面,更加强调"能从生活和游戏中感受事物的数量关系并体验到数学的重要和有趣"。"数学教育的主要目标和价值取向是让儿童体会数学与大自然及人类社会的密切联系;体会数学的价值,增进对数学的理解和应用数学的信心;学会运用数学的思维方式去观察、分析现实社会,去解决日常生活中的问题,进而形成勇于探索、勇于创新的科学精神;获得适应未来社会生活和进一步发展所必需的重要数学活动经验、数学事实和必要的应用技能。""在生活和游戏的真实情境和解决问题的过程中,逐渐形成幼儿的数学感和数学意识;体验到数学的重要性和意义;在不断遇到各种新挑战和不断成功解决问题的过程中获得自信心,感受和体验到其中的乐趣。"②

在活动内容的选择和组织上,生活取向的幼儿园数学教育不是主要按照数学学科的逻辑去选择和组织活动内容,而是主要按照幼儿的生活逻辑去选择和组织活动内容,把儿童的生活逻辑与数学内容自身的逻辑相协调,将数学学科的逻辑隐含于相关的主题内容背景之中,通过与主题内容相互联系和紧密渗透的过程隐性体现学科逻辑。利用幼儿生活中的事物和现象作为数学探究的对象,让幼儿发现和感受到周围世界的数学关系,体验和领悟到数学就在身边,从而为幼儿认识周围世界提供了获得直接经验的前提和可能,为幼儿理解数学对人们生活的实际意义提供了直接经验和实际背景。

在活动环境和材料的设计中,更关注利用材料的操作和感知帮助幼儿将数学的相关概念与生活中的问题情境相联系。选择和设计的环境与材料要对幼儿富有意义,符合儿童的生活和兴趣需要,能够支持、引发幼儿与材料的相互作用。环境和材料应暗含着幼儿通过操作和使用能够达到的适宜的教育目标和内容。材料和环境应能揭示许多有关的现象和事物间的关系,而这些现象和关系正是我们期望幼儿获得的,也是幼儿所能够获得的。

在活动评价的实施中,与活动目标所追求的发展儿童运用数学开发逻辑思维能力、解决问题能力以及数学感和数学意识等相一致,重点关注幼儿的活动过程,关注在活动过程中教师的启发引导和儿童的活动表现是否达成和实现了活动目标的价值追求。

---

① 李政涛.教育人类学引论[M].上海:上海教育出版社,2009:58.
② 刘占兰.新《纲要》中的幼儿科学教育.载于教育部基础教育司组织编写.《幼儿园教育指导纲要(试行)》解读.第2版.南京:江苏教育出版社,2002:158.

当前,在幼儿园课程从分科走向整合的大背景下,生活取向的数学教育活动设计已经成为一种比较主流的价值理念。与学科取向的数学教育活动设计相比,生活取向的数学教育活动设计对教师的专业能力提出了更高的要求。教师需要在理解和消化数学学科自身概念、知识及其逻辑关系的基础上,运用联系儿童生活经验的情境和背景展开活动,让幼儿在感知、思考和发现特定情境中的数学问题和数学关系的同时,促进其逻辑思维和多方面能力的发展。同样,在以幼儿个别学习和小组学习为主的各种数学区角活动的设计中,生活取向的数学教育也不仅仅从挖掘材料的数学特性出发,而是既关注材料中渗透的数学关系、数学概念和相关知识,又关注所选择和提供的材料的生活意义,体现与幼儿生活经验的联系以及与主题内容的联系。总之,生活取向的数学教育活动设计具有如下的一些特点:①相信儿童数学认知的发展和数学学习是建立在儿童所熟悉的生活经验基础上的主动建构过程,为幼儿提供适当的情境和背景有助于儿童的数学概念和数学关系的建构;②数学知识和概念既是抽象的、概括的,具有逻辑的严谨性,同时数学知识和概念又是联系和运用于生活问题的解决,是与幼儿的生活世界紧密联系的,具有重要的应用性;③数学教育活动的目标、内容和评价更应该关注在培养幼儿逻辑思维的同时,发展其解决生活问题的能力以及联系、表征和应用等多方面的能力,发展其对生活意义的体验性情感。

3.2 幼儿园数学教育活动设计的基本要素和基本过程

幼儿园数学教育活动设计是在教师领导下,有目的、有计划地组织幼儿参加数学学习活动,是幼儿园教育工作的基础环节,也是教师基本教育理念向教育实践转化的中介。幼儿园数学教育活动设计的根本目的是为了更有效地促进儿童的全面和谐的发展。不仅要让幼儿在数学教育活动中理解和掌握有关的数学知识和技能,更重要的是让幼儿在此过程中体验数学学习的乐趣,形成数学学习的方法、策略,从而促进其思维的整体演进。因而,幼儿园数学教育活动设计是教师设计与幼儿生成相协调、相结合的过程,也是对教育活动各组成要素进行有机协调和组合的过程。

一、幼儿园数学教育活动设计的基本要素

在进行幼儿园数学教育活动设计时,一般要考虑教育活动背景的分析,教育活动目标的设计,教育活动内容的选择与组织,教育活动策略的设计,教育活动的评价等几个要素的协调组合。教育活动背景分析主要包括对幼儿现有水平和个性特点等进行深入的分析。教育活动设计是否与学习者的特征相匹配,是决定教育活动设计成功与否的关键因素。不同年龄学习者的认知发展水平不同,同一年龄段幼儿在认知结构、学习风格、学习动力等方面会有诸多的差异。因而,在分析学习者特征时,既要考虑学习者稳定的、相似的特征,又要分析学习者之间的差异性特征,充分考虑到学习活动中的个别化差异性特征。

教育活动目标的设计,主要是设计出具体明确的,具有一定层级递进性的目标。幼儿园数学教育活动目标既可以规范教师的教育行为,指导和控制数学教育活动的整个过程,同时它又明示了幼儿园数学教育活动的评价标准,规定了数学教育活动具体内容的范围,以及幼儿发展的可能要求。它在很大程度上是衡量教师所组织和实施的数学教育活动是否有效的

重要标准。教育活动内容的选择与组织,主要考虑数学内容所蕴含的教育价值,以及数学内容与儿童生活经验的关系等。教育活动策略的设计,主要考虑如何引发幼儿的学习兴趣和动机,如何给幼儿提供适当的有意义的材料,以及如何关注到不同儿童的个性化学习的需要等。教育活动的评价是对影响幼儿园数学教育活动的有关因素及其关系进行特定的价值判断。它是对数学教育活动的目标、计划、内容、过程、方法以及环境、设备、材料等是否适合于幼儿的发展水平,是否促进幼儿的身心发展的综合性考虑和反思。

二、幼儿园数学教育活动设计的基本过程

教育活动设计过程要特别重视学习者分析和学习内容的分析,确保学科结构和学习者认知结构相协调。而幼儿园教育活动的设计过程就是从教育指导思想和学习者分析到教育目标和教育内容的选择与确定,从教学方法、教学活动程序、活动组织形式等一系列具体的教学策略的选择和制订到教育活动的评价的整体性组织协调过程。

在幼儿园数学教育活动设计过程中,首要的是关于学习者的分析,即了解和分析幼儿已有的数学经验和数学认知的发展水平。分析和确定幼儿已有的数学认知水平不仅指分析确定幼儿在进行新内容的学习之前所具有的知识经验、技能和思维水平,也包括了解幼儿的学习动机、学习态度等情意性因素。当然,这种分析和了解不能仅仅局限在大多数幼儿在数学知识和技能方面的一般性发展水平,而且要充分考虑到幼儿的个体性差异,关注那些发展较快或发展滞后的幼儿。这样才能在数学教育活动设计时做到有的放矢,使活动具有层次性,让不同发展水平的幼儿均能在活动中得到真正的发展,体现不同起点的发展性原则。分析和确定幼儿数学认知的已有水平,也在于能够较好地分析幼儿发展的可能性水平,确定幼儿的最近发展区,分析从幼儿已有的数学发展水平到可能的教学目标之间所需要的知识技能和情感态度等,并确定它们之间的层级关系,从而为选择和建构更适宜有效的教学策略提供依据。

其次是要制订幼儿园数学教育活动的具体目标,它是教育活动设计过程最重要的一环。教育目标的设计就是将学习者通过学习所要达成的最终行为状态,用明确的、具体的、可观察、可测量、可操作的行为项目表述出来。设计幼儿园数学教育活动目标时,要根据幼儿的已有数学经验提出目标要求,将目标建立在幼儿的最近发展区。目标设计要具体明确,将知识、技能、情感等方面目标转化为幼儿具体的活动行为。

教育活动目标的确定又是与教育活动内容的选择与组织紧密相连的。教育活动内容是服务于教育活动目标的。《幼儿园教育指导纲要(试行)》对数学教育活动内容的选择提出了一些原则:既适合幼儿的现有水平,又有一定的挑战性;既符合幼儿的现实需要,又有利于其长远发展;既贴近幼儿的生活来选择幼儿感兴趣的事物和问题,又有助于拓展幼儿的经验和视野。向幼儿进行数学教育,其目标是让幼儿在操作事物的过程中对数学知识的某些内容获得感性的经验。因而,幼儿园数学教育活动内容的选择和组织不应该拘泥于规定的数学教育内容,而应该遵循幼儿园数学教育活动设计的"生活化"要求。生活应该是幼儿数学的载体。立足儿童已有的生活经验,贴近儿童现实的生活活动和环节,让幼儿学习的数学内容转化为幼儿自身的生活活动。

选择和设计特定的教学策略是为了实现特定的教学目标而采取的教学方式,可以有效地解决"如何教"和"如何学"的问题。教学策略的设计与选择主要是围绕教学方法的选择、教学顺序的确定、教学活动的安排和教学组织形式的选用等一系列具体的教学问题。

选择最有效的教学方法是教学设计中的核心部分。而教学方法的选择的主要依据是幼儿的特点及其所学习的内容,幼儿不同的年龄、个性、兴趣、能力等要求教师采用不同的教学方法,不同的学习内容所需要的方法也不同。但总的来说,幼儿园数学教学方法上要求让幼儿在情境中学习,在合作中学习,在操作探究中学习,在游戏中学习。教师根据幼儿情况和教学内容而创设的问题情境能诱发幼儿的好奇心和求知欲,点燃其思维的火花。幼儿在交流情境中可以对其对数学的概念、关系、规律、应用等的认识和感受进行表达、接受和转换,有利于其思维的活跃。幼儿数学教育活动重在幼儿的操作探究,重在培养幼儿对数学的探究兴趣和情感体验,因此在设计时要充分调动幼儿的感官,引导幼儿的观察、操作等多种探索方式,主动参与探索活动。幼儿园的教育活动形式一般有集体教育活动形式、小组教育活动形式和个别教育活动形式等。教师在教育活动形式的组织安排上要灵活多样,互相补充。

评价是检验教学效果和调整教学过程的重要手段,它贯穿于教育活动设计与实施的全过程。教育活动评价既是教育活动的终点,也是教育活动的起点;既是教育活动过程中相对独立的一个环节,又渗透于教育活动过程的各个环节之中。反思也是贯穿于教学设计的全过程。教师不仅在教后要反思和总结自己在活动设计和组织中的功过得失,在反思中挖掘进一步发展的空间,而且在教学设计的过程中始终都要贯穿着教师对自己的教学设计行为的反思。

三、幼儿园数学教育活动目标设计

幼儿园数学教育活动目标,是对一个具体的数学教育活动所要达成的预期结果的定位和要求。这一具体的教育活动目标常常是与特定年龄阶段的学习者,特定的数学内容领域相关联的。任何一个具体的数学教育活动都是为一定年龄阶段的儿童数学领域取得和谐发展服务的。因此,任何一个具体的数学教育活动目标,其设计就一定是与学前儿童数学发展的总目标、特定年龄阶段儿童数学发展的目标以及具体数学学科知识逻辑结构中的关键经验和关键概念目标等有着相互的关联。对于教师来说,明确和把握好不同年龄阶段的教育要求是完成活动目标定位和制订活动计划中的重要一环。

(一)幼儿园数学教育活动目标制订的依据

幼儿园数学教育活动目标是幼儿园数学教育总目标下的一个较微观的、下一位的目标,它是对幼儿园数学教育总体目标的分解落实,它是服从于幼儿园数学教育课程目标、学前儿童数学发展标准和幼儿年龄阶段发展目标体系的。因此,幼儿园数学教育活动目标的设计是对幼儿园数学教育目标的具体化和操作化。

1. 数学教育活动目标是对幼儿数学教育目的和要求的归纳,是实施数学教育的方向和准则

幼儿园数学教育目标的制订主要受儿童发展的可能性、社会对儿童发展的要求以及数学学科自身内在的逻辑结构和特点三个方面所影响和决定的。因而,在幼儿园数学教育活动目标的制订中,教师也应该从这三个方面考虑目标设计的适宜性。

儿童作为教育的对象,其身心发展水平和发展需要、发展的可能性和规律性,是制订教育目标的主要依据之一。教师首先应当从儿童发展的角度出发,思考处于特定年龄阶段的儿童在数学概念发展和数学学习中的认知特点与规律,以此确定适合于儿童发展需要和发展水平的目标。由于教育者对儿童发展水平、需要和发展规律认识的不同,他们对儿童提出

的教育目标也就会有很大的差异。如蒙台梭利认为3~6岁儿童天生就具备学习文化的能力,教育就应该利用儿童的这种能力,为他们准备好适当的环境和教具。蒙氏主张"儿童6岁前就可开始读、写、算的练习,因这是儿童学习的敏感期,过了这个时期再学习就困难了"[1]。但持有建构主义观点的凯兹(L. G. Katz)等人却认为"随着孩子年龄的增长,才会慢慢有足够的能力从正式的学术化教学中受益"。"幼儿经验的内涵比较像一个个的事件或主题,而不是个别的学科。"[2]因此,教师在设计数学教育活动目标时,不仅要研究儿童身心发展的特点、水平以及儿童的最近发展区,研究学前儿童数学学习的特点,而且要持有先进的儿童观、知识观和发展观,儿童的发展是一个整体协调发展的过程,具有明显的年龄特点和个别差异。而儿童学习数学的过程既是一个与物互动的个人意义建构的过程,也是一个与人互动的社会建构过程。只有综合研究这些因素,合理地处理好它们之间的关系,才有可能设计出较为适宜的数学教育活动目标。

2. 数学教育活动目标也会直接或间接地反映社会发展的要求

如我国教育部1952年颁布的《幼儿园暂行教学纲要(试行)》中把计算教育作为幼儿园教育活动的重要任务之一,20世纪80年代教育部颁发的《幼儿园教育纲要》在计算教育的基础上增加了空间知识的教育,但在两份纲要中,均是偏重于计算知识的学习,偏重于智力的开发。而2001年教育部颁发的《幼儿园教育指导纲要(试行)》将数学纳入"科学"领域之中,并明确规定了科学领域的总目标:第一,对周围的事物、现象感兴趣,有好奇心和求知欲;第二,能运用各种感官,动手动脑,探究问题;第三,能用适当的方式表达、交流探索的过程和结果;第四,能从生活和游戏中感受事物的数量关系并体验到数学的重要和有趣;第五,爱护动植物,关心周围环境,亲近大自然,珍惜自然资源,有初步的环保意识。从这个总目标来看,数学教育作为科学教育领域的重要组成部分,围绕并涵盖了儿童发展的认知、情感与态度以及操作技能等方面,把计算教育发展为"感受事物的数量关系",这就体现了社会发展对人的培养的新要求。

3. 数学学科的结构、教育价值和学习规律对数学教育活动目标的制订有重要影响

教师在制订具体的数学教育活动目标时,就应当了解和关注数学学科自身的一些特性。当代,数学已经渗透到科学技术、经济生活和现实世界中与人类生活息息相关的各个领域。数学的这种应用性和工具性特征,决定了良好的数学素养将为人的一生可持续发展奠定坚实的基础。而数学学科的结构和知识体系的逻辑性特征体现了早期数学教育对幼儿智慧发展的特殊价值,也体现了早期数学教育的系统性和复杂性。比如,全美数学教师协会(National Council of Teachers of Mathematics,简称NCTM)在其发布的《学校数学教育的原则和标准》中,把数学教育标准分为5项数学学习内容标准和5项数学学习过程标准。

---

[1] 卢乐山.蒙台梭利的幼儿教育[M].北京:北京师范大学出版社,1985:88.转引自张慧和,张俊.幼儿园数学教育[M].北京:人民教育出版社,2004:31.

[2] L. G. Katz,S. C. Chard著.探索孩子的心灵世界[M].陶英琪,陈英涵译.心理出版社,1998:10,88.转引自张慧和,张俊.幼儿园数学教育[M].北京:人民教育出版社,2004:31.

知识卡片 3-1

3~6岁儿童数学学习与发展目标①

目标1　初步感知生活中数学的有用和有趣

3~4岁	4~5岁	5~6岁
1. 感知和发现周围物体的形状是多种多样的，对不同的形状感兴趣 2. 体验和发现生活中很多地方都用到数	1. 在指导下，感知和体会有些事物可以用形状来描述 2. 在指导下，感知和体会有些事物可以用数来描述，对环境中各种数字的含义有进一步探究的兴趣	1. 能发现事物简单的排列规律，并尝试创造新的排列规律 2. 能发现生活中许多问题都可以用数学的方法来解决，体验解决问题的乐趣

目标2　感知和理解数、量及数量关系

3~4岁	4~5岁	5~6岁
1. 能感知和区分物体的大小、多少、高矮、长短等量方面的特点，并能用相应的词表示 2. 能通过一一对应的方法比较两组物体的多少 3. 能手口一致地点数5个以内的物体，并能说出总数。能按数取物 4. 能用数词描述事物或动作。如"我有4本图书"	1. 能感知和区分物体的粗细、厚薄、轻重等量方面的特点，并能用相应的词语描述 2. 能通过数数比较两组物体的多少 3. 能通过实际操作理解数与数之间的关系，如5比4多1；2和3合在一起是5 4. 会用数词描述事物的排列顺序和位置	1. 初步理解量的相对性 2. 借助实际情境和操作（如合并或拿取）理解"加"和"减"的实际意义 3. 能通过实物操作或其他方法进行10以内的加减运算 4. 能用简单的记录表、统计图等表示简单的数量关系

目标3　感知形状与空间关系

3~4岁	4~5岁	5~6岁
1. 能注意物体较明显的形状特征，并能用自己的语言描述 2. 能感知物体基本的空间位置与方位，理解上下、前后、里外等方位词	1. 能感知物体的形体结构特征，画出或拼搭出该物体的造型 2. 能感知和发现常见几何图形的基本特征，并能进行分类 3. 能使用上下、前后、里外、中间、旁边等方位词描述物体的位置和运动方向	1. 能用常见的几何形体有创意地拼搭和画出物体的造型 2. 能按语言指示或根据简单示意图正确取放物品 3. 能辨别自己的左右

---

① 教育部. 3~6岁儿童学习与发展指南[Z]. http://www.moe.gov.cn/publicfiles/business/htmlfiles/moe/s3327/201210/xxgk_143254.html.

(二)幼儿园数学教育活动目标的设置

1. 幼儿园数学教育目标的结构

幼儿园数学教育目标体系是按照一定的结构和层次组织起来的,具有横向的分类结构和纵向的层次结构。布鲁姆从心理活动的不同领域出发,把教育目标分为认知、情感和动作技能三大领域。认知领域一般包括知识的掌握和认知能力的发展;情感领域一般包括兴趣、态度、习惯、价值观和社会适应能力的发展;动作技能领域主要包括感知动作、运动协调和动作技能等发展。布鲁姆认为,一个恰当的教学目标的表述应该具有两个方面的特征:必须详细说明目标内容;应当用特定的术语描述教学后学生应能做的而以前不能做的作为。该分类体系为幼儿园数学教育活动目标的制定提供了"模型"。

幼儿园数学教育目标体系的层次结构,体现了目标体系在深度上的有序性。幼儿数学教育目标的层次一般包括幼儿园数学教育总目标、各年龄阶段教育目标和具体的数学教育活动目标三个层次。一般来说,上位层次的目标常常具有较高的抽象概括性,可操作性较低;而具体教育活动目标作为最下层的目标,具有很强的针对性和可操作性。

从横向的目标分类结构来看,对于每一个数学教育活动,均需要从认知、情感和操作技能三个方面来架构具体目标。从 2001 年颁布的《幼儿园教育指导纲要(试行)》中的科学领域目标来看,幼儿园数学教育总目标包含了认知、情感和技能三个方面的目标。

(1)认知领域目标

- 能从生活和游戏中感受事物的数量关系,获得有关数、量、形、时间和空间等感性经验,体验到数学的重要和有趣;
- 学习用简单的数学方法,解决生活和游戏中某些简单问题,能用适当的方式表达、交流操作和探索问题的过程和结果。

(2)情感与态度目标

- 对周围环境中事物的数、量、形、时间和空间等感兴趣,有好奇心和求知欲,喜欢参加数学活动和游戏。

(3)技能目标

- 会正确使用数学活动材料,运用各种感官,动手动脑,探究问题;
- 养成按规则活动,严谨认真的良好学习习惯。

认知与学习的情感因素是一个由多方面要素构成的复杂网络,包括好奇心、对生活经验的情绪反应以及个人成就中产生的自我信念。儿童认知自身与周围世界的方式影响着他们的好奇心和求知欲。儿童在探索世界中获取的经验和从中获取的愉悦感、自我信念以及对探索未知的渴望等,均存在着相互影响和相互促进的关系。好奇心是探索自然和周围世界的先决条件。[①] 幼儿园数学教育目标的核心是培养幼儿的情感和态度。保护和发展幼儿对周围事物的好奇心和求知欲,特别是对周围事物之间的数量关系形成持续性的探求兴趣,这是幼儿园数学教育活动的重要目标。认知目标提出了幼儿学习的数学知识是关于数、量、形、时间、空间的感性经验,幼儿获得的数学知识是经验性的、具体的知识。幼儿是在生活中和游戏中感受事物的数量关系,是在与环境的交互作用中获得有关数、量、形、时间、空间的感性经验,因而,数学知识不可能由成人传授给幼儿。"数量关系是幼儿数学教育内容中起

---

① 吉恩·D.哈兰,玛丽·S.瑞维金. 儿童早期的科学活动——一种认知与情感整合的学习模式[M].许倩倩译.江苏教育出版社,2012:4.

着发展思维作用的核心因素。"①幼儿感受数量关系的过程,也是促进幼儿思维发展的过程。幼儿正是在生活与游戏中通过感受事物的数量关系,发展自己的思维,并学习用简单的数学方法解决生活和游戏中的问题,学习用数学的方式来表达、交流其操作、探索问题的过程和结果。幼儿能用数学方式表达、交流其操作、探索过程和结果,实质上是幼儿将其在数学操作和探索中的感受、体验外化和具体化。幼儿在操作材料、探索问题的过程中感受着事物之间的数量关系,采用数学方式表达、交流其操作和探索的过程与结果,这些过程本身就蕴含着幼儿正确使用数学活动材料,运用各种感官,动手动脑探索的技能目标。幼儿也正是在这样的操作、探索和体验的过程中,体验到数学的重要和有趣,才会形成对数学的持久性兴趣。因此,在具体的数学教育活动中,认知、情感和技能三个领域目标常常是相互融合而不可分离的。

由于数学知识结构与儿童思维结构存在一致性,而儿童思维发展又存在阶段性特征,不同年龄阶段的学前儿童在思维发展水平、早期经验水平和情感态度等方面均具有较明显的差异,因而,针对不同的年龄阶段,数学教育的目标就需要更进一步细化为各年龄阶段的分层目标。②

幼儿园小班(3~4岁)

(1)学习按物体的一个外部特征(如颜色、形状、大小)进行分类。

(2)学习按物体量(大小、长短)的差异进行4个以内物体的排序,学习按物体的某一特征进行排序。

(3)认识和辨别"1"和"许多",感知和体验"1"和"许多"之间的关系。

(4)学习用一一对应的方法比较两组物体的数量,感知和使用"多""少""一样多"等词语表达比较的结果。

(5)学习手口一致地点数5以内的实物,能说出总数,能按实物范例和指定的数目去除相应数量的物体,学习一些常用的量词。

(6)认识圆形、正方形、三角形,正确说出图形的名称。能在周围环境中寻找到与这些图形相似的物体。

(7)学习以自身为中心区分上下、前后、里外的空间方位,判断两个物体之间明显的上下关系。

(8)认识早晨、晚上、白天、黑夜的时间概念,知道早、晚有代表性情节的日常变化。

(9)听懂老师的话,学习按照游戏规则进行活动;大胆地回答问题,初步学习用适当的语言讲出操作活动的过程和结果。

(10)愿意参加数学活动,喜欢摆弄、操作数学活动材料;能在老师帮助下学习按要求去拿取、摆放操作材料。

幼儿园中班(4~5岁)

(1)学习概括事物的两个特征;学习按物体某一特征的肯定与否定进行分类;能按事物的两个特征对同一类物体进行逐级分类;学习按事物的数量特征进行分类。

(2)学习按量(粗细、厚薄、高矮等)的特征对物体进行区分、比较,并按量的差异进行6个物体以内的正、逆排序;学习按照特定的规则排序。

---

① 林嘉绥,李丹玲.学前儿童数学教育[M].第2版.北京:北京师范大学出版社,1994:31.
② 参阅黄瑾.幼儿园数学教育与活动设计[M].北京:高等教育出版社,2010:90-92.

(3)学习10以内的数字,理解数字的含义,会用数字表示物体的数量。

(4)学习10以内的基数:顺数、倒数、目测数群,学习不受物体空间排列形式和物体大小等外部因素干扰,正确判断10以内的数量,感受10以内自然数序列中相邻两数之间的等差关系。

(5)学习10以内的序数,会用序数词正确表示物体在序列中的位置。

(6)在实物水平和表象水平上学习加减运算。

(7)认识长方形、梯形、椭圆形,正确说出图形的名称;能在周围环境中寻找到与这些图形相似的物体;在操作图形中感知图形之间的简单关系。

(8)区分并说出物体之间的上下、前后位置关系;学会按指定方向,如向上、向下、向前、向后运动。

(9)理解今天、昨天、明天的时间含义,能够正确运用这些时间词汇。

(10)听懂老师的话,能按照要求进行活动,并学习按照要求检查自己的活动。

(11)观察、比较、判断10以内的数量关系,逐步建立等量观念;运用已有的知识经验,解决新的问题,学习新的知识,促进初步的推理和迁移能力的发展。

(12)学习用数学语言表述自己的数学操作活动过程和结果。

(13)能自己选择小组活动,在日常生活中,喜欢选择数学游戏活动。

(14)能主动、专心地进行数学操作活动,并对自己的活动成果感兴趣;在教师的引导下,能注意和发现周围环境中物体的数量差异、物体的形状以及它们的空间位置关系等。

幼儿园大班(5~6岁)

(1)学习能同时从事物两个以上特征或特性进行多维分类;学习能按标记进行逐级分类。

(2)学习按物体量的差异和数量特征进行10个物体以内的正、逆排序;初步感知和体验序列之间的传递性、双重性和可逆性关系。

(3)初步感知集合的交集、并集关系和包含关系。

(4)学习10以内的单数、双数、相邻数以及认识零。

(5)学习10以内数的组合与分解,体验总数与部分数之间的等量关系,部分数与部分数之间的互补关系和互换关系。

(6)学习10以内数的加减运算,认识加号、减号,理解加法、减法的含义,初步掌握10以内加减运算的技能,体验加减互逆关系。

(7)认识几种常见的立体图形(正方体、球体、长方体、圆柱体),正确说出立体图形的名称;能根据形体特征进行分类;能在周围环境中寻找到与这些形体相似的物体;体验平面图形和立体图形之间的关系。

(8)学习等分实物和图形;学习自然测量。

(9)学习以自我为中心和以客体为中心区分左右;学会按指定方向,如向左、向右运动。

(10)能认识时钟,学会看整点和半点的时间;学习看日历,知道年、月、星期的名称和顺序。

(11)能听清楚若干操作活动的规则,能按照规则进行活动,能按照规则检查活动的过程和结果,并能参加较多小组的活动。

(12)能用数学语言清楚讲述自己的数学操作活动过程和结果。

(13)能在老师的帮助下归纳、概括有关的数学经验;学习从不同角度、不同方面观察和思考问题;能通过观察、比较、类推、迁移等方法解决简单的数学问题。

(14)能积极、主动地参加数学问题的讨论;学习有条理地摆放、整理活动材料。

(15)能与同伴友好地进行数学游戏活动,能采取轮流、适当等待、协商等办法协调与同伴的关系。

2. 幼儿园数学教育活动目标的表述

幼儿园数学教育活动目标是数学教育活动的起始环节,是开展幼儿园数学教育活动的出发点和归宿,它规定着幼儿园数学教育活动预期获得的某种效果。确定的、具体的、可操作的活动目标是活动内容选择、活动方法运用和活动效果评价的原则和依据。因此,教师在制定和表述具体的数学教育活动目标时必须注意以下几点。①

(1)目标的发展性

幼儿园数学教育活动目标的发展性主要是指教师在具体目标的制定上要着眼于儿童的发展,既包括数学认知方面的发展,也包括情感、态度、个性和社会性等方面的发展。如,在《3～6岁儿童学习与发展指南》中关于数学认知的目标中,目标1提出"初步感知生活中数学的有用和有趣",反映的是儿童对数学学习的情感、态度。具体到这一目标的儿童发展序列,《指南》进一步把目标分解为3～4岁儿童"体验和发现生活中很多地方都用到数"。4～5岁儿童"在指导下,感知和体会有些事物可以用数来描述,对环境中各种数字的含义有进一步探究的兴趣"。5～6岁儿童"能发现生活中许多问题都可以用数学的方法来解决,体验解决问题的乐趣"。说明3～6岁儿童是从探究和发现生活中事物的数的特征的兴趣,发展到探究和发现生活中数的表征意义的兴趣,进一步再发展到探究利用数的表征意义来解决生活问题的兴趣。教师只有在充分了解和分析幼儿的发展特征及其学情的情况下,才能在儿童的已有发展水平和已有经验的基础上把目标定位于儿童的最近发展区。只有根据幼儿的最近发展区所设计的活动目标才会对幼儿的发展有真正的作用,才能真正体现目标的发展性。

(2)目标的全面性

目标的全面性是指在设计和制定数学教育活动目标时,一般要从认知、情感态度和操作技能三个维度去考虑幼儿在具体活动中的发展性。从数学学科的性质来说,儿童的数学学习可能会更多凸显认知发展上的价值,但从现代数学的性质和幼儿数学学习的启蒙性特征来说,幼儿园数学教育活动目标除了要包含知识概念的学习、思维发展和认知能力的学习,以及操作技能的学习外,幼儿行为习惯的养成、幼儿对数学学习的兴趣和态度,以及在生活中应用数学去发现问题和解决问题的兴趣和态度对幼儿持续性的发展更为重要。如在《指南》中针对3～4岁儿童的"感知、理解数、量及数量关系"的发展目标上,具体该年龄段儿童的发展目标涉及"能感知和区分物体的大小、多少、高矮、长短等量方面的特点,并能用相应的词表示。"这一目标包含了儿童在量的方面的认知和操作能力目标,但幼儿在感知和理解事物"量"的特征的过程中,教育者可以引导幼儿注意事物的量的特征,尝试用表示量的词来描述事物,体会描述事物量的特征的趣味性;可以引导幼儿观察发现按照一定的量的特征规律排列的事物,体会其中的排列特点与规律,并尝试自己创造出新的排列规律,体验量的特征的形象性和趣味性;可以引导幼儿感知和体会生活中很多量的特征都可以用数来表示,关注周围与自己生活密切相关的量的特征的数的表征信息,体会数表征意义的有用和有趣。

---

① 黄瑾.幼儿园数学教育与活动设计[M].北京:高等教育出版社,2010:92-95.

在这样的目标建构过程中,认知、情感态度和能力三个维度常常就会糅合在一起。

然而,由于数学教育活动目标大多是从幼儿获取哪些数学经验的角度提出的,因而常常会关注幼儿的知识经验和操作能力,而忽视幼儿兴趣、情感和态度方面的发展目标。这主要是由于幼儿在情感态度方面的发展是逐渐形成,在一两个教育活动中很难观察到幼儿在这方面的发展变化情况。这就更需要教师在教学活动中要看到幼儿在探索和学习某一数学经验的过程中在认知能力、情感态度和动作技能等方面发生的发展变化情况。因而,从三个方面出发是对一个具体活动的目标进行思考和制定的前提。

但在数学教育活动目标制定上要避免两种极端情况,一种是片面地追求认知层面的目标而忽视情感态度的目标。另一种是对全面性的绝对化理解,以脱离活动内容和具体情境的形式上的面面俱到来表现目标的全面性,把认知、情感态度和技能三个方面的目标进行人为的分割。情感态度目标常常是伴随着知识经验的获得、认知能力和操作技能的行为变化而共生的,有时是内隐于这些行为的变化之中的。

如数学活动《扣扣乐》(小班)目标设定为:①能排除形状、颜色的干扰,将具有共同特征的物体看成一个整体;②能手口一致地点数5以内的数量的物体并说出总数。显然这样的目标主要关注于幼儿的认知能力,没有考虑与认知能力发展相匹配的情感、态度方面的发展。而小班数学活动:排序的活动目标为:①能根据物体大小、颜色等特征进行 AB(AABB)等规律排序;②能大胆地表述物体的排序规律;③感受物体排序的规律美。则较好地把幼儿数学教育的目标定位到幼儿对数学操作活动的兴趣和幼儿对数学知识的运用上。既关注幼儿知识技能的学习,又关注学习习惯和兴趣的培养;既关注学习的结果,也关注幼儿积极参与学习的过程,致力于幼儿的整体发展。

(3)目标的针对性

教育活动的目标是进行教育活动内容选择和组织,进行教育活动效果检验的主要依据。因此,其目标的表述应该是具体的、可操作的,是可以观察和评价的。也就是说,幼儿园数学教育活动目标的表述必须是有针对性的,不能是空泛的、笼统的。要尽可能把幼儿在教育活动中的认知、技能和情感的目标行为化,采用行为化的语言来描述教育活动要求幼儿达到的三类目标上的行为反应和变化。这样就既能让教师在活动中观察到幼儿达成目标的情况,观察和判断幼儿的发展情况,又能让教师依据对这一活动的评价而设计后续的教育活动。

如数学活动"图形画展"(小班)目标设定为:①培养幼儿动手操作能力和思维能力;②发展儿童对图形的认知。显然这两条目标显得比较空洞而缺乏针对性,未能与具体的活动相挂钩,也未能把要儿童在行为上的变化表述出来,所以无法作为评价活动效果的可观察的依据。因此,这一活动目标可以调整为:①愿意自由选择图形,并进行拼搭组合,体验图形组合变化的乐趣;②乐于根据图形名称取出相应图形并按一一对应的关系放置;③大胆展示和表述自己拼搭的图形。这样三条目标就相对比较具体而富有针对性了。

如大班数学活动"层级分类"的原目标设定为:①学习按照物体的特征进行层级分类;②提高分析、判断的能力,体验数学活动的乐趣;③乐意与同伴合作交流探索过程和结果,体验分类给人们带来的方便。可以调整为:①仔细观察物体的特征,能按照物体的颜色、形状、大小等不同特征进行多级次的分类;②能用"先把……分成……,再把……分成……"大胆地表述自己的分类过程;③初步体验和理解类与子类的包含关系。对于"层级分类",最为关键的经验应该是使幼儿对类包含的逻辑关系获得初步的感知和体验,即让幼儿感知和体验到类与子类、集与子集的包含关系。原目标未能突出"理解类与子类的包含关系"这一核心目标,三条目标均显得过于笼统宽泛,也没有对目标进行有效的针对性的具体化分解。

(4) 目标的统一性

目标的统一性主要是指在幼儿园数学教育活动目标的表述上行为主体的统一。一般来说,在表述幼儿园数学教育活动目标时,行为主体可以从教师角度出发,也可以从儿童角度出发。从教师角度出发常常反映的是教师对儿童的教育影响和具体的教学行为,运用"使幼儿……""启发幼儿……""引导幼儿……"等词语进行表述。而从儿童角度出发就是以儿童的外在的行动形式来表述教学目标,如"能够""说出""会用"等词语。

(5) 目标的适宜性

幼儿园数学教育活动目标的适宜性首先指的是目标是否从幼儿的年龄特点和幼儿已有的数学经验出发,是否适合儿童的水平和基础,是否能体现把教学建立在儿童的最近发展区上的原则;其次指的是活动目标是否与上一层级目标相联系、相统一;再次,指的是数学教育活动目标的提出是否与活动的内容紧密联系。总之,目标的适宜性实质上就是看所制订的目标是否能更好地满足和服务于教学的发展性原则。

比如,在《指南》中关于3~6岁儿童感知与体验形状和空间关系的发展目标中,针对小班儿童的发展目标是"能注意物体较明显的形状特征,并能用自己的语言描述"。而中班儿童的发展目标是"能感知物体的形体结构特征,画出或拼搭出该物体的造型"。"能感知和发现常见几何图形的基本特征,并能进行分类。"大班儿童的发展目标为"能用常见的几何形体有创意地拼搭和画出物体的造型"。每个年龄段儿童均有自身的发展需要,教育活动目标的设计就要遵循这样的发展序列和发展目标。学前儿童在数概念发展上的个体差异和年龄差异是非常明显的,因而要认识到年龄阶段的目标并不是严格分界、不可跨越的,而是在一个适度的范围内表现出融通。

总之,当代幼儿园数学教育活动的目标,要克服传统的以知识传授为目标的数学教育观念,更多地从培养幼儿学习数学的兴趣,养成幼儿运用数学解决生活中的问题的习惯,使幼儿学会数学的思维,想学数学,会用数学,在数学教育中培养幼儿的积极情感等方面进行设计。以感悟与熏陶为幼儿园数学教育活动设计的重要目标,以数学素养的养成为基本目标。

四、幼儿园数学教育活动内容的选择与组织

幼儿数学教育内容是实现幼儿数学教育目标的重要保证,也是教师向幼儿进行数学教育的依据。幼儿园数学教育活动内容是指为促进幼儿数学概念和数学认知能力的发展,为实现数学教育的目标任务而设定的要求儿童通过学习获得的有关数的知识、技能和经验等。选择幼儿数学教育内容是一项目的性、科学性很强的工作。它既要符合我国对幼儿教育提出的全面发展要求,又要考虑到本身的学科特点和幼儿对数学概念认知发展的规律。

我国幼儿园阶段没有统一的数学课程标准。我国的《数学课程标准》主要是分义务教育阶段与高中阶段分别编制的。实际上,根据我国教育现状,50%以上的学生在进入小学前均受过一定的幼儿园数学教育,并且,加强和普及学前教育也是我国教育发展的趋势。前瞻性地明确幼儿园数学教育标准,将幼儿教育阶段纳入数学课程标准统一编制,有利于幼儿园与小学数学教学衔接。例如,2000年4月美国民间专业团体全美数学教师理事会编写出版发行了《学校数学教育的原则和标准》(以下简称《原则和标准》)。2010年6月2日,美国全国州长协会最佳实践中心和各州教育长官委员会公布了《共同核心数学课程标准》(以下简称《核心标准》)。《原则和标准》提出的数学教育标准有10个维度,分别是数

与运算、代数、几何、度量、数据分析与概率、问题解决、推理与证明、交流、关联、表征,其中前五个标准与数学内容相关,后五个标准强调了获得和应用知识的方法,与过程标准相关。早期儿童数学教育中的数与运算主要在于发展幼儿对数概念的深入理解,包括数之间的关系以及数学运算;代数主要包括对模式和关系的理解;几何主要包含对空间关系的理解;测量的内容包括物体的测量属性、测量单位以及用数进行测量;数据分析与概率主要包括组织数据、解释数据等。过程标准中的问题解决是指运用已有的知识去解决某一特定的问题,目的主要在于通过这种方式来发展幼儿的数学思维;推理和论证包含发展和评价幼儿的数学论证能力;交流项目主要在于鼓励幼儿表达和阐述自己的数学思维;联系知识包含各个数学领域之间的相互联系,以及熟悉和其他课程领域之间的联系;表征包含幼儿用各种不同的方法展示和交流数学概念。《核心标准》进一步提出了"数学过程标准"和"数学内容标准"两大范畴,其中"数学过程标准"再细化为 8 个标准,分别是发现问题和坚持解决问题的意识、定性和定量推理、建构可行的争论和批判他人的推理、运用数学模型、使用适当的数学工具、清晰与准确的数学交流表达、观察与寻找数学模式和结构、发现和表述数学规律。[①] 我国的《3~6 岁儿童学习与发展指南》中关于数学领域的学习内容主要涉及到三项大的内容目标:感知生活中的数学的有用和有趣;感知和理解数、量以及数量关系;感知形状与空间关系。缺乏类似于美国数学标准中的过程标准。因而,在实际数学教育活动内容的选择上,我们应该适度地考虑类似于美国数学标准中的过程标准。

(一)幼儿园数学教育活动内容选择的要求

《幼儿园教育指导纲要(试行)》对教育活动内容的选择提出了以下原则:

(1)既适合幼儿的现有水平,又有一定的挑战性;

(2)既符合幼儿的现实需要,又有利于其长远的发展;

(3)既贴近幼儿的生活来选择幼儿感兴趣的事物和问题,又有助于拓展幼儿的经验和视野。

幼儿园数学教育活动内容的选择除了要遵循以上原则外,还应该考虑以下几个方面的要求:[②]

1. 幼儿园数学教育活动内容应具有启蒙性

学前儿童数学教育的启蒙性特征决定了具体的幼儿园数学教育活动内容也应该体现启蒙性特征。向幼儿进行数学教育,其要求是让幼儿在生活和游戏中在操作的层面上对某一数学内容有所感知,有所体验,从而获得较丰富的感性经验,并体验到数学的重要和有趣。

2. 幼儿园数学教育活动内容应具有生活性

幼儿园数学教育活动内容应具有生活性,是指数学教育活动内容应从幼儿认知水平出发,选择幼儿熟悉的、能理解、感兴趣并密切贴近其生活实际的数学教育内容,让他们感受到数学可以解决人们生活中遇到的问题。现实生活是幼儿学习数学概念的重要源泉,日常生活中包含了大量学习数学的机会,幼儿每天接触的事物都会和数、量、形有关。幼儿园数学教育活动的内容如能和幼儿的生活实际相联系,不仅会让他们感到数学就在他们身边,而且能够感到数学的有用,这样就会激发幼儿学习数学的愿望,产生学习数学的动机。因此,教师要善于利用

---

① National Governors Association Center for Best Practices. NGA Center. Common Core State Standards for Mathematics[EB/OL]. http://www.corestandards.org/wp-content/uploads/Math_Standards.pdf. 2013-10-15.

② 梁慧琳.幼儿园数学教育活动设计[M].北京:中国社会出版社,2010:81-84.

这些教育资源,引导幼儿了解数学与生活的关系,体验数学在社会生活中的价值。

3. 幼儿园数学教育活动内容应具有可探索性

对学前儿童的数学教学,应给儿童提供机会让他们在具有现实背景的活动中去探索,去自由地操作,并由儿童来发现。探索过程本身就是幼儿学习数学的过程,这个过程不只是对幼儿数学能力的培养,而且也让幼儿感受到数学是活生生的,数学就在自己的身边,从自己生活的情境中可以找到数学问题,运用数学可以解决实际问题,因此教师在设计教学的每一个环节时,都应当有意识地体现出探索的内容。

让幼儿探索、操作就是要让幼儿通过自己的活动建构数学知识,通过幼儿与环境之间的相互作用,对材料的摆弄中,将抽象的数学知识内化于自己的头脑中。而且在动作基础上建构起来的数学知识,也是符合幼儿年龄特点与认知结构的。但提供探究的内容应在幼儿能力的最近发展区之内。

4. 幼儿园数学教育活动内容应具有一定的逻辑性

幼儿的数学学习虽具有启蒙性,但数学知识自身具有系统性和逻辑性特征。在幼儿园数学教育内容的选择和安排上,也就必须要考虑数学知识的逻辑和幼儿学习数学的逻辑顺序。要体现先易后难、循序渐进、前后联系的特点。

(二)幼儿园数学教育活动内容范围

美国的《核心标准》认为,幼儿园数学教育的核心领域是起始于集合的数表征、数关系、数运算,以及对空间、形状的描述两部分。我国的《指南》中关于学前儿童数学发展的两个内容目标也是放在"感知和理解数、量及数量关系""感知形状与空间关系"上。学前儿童数学教育活动内容是让儿童在生活和游戏中感知事物的数量关系和空间关系,因而从内容范围上主要围绕数的关系、量的关系和空间关系展开。主要项目和范围是:

1. 集合、分类与模式

(1)集合。包括集合中元素多少的比较,集合的交集、并集、补集、差集关系和集合的包含关系。

(2)分类。包括一维特征、二维以上特征、层级分类。

(3)模式。包括模式识别、模式复制、模式扩展、模式创造、模式比较、模式转换、模式运用与交流。

2. 数概念和运算

(1)10 以内的数。包括基数、序数、数的实际意义、数量的比较与守恒、相邻数、单双数、零、10 以内自然数序列的等差关系等。

(2)数数。包括唱数、手口一致点数、目测数、按群计数等。

(3)书面数符号。包括数字的认读、书写与表征。

(4)数的组合与分解。包括整体数与部分数之间的包含关系、部分数之间的互换关系和互补关系。

(5)10 以内数的加减运算。包括认识加减运算符号、理解加减的含义、三级运算(动作、表象、符号)、口述应用题。

3. 量的比较、测量与统计

(1)量的比较。包括比较大小、长短、粗细、高矮、厚薄、宽窄、轻重、容积等量的差异。

(2)量的排序。包括量的正、逆排序。

(3)感知量的守恒、量的相对性和传递性。
(4)量的自然测量。
(5)统计。包括实物图表、表象图表、数符号图表。

4. 空间与时间

(1)空间几何形体。包括平面图形(圆形、正方形、三角形、长方形、半圆形、椭圆形、梯形)、立体图形(球体、圆柱体、正方体、长方体)、形体之间的关系与等分。

(2)空间方位与方向。包括自我为中心的空间方位和客体为中心的空间方位(上下、前后、里外、远近、左右等)。

(3)时间。包括早晨、晚上、白天、黑夜、昨天、今天、明天、星期、年月的名称及顺序,时钟的认识(长针、短针及其功用、整点与半点)。

(三)幼儿园数学教育活动内容的组织

幼儿园数学教育活动的目标和价值取向并不仅限于促进儿童的认知发展,还包括对儿童身体、情感、个性、社会性等方面发展的作用。教师在选择和组织数学教育活动内容时,需要兼顾儿童发展、学科知识结构、儿童学习数学的特点以及环境条件等多方面的因素。但决定数学教育活动内容组织形式的主要还是价值取向的作用。根据幼儿园两种价值取向的差异,学科取向和生活取向在幼儿园教育活动设计的各个方面均会存在较大的差异,同样也表现在数学教育活动内容的组织上。

1. 学科取向的数学教育活动设计

在活动内容的组织编排上常常会把数学学科自身的逻辑结构作为其逻辑起点,直线式地组织数学教育活动内容。这一学科取向的内容组织架构中常常会表现出如下特点:

(1)重认知结果。由于数学教育活动内容的每个方面均是以幼儿在该领域关键概念发展的心理特点和一般规律为参照来组织安排的,因而从数学认知发展的角度看,有比较明确的认识结果的定位和落实点。

(2)内容组织体现了较强的逻辑序列和渐进性特征。由于数学学科知识自身具有较严密的逻辑结构,学科取向的数学教育活动的内容安排常常依据数学学科知识的内在结构进行组织,按照由简单到复杂、由易到难的原则编排。这种组织体现了儿童思维结构与数学学科知识结构的一致性,让儿童渐进性地掌握学科知识,不断拓展和加深学科内容。

2. 生活取向的数学教育活动设计

在活动内容的组织编排上则会以儿童的生活经验为逻辑起点,从儿童的现实生活中挖掘数学活动赖以开展的资源,非线性地组织数学教育活动内容。生活取向的内容组织架构中常常表现出如下的特点:

(1)关注学习过程中的个人体验和情感。生活取向的数学活动内容的组织上不再过分关注认知的结果,而是重点关注儿童在学习过程中所获得的心理体验、所形成的态度、价值观以及相应的行为变化。

(2)内容组织上体现生活性。生活取向的幼儿园数学教育活动内容体现了从幼儿的生活经验出发,在生活中寻找与数学相关的内容、情境、问题,以儿童的生活经验为准则,创设生活中的数学问题情境,发现生活中的数学意义,从而让儿童真正体验到数学的重要和有趣。

但在实际的幼儿园数学教育活动设计时,由于我们要综合考虑影响活动设计的多个方面的因素,所以我们在学科取向中也不可能不考虑学前儿童数学教育的启蒙性特征,而在生活取向中也不可能无视数学学科自身的逻辑性结构。因此,在现实的数学教育活动内容的组织上,常常体现了两种取向的互补与拓展。儿童的生活逻辑与数学知识的学科逻辑常常是明暗相映,共振互存的。

3.3 不同学习形式的数学教育活动设计

教育活动总是基于一定的价值选择。在对儿童数学学习的基本形式与学习本质的认识上的差异,在对待数学教学活动的设计是依存于数学知识自身内在的逻辑还是依存于儿童的生活逻辑问题的差异,以及在对教学活动中教的一方和学的一方关注度的差异,常常造成数学教育活动设计上总是存在从关注教的行为和数学知识内在逻辑的一端走向关注幼儿学习行为和其生活逻辑的一端。从而形成了学科取向的数学教育活动设计和生活取向的数学教育活动设计,也产生了教师预设为主的数学教育活动和儿童生活为主的数学教育活动的两极性划分。当学习在有意义和熟悉的情境下发生时,儿童就会通过建构意义来学习。儿童会通过探索熟悉的环境,在操作活动中形成体验来建构知识和发现关系。这些最初由儿童控制的学习被称为"自然情境下的学习",而那些幼儿可以在环境中选择活动和行动,通过操作和交往活动建构经验,且活动常常也会受到成人干预的学习过程被称为"非正式的学习",而那些由成人为儿童选择学习经验并为儿童的行动提供指导的学习过程被称为"结构性的学习"。[①] 基于对幼儿学习过程的不同的理解,在教育活动创设上就会存在不同的趋向。根据幼儿园教育活动的结构化程度,可以将幼儿园数学教育活动从高结构化到低结构化的过渡和演进分为四种主要的类型。即学科课程中的数学教育活动、主题活动中的数学教育活动、方案活动中的数学教育活动和区角活动中的数学教育活动。上述这些活动是一个处于不同位置上的连续体,不仅在活动设计的价值取向和活动性质方面存在差异,而且在活动设计中对目标、内容、方法和评价等也存在一定的差别。

一、接受式学习与学科式集体性数学教育活动设计

学科取向的价值观常常把儿童学习过程看作一种接受式学习过程。儿童通过与教师的互动从教师那里接受相关的知识,而教师在教学过程中主要传递某种结构性的知识。在这种接受式的学习过程中,教师总是教学行为的发起者,儿童是教学行为的被动承受者。因而,与该种价值取向相匹配的数学教育活动设计就是一种典型的学科式集体数学教育活动形式。这种学科式集体数学教育活动比较强调数学学科概念和技能的获得,比较关注活动内容中数学知识结构的内在逻辑性,比较注重从数学学科知识的角度对幼儿的学习结果进行评判。

学科式数学教育活动的设计比较明显地体现出以教师的教学为中心的基本特征,以数学学科知识和技能为目标,以数学学科知识的逻辑来认识和组织数学活动内容,以将一定的数学基本概念和知识技能传递给儿童作为活动设计的出发点和归宿,通过系统而逐步递进的结构性活动与教学设计,完成幼儿园数学教育的目标和任务。因而,对此类数学教育活动的设计,一般会体现出如下的设计要点。

[①] [美]Rosalind Charlesworth,Karen K. Lind. 幼儿数学与科学教育[M]. 李雅静,龙洋,曾先运,等译. 第 4 版. 北京:北京师范大学出版社,2011:22.

(一)活动目标关注认知结果,目标细化分解,体现层次性

学科式数学教育活动是以学科知识内在逻辑结构为其活动设计的逻辑起点,所以基本概念和知识技能的获得是活动设计的出发点和归宿。数学教育活动目标的表述上主要是从教师作为教学活动的发起者出发,强调幼儿接受式的知识获取方式,如"让幼儿……""使幼儿……""引导幼儿……"等,并主要关注儿童认知能力的发展。而且这种逻辑结构体现在活动目标的定位和表述上的细化分解,即将一个数学知识点的要求化解成若干个相互有联系而递进的活动目标系列。如以小班儿童"认知大小"这一知识点为例,学科式数学教育活动设计中将目标分解为5个前后联系而递进的活动目标系列。①

> 知识卡片 3-2
>
> 活动一:认识大小标记
> 目标1:教幼儿认识大小标记
> 目标2:引导幼儿学习按照大小标记将物体分类
>
> 活动二:按大小分类(一)
> 目标1:教幼儿学习按照大小标记对颜色、形状不同的物体进行分类
> 目标2:教幼儿继续学习按照要求整理好操作材料
>
> 活动三:按大小分类(二)
> 目标:教幼儿学习按照大小标记不同种类的物体
>
> 活动四:按大小排序(一)
> 目标1:教幼儿学习从大到小或从小到大排列三个物体
> 目标2:培养幼儿用语言讲述操作结果
>
> 活动五:按大小排序(二)
> 目标1:教幼儿继续学习按大小给三个物体进行排序,并匹配相应大小的物体
> 目标2:培养幼儿用语言讲述操作过程

(二)活动内容的组织编排关注学科逻辑,体现渐进性

学科式数学教育活动内容的选择和组织是按照数学学科知识逻辑进行编排的,由于数学学科知识的逻辑结构与儿童思维结构存在一致性,因而数学知识结构中的层次结构与儿童分年龄段的思维发展序列相吻合。数学教育活动内容的组织上就体现了这种由简单到复杂,由易到难的渐进性特征。如对于"分类"这一数学内容,按照渐进性特征,一般会从小班时期的一维特征分类,到中班时期的二维特征的逐级分类,再到大班时期的同时兼顾二维特征的分类,使得分类内容由浅入深,逐步深化。

(三)活动过程中更多关注教师教学的行为和策略

学科式数学教育活动设计是以教师的教学为中心的,而儿童被动地接受教师所传递知识的学习过程,儿童学习的状况更多取决于教师教的行为和策略。所以学科式数学教育活动在教学过程的设计上主要关注的是教师做什么和教师怎么做的问题。重在教师对幼儿有

---

① 《幼儿园课程指导用书(科学)(小班)》.南京:南京师范大学出版社,1996.转引自:黄瑾.幼儿园数学教育与活动设计[M].北京:高等教育出版社,2010:134-135.

意识的策略性的引导和有针对性的指导。

二、探究式学习与主题活动中的数学教育活动设计

对于学龄前儿童来说，早期数学学习的价值在于培养幼儿对数学的兴趣和探究，能够尝试用数学联系生活并应用于生活中的问题解决。《指南》指出："幼儿的科学学习是在探究具体事物和解决实际问题中，尝试发现事物间的异同和联系的过程。幼儿在对自然事物的探究和运用数学解决实际生活问题的过程中，不仅获得丰富的感性经验，充分发展形象思维，而且初步尝试归类、排序、判断、推理，逐步发展逻辑思维能力，为其他领域的深入学习奠定基础。""幼儿的思维特点是以具体形象思维为主，应注重引导幼儿通过直接感知、亲身体验和实际操作进行科学学习，不应为追求知识和技能的掌握，对幼儿进行灌输和强化训练。"[①]美国国家科学教育标准中对探究的定义是：探究是多层面的活动，包括观察；提出问题；通过浏览书籍和其他信息资源发现什么是已经知道的结论，制订调查研究计划；根据实验证据对已有的结论作出评价；用工具收集、分析、解释数据；提出解答，解释和预测；以及交流结果。探究要求确定假设，进行批判的和逻辑的思考，并且考虑其他可以替代的解释。探究式学习就是从学科领域或现实生活中选择和确立主题，在教学中创设类似于学术研究的情境，学生通过独立自主地发现问题、实验、操作、调查、收集与处理信息、表达与交流等探索活动，获得知识，培养能力，发展情感与态度，特别是发展探索精神与创新能力。它倡导学生的主动参与。探究式学习是一种积极的学习过程，主要指的是儿童自己探索问题的学习方式。

幼儿园的主题活动课程是综合课程实施背景下的一种课程形式，是将各个学科科目的教学内容和价值在一段时间内围绕一个中心内容（主题）组织教育教学活动。主题一般来源于儿童的生活，每个主题中不仅包含着多个领域的内容，而且能让幼儿对事物获得一个较为整体、较为全面、较为生活化的认知。

主题活动课程中既可以包含教师预设的高结构化活动，也可以包含由幼儿根据主题相关经验和兴趣发起而生成的教育活动。但总体上还是以教师预设的活动为主。主题活动课程中的数学教育活动异于分科式数学教育活动的地方是其价值观念由儿童的接受式学习走向探究式学习，认为儿童学习数学的过程不是一个被动接受的过程，而是一个在其生活中主动探索、建构数学意义的过程。因而主题活动课程的主题一般均是来源于儿童的生活，主题活动过程更强调让幼儿在生活情境中探索事物的数学关系和数学意义。在主题单元的数学教育活动设计中，教师需要关注和把握的要点如下。[②]

（一）结合主题，尽可能联系儿童的生活经验

主题是来自于儿童的生活，数学活动是在主题的背景下展开的。因而，在数学教育活动设计中，教师就需要从与主题派生出的一些相关关键经验出发，思考可以根据儿童的生活经验渗透哪些相关的数学知识或数学概念，对主题中涵盖的数学教育内容进行分析和检核，以确定如何设计、组织相关的数学教育活动。

例如，在"我爱我家"的主题中，中班儿童可能获得的已有经验有关于自己家的物品、位置、家庭人数等，结合儿童的经验和兴趣就可以生成一些数学活动内容，通过"我家的人""家

[①] 教育部.3～6岁儿童学习与发展指南[Z]. http://www.moe.gov.cn/publicfiles/business/htmlfiles/moe/s3327/201210/xxgk_143254.html.

[②] 黄瑾.幼儿园数学教育与活动设计[M].北京：高等教育出版社，2010：138-139.

里的数字""认识我的家""我家的电话号码"等,把数数、认识序数、数物对应、方位比较等数学内容融合在主题活动之中。①

例如,主题:"蔬菜"这一活动内容就有以下几个方面。②

> **案例 3-1**
>
> **"蔬菜"主题活动**
>
> "蔬菜"主题来源于儿童的生活,儿童具有丰富的与"蔬菜"相关的知识经验。在"蔬菜"的主题网络中,可以包含蔬菜的食用方法、食用部位,蔬菜的种类、颜色,蔬菜的种植和生长地点,蔬菜的特殊用途等方面。在"蔬菜"主题中,可整合的数学教育内容有:
>
> 1. 分类活动
>
> 根据"蔬菜"主题网络下的内容,结合儿童的生活经验和已有的知识经验可以开展多种分类活动,如按蔬菜种类、颜色、食用部位、生长地点等进行分类;还可以将一组蔬菜按其不同特征进行多角度的分类。
>
> 2. 统计活动
>
> 在分类基础上可以进行统计活动,了解每类蔬菜的多少;用统计表格来表述探索过程和结果;统计幼儿园(家中)所购买的蔬菜的种类,不同食用部位的各有几种。
>
> 3. 比较数量的多少和物体量的差异
>
> 在分类统计之后可以对蔬菜的数量进行比较,还可以比较各种蔬菜的空间量特征,如大小、长短、粗细、厚薄、轻重等。
>
> 4. 观察、记录种植蔬菜的生长情况
>
> 记录播种的日期,第几天种子发芽了,第几天长出了1片(或2片)叶子……
>
> 5. 蔬菜超市游戏
>
> 学习分类摆放蔬菜;在超市买菜,学习加减运算;学习制作蔬菜,感知物体形状,等等。
>
> 在"蔬菜"主题的数学教育活动中,各种数学教育活动紧紧依存于主题,儿童在生活化的情境中探索与自身生活密切相关的数学关系,建构数学的意义,从而也体验到数学的重要和有趣。

(二)关注幼儿个体差异,追求活动的过程性价值

主题数学教育活动是与儿童的生活经验紧密相连的,此类活动设计时主要追求以儿童发展的角度、注重儿童对数学知识和概念的主动建构式学习价值的体现。因而活动设计更多考虑的是幼儿在活动过程中的个人意义的建构和感受。在活动过程和环节的设计上,更多考虑的是为不同水平和能力的儿童提供反复操作、探索的机会,以促进儿童对概念的建构。

---

① 周欣,黄瑾,杨宗华.幼儿园综合课程中的数学教育[M].南京师范大学出版社,2012:53.
② 参阅张慧和,张俊.幼儿园数学教育[M].北京:人民教育出版社,2004:80-81.

(三)体现情景学习和问题解决式学习

主题单元中的数学教育活动的设计关注儿童已有的生活经验,关注儿童现实的生活活动和生活情境,关注儿童在生活情境中对数学关系和数学意义的理解与建构。因而,主题单元中的数学教育活动设计更提倡给幼儿一个数学探索的情境,通过一个问题解决的过程来帮助幼儿获得相应的数学关系和数学意义。

三、合作式学习与方案活动中的数学教育活动设计

合作学习(cooperative learning)是一种富有创意和实效的教学理论与策略,它20世纪70年代初兴起于美国,并在70年代中期至80年代中期取得实质性进展。皮亚杰学派的发展理论认为,在适当任务中,孩子们之间的相互作用提高了他们对关键概念的掌握和理解。而在社会文化理论中,苏联学者维果茨基(Lev Vygotsky)提出学习发生在一定的社会和文化情境中,并由该群体的成员所共享。维果茨基认为,儿童通过与那些更为熟练地掌握了思维工具的同伴交往,来学习使用文化赋予的这些思维工具。因而他将最近发展区定义为,儿童独立解决问题时的实际发展水平同在成人指导下或与更有能力的同伴共同探讨、进行问题解决时的潜在发展水平之间的距离。也就是说,儿童与同伴共同完成任务、讨论问题,也可以提高他们已有的认知水平。因此,他认为合作活动比个体活动更为优越,可以加速儿童认知水平的发展。

鲁道夫(Rogoff)在系统考察儿童如何通过参与社会性活动来进行学习,提出了儿童的认知发展是一种合作性过程的理论。在这种合作过程中,既包括面对面的互动,也包括共同参与一个事件或活动。合作学习论也认为,教学活动过程是一个人际交往、信息互动的过程,其间强调教师与儿童、儿童同伴之间的互动性学习。已有的研究表明,儿童数概念的发展不仅取决于环境中有关数方面的刺激的影响,成人与儿童、儿童与儿童共同参与的涉及数的活动在儿童数概念发展中至关重要。[①]

方案活动是一种以幼儿兴趣为导向的,由儿童或教师发起的深层次的探索性活动。它比主题单元教育活动的结构化程度更低,更多体现的是以满足幼儿的学习和探索需要为追求的活动价值。它也是幼儿园综合性课程中的一种课程类型。该课程"产生于儿童的兴趣和想法,但(教育者)也相信,所有参与课程开发、参与计划和实施方案的成员之间应该进行沟通。课程的观点是基于这样的理论:儿童在他们的社会群体内建构知识"。[②] 因而,方案活动的价值取向认为儿童的学习过程是一种合作式建构的过程。

在方案活动中,"教师通过细致的观察并与儿童进行讨论做出有关方案主题和主题发展方向的决策。教师选择课程的决策以儿童的兴趣和可能出现的潜在问题为基础。随着课程的展开,教师对儿童的思维过程保持关注,从而推动课程沿着儿童兴趣的轨迹不断发展"。"这些儿童之间的、教师与儿童之间的、教师之间的以及教师和家长之间的合作共同促成方案的各种决定。"[③]方案活动中的数学教育活动,往往是在相关主题或方案实施过程中,由幼

[①] 周欣,黄瑾,杨宗华.幼儿园综合课程中的数学教育[M].南京师范大学出版社,2012.

[②] Fraser,S.,Gestwicki,C.(2002). Authentic childhood: Exploring Reggio Emilia in the classroom. Clifton Park, NY:Thomson Delmar Learning. P.168.转引自:[美]阿林·普拉特·普莱瑞著.幼儿园科学探究教学——科学、数学与技术的融合[M].霍力岩,等译.北京:教育科学出版社,2009:196.

[③] [美]阿林·普拉特·普莱瑞著.幼儿园科学探究教学——科学、数学与技术的融合[M].霍力岩,等译.北京:教育科学出版社,2009:196.

儿的兴趣或问题引发的活动,相关的数学经验和概念是蕴含在探索性的学习过程中,幼儿在探索活动中发现一些数学关系,合作性地建构一些数学意义。在此类数学教育活动的设计中,教师需要关注和把握的要点如下。①

(一)数学内容和问题隐性地整合在幼儿的探索学习过程中

由于方案活动的开展是从儿童的兴趣出发的,因而活动过程常常不可能按照教师预设的方向和内容行进。数学知识自身内在的逻辑性特征在此类活动中就失去了其约束力。教师应当充分了解和认识到方案活动中的数学价值和相关数学知识经验均是隐性的,幼儿在一个真实的问题情境中感受和建构数学关系,获得一些相关的数学体验。

(二)幼儿在合作、交流和互动中共同建构数学概念和意义

方案活动的价值取向认为儿童的学习过程是一种合作式建构的过程。幼儿在共同参与的探究性活动中,除了基于不同经验水平的与物互动的过程,也伴随着幼儿之间、幼儿与教师之间的积极互动,这种互动和交流常常会让幼儿在问题背景中产生认知冲突,有效地激发儿童的思维。当然在这种互动和交流过程中,幼儿也在观察、理解着他人(同伴和教师)的思维过程。来自于他人的经验能够为幼儿的概念建构提供有效的"鹰架"。

案例 3-2

鞋子与量尺②

在戴安娜幼儿园的某个大班教室里,有一天,发生了一件真实的事情:因为孩子们在做桌面活动时发现桌子不够用了,就提出想让幼儿园的木匠伯伯帮助再做一张相同的桌子,这样,就自然生成了一个问题——要做一张怎样尺寸大小的桌子呢?有六位幼儿对此事表现出极大的兴趣,他们表示能够找到一个告诉木匠伯伯答案的方法。

于是,教师将一张桌子放置在活动室的一角,六个孩子开始了他们的方案活动。当然,教师的观察、记录和有效推进也是伴随其中的。

孩子们首先想到了测量桌子的工具,有的说用手臂,有的说用头,有的说可以用手指、用小腿等,但是孩子们即使用相同的工具测出来的结果也是各不相同的,这是因为他们并没有获得关于测量的关键技能,即替换和位移。在此,教师并没有采用教学的方式,而是婉转地建议孩子们一起做一个"跳远"的游戏,在比较看谁跳得更远的时候,自然地将用脚步作为工具测量的关键技能呈现给了幼儿……

在第二天的探究活动过程中,孩子们自然地将这一间接获得的测量技能用到了对桌子的测量中。紧接着,一个孩子提出可以不用一段一段量的方法,而是直接用一根很长很长的绳子来量……不久,孩子们又想到了可以做一把尺来量,于是他们的探究活动逐步深入,转向对尺的探究,他们找来了纸条画尺,每个幼儿对尺的理解是各不相同的,有的幼儿画的尺有刻度有数字、有的幼儿画的尺没有数字,也有的虽没有单位等距的概念,但也能够用图符并用的表征形式来建构和思考……

---

① 参阅黄瑾.幼儿园数学教育与活动设计[M].北京:高等教育出版社,2010:141-142.
② 马拉古兹.儿童的一百种语言[M].台北光佑文化事业股份有限公司,1996.转引自:同上.

> 当孩子们的探究活动从以自然物为工具的测量转向以尺为工具的标准测量时，与教师所期望孩子达成的问题探究越来越近的时候，孩子们自己的兴趣和需要再一次在活动中大大地显现出来：突然有一个孩子脱下了自己的鞋子说可以用鞋子来测量，孩子们都不约而同地脱下了自己的鞋子……在此，教师并没有简单地干预和制止，而是顺着他们的兴趣，也就自然地出现了两种不同的测量方法，即用鞋子和用尺作为工具的测量……最后，在教师的建议下，孩子们将两种不同工具的测量结果记录下来，准备转交给木匠伯伯。

从这个方案活动的记录中，我们可以看到，数学问题是伴随着孩子们的探究活动而自然生成的，虽然在这样的活动中，儿童可能并没有获得较系统的、确定性的数学概念和数学知识，但蕴含在这种生活情境中的数学问题可以有效地刺激儿童的思维，他们在合作、交流和互动的过程中通过观察、理解和思考同伴的思维过程既能够产生认知冲突，也能够让认知冲突发生顺应的转化，从而在解决实际问题的有益探索过程中，在观察、比较、分析和思考过程中获得数理逻辑经验，体验到数学的重要和有趣。

四、体验式学习与区角活动中的数学教育活动设计

体验，既是一种活动，也是活动的结果。作为一种活动，即主体亲历某件事并进行反思；作为活动的结果，即主体从其亲历中和反思中获得认识和情感。体验式学习是个过程，是个体主动地参与学习的过程，并且能够从体验中产生有意义、相关的洞见。体验式学习的本质，有以下四个主要特质：学习者对于正在发生的学习及过程是察觉的；学习者是投入于省思的体验中，并且连接当下的学习到过去、现在和未来；那些体验和内容是独具个人意义的；过程牵涉到完整的自己——身体、想法、感觉和行动，不是只关于心智，换句话说，学习者是整个人全身心投入的。《指南》指出：幼儿的学习是以直接经验为基础，在游戏和日常生活中进行的。幼儿教育要珍视游戏和生活的独特价值，创设丰富的教育环境，合理安排一日生活，最大限度地支持和满足幼儿通过直接感知、实际操作和亲身体验获取经验的需要。

区角活动是以材料提供为主，按照材料的区分来设定的，让幼儿有充分的活动时间和空间与材料进行交互作用，从而获得大量感性经验的活动。区角活动以儿童自由选择为特点，儿童在学习经验的选择上有较大的自主性，是一种低结构化的教育活动。数学活动区是一种充分利用环境和材料，让幼儿以个别或小组的方式，自主选择，主动操作，探索学习，以感知、积累、修正和表达经验，获取相应知识意义的一种极有价值的教育组织形式。

研究表明，当幼儿在日常生活中使用数学时，当他们经常使用合适的数学材料和数学概念来解决问题时，那么数学对幼儿是有意义的。由于生活中的数学现象和数学问题大多发生在自然状态下，它使幼儿常常在不知不觉的情况下感受到"数学"，学习了"数学"。幼儿的数学学习就是在其生活和游戏中通过操作材料，通过解决问题，体验着数学的价值和有趣，这也是学前儿童数学教育的真正价值所在。区角活动中的数学教育活动，一般是根据自己的兴趣和需要，感受生活中的数学现象，并决定进入活动区角的时间，以及独立选择活动的材料和开展活动。因此，它是一种体验式的学习，它不强调数学知识内在的结构和逻辑，只关注儿童在基于兴趣的活动过程中所体验到的数学的意义、价值和乐趣。教师在进行区角活动的数学教育活动设计时，一般不需要写出明确的活动目标和过程方案，而只需写明活动材料、

活动规则与玩法以及活动建议等。教师的作用主要在于创设良好的数学活动环境,提供充足的多层次的活动材料,并成为幼儿进行区角数学活动的支持者、鼓励者和观察者。

教师在设计区角活动中的数学教育活动时,需要关注和把握以下几个要点:

(一)内容上的统整和有机联系

幼儿园的区角一般也称兴趣角,通常是用来游戏、学习和组织互动活动的空间。不论选择什么课程,这些区域都为游戏和探究活动的开展提供了空间。幼儿园的区角活动的设计和安排一般是从不同的领域加以考虑的,常常是服务于某些共同的主题。常见的区角有积木区、戏剧游戏区、操作区、美术区、音乐与运动区、图书区、数学区、科学区等。教师在设计儿童自主选择的数学活动时,有必要思考在内容上与数学集体活动相统整和联系,也要考虑与其他领域的区角活动之间在主题统整上的联系。这样有利于幼儿把在区角活动中获得的零散的、非系统的数学体验与系统性的数学集体教育活动进行整合。

(二)材料上的多样性和层次性

鉴于教师要在探究活动中反映儿童的兴趣,而幼儿可能需要各式各样可利用的工具和材料探究某个特定的主题。因此,教师就需要在某个阶段或多个阶段收集所需要的材料。材料要体现出多样性和层次性特征。材料的多样性一方面指除了围绕主题设置操作活动材料外,还要体现出数学内容的递进性特征,全面有序地投放材料。另一方面,多样性是指对同一内容也要给儿童提供不同的感知操作材料,让幼儿能在多种操作性体验的基础上获取数学关系和数学意义。

而材料的层次性主要是指教师在数学区角活动中投放材料时,要从儿童数学发展的不同水平和差异出发,要从儿童的最近发展区出发,在材料上体现出梯度和层级,让每个儿童都能在自己的最近发展区上通过操作相应的材料而建构属于自己的数学意义。

如"小兔家的新门帘"的活动层次分为:一是幼儿按照示例的模式排序规律继续往下排,进行模式复制;二是幼儿自由地创作门帘,探索各种不同的排序模式,进行模式创造;三是幼儿发现已有示例中门帘的不完整性,寻找出模式的排序规律,填补空缺,形成完整模式;四是增加不同的颜色、形状和大小的门帘操作材料,尝试探索不同的排序模式,进行多维度的模式创造。①

(三)积极鼓励儿童交流和反馈

区角活动虽然是以儿童对材料的操作性体验为主的建构活动,但在操作探索的过程中,儿童不仅要与材料互动建构数理逻辑经验,而且还要与人(同伴和老师)互动建构社会性经验。此外,儿童正是在与物互动和与人互动的协调性互动中,在合作性的交流和反馈中,观察、理解他人的思维过程,从来自他人的经验或认知冲突中得到启发或形成鹰架,从而实现共同性建构。教师在儿童的区域性数学操作活动中鼓励儿童交流和反馈的另一个重要意义在于,零散的体验在交流和反馈的过程中既可以达到思维的内化,也可以促进幼儿零散性的经验进行条理化和系统化。

3.4 学前儿童数学教育活动设计举例

学前儿童数学教育活动按照其活动形式可以归结为两大类:自选性的数学操作游戏活

---

① 周欣,黄瑾,杨宗华.幼儿园综合课程中的数学教育[M].南京:南京师范大学出版社,2012:107.

动和数学教学活动。这两种活动形式在活动目标、活动内容、活动设计和组织实施的过程上均存在较大的差异。所以,我们也可以把学前儿童数学教育活动设计划分为自选性数学操作游戏活动的设计和数学教学活动的设计。

一、学前儿童自选性数学操作游戏活动的设计

幼儿的操作活动是幼儿教育活动的基本部分。幼儿动手操作材料,与材料发生相互作用,是幼儿学习数学的主要方式。幼儿在与材料的互动中才能更好地建构数理逻辑经验。数学操作游戏活动的设计就是要将数学概念的属性,或运算技能的要素转化为幼儿可以独立操作的活动,让幼儿在反复摆弄和操作材料的过程中,感知和体验数学的关系,逐步建构数学的抽象概念。自选性的数学操作游戏活动主要体现在数学区角活动中。

学前儿童自选性的数学操作游戏活动的设计一般由6个要素组成,即目标、材料、规则、形式、指导和评价。

(一)目标

指这一操作游戏活动所能达到的具体的教育效果。所以活动目标的制定与表达要具体、行为化,便于教师观察、把握和评价幼儿的活动情况。目标是在明确了儿童已有的发展水平后做出的选择。

例如,分水果活动可以制订下述目标:

(1)感兴趣于区分苹果和橘子,对橘子进行有叶的和无叶的分类,能对苹果进行颜色(红和绿)的分类。

(2)乐于对苹果进行简单模式(红~绿)的排序。

(3)能给玩偶一一对应地分到不同的橘子和苹果。

(二)材料

指幼儿在自选性操作游戏活动中所需要使用的材料。材料的提供应注意材料的充分、层次、多样和针对性。如上例的分水果活动中,关于橘子和苹果材料数量要充分、种类要丰富,且橘子、苹果的材料可以有塑料实物模型、图片,还可以设计分类、对应和模式排序的填补卡片等。在选择数学学习材料时,要考虑三个原则:①

(1)好的材料都有一些共同的特征。它们应该坚固耐用、制作精良、形状精确,便于儿童独立操作。同时,好的材料还能用于多种活动或多个数学概念的学习。

(2)材料的设计必须有助于儿童获得并理解所学的数学概念,即材料必须与目标相适应。

(3)材料必须与儿童现有的发展水平相适应。

(三)规则

指幼儿操作活动的要求和完成活动所必需的步骤等,使幼儿知道活动的目的和怎样使用材料。教师制定活动规则时,要体现数学概念的属性及关系,运算的性质和规律等。例如上例的分水果活动中,分类活动的规则就是将同样(颜色或有叶和无叶)的水果放在一起,模式排序的规则就是按照红、绿、红、绿的规律对苹果进行排序,而一一对应的分配活动的规则就是给每个玩偶分配同样种类、同样数量的水果。

---

① [美]Rosalind Charlesworth, Karen K. Lind. 幼儿数学与科学教育[M].李雅静、龙洋、曾先运,等译.第4版.北京:北京师范大学出版社,2011:33.

(四)形式

数学操作游戏的重点应该放在问题解决与探究上。在活动设计中,不仅应该操作教师提出的问题,儿童自发的问题和探究活动也是教学中的重要因素。以问题解决和探究为核心的数学操作游戏活动,应该强调儿童的独立操作和小组合作,一般应以个别操作和两人或多人操作的形式开展。

(五)指导

为了达成活动的目标,教师应该对儿童有足够的了解,以帮助儿童在最近发展区内最大限度地发展自己的能力。在以问题解决和探究为核心的数学操作游戏活动中,教师主要扮演引导者和促进者的角色。活动设计中,应明确教师如何向幼儿讲解、说明活动材料和活动规则,以及在幼儿活动过程中教师如何适时地给幼儿提供帮助。

(六)评价

指评定活动的教育效果,即要反思幼儿是否对这项活动感兴趣?幼儿是否明白要做的事情?幼儿是否达到活动目标?幼儿在活动中是否有所进步?活动材料是否能引起幼儿的活动兴趣?活动材料和活动过程是否有助于幼儿对数学关系及数学概念的建构?

经常的、细致的评价活动能够帮助教师和儿童避免失败。教师绝不能想当然地认为自己制订的计划或所选择的材料是针对某个幼儿的最好选择,应该不断地反思,以确保儿童正在学习计划中的经验。

二、学前儿童数学教学活动的设计

数学教学活动设计一般包括:活动名称、活动目标、活动准备、活动过程这几个部分,有时还会包含活动延伸和活动建议等部分。

(一)活动名称

活动名称的设计一般有两种取法,一种是按数学活动的要求,采用数学术语来设计名称,如《学习7的加减》《认识模式》等。这种名称虽然对应了数学活动的内容和要求,但却不够儿童化,缺乏幼儿的生活气息。另一种是按照活动内容或材料,用儿童生活化的语言定名,如《给数找朋友》《送图形宝宝回家》等。这种名称使人感到富有幼儿的生活情趣,更符合幼儿教育的特点。

(二)活动目标

活动目标的设计应包括学习内容的要求和幼儿行为养成的要求。一般会体现为认知、情感和技能三个方面,但三者不是分离的,而是相互融合渗透的,特别是情感目标常常是隐含在认知目标和技能目标之中的。此外,目标设计所要遵循的基本原则和注意事项在前面已有论述,此处不再赘述。

(三)活动准备

数学教学活动的准备一般包括学习经验的选择、幼儿的经验准备和活动环境与材料的准备三个方面。

1. 学习经验的选择

就是活动内容的选择,指为了达到所提出的活动目标,教师应为幼儿选择哪些学习经验。教师在选择学习经验时应考虑所选的经验是否符合数学学科的知识逻辑,所选的经验是否满足幼儿已有的理解水平,所选的经验是否能对幼儿产生多种影响作用。

2. 幼儿的经验准备

即幼儿对将要进行的学习活动必须先期掌握哪些知识技能,具备哪些能力。教师一般可采用任务分析法来了解和分析幼儿需准备的经验情况。任务分析法一方面是对学习活动本身进行分析,了解该学习活动所需的关键经验有哪些;另一方面是对参与学习活动的幼儿进行分析,了解其已有哪些相关的学习经验,可能提升和扩展的经验是什么。这样才能使教学活动过程的组织设计能更好地建立在儿童的最近发展区上,更有效地吸引儿童的注意力和兴趣点。

3. 活动环境和材料的准备

主要包含教师演示讲解所用的直观性材料,幼儿学习活动中所需要的操作性材料,以及能吸引儿童参与活动的兴趣并激发儿童认知冲突的活动环境的设计。

(四)活动过程

活动过程一般分为三部分,即活动开始、活动进行和活动结束。

1. 活动开始

作为活动的导入部分,教师一般可通过引导幼儿观察材料、配合提问、介绍活动内容和要求等方式把幼儿的兴趣点吸引到对活动内容的探寻上。

2. 活动进行过程

可根据不同的教学内容设计不同的操作活动和游戏活动,让幼儿在同伴互动和与材料互动的过程中探究、发现数学关系。在幼儿的操作探索过程中,教师要给幼儿足够的时间和空间,让其充分地尝试和探索,寻求问题解决的办法,并感受和发现其中的数学关系。教师在幼儿活动过程中要仔细地观察,适时地给予鼓励和指导,对幼儿的提问要能起到建构鹰架的作用。

3. 活动结束

一般是活动的整理环节,也是对活动经验进行总结和提升的环节。教师可请部分幼儿讲述自己的活动过程及活动的发现,并引导幼儿进行讨论,从而可以为后续的活动提供新的兴趣点。

(五)活动建议和活动延伸

活动建议一般是针对数学教学活动过程中需注意的问题提出几点建议。而活动延伸是在这一活动和下一教学活动之间建构联系。提出由这一活动向其他活动可能拓展的空间,即相关的学习经验的拓展。

三、学前儿童数学教学活动案例

案例 3-3

小班整合活动教案:小狗造新房[①]

(一)活动目标

(1)区分正方形、长方形、三角形、半圆形,尝试用组合图形的方法拼搭房子。
(2)能在建构的基础上进行添画,发展幼儿动手操作能力和创造力。

---

① http://www.06abc.com/topic/20101203/80428.html.

(3)培养幼儿帮助小动物的情感。

(二)活动准备

玩具小猪一只,各类正方形、长方形、半圆形、三角形模板及固体胶、白纸、油画棒每组若干,教师示范用具一套,课前观察各种房子。

(三)活动过程

1. 情境导入,激发兴趣

(1)以故事情节导入:"呼呼呼"一阵大风把两只小狗家的房子给吹倒了,那怎么办呢?引导想办法:造一间既漂亮又牢固的房子。

(2)引发观察兴趣:你们看,小猪找到了什么?

2. 拼拼贴贴,创造房子

(1)观察认识材料

① 小狗找到了哪些形状的材料?(出示四种形状模板)

② 分别辨认正方形、长方形、三角形、半圆形,让我们试试用这些材料能不能造出新房子;老师示范模板拼搭新房,并启发幼儿来尝试设计不同的造型,一起来想想如何添置窗、烟囱和门。

3. 激发创作,共同参与

(1)帮助能力弱的幼儿,鼓励能力强的幼儿多造新房。

(2)启发幼儿寻找可以做烟囱、门、窗的图形。

4. 欣赏活动

请幼儿相互欣赏拼搭的房子,激发下次活动的兴趣。

(四)活动延伸

小狗很高兴,请你们一起到外面玩玩吧!看你们能在外面发现哪些图形?

案例 3-4

大班综合课程中的数学活动教案:过中秋[①]

(一)活动目标

(1)尝试用自己的方法按实物的不同维度(体积、数量)将其分成相等的二份和四份。

(2)在"过中秋"的情境中,尝试小组合作、协商,体验共同分享的快乐。

(二)活动准备

活动室创设"过中秋"的环境。月饼每组1块(可选用不同形状)。毛豆荚若干(数量大于人数的3倍)。实物投影仪一台。数字卡片每组1张(上有数字12或13)。饮料、透明杯子、塑料小刀、盘子各若干。

---

① 周欣,黄瑾,杨宗华.幼儿园综合课程中的数学教育[M].南京师范大学出版社,2012:281.

（三）活动过程

1. 导入主题

(1) 引入"中秋节"的话题，激发幼儿的兴趣。

(2) 幼儿自由结伴组成家庭，并每人确定角色。

2. 幼儿分月饼

(1) 幼儿尝试运用二等分、四等分的办法分月饼。

每个家庭只有一块月饼，怎么办啊？

请你们商量一下怎么分，每个人才能吃得一样多？

(2) 每个家庭交流各自的分法，理解二等分、四等分的意义。

你们是怎么分的？每个人是不是吃得一样多？

有没有不一样的分法？

(3) 幼儿品尝月饼。

3. 幼儿分毛豆荚

(1) 每个家庭根据数字卡上的数量取相应的毛豆荚。

请每个家庭派代表来领毛豆荚，这儿有券，上面的数字会告诉你每个家庭领多少。

(2) 幼儿尝试等分不同数量的毛豆荚。

如果要吃得一样多，怎么分？

(3) 集体交流分法。

你们都分完了吗？是不是吃得一样多？（根据孩子情况，解决不能等分的问题）

（四）活动延伸

幼儿分饮料：我还为每个家庭准备了一瓶饮料，这儿有杯子，你们想一想怎么分？

本章小结

幼儿园数学教育活动设计的基本原则主要有发展性原则、主体性原则、生活化原则、整合性原则、科学性原则和系统性原则。不同的学习理论和教学理论会形成不同的教育活动设计思想。吸纳理论和认知理论两种学习理论对幼儿园数学教育活动设计形成不同的设计思路，维果茨基教学活动理论为幼儿园数学教育活动设计提供了新的视角。在当前的数学教育活动中，有两种不同价值取向的设计思想，即学科取向的数学教育活动设计和生活取向的数学教育活动设计。

一般的幼儿园数学教育活动设计的基本要素主要包括教育活动背景分析，教育活动目标的设计，教育活动内容的选择与组织，教育活动策略的设计，教育活动的评价等。幼儿园教育活动的设计过程就是从教育指导思想和学习者分析到教育目标和教育内容的选择与确定，从教学方法、教学活动程序、活动组织形式等一系列具体的教学策略的选择和制订到教育活动的评价的整体性组织协调过程。

幼儿园数学教育活动目标设计和表述要考虑目标的完整性、统一性、发展性、针对性、适宜性。幼儿园数学教育活动内容的选择范围一方面要考虑数学学科的逻辑体系，另一方面更要考虑儿童的生活经验。幼儿园数学教育活动内容组织上主要遵从学科取向或生活取向。从而不同价值取向下的不同学习形式会形成不同的数学教育活动设计：接受式学习与学科式集体性数学教育活动设计；探究式学习与主题活动中的数学教育活动设计；合作式学习与方案活动中的数学教育活动设计；体验式学习与区角活动中的数学教育活动设计。

思考与练习

1. 学前儿童数学教育活动设计的基本原则有哪些？怎样才能在实践中贯彻这些原则？
2. 维果茨基教学活动理论对幼儿园数学教育活动设计具有什么样的启示？
3. 搜集和查找幼儿园数学教育活动设计的方案，尝试运用活动目标设计和活动内容组织的相关理论对方案中的目标制订和内容选编与组织进行分析评价，并作相应的调整。

第4章 幼儿园数学教育活动的组织与实施

> **教学目标**

1. 学习和了解幼儿园数学教育活动组织与实施的有效性及其影响因素,并进一步思考在教育实践场景中如何提高幼儿园数学教育活动组织与实施的有效性。
2. 学习和了解幼儿园数学教育活动中的师幼关系,理解和掌握幼儿园数学教育活动中师幼有效互动的策略。
3. 学习和了解幼儿园数学教育活动评价的内容和方法。
4. 学习和掌握幼儿园数学教育活动的观察与记录。

幼儿园数学教育活动的组织与实施是将幼儿园数学教育活动的设计方案付诸实践的具体行动过程。在幼儿园数学教育活动的组织与实施中,教师作为活动的设计者、组织者和指导者,在活动的进程中起着举足轻重的作用。教师如何有效地实施幼儿园的数学教育活动,关涉到教师如何有效地利用儿童的已有经验,创设适宜的教育活动情境,并组织有效的操作活动和交往互动的过程。这一过程既体现了教师将一定的教育教学理论和学科知识相结合,并转化为有效的教学行为和教学策略的能力,也体现了教师在实际教学场景中所积累和建构的实践经验和智慧。而幼儿园数学教育活动的反思和评价也是促进教师有效开展数学教育活动的非常重要的因素。

4.1 幼儿园数学教育活动组织与实施的有效性

幼儿园数学教育活动是有目的、有计划、有组织地对幼儿施加影响的活动,幼儿园教育活动的有效性,指的是通过幼儿园实施的教育活动所达成的教育效能。提高教学质量成为当前教育改革的核心任务,提高教学活动的有效性也就成为幼教界追求教育质量的题中之义。对幼儿园"教育有效性"的关注和探讨是20世纪末期以来学前教育领域的一个研究焦点。主要在于试图回答"有效"的幼儿保教方式的主要特征是什么,特别是有效性较高的幼儿园教育活动的结构和过程方面的突出特征是什么。研究表明,"保持共同的思考"是有效教学互动的重要特征。此外,最"有效"的教学者对"教学内容知识"具有稳固的认识和理解,理解课程内容的哪些部分最重要并且能满足儿童的需要,知道哪种教学策略对要教的内容最有效,并且能够在自己的教学中运用这方面的知识。[①]

一、幼儿数学教育活动实施的有效性

幼儿园教育活动有效性的思考和评定可以从"幼儿有意义的学习"和"教师有意义的教学"两个基本着眼点展开,[②]但这两个基本点又是互为依靠而统一的,即"教师有意义的教学"的意

---

① 凯西·西尔瓦,等.学前教育的价值[M].余珍有,易进译.北京:教育科学出版社,2011.
② 朱家雄.幼儿园教育活动设计与实施[M].北京:高等教育出版社,2008:309.

义体现于"幼儿有意义的学习"之中,而"幼儿有意义的学习"又依赖于"教师有意义的教学"。

从"有效性"的角度谈"幼儿有意义的学习"主要在于考察和衡量活动对儿童发展的价值。这种价值在幼儿园数学教育活动上既体现在对儿童数学认知和思维发展上的促进,也体现在对儿童情感、社会性、个性等方面发展的价值。表现在"幼儿有意义的学习"过程方面,就在于教育活动的组织和实施过程中是否体现了以儿童的主体参与和探索为主的学习,是否给予儿童自我学习和互动学习的机会,是否满足了儿童学习中交流、表达、互动等需要。从"教师有意义的教学"来看,幼儿园数学教育活动的有效性之意义就在于教师作为活动的设计者、组织者和指导者的角色对"幼儿有意义学习"的支持力。也就是教师在数学教育活动中是否具有良好的"数学学科教学知识",是否对幼儿的发展意义和幼儿的数学学习具有科学而正确的认识,是否对如何支持和帮助幼儿的数学学习具有充分的思考和有效的行动。具体表现在教师在组织和实施幼儿园数学教育活动中是否能有效地把握由活动内容和情境所生成的数学教学点,是否能适时恰当地通过提问、质疑等教学方式引导和推进幼儿的数学学习,是否能发现和建构适合于儿童"最近发展区"的教学。①

总之,有效的数学教学活动能调动幼儿的学习兴趣,促进幼儿数概念的主动建构并促进幼儿思维的发展。它建立在教师准确地把握和分析儿童的特点,并据此制订适合儿童发展的教育活动目标,选择适合儿童的教育活动内容和形式,并在教育活动的环境及其他要素的配合的基础上。要提升幼儿园数学教学活动的有效性,教师首先要反复研读教学内容,依据幼儿的年龄和认知经验,确定科学的教学目标。其次,教师要恰当组织数学探究活动,增加幼儿与操作材料之间的互动,关注幼儿的"非常规"表现,深化幼儿的探究行为。教师还要有效开展数学教学评价,提高教学评价的文化含量和技术含量,进一步促进儿童发展。因而,为达到有效地实施幼儿数学教育活动,要注意几个方面。

(一)有效利用儿童已有经验

儿童已有经验包括儿童已有的数学知识和技能,指幼儿在幼儿园的教学活动或个别化学习活动中学习过的比较系统的数学知识,以及经历的学习过程;幼儿在家接受的数学知识教育等。幼儿经历过的或者做过的有关数学的事情,指幼儿在活动区操作摆弄与数学学习有关的材料积累的相关经验,在生活中遇到的需要解决的数学问题等。这些经验都能够联系具体的情境,是幼儿理解抽象的数概念的基础。另外还有一些幼儿经历过或者做过但不一定与数学直接相关但是却可以用来为数学的学习服务的事情。如儿童积累的关于动植物生长变化规律的经验,自己经历的一些生活事件,可以帮助儿童理解抽象的时间概念。凡是幼儿在教学、生活、游戏中积累起来的各种可以用来思考数学问题的经验,都是可以利用的生活经验,有助于儿童有效地建构数学概念。

利用儿童已有经验,能够使儿童更好地理解数学概念。儿童的思维是具体形象的,而数学知识是抽象的,所以,儿童在理解数学知识时更需要形象事物的支持。如幼儿在计算2加3等于几的时候,如果你直接问幼儿,那么可能得到的回答是不知道,但是如果你要问幼儿:"2个苹果加上3个苹果是几个苹果?"他就会告诉你,是5个。儿童算不出2加3,是因为2加3是抽象的符号运算,而2个苹果加上3个苹果却是具体形象的事物,儿童就可以运用这种表象进行计算。因此儿童需要通过动手操作或者借助具体形象的事物来思考数学问题。而进行数学教学时,如果能够充分利用儿童在日常生活中积累的感性经验,就能提高他们的

---

① 黄瑾.幼儿园数学教育与活动设计[M].北京:高等教育出版社,2010:284-285.

学习能力和学习主动性。而只有将抽象的数学概念与幼儿的感性经验建立联系,他们才能理解所学内容,才能逐步从感性认识上升为理性认识,从而提高抽象思维能力。

利用儿童已有经验能使儿童感受到数学的实际意义,将数学学习与幼儿的实际生活建立联系,使幼儿将所学到的知识迁移到生活中去。如在进行"家里的数字"数学活动时,教师让幼儿在家中寻找有数字的物品,并与儿童讨论这些物品上的数字各表示什么含义,如鞋子的不同尺码、钟表、日历、衣服的尺码等,引发儿童对生活中各种与数有关的事物的关注与思考。

要在数学教学中有效地利用幼儿的已有经验,首先教师要充分了解儿童已有的与教学内容相关的经验,如果没有,要进行一些前期的准备帮助儿童丰富相关经验。可以让幼儿做一些资料的收集工作,或者让家长与幼儿一起进行某种活动。也可以通过活动区活动或者在一日生活中完成。在教学中要引导幼儿回忆已有的相关经验,并让幼儿在解决问题的过程中运用已有的经验。[①]

(二)有效创设适宜的学习情境

学习情境是指教学中为了帮助幼儿思考和理解抽象的数学知识而创设的具体形象的情境,是儿童学习数学知识的桥梁。通过这个桥梁,既可以提高幼儿学习数学的兴趣,又可以提升幼儿的认知水平。能够激活幼儿已有的生活经验,为幼儿提供操作摆弄的机会,使抽象的数学知识与真实情境和真实任务相联系,让数学学习成为有意义的事情。

在创设适宜的学习情境时首先要考虑年龄特点,要与各年龄段幼儿的认知水平相吻合。如小班的幼儿思维特点是以直觉行动为主,思维的有意性不强,因此创设的学习情境就要具有游戏性,将需要学习的数学内容隐含在游戏情境中,让幼儿在玩的过程中建构相应的数学知识。到了中班和大班,虽然幼儿的思维有了一定的发展,但是还是以具体形象为主,他们对抽象的数学问题的思考需要依靠具体形象的事物和对物体的操作摆弄,因此,创设的学习情境要真实,贴近他们的生活经验,还要为他们提供充足的动手操作机会。随着年龄的增长,幼儿对抽象问题的思考能力有了提高,因此创设的学习情境还要有一定的挑战性,这样更能激发他们的学习积极性。

创设适宜的学习情境要考虑与主题的联系,结合主题活动中积累的经验创设学习情境,对幼儿主动建构数学知识有积极意义。在创设学习情境时,还要与幼儿感兴趣的事情联系在一起,这样幼儿会更加积极主动地学习。同时创设学习情境要注意为幼儿提供可以互动、协作与交流的机会,让他们在两两配对或者三四人组成的小组中开展合作学习,可以增进幼儿思维的积极性,提高他们解决问题的能力。

(三)有效组织操作活动

在操作学习中,幼儿能够利用操作获得直接经验,进而实现知识的内化,实现形象性经验向抽象性知识的过渡,推进具体形象思维向逻辑思维的过渡。随意性操作活动能帮助幼儿积累操作经验,验证性操作活动能帮助幼儿建构抽象的数概念,探索性操作活动能够为幼儿搭建平台,推进幼儿创新能力发展。

操作学习能够帮助幼儿获得数学的感性经验。"对儿童来说,逻辑数理知识的获得,不是从客体本身直接得到的,而是通过与材料的相互作用发现和从自身内部建构数学关系

---

① 周欣,黄瑾,杨宗华.幼儿园综合课程中的数学教育[M].南京师范大学出版社,2012.

的。"(皮亚杰)一些教师开展数学活动时"操作"特别是"探索性操作"运用得较少,使幼儿失去了在动手中感知、探索、发现、理解和建构数学知识与获得数学经验的机会。教师应根据教学内容运用"操作"引导幼儿探索、发现、感知、理解和运用数学知识、概念、规律,使幼儿在积极的动手、动脑、动口活动中获得丰富的数学感性经验。

操作学习能够发展幼儿的思维能力。教师需要在操作活动中,对幼儿进行发展思维能力的培养,让幼儿在亲自感知、自我探索的过程中,在头脑中建构数学知识。在操作中,引导幼儿发现知识间的内在联系,提高幼儿的注意力,培养幼儿的求异思维。

教师应根据活动目标,对操作活动的结果进行充分预测,同时考虑幼儿的知识、经验与心理水平,以此来确定所提供材料的种类和数量。因为只有这样,活动中才能保证幼儿具有丰富的可操作材料,该活动也才能适宜幼儿发展的需要。低结构性的操作材料可给幼儿提供丰富的操作空间、丰富的想象空间,可应用到各种不同内容的数学教育活动中。幼儿操作性学习的过程,是幼儿自由自主地与材料相互作用,通过直接感知,进行探索并获得数学经验的过程。教师既要发挥引导作用,同时也要做到不对幼儿的操作进行过多的限制。

二、影响幼儿数学教育活动实施有效性的因素

正确找出有效教学的影响因素,并且合理控制、利用这些因素是实施有效教学的保障之一。幼儿园教学活动的组织与实施是幼儿园教学活动的重要环节,也是实现教学目标的必经过程。幼儿园教育活动是否能够顺利达成目标,其有效性如何,很大程度上取决于教学活动实施的有效性。而从教学的本质来看,教学是教师和儿童以教学内容为中介,在教师的指导和帮助下,儿童通过与教师、同伴和环境的相互作用主动建构知识经验的过程。因此,影响有效教学的因素主要包招教学活动主体,即教师和学生;活动客体,即活动内容;中介手段,即教学手段和教学方法;教学活动的空间结构,即师生关系、同伴关系、儿童经验与教学内容的关系。[①] 概括起来,教师、儿童、环境以及基于教学内容所设计的教学活动方案成为影响教学活动质量的关键性要素。

(一)教师

幼儿园教师是数学教学活动的组织者、实施者,是幼儿数学学习的环境创设者、材料提供者和师幼互动的发起者之一。幼儿教师的儿童观、教学观、数学学科素养以及教育机智都在一定程度上影响幼儿园数学教学活动的有效性。

1. 教师的教育观念

幼儿教师的教学观是指教师对教学的根本看法和态度。主要涉及关于教学过程的本质、教学的主体、教学的功能与作用等方面的认识。

首先,教师理念上的教育观常常与其实践中的教育观不一致。《幼儿园教育指导纲要(试行)》中对教师的角色明确提出"教师应成为幼儿学习活动的支持者、合作者、引导者"。虽然这句话已为广大幼儿教师所理解并成为其基本教育观念。但在实际的教学活动过程中,教师理念上的教育观与实践中的教育观的不一致是影响幼儿园数学教学有效性的重要因素。

例如,当前大多数老师在理念上都能认识到幼儿是独立的个体,是有个别差异的个体,幼儿不是小大人,他们有自己特定的发展轨道和学习方式,幼儿与成人在人格上是平等的,

---

① 程红,张天宝.论教学的有效性及提高策略[J].中国教育学刊,1998(5).

应该尊重幼儿的想法,保障幼儿游戏的时间和空间。但在实践中,当儿童的想法与自己的预设想法不一致时,教师为了自己的教学能顺利开展,常常会以"代言人"的形式把自己的想法强加给所有的幼儿。教师理念上知道幼儿与教师在人格上是平等,应该平等地对待所有的幼儿,但是在教学过程中为了自己组织教学的方便经常以强制、命令的方式强制要求幼儿做出自己不愿意做、不喜欢做的事情。

其次,教师教育观念对幼儿园数学教学活动有效性的影响还体现在教师对早期儿童数学学习与早期数学教育价值的认识上。儿童对待数学学科的长远的态度,在很大程度上受到最早引领他们接触数学学习的教师的影响。幼儿园数学教学活动是一种启蒙性教育,是一种前学科的非正式数学教育,这使得它与其他年龄段的数学学习有着不一样的使命。在传统理念中,不少幼儿教师认为幼儿学习数学的最终归宿就是把数学概念和运算技能传授给幼儿。而《纲要》在目标中明确指出:"能从生活和游戏中感受事物的数量关系并体验到数学的重要和有趣。"因而,幼儿喜欢并会尝试运用数学知识解决生活中的问题,应该是幼儿园数学教学活动的一个重要使命。幼儿只有通过自己的思维活动,依靠自己的经验,才能真正地理解数学,才能运用数学。为此,幼儿教师应给予幼儿时间、空间、操作材料,学会等待幼儿的操作,善待幼儿的错误,让幼儿自己去内化数学数量关系,引导幼儿关注数学在生活中的运用,让幼儿体会到数学在生活中的意义。

第三,教师自身对生活中的数学关系的探究兴趣有助于保持儿童已有的好奇心。教师具有深入了解事物的真正兴趣是其积极教学态度的重要组成部分。教师的这种兴趣能够激发儿童因提问受到轻视而失去的好奇心,也能够重建儿童在枯燥乏味的环境中逐渐消退的好奇心。如果教师自身能够积极而活跃地思考和探寻生活中的数学关系和数学意义,他们就会为儿童树立好奇行为的典范。

2. 教师的学科教学知识素养

1986年,舒尔曼(Shulman)在美国教育研究协会会刊《教育研究者》上发表的一份研究报告中首次提出学科教学知识(Pedagogical Content Knowledge,简称PCK)的概念,其最初目的是为了打破教师的教学知识与学科知识分离的状态,强化教师行业标准。他认为,PCK是教师在面对具体的学科主题时,如何针对学生的不同兴趣、能力与背景,将学科内容知识组织、调整与呈现,以进行有效教学的知识。[1] 全美教师资格鉴定委员会(NCATE)把教师的PCK界定为,教师通过有效教学策略与学科内容知识交互作用,帮助学生进行有效学习的知识。PCK已经成为教师知识范畴中使教学最有效的知识,成为教师进行有效教学的核心。在关于PCK的构成上,后续的研究较为一致地认为最突出的四种知识构成成分是:学科内容知识、教学策略的知识、关于学生的知识和教学情境知识。

美国芝加哥埃里克森儿童发展与研究院关于早期数学教育项目的研究者们在对幼儿教师数学领域PCK的研究中,将PCK的概念框架基本上分为关于内容的知识(WHAT)、关于儿童的知识(WHO)、关于教学法的知识(HOW)三部分(见图4-1)。在学前儿童的数学教育中,WHAT维度主要包括代数、测量、数和运算、空间和几何、数据分析等领域内容知识。而在WHO维度,教师要理解儿童的特点和学习规律,如儿童的思维是从具体水平逐步发展到抽

---

[1] Shulman. L. Knowledge and Teaching:Foundations of the New Reform. Harvard Educational Review,1987,57(1):1-22.

图 4-1 幼儿教师数学领域 PCK 的概念框架①

象水平,儿童是通过与他人的社会互动和动手操作来学习和建构相关数学概念的,儿童数学认知发展呈现出年龄差异和个体差异等。此外,教师基于对数学领域内容知识和儿童特点的认识和理解,还要知道如何把特定的数学知识或概念呈现给儿童及通过什么方法或策略有效地促进儿童对相关数学概念的学习,即教师要具有关于教学法的知识(HOW),基本的教学方法主要包括教学的社会安排——集体或小组教学、课堂互动(师幼互动或幼幼互动)、变化图示、让幼儿操作等。② 关于教学法的知识又可以分为一般的教学法知识(general strategies)和与内容相关的教学法知识(content-specific strategies),其中与内容相关的教学法知识又分为与特定学科相关的教学法知识(subject-specific strategies)和特定知识点相关的教学法知识(topic-specific strategies)。③

　　幼儿教师要想进行有效教学,必须把三类知识进行统整和融合,既要对具体的数学领域核心概念有深入的理解,能够将不同的数学领域核心概念联系起来,理解儿童在学习该核心概念时需要具备的先前概念或经验,同时幼儿教师还要能够判断儿童关于核心概念的理解和思维,知道儿童经常出现的相关错误理解,并且能够采用有效的教学策略来为初学者解释核心概念,

---

① Erikson Early Mathematics Education Project. Assessment of Pedagogical Content Knowledge for Early Childhood Teachers (PCK-EC). 2011(4):2.转引自:刘社娟.中美幼儿教师数学领域教学知识(PCK)的比较研究[D].上海:华东师范大学硕士学位论文,2012.

② 刘社娟.中美幼儿教师数学领域教学知识(PCK)的比较研究.上海:华东师范大学硕士学位论文,2012.

③ Magnusson,S.,Krajcik,J.,Borko,H.(1999).Nature,sources and development of pedagogical content knowledge for science teaching. In J. Gess-Newsome, N. G. Lederman(Eds.),Examining Pedagogical Content Knowledge:The Construct and its Implications for Science Education. Dordrecht,The Netherlands:Khiwer Academic Publishers.转引自:刘社娟.中美幼儿教师数学领域教学知识(PCK)的比较研究.上海:华东师范大学硕士学位论文,2012.

根据儿童的学习特点和规律来为儿童提供学习上的帮助。[①] 这样才能体现出教学有效性所要求的"让儿童的学习有意义"和"让教师的教学有意义"。

现有的研究表明，幼儿教师可能基本懂一点学前阶段数学领域中的核心概念或经验以及儿童参与活动需要具备的概念或经验准备，但是却不能以联系的、发展的眼光深刻地理解和把握概念之间的联系，而只能回答出一些孤立的、零散的概念，或者是笼统、一般的概念，而不能有更具体的拓展和解释。[②] 而幼儿阶段数学教育内容的基础性、教育对象的特殊性决定了幼儿教师只有更深刻地理解数学核心概念或经验，并建立起核心概念或经验之间的联系，才能有效地进行教学或指导儿童。

关于儿童的知识是幼儿教师PCK区别于其他阶段教师的最主要的一个特点，也是幼儿教师PCK的核心要素。学前儿童的数学学习是和其认知的发生和发展同时进行的，是从智慧的起点逐步认识周围事物之间的数量关系和空间关系及其意义的。但有效教学中的儿童知识强调对儿童的理解要和对具体的领域核心概念、对具体领域内容的教学方法策略等的理解交叉在一起。关于儿童的知识不仅涉及儿童的心理发展和认知过程，同时也涉及儿童对具体领域核心概念学习的规律和特点。比如在教学活动中，教师必须要善于观察儿童、了解儿童，时刻关心儿童的学习情况和学习需求，并不断进行评价和反思，转变自身角色，与幼儿进行有效的互动。因而，教师在理解儿童的时候，会牵涉到教师在具体的数学领域活动中观察了解幼儿的能力，如教师在数学教育活动中，要善于观察和把握幼儿在数学学习中的兴趣、需要以及数学认知发展的水平和起点，教师也要能够及时地观察幼儿对数学活动材料、环境、组织形式等的反应，分析了解幼儿的数学认知水平和认知特点，从而为幼儿提供适时的帮助和指导。教师还要观察幼儿参与数学活动的态度、情感，及时地给予回馈。

教学策略是教师基于对领域教学内容和儿童的充分理解的基础上做出的行动选择，是教师与儿童、领域教学内容与儿童的互动中介。所以，教师教学策略选择的合适与否一方面体现了教师对领域教学内容（核心概念或经验）和教学对象（儿童）的理解程度，另一方面，也会对儿童的学习产生直接影响。数学本身蕴含在周围的各种事物之中，材料作为数学关系的重要载体，在儿童与抽象的数学概念之间建立了重要的桥梁。材料的操作和运用已经是幼儿数学学习中最基本的方法，教师的讲解、儿童的表达和交流等都是要以儿童丰富的操作体验或实践经验为前提的。社会文化理论的观点认为儿童的学习是基于社会环境的，教师与儿童、儿童与同伴之间的关系是很重要的社会关系，对儿童的学习产生重要的影响。所以在数学教育活动过程中，教师如何与幼儿进行有效互动，引导幼儿积极思维、操作体验、大胆交流，并及时地对幼儿的活动和学习进行分析和评价，做出适宜的反应，是教师在具体教学情境中的教育机智。教师也要为儿童创设一种宽松的心理氛围，让儿童大胆进行探索操作和表达，给儿童提供同伴之间充分地相互观察和交流的互动机会，这样更能关注到儿童的个别差异，从而有利于幼儿有意义的学习。

（二）幼儿

幼儿是幼儿园数学教学活动的另一主体，是数学学习的主体，幼儿通过数学教学活动获得一定的发展是幼儿园数学教学的根本目的，幼儿园数学教学是否有效是以幼儿通过数学教学是否获得发展作为重要指标的。幼儿的心理发展特点决定了幼儿的数学学习的独特方式，幼儿的数学学习方式又决定了教师的数学教学方式，幼儿园数学教学要能够调动幼儿的

---

① 刘社娟.中美幼儿教师数学领域教学知识（PCK）的比较研究[D].上海：华东师范大学硕士学位论文，2012.
② 同上。

兴趣和参与的积极性，必须考虑幼儿心理发展特点。此外，幼儿的个别差异也是影响幼儿园数学教学有效性的重要因素。

幼儿心理发展的特点决定了幼儿对外界的认知是直接经验的认知，幼儿园数学教学要达到有效性的要求就必须通过幼儿喜欢的活动形式来组织教学，激发幼儿的兴趣和参与活动的积极性，同时数学教学必须紧密联系幼儿的生活世界，帮助幼儿把新学习的内容与原有的经验建立联系，并提供给幼儿操作材料，让幼儿在生活中，在游戏中，在操作中实现幼儿园数学教学的目标。

儿童之间的个体差异是明显存在的，而在早期的数学发展上的差异更是巨大。儿童之间的个体差异从宏观的角度看，与幼儿所处的生态背景，即幼儿所处的社会经济状况、所生活的社区文化状况等有很大的关系。从微观的角度来看，幼儿每日的活动情况、儿童的生理和心理特质，以及家庭背景和文化条件等因素均会影响到幼儿园数学教学活动组织与实施的有效性。因而，教师在组织教学时必须充分考虑幼儿学习方式的差异和个体经验与发展的差异，要认真研究幼儿的学习类型并尊重其学习倾向，教学中给幼儿用自己喜欢的方式学习的机会，尽量避免活动的统一，并考虑用多种不同的形式呈现学习的内容。

（三）活动方案

数学活动方案设计的质量是决定数学教育活动组织与实施是否有效的重要因素之一。一般来说，一个高质量的数学活动方案应具备以下几个方面的标准：①

（1）有效地实施数学教育活动的首要因素是确定明确的学前儿童数学教育活动目标。首先，数学活动目标的价值取向要明确清晰，能够体现出以过程目标为导向的活动趋向。其次，数学教育活动的目标应提得具体、可操作，并尽量用行为化的语言加以描述，这样就比较能为教师所把握，使得教师能够在活动中观察到儿童掌握目标的情况，观察和判断儿童的发展状况，同时又使教师能依据对这一活动的评价设计，在后面的教育活动中，提出相应的、更高一层的教育目标。学前儿童数学教育活动目标不仅要与活动内容相联系，体现系统性和逻辑性，也要与活动方式相联系，体现多样性和灵活性。

（2）数学活动的环境和材料的创设与准备要充分。一方面，活动材料和环境的提供要与活动目标相一致；另一方面，材料和环境的提供要确保儿童有足够的时间和空间进行感知和操作。

（3）幼儿园数学教育活动内容的选择要契合儿童的认知发展需要和"最近发展区"，要以儿童的生活经验为逻辑起点，在生活中寻找与数学相关的内容、情境、问题，以儿童的生活经验为基准，创设、模拟生活中的数学问题情境，让幼儿在解决问题中发现数的秘密，应用数的知识，获得数的概念。

（4）活动过程的设计应从儿童年龄特点和思维发展水平出发，从儿童感知、理解数概念的特点出发，更多地体现儿童对抽象数学知识的感性操作，在反复体验中感知内化，促进儿童数概念的形成与发展。活动过程要体现层次性和递进性，教师根据幼儿不同发展水平，为他们创设良好的数学教学环境，提供充分的、多层次的学习材料，让幼儿主动进行操作、摆弄各种数学材料，在与材料相互作用的过程中，使幼儿获得数、量、形等感性经验。

（四）环境因素

适宜的幼儿园环境可以提升幼儿园数学教学的有效性；相反，不适宜的幼儿园环境则会造

---

① 黄瑾.幼儿园数学教育与活动设计[M].北京：高等教育出版社，2010：288-289.

成幼儿园数学教学的无效和问题。影响幼儿园数学教学的因素主要是班级的物质环境和精神环境。幼儿园班级物质环境主要包括班级的活动空间布局、教学器材、学具玩具、环境布置等有形的部分。班级内充足的数学活动材料和活动空间可以为幼儿园以游戏活动和操作的形式组织教学提供物质基础;相反,如果幼儿园没有相应的数学操作材料和供幼儿游戏的空间就无法满足幼儿游戏和操作的需要,数学教学就不能吸引幼儿的兴趣,教学就达不到有效的标准。幼儿园班级的精神环境是由师幼关系、同伴关系等人际关系和观念等因素交织在一起形成的班级氛围或气氛。它决定着幼儿的主动性和主体性是否被尊重、挖掘和开发;决定着个体的潜能是否在最大程度上被开发;决定着个体的创造能力、应变能力、探究能力等能力的有效形成。[①]

4.2 幼儿园数学教育活动组织与实施中的师幼互动

师幼互动是指贯穿于幼儿一日活动中的教师与幼儿之间的相互作用、相互影响的行为及过程。幼儿教育的目标、教育观念最终要通过具体的师幼互动行为来实现。师幼关系是教师和幼儿发展的重要影响因素。而在师幼交往中,教师言语又起到重要的媒介作用,师幼互动是幼儿园教育的主要组成部分,对教师和幼儿的发展也会产生极其重要的影响。从幼儿踏入幼儿园的那一刻起,其发展就与幼儿教师息息相关,师幼互动直接影响着幼儿身心各方面的发展水平。

数学高度抽象性、概括性的特点,要求幼儿教师在学前期数学教育活动中更加注重幼儿的主动建构。这种建构过程首先表现为幼儿对物体的操作,及对操作活动的反思过程,同时,幼儿的主动建构还表现为与他人的互动。良好的师幼互动能在数学教育活动中引导幼儿自主建构知识、获得思维能力的发展。

一、幼儿园数学教育活动中的师幼关系

幼儿园数学教育活动中的师幼关系应建立在尊重幼儿的基础上,为幼儿创设宽松和谐的环境,为幼儿提供各种不同的学习机会,让幼儿自由地选择合作伙伴和活动材料,去自由地表现与表达,去主动地建构知识和人格;重视与孩子的情感交流,与幼儿对话、合作、共同学习;经常站在孩子的角度思考问题,成为孩子探索、学习的共同合作者,形成"合作探究式的师幼关系"。

建立合作探究式的师幼关系需要做到尊重幼儿身心发展的规律和学习特点,尊重幼儿的个体差异,关注孩子的所需,积极创设一个宽松、愉快的氛围,让幼儿在心情愉快的情况下投入到活动中去,积极地寻找问题、发现问题、解决问题。同时要捕捉孩子发出的积极的有意义的信息,及时调整教育行为。不能用成人的眼光看待幼儿提出的问题,需要善用激励,呵护幼儿的学习热情。教师要多鼓励幼儿自主探索,引导幼儿自主发现数学中各种各样的关系,让幼儿乐在其中,那么幼儿的学习热情就不难被激发,且这种学习热情是内发性的,更为持久和稳定。

良好的师幼互动关系应有助于形成安全、温馨的心理环境。《幼儿园教育指导纲要(试行)》指出:"教师的态度和管理方式应有助于形成安全、温馨的心理环境;言行举止应成为幼儿学习的良好榜样。以关怀、接纳、尊重的态度与幼儿交往。耐心倾听,努力倾听,努力理解幼儿的想法与感受,支持、鼓励他们大胆探索与表达。关注幼儿在活动中的表现和反应,敏

[①] 袁爱玲.学前创造教育课程及其理论建构[D].西南师范大学博士学位论文,2001:79.

感地察觉他们的需要,及时以适当的方式应答,形成合作探究式的师生互动。"良好的师幼关系使幼儿能够感受到教师对他的关注、尊重,并有充分的接纳感,从而得到安全、愉快的情绪体验,有利于幼儿健康人格的形成。良好的师幼关系是教学活动宝贵的源泉,是创造优良的育人环境的润滑剂。而新型的师幼关系更应该是建立在师幼全面交往基础上的情感关系,它是人与人心灵的沟通,是师幼互相关爱的结果。在以往的教育活动中,教师是传授知识的主体,孩子则成为盛装知识的容器。教师教什么,孩子学什么,教师拥有绝对的权威。教师总是努力要把自己的思想、知识、经验传授给孩子,却忽略了孩子的感受。因此教师应从领导者的位置上走下来,带着一颗充满好奇的童心与孩子交流,站在孩子的角度去观察孩子,了解孩子的所想。良好的师幼关系是沟通师生情感的桥梁,是保证教育活动顺利开展的重要条件,是促进幼儿全面发展的支持系统。

　　从对话的角度讲,教师是儿童能够获得帮助、指导、合作的资源;儿童及其表现也是教师理解儿童、指导儿童、教育儿童的资源。儿童真实和坦率地表达自己的想法,应该说是对教师的一种帮助,它可以使教师了解儿童之所想。对儿童肯定的态度、关注的目光、鼓励的话语,教师的指导、引导能够使幼儿表达更丰富的想法,同时也能够使教师更了解幼儿。

　　因此,教师要善用激励,呵护幼儿的学习热情,要多鼓励幼儿自主探索,引导幼儿自主发现数学中各种各样的关系,让幼儿乐在其中,激发幼儿的学习热情。教师要引导启发,培养幼儿的思维能力。儿童的数学学习不是一个被动的接受过程,而是一个主动的建构过程。教师偏爱用问题引导的方式来开展教育活动,应该注重问题引导时的开放性,留有余地,让幼儿思考。当出现幼儿主动引发的言语行为时,教师更应该注意提问的有效性,引导幼儿进一步思考、探究,要善于激起幼儿探究的热情以及保护他们探究的勇气。同时,有效的师幼互动,有助于建构和谐的气氛。互动的本质在于对话,意味着在互动中,没有支配者、从属者之分,双方是相互配合、协作的。只有在这样有效的互动中,形成和谐、开放的教学氛围,幼儿才能在数学教育活动中实现自我的知识建构,数学教育的目标才能真正达成,幼儿才能得到更好的发展。

二、幼儿园数学教育活动师幼互动中教师的角色

　　数学教学的当务之急是课堂教学的改革,从传统的练习和背诵方法转变为建构主义的方式。新《纲要》指出"教师应成为幼儿学习活动的支持者、合作者、引导者",点明了在师幼互动中教师应承担的角色。为了有效地帮助和指导儿童进行数学关系的探索,教师需要在数学教学活动中担任以下三种主要的角色。

(一)支持者

　　在幼儿园数学教育活动中,师幼双方是积极互动的主体,教师在互动中最重要的角色之一就是为儿童的数学学习提供适时而有效的支持。教师对儿童数学学习的支架,有时可以是一种质疑,向儿童提出问题,有时可以是一种积极的求证,有时可以是一种建议,也有时可以是一种明显的挑战。"当成人关注幼儿在游戏中如何运用数学,激发他们去解决问题,鼓励他们耐心思考时,就会促进他们的注意力和数学能力的发展。"[①]有效的"支架"均是基于儿童的学习情境,随机地、巧妙而隐蔽地使用问题情境中可利用的资源,及时捕捉儿童的最近发展区,引发、

---

① National Council of Teachers of Mathematics(NCTM). 2000. Principles and Standards for School Mathematics. 4th ed. Reston,VA:NCTM.

支持儿童自己解决问题。支持仅仅是通过"支架"推动儿童的学习进程,而非替代儿童的学习过程。它应该是建立在不干扰、不破坏儿童自主建构的前提下,与儿童合作建构的过程。[①]

(二)合作者

按照社会建构主义的学习观,儿童数学学习的过程是一个合作建构的过程。在基于学习者之间进行交流互动的过程中,教师作为合作者角色的重要参与方式就是在儿童参与数学操作和探究活动时能够仔细观察、认真倾听并简要回答儿童提出的问题。在这一角色中,教师可以为儿童提供少量信息作为学习的线索,还可以向儿童提出问题,帮助他们关注问题的相关部分。合作既是教师支持的方式和手段,也是支持本身。而支持和合作均体现着教育的意图,实现着教育对幼儿的直接或间接的引导。

(三)引导者

作为一个引导者,教师首先需有目的地创造一个让所有儿童都获得发展机会的学习环境。从社会建构主义的学习观念看来,儿童概念的获得是在具体的背景中建构起来的,学习高度依赖于产生它的情境。儿童对每一个学科概念的建构,都要基于自身已有的生活经验。幼儿教师作为引导者,首当其冲的是善于捕捉发生在儿童生活情境中的"数学问题",从而创设有意义的学习情境,为其建构一个促进他们交流和思考的有效平台,激发儿童主动建构的动机。教师为儿童设计、提供了一个完整、真实的问题情境或模拟真实的问题情境,在基于情境、材料和他人的互动中,引导儿童产生学习的需要,感受和体验事物间的数学关系,在探究问题和解决问题的过程中,逐步建构有意义的数学概念。[②]

此外,作为引导者,教师在幼儿数学学习活动中也具有催化剂和榜样示范者的作用。催化剂通过帮助儿童意识到自己就是思考者和问题解决者,从而提高儿童的认知能力。教师通过保持自身的探究兴趣,为儿童积极主动的学习状态提供了良好的示范。榜样示范者也会有意向儿童示范成功的学习者所应具有的重要品质,如好奇心、欣赏、坚持性和创造力等。当教师在与儿童互动过程中引导儿童分享自己的经验和思维过程时,实际上就为他们树立了积极学习的榜样。

三、幼儿园数学教育活动中有效师幼互动的策略

"接住孩子抛过来的球"这句话向我们揭示了师幼关系的深刻含义,它形象地指出了教师与幼儿之间的交往就应该像抛球、接球的过程一样,一方把球抛出去,另一方把球接住,然后又把球抛给对方。这是一个根据情况以不同方式不断回应对方的、充满变化的过程。因此,在数学教育活动中,教师应善于回应幼儿,与幼儿建立起一种积极有效的互动,才能调动幼儿数学学习的主动性与积极性,从而培养其自主学习的意识与创新思维,为其终身学习打下良好基础。

(一)创设和谐、愉悦、宽松的互动情境,激活幼儿学习数学的兴趣

首先是要创设问题性情境,当幼儿对所提供的数学操作材料感到困惑或无趣时,教师若能巧妙地创设问题型情境,让幼儿与环境互动,就能有效激发幼儿的学习兴趣。如,小班幼儿在玩种花的游戏,单一的种花,孩子觉得没有兴趣,觉得不好玩,但是老师提出了问题——我们能不能把花种在各种形状的花池里呢?问题一经提出,孩子们马上活跃起来,有的说,

---

[①] 黄瑾.幼儿园数学教育与活动设计[M].北京:高等教育出版社,2010:292.
[②] 黄瑾.幼儿园数学教育与活动设计[M].北京:高等教育出版社,2010:292.

我要把红色的花种在圆形的花池里;有的说,我要把蓝色的花种在三角形的花池里。幼儿通过积极的富有创意的自主操作,建构起属于自己的知识。

同时还可以创设故事情境。教师可以尝试在数学活动的设计中,结合幼儿的兴趣点及年龄特点创编一定的故事情境,从而使幼儿在有趣的故事情境中,萌发操作材料的愿望。如小红帽的故事,为小红帽设计去外婆家的路线,先沿着几棵大树走,然后过小河,踩过了几块石头等。创编有趣的故事情境能有效地建构愉悦的教学互动情境,触动幼儿的心灵,引导幼儿主动探求新知识。

创设生活情境也是师幼有效互动的重要环节。学习内容和幼儿熟悉的生活背景越贴近,幼儿接纳知识的自觉程度就越高。教师应尽量创设与幼儿生活实际有关的互动情境,让幼儿发现数学就在自己身边,实现数学教学生活化,从而激发幼儿学习数学的兴趣。如大班的积木搭建游戏"盖高楼",给幼儿提供各种形状的大积木,在运用自己的生活经验完成任务的过程中,幼儿初步发现了柱体和锥体在建筑中的不同用处,也就自然而然地认识了一些几何形体,感受了数学的实际意义。

(二)创设交流合作的互动学习条件,提高幼儿学习数学的有效性

情感交流是一种心灵的交汇,人们只有在相互尊重的基础上,才会把自己的想法表达出来,进行交流。幼儿同教师之间也是如此。可以说,融洽的师幼交流是幼儿主动建构知识的"催化剂"。当教师真正走进孩子的心灵世界,从孩子的视角去看待他们眼中的世界,用一颗童心去理解他们的发现和探索行为时,才容易与幼儿沟通,也才容易被幼儿接纳,从而激发幼儿的探索行为。

教师与幼儿是相互促进的合作伙伴,但这并非表示教师在智力和能力上完全等同于幼儿,更不意味着教师在任何时间和空间都不能介入幼儿的活动;相反,教师应当提供隐性指导,包括创设条件引发幼幼之间的互动。师幼之间、幼幼之间这种交流合作式的互动学习作为一种有效的学习形式,可以促进学习者的意义建构,促进幼儿的思维和学习;这种学习还能使教学适应不同能力水平的幼儿,增强平等意识,促进相互了解,发展幼儿的合作意识和合作能力。交流合作式的互动也使幼儿学会了沟通,学会了处理分歧意见,学会了分享学习成果。

(三)创设开放式的互动空间,发展幼儿的创造性思维

借助数学操作活动,提高思维的灵活性和独特性。教师在数学活动中应创设开放式的互动空间,让幼儿在亲身感知、主动探索的操作过程中学习和建构数学知识,从而促进探究能力的发展。如利用七巧板这种材料,让大班幼儿拼长方形、三角形和梯形等图形时,教师要求幼儿用两块、三块甚至多块七巧板来拼合,同时,看谁想出来的方法多。幼儿在摆弄、操作、探索的过程中反复地观察、求异,再观察、再求异,促使幼儿改变原有的组合,进行新的尝试,以不断找出解决问题的新方法,从而使思维更具独特性。

借助各种有趣的数学智力游戏,提高思维的敏捷性。数学智力游戏能极大地调动幼儿思维的积极性,培养思维的敏捷性以及综合运用数学知识解决问题的能力。这种游戏可以借助幼儿与教师、幼儿与幼儿之间的有效互动,并通过情境式、语言式、操作式等多种途径和方法进行。

(四)幼儿在先,教师在后

"幼儿在先,教师在后"是指在开展教学活动时,教师要改变传统的教师示范、幼儿模仿的教学形式,让幼儿先展开学习活动,教师通过对幼儿学习情况的观察了解,再与幼儿展开

互动,发挥指导作用。这样既可以让幼儿对学习内容有所了解和思考,产生探究问题的亲身体验,在独立操作的过程中暴露其思维过程,也可以让教师在观察幼儿学习的过程中发现幼儿的最近发展区,让指导有的放矢,使师幼互动更加有效。

"幼儿在先"就是教师在进行集体教学活动的"教"的活动之前,先要让幼儿有探究的行动过程,这种行动过程是有针对性的任务性活动。探究活动可以在集体教学活动的开始进行,也可以在区角活动中进行。安排幼儿这种探究活动,其目的是让幼儿在尝试探究的问题解决过程中能够暴露自身的思维过程,展现自己的已有水平,显现自己在解决问题过程中的关键性障碍。而"教师在后"一方面指的是教师的幕后活动,即教师作为幼儿探究活动的主导者和设计者,对探究活动的情境创设具有一定的目的性和指向性。此外,教师还是幼儿探究活动幕后的观察者,教师通过自己的"火眼金睛"来获取幼儿活动中的各方面信息,把握幼儿已有的发展水平,判断和推测幼儿可能的发展水平,从而建构幼儿的最近发展区。另一方面指的是教师"教"的活动的后置,即教师"教"的活动是建立在幼儿自身的"学"的活动的基础上,是建立在幼儿"先"暴露出的最近发展区上。

(五)提供必要的"支架"

"支架"是教师提供给儿童一种结构,使儿童能够在其帮助下完成任务。在数学教学活动中,当师幼互动的内容处于幼儿最近发展区时,往往需要借助一些具体形象的事物才能使互动更为有效。当教师意识到幼儿在一步或多步中踌躇不前时,他可以为幼儿提供帮助,而这种帮助刚好能够完成任务。教师提供的"支架"一方面为幼儿的学习思考提供了及时的支持,促进了他们的思考;另一方面,凭借这种"支架",师幼间的互动交流也有了可见的依据,会产生较好的教学效果。

> **案例 4-1**
>
> #### 一次支架式教学的案例[①]
>
> 德沃提从书包里倒出他从家里带来的希曼人偶。他紧挨着桌子跪着,快速而又胡乱地数着。"1-2-3-4-5-6-7-8-9-10!"他大声地数着。这时,他的老师乔恩过来和他坐在一起,说:"你已经数了你所有的希曼人偶。可不可以在数的时候,试试把每个人偶都竖起来?这样你就能看到他们了。"
>
> 德沃提点点头,把一个人偶放在桌子边上,乔恩说:"这是 1。"
>
> "是的,是 1。"
>
> "现在是下一个,还要数吗?"
>
> 德沃提点点头,小心地把第二个排在桌子边上,说道:"2!"
>
> "你把他们排成一行,这样数起来就容易了。"
>
> 德沃提继续慢慢地数着,到第 4 个时,他抬头看乔恩,乔恩说出了数字 4。德沃提继续对应着每一个希曼人偶说出数字,但是顺序并不正确。他的整个顺序是:"1-2-3-4-6-8-9-10。"
>
> "你把整个一排都数了。"听到这话,德沃提笑了。

---

① 阿林·普拉特·普莱瑞.幼儿园科学探究教学——科学、数学与技术的融合[M].霍力岩,彭勤露,吕思培,等译.教育科学出版社,2009:45.

我们可以看到,在教师适时的提供"支架"之后,德沃提的能力正在发生变化。德沃提由原来数数中不能建立一一对应关系的状况转向为每个人偶配上一个数字的技能练习。"试试把每个人偶竖起来"成为一个重要的支架,儿童在竖起每一个人偶时数出一个数字,这样就建立了一一对应的关系。一一对应关系是儿童正确数数的基本前提。使用支架不仅仅帮助儿童完成了任务,更重要的是,儿童在掌握了独立完成任务的技能时,会对进一步的学习充满信心。

4.3 幼儿园数学教育活动的评价与反思

教育评价就是对教育的价值做出判断。教育评价是幼儿教师工作的重要组成部分,是了解教育活动的适宜性、有效性,调整和改进教育活动,促进幼儿发展,提高教育质量的必要手段。幼儿园数学教育活动的评价和反思的目的是建立促进教师自主发展的评价体系,及时了解教学效果,改进教学。

一、幼儿园数学教育活动评价的内容与方法

(一)幼儿园数学教育活动评价的内容

教师在开展数学教育活动的设计、组织与实施的各个环节中,时时处处均需要不断地反思和自我评价。比如,这个活动应该如何设计?这样设计适宜性如何?活动应该朝哪个方向发展?儿童的兴趣点在哪里?儿童的关键经验是什么?儿童的已有经验有哪些?活动设计是否支持了幼儿数学经验的发展?教师是否应该给儿童提供支持?应该提供什么样的支持?幼儿的最近发展区在哪里?教师在开展数学教育活动的过程中,常常在思考着这样的一些问题。

1. 对数学教育活动目标的评价

活动目标是指教学活动所要达到的具体教育效果。在数学教育活动评价时,常常要考虑目标的适宜性问题——活动目标是否符合本班儿童的实际发展水平。活动目标应符合本班幼儿发展水平和已有经验,过易和过难的目标都是不适宜的目标。也要考虑目标的和谐性问题,考虑目标设计是否全面,并兼顾不同发展水平幼儿的个体需要,活动目标应包括学习内容的要求以及幼儿行为的养成要求。而在一次教学活动中,不需要将所有的目标全部列出来,只需要选择主要的方面即可。此外,教师还需反思和评价目标的可落实性和目标的实际达成度问题。在活动设计时需要评价和反思活动目标是否可以落实为实际的教育活动,或落实在幼儿的实际教育行为中。在活动进行中和活动完成之后,教师还需评价和反思目标的实际达成程度。

2. 对数学教育活动内容的评价

对活动内容评价时要思考所选择的内容是否与活动目标相一致,即所选的内容是否包含了活动的目标,不能出现目标和内容不一致的情况,这样会影响目标的实现,另外内容的数量也不能过多或者过少,这样都不利于目标的实现。

此外,还需评价活动内容的科学性、生活性等问题,考虑活动内容是否能让幼儿有更多的亲身参与。学前儿童在学习数学时会采用探索、尝试、亲身参与等方式,如果活动内容不能给儿童提供更多的参与机会,这样的内容也是不适合的。如在认识简单的几何形体的活动中,就要给儿童提供机会,让儿童自己摆弄探索,图形是如何变换的,如何进行图形的

拼搭。

活动内容评价还要考虑内容的年龄适宜性,以及相关环境材料的适宜性问题,也就是内容和材料的选择要符合幼儿的认知水平,环境材料要与所选择的内容相适宜,能较好地服务于幼儿及相应的活动内容。在教学中,教师设计的教学活动内容难度过大或过小都是不适合的。难度过大,分量过重不利于幼儿学习。比如,目前我国幼儿教育过程中出现的比较严重的"小学化"现象,幼儿园、教师一味迎合家长需要,不断拔高教育的要求,大量进行数字书写和符号计算等教学与训练,进行类似小学"奥数"之类的所谓"思维训练",就是没有考虑幼儿现有的发展水平。而《指南》为幼儿教师和家长了解和把握幼儿基本的数学学习规律和特点提供了一个参照。因而,教师在设计活动时,在内容选择上,要考虑到幼儿身心发展的现实水平,既要从儿童的实际需要、兴趣出发,又要保证其知识内容、技能的获得。活动内容还要和幼儿的生活相联系。只有和幼儿生活相联系的活动内容,才能让幼儿练习已有经验,更好地学习新的知识技能。

3. 对数学教育活动方法的评价

数学教育活动方法也是实现教育目标的桥梁和纽带。幼儿园数学教学方法不仅是幼儿获得数学概念的有效方法,而且也是促进幼儿思维发展的方法。数学教育活动的方法包括教与学两种方法,二者密切联系。方法的选用是否科学关系到教育目标实施效果的好坏;方法采用得正确,能使教育活动开展得顺利,取得良好的效果;若方法采用得不科学,可导致数学教育活动的失败。幼儿数概念的形成离不开幼儿的实际生活、幼儿与周围环境相互作用的学习活动,但是,如果没有教师的指导,幼儿很难主动地去观察周围环境中数、量、形的关系,更难将周围环境中数、量、形的关系直接转化为数概念。为了充分调动幼儿的积极性,激发幼儿学习的兴趣,让幼儿能较清晰地感知数学内容,获得一定的数学知识,选择恰当的教学方法是必不可少的。

对数学教育活动方法评价时应注意活动方法是否适合幼儿的年龄特点。比如,要注意看教师是否能引导幼儿运用多种感官(视觉、听觉、触觉、运动觉等),而在数学游戏中,表现在教师是否选用直观、形象、生动的教具吸引幼儿的注意力。如,教师带领幼儿参加一些真实的购买体验活动:到菜市场买菜、甜品店买甜品,这些真实的活动,对幼儿就会产生较强的吸引力。同时还要考虑活动方法是否因地制宜,密切联系生活。如,农村幼儿园有很好的户外游戏场所,能在大自然中自由探索,老师可以利用好这个得天独厚的环境,将数学的内容和户外的活动整合起来。活动材料可就地取材,如石头、木棒,甚至玉米棒等都可以用,幼儿熟悉这些材料,便能很快地参与进去。要考虑活动方法是否体现幼儿的主体性。幼儿是活动的主体,在活动中应该充分调动幼儿活动的积极性、主动性,让幼儿有充分的机会进行操作和相互讨论。

4. 对数学教育活动过程的评价

活动过程是指活动中师生相互作用的过程,包括教师教学态度、教学准备、活动设计、活动组织和活动指导等方面。教师在评价和反思数学教育活动时,要注意活动过程的结构是否严密、有逻辑性。活动过程是整个活动的核心,它一般包括活动开始,要减少幼儿等待的时间,整个活动过程要流畅、层次清楚,还要注意活动过程是否能充分利用活动环境。环境是儿童的数学学习活动中重要的教育资源。如,幼儿一日生活的整个活动空间像走廊、楼梯、操场、盥洗室等;班级活动室的空间,像活动区角、墙面、各种活动用品及材料等都是重要的教育资源。所以,在活动过程中,要充分利用活动环境,给儿童以足够的时间和空间,让儿童充分地与环境和材料进行互动。此外,活动组织形式要丰富和多样。在幼儿园数学教育活动中,活动的组织形式一般有三种,即集体活动、小组活动、集体与小组相结合的活动形式。由于三种活动形式各有不同的特点,所以,要适当选择活动内容,恰当选择活动的组织形式来完成相应的活动。

此外,要考虑的是在活动过程中,是否充分体现互动,尊重幼儿个体差异;还需考虑教师的讲解的适宜性、教师教学策略的适宜性、教师对幼儿的关注程度以及关注方式等;还需考虑幼儿在活动中的投入程度、幼儿在活动中与他人的互动机会以及幼儿的学习习惯和面临的挑战等。儿童的数学学习是在逐渐克服自我中心的思维,努力理解同伴思维的过程中,产生真正的交流与合作的。因此,数学活动的过程就是帮助儿童意识到自己的思维,同时理解同伴的思维过程。只有关注儿童与儿童、儿童与教师的互动交流,尊重幼儿的个体差异,才能促进儿童的数学学习。

5. 对数学教育活动环境的评价

学前儿童数学教育活动环境主要从幼儿参与活动的需要出发,具体包括心理环境和物理环境,两者缺一不可,是活动组织的基础和保证。两者共同为数学教育活动提供组织的基础和保证。心理环境是指教师提供的心理活动环境是不是宽松的、和谐的、安全的和自由的,幼儿在这里是否可以放松地表达和倾诉,不压抑、不紧张。物理环境是指教师在时间上、空间上是否保证幼儿自主开展活动,是否创设对幼儿有激发性的环境,使环境成为课程的组成部分;在活动过程中,教师是否提供了适宜的活动材料。注重材料的丰富性和功能性,有助于幼儿自由地选择、探索和发现。对数学教育活动环境评价时要注意以下几点。

(1)活动环境是否和活动目标一致,是否适合活动内容及符合幼儿的实际特点。

(2)活动环境是否适合教育活动的开展,具有趣味性、典型性;在数量上能否保证活动进行。

(3)活动环境是否能激发幼儿积极参与活动的愿望。

(4)教师是否尊重幼儿;幼儿是否具有安全感。

(5)活动中是否最大限度地利用了材料设备所具有的功能。

(6)活动区的规划是否适宜,不至于产生相互干扰的现象。

(7)活动区内的各种材料是否可供幼儿自由选用。

(8)材料的摆放是否有利于幼儿拿取。

(9)材料的布置与收拾整理是否容易进行,是否让幼儿参与布置与收拾整理。[1]

(二)幼儿园数学教育活动评价的方法

幼儿园数学教育活动评价的过程是教师自身专业成长的重要途径,在评价的过程中,教师要运用专业的知识来发现、分析、研究、解决问题。在一次数学教育活动结束后,或者一个阶段的数学教育活动结束后,教师对活动的评价将会成为下一阶段活动的重要基础。数学教育活动的改革,强调的是教师对自己的教育观念、教育态度、教育行为以及教育效果的反思与改进。教师可以通过自评或者写反思笔记的形式,对自己的教育观念、教育态度、教育行为以及教育效果进行分析,并与他人的评价(园长、教师、专家、家长)一起共同促进教师的成长。

1. 观察法

观察是教师在教学活动过程中搜集评价信息的最为重要、最为常见的一种方法。观察

---

[1] 李军华. 学前儿童数学教育活动指导[M]. 陕西师范大学出版社, 2013.

的"观"是看,"察"是思考,观察就是一边看一边想、一边感知一边思考的过程。① 观察法就是对评价对象进行观察,可以在自然的状态下,也可以在实验室条件下,根据观察的结果进行分析评定。这种方式在数学教育评价中是比较常用的,不仅适用于幼儿的发展水平的评价,同时也可以用来评价教育活动。观察法可以采用量化的方式,让观察的材料容易做统计分析,可以使用评价表的形式,直接在表上打勾,并对观察到的结果进行分析。观察法也可以采用质性观察的方式,这样能够详细地记录观察资料。质性观察首先要做好观察计划,具体包括:观察的对象、内容、方法。在实际的观察中,评价者可以根据需要选择性地记录,也可以采用全部记下观察内容的方法。

教师在进行数学教育活动的组织与实施过程中,可以采用结构式的观察,也可以采用非结构式的观察。在结构式的观察中,教师可以提前设计好观察的项目,在幼儿开展数学操作活动的过程中依据设计的项目及程序,观察幼儿的活动行为,了解幼儿的发展状态。而在大多数的数学集体教学活动中,教师常常采用非结构式观察,即没有预定的项目、工具和流程,完全采用比较弹性的方式进行观察。

2. 问卷法

问卷法需要评价者向调查者提供书面形式的材料,填写后由评价者进行分析。这种方法的缺点是缺乏面对面的沟通,获得信息较浅。但是这种方法的优点是简便易行,能够在较短时间内获得大量的反馈信息,便于统计分析。在制订问卷时,应注意问卷的基本结构、问题以及答案设计。问卷的基本结构有标题、介绍词、填表说明、调查项目、结语五个部分。问题和答案设计是问卷的主体,问题的形式有开放式问题、封闭式问题、半开放式问题等。答案设计要求符合实际情况,具有穷尽性和互斥性。

幼儿园数学教育活动的评价与反思可以针对成人实施自填问卷,也可以针对幼儿实施访谈问卷。访谈问卷采用教师读问卷,幼儿回答问题,教师帮助记录的方式进行。

3. 访谈法

访谈法属于质性的研究方法,可以了解受访者的所思所想和情绪反应、行为隐含的意义。访谈具有更大的灵活性,可以单独使用,也可以作为观察法和问卷法的补充。访谈的步骤一般是设计访谈提纲,访谈过程,整理访谈资料并做出评价。设计访谈提纲时是粗线条的,在访谈的过程中,可以不断调整,并及时追问,挖掘被访者真实的心声和想法。问题一般有开放性的和封闭性的两种。应结合实际情况和具体事件来问。访谈的过程要营造和谐、平等的谈话氛围。评价者的回应要客观,避免在访谈过程中对对方的话进行论说,评价。时间不宜过长。在整理访谈资料时,首先要认真阅读原始资料,寻找被访者的观点,然后对有意义的词进行登录,再把这些观点整理分析,即可做出评价。②

此外,在进行数学教育活动的评价与反思过程中,也可以采用档案袋评价法、测验法和皮亚杰的临床法等相关方法来收集评价资料。

二、幼儿园数学教育活动的文献(观察)记录

通过记录去理解在数学教学过程中,在儿童的数学学习过程中发生着什么,儿童会怎样做。内容包括儿童所说的、所做的、儿童的数学学习过程和学习成果,以及数学教学是怎样联

---

① 鄢超云. 学前教育评价[M]. 北京:高等教育出版社,2010:54.
② 黄瑾. 学前儿童数学教育[M]. 上海:华东师范大学出版社,2007.

系儿童和他们的活动的。记录的方式可以是录像、音频、照片、儿童的作品以及教师与儿童互动交往的文字记载等。在关注儿童数学活动结果的同时,更加关注儿童学习的过程和它与教学发生关系的过程。它关注的是数学学习行为的具体细节及其发生的情境,希望能通过详尽的描述和解释来获取更多的关于儿童数学学习的信息,尤其是关于儿童内在的心理状态和变动过程的信息。这能帮助教师更全面地理解儿童,更深刻地反思教学,更有效地改进教学。记录可以保留和再现儿童学习或教学实践的过程,能提供更丰富的信息。通过重温记录,教师不仅唤起了头脑中原有的记忆,而且促使自己对过去发生的事件进行新的解释和建构,这样能够在记录的基础上参与关于儿童学习和知识建构的解读和分析,深入细致地了解儿童的学习过程。

记录再现了教学实践的过程,这就为积极的教学者搭建了一个来回于理论和实践之间的平台。记录能促使教师认识到他们实际能做什么和他们确实做了什么(反省自己所做的哪些事是有价值的,哪些事是没有价值的),思考怎样才能做得更好,记录促使教师整合和充实自己的经验,从而帮助教师获取处理复杂的、不确定的具体教学情境的知识和能力,真正提高教师的教育、教学能力。通过记录教师学会能研究性地看待问题,会试图去研究儿童,研究理论和实践之间的张力,并能开放式地讨论和积极地反思与调整。可以说记录是教师专业成长的一个有效途径。

记录为教师提供了一扇透视儿童和教师教学的窗户,教师从中可以重新听,重新看,重新理解和发现儿童,可以去了解和摸索儿童学习的过程,加深对儿童能力和兴趣的了解,对不同的表现和表达方式以及在不同领域内获得概念的特征等方面的了解,可以冷静地反思并改进自己的教育、教学策略,建构新的观念与方法。

记录儿童的数学学习或教师的教学活动,不只是对儿童和教师的语言及行为的知觉和记忆,更重要的是对记录下来的信息进行意义的建构和解释,即教师通过重温、反思、对话等方式,对记录下来的关于儿童学习和教师教学活动的信息进行解读,并赋予教育意义。

这里主要介绍一种新的记录、评价儿童学习的方式——学习故事(learning story)。学习故事是一种通过对儿童在真实情境中的行动的连续性描述来展示儿童的学习与发展状况,展示学习与情境的多方面联系,强调儿童的学习与发展的全面性和整体性的记录、评价方式。学习故事,又称为叙事性评价,是表现性评价中的一种评价儿童的方法。叙事性评价,更适合用于解读情境和个人的学习,是一种更具有全面性和整体性的评价方式。[①]

学习故事是质的"快照",有结构性地做的一些叙述的记录,通常有照片,记录并交流儿童学习的内容和复杂性,是"日常生活中或者真实环境中的有结构地观察、设计并提供的一系列累积的快照"。[②] 是一种比较有效的、创新性地描述儿童在学习中如何取得进步的一种方式,可以称之为"关键的小事件"。儿童的学习故事将放到纸夹或档案袋里,教师会为每一个儿童建立档案袋,通常包括照片、作品照片、儿童的谈话和记录儿童特殊的兴趣和成就的故事。

用学习故事作为评价方式要考虑四个过程,也被称为学习故事中的四"D":描述、纪录、讨论、决定。学习故事的格式一般包括以下三步。

(1)观察。对儿童在参加儿童发起的游戏和合作调查时的学习内容以及学习倾向的观察。主要采用实况详录法(running records)将儿童在这一时间段或者事件中的行为、语言、

[①] Carr M. Assessment in early childhood settings:learning stories. London:Paul Chapman Publishing,2001.

[②] Carr M., Claxton G. Tracking the development of learning dispositions. Assessment in Education,2002:9(1),9-37.

与教师的互动等细节详细地记录下来,同时包括近来与该儿童相关的一些背景信息。

(2)评价。指对这里发生了什么学习的专业分析。可以与一些学习与发展的指标相联系,分析儿童此时的活动与哪些领域的学习有关,不仅要分析儿童的学习兴趣、学习品质、目前达到的水平以及同伴之间的互动,同时还要分析教师对该儿童的关注、理解以及回应策略。

(3)下一步。即对下一步指导的计划。教师如何鼓励儿童的这一兴趣、能力、策略的运用以及倾向性,同时教师要思考如何使这一故事更为复杂,如何使这些特征在课程的不同领域或活动中有所体现,以及如何促进家庭和幼儿园合作。

三、幼儿园数学教育活动的反思与改进

(一)幼儿园数学教育活动的反思

1. 对教育活动目标的反思

首先是反思目标的设定是否适宜。目标的适宜性首先是指年龄的适宜性问题,也是教师感觉比较难把握的问题,包括两个方面:一是目标制定的要求过高,儿童难以达到;二是目标过低,对儿童学习的挑战不够。这要求教师在对儿童数学认知发展的年龄特点了解的同时还要对本班幼儿的发展特点有所了解。目标的适宜性还涉及目标的数量是否适宜。有的活动预先设置了较多的目标要求,儿童在有限时间内无法达成。因此目标的数量既不宜过多,也不宜过少。另外是目标的陈述是否清晰。教育活动目标的陈述不应该过于宽泛,能够套用到很多活动,应该准确并能够落实到儿童的可观察的行为上去。

2. 对儿童学习过程和结果的反思

对儿童学习过程的反思主要是儿童对活动的内容是否感兴趣,儿童是否积极自主地参与活动,儿童对学习的兴趣在很大程度上决定了儿童参与活动的积极性。儿童的学习兴趣既受到他们已有的发展水平和学习经验的影响,也会受到学习内容本身难度的影响。难度适中并具有一定挑战性的内容容易激发儿童的学习兴趣。处于儿童的"最近发展区"的学习内容更容易引起儿童的兴趣,即儿童有一定的经验和理解,但并没有完全掌握,对他们有一定的挑战性的知识和技能。有时儿童也会对活动的组织方式感兴趣,如在活动中融入了游戏、竞争或小组合作等形式时,儿童的兴趣较大。

3. 对情境创设和材料运用的反思

物质环境的创设包括活动情境的创设和儿童、教师可以操作的实物材料、图片、文字信息材料的提供等。好的情境能够引发儿童的学习兴趣,帮助儿童回忆与学习有关的经验,更容易理解相关的数学概念。教师要考虑的是怎样使学习的内容变成儿童经验的一部分,儿童的生活经验里有什么和所学内容相关。好的教学既要联系儿童的实际生活经验,又要帮助儿童学会用学到的知识技能解决日常生活中的问题,因此我们强调为儿童创设真实的生活情境。让儿童在真实的生活或问题情境中通过自己的操作来学习数学是比较有效的方法,因此要为儿童提供丰富的操作材料。

在设计材料时,不仅要考虑活动内容的要求,同时也要考虑材料对儿童认知水平和学习能力的要求。在材料的呈现方式上,集体教学活动中的材料还应避免让所有的儿童使用同一种材料来完成相同的任务。提供材料时最好考虑能够有不同难度或具有多样特征的材料,这样让儿童有所选择。材料出示的时间对儿童的数学学习也有影响,特别是在小

班。所以,材料的分发最好在教师提供了清晰的指令和解释后进行。

4. 对教师教学行为的反思

目前,在这方面存在的问题是反思内容以技能指向为主,表述随意,缺乏对焦点问题的集中分析。反思水平限于技术层面,对教学技能的反思最多。

教学中的具体细节,诸如语言、材料运用、教态、教师的支持性策略等,只是对其进行简单的评价,并没有继续分析其背后所蕴藏的教师理念或教学智慧。这种忽视"寻根究底"精神的做法很容易导致反思在教育实践中的价值表面化、肤浅化。部分教师清楚地认识到教学中存在的问题,并能指出存在问题的原因。但是他们的观点往往带有明显的个人主观倾向,而且还无法把教学活动与整个社会背景相联系,与家庭、社区相联系,进行深层次反思。反思是教师专业发展的核心要素,也是提升幼儿园教育教学质量的保障。

(二)提升教师反思能力的改进措施

1. 从主观上去调动教师进行反思的意愿

让教师意识到自己是教研活动的主体,他们才会在工作中充分发挥自己的主观能动性,进而有更大的热情去关注幼儿、关注自己的教育教学活动,在教研活动中才不会一味地等待管理者的吩咐、传授,而是更加主动地去思考、去参与。这就需要管理者通过学习、培训、谈话等多种方式使教师懂得应关注具体的教育教学情境,对自己最困惑、最感兴趣的问题给予深入思考,也使教师懂得在教研中要主动地、平等地与同事和领导进行"对话"。鼓励教师在"做中学"中成长。教师只有在亲身参与、实践的基础上才能切实寻找到有价值的研讨内容,才能够把研讨内容与自己的理念和教学实践结合,深度反思自己的教育教学行为,从而使得园本教研的结果得到在实践中再次应用或者进一步验证的机会,进而使教师学会在实践中"验证、反思、改进,再验证、反思、改进……"教师只有通过实践将自己的教研体验切实转化成实践的经验,才能真正有所收获。在行动研究中,教师能够加深体验、丰富理论与实践经验。

2. 要从客观上去创设促进教师进行反思的条件

丰富教研形式,创设促进教师反思的客观条件。要搭建学习平台,提高教师的理论素养。如果教师具备一定的理论知识,包括超越于教学内容之上的关于课程管理与组织的一般原则与策略、关于幼儿心理及其特点的知识等,那么教师在反思教学行为的时候,就不会只看到教学技能、教学流程和环节这些表面的指向,而是会自觉运用理论知识、站在一定的理论高度去思考教学行为及教学行为背后蕴含的教学理念和教学智慧。如举办专业知识沙龙活动,组织每月一次集体理论学习与讨论等。学习之前,园领导需要调查教师对于理论方面最感兴趣或是最困惑的问题,并围绕这些问题,发动教师分组或独立去查阅资料,然后由若干负责人引导大家把自己查阅到的理论与其他教师分享,激发大家的讨论与反思。以小专题研讨等方式引导教师进行研讨。教研组可以先征集教师在教育实践中最困惑的问题,然后把这些问题整理分类,提炼出教师最感兴趣的研讨专题,有意识地定期举办专题研讨,展开持续研究。一段时间的持续研究能够使教师集中对一个特定的问题进行全面了解与深入分析,有利于改善教研活动中的教师反思状况,促进教育教学水平的提高。①

---

① 李娟. 园本教研活动中如何提升教师的反思能力[J]. 教育导刊,2008(8).

4.4 幼儿园数学教育活动的案例与分析[①]

> **案例 4-2**
>
> 比较多、少、一样多
>
> 小班
> 授课教师:周丽丽
> 幼儿园:浙江省湖州市安吉县实验幼儿园
> (一)学情分析
> 比较"多、少、一样多",是平时生活中经常运用到的。如何让孩子更好地学习和掌握用一一对应的方法,比较物体的"多、少、一样多",是我比较重视的一个环节。在本活动中采用盖瓶盖的方法,让孩子在操作中学习比较,再通过练习来解决多、少、一样多的问题。最后,通过游戏活动"分点心"对所学知识予以巩固,层层递进。游戏中采用《喜羊羊与灰太狼》动画片中可爱的小羊形象,符合幼儿兴趣,能更好地调动他们学习和操作的积极性。
> (二)活动目标
> (1)学习用一一对应的方法比较两组物体的多、少、一样多(感知目标)
> (2)能用一一对应的方法解决多、少、一样多的问题(能力目标)
> (3)体验解决问题后的快乐(情感目标)
> (三)活动准备
> 1. 材料准备
> (1)三组颜色不一样的瓶子,分别为红、黄、蓝三色。每一组的瓶身与瓶盖颜色相同,瓶盖的数量可以与瓶身不一样
> (2)喜羊羊、美羊羊、懒羊羊、沸羊羊、暖羊羊、慢羊羊的卡通形象若干
> (3)点心卡片:香草蛋糕、巧克力草饼、青草沙拉若干份
> 2. 经验准备
> 看过动画片《喜羊羊与灰太狼》,认识动画片里面的小羊形象。
> (四)活动过程
> 1. 操作活动:盖瓶盖
> 教师出示瓶身,引导幼儿观察。
> 师:今天老师带来了很多瓶子,可是这些瓶子的盖子都没有盖好,请你们帮它们找到盖子,给它们盖上吧。
> (1)第一次操作:请帮红色的瓶子盖上红色的盖子
> 幼儿操作盖瓶盖,引导幼儿发现盖子比瓶子多,并学习说"盖子比瓶子多"。

[①] 本节的案例及评析均选自:教育部教育管理信息中心组编.全国优秀幼儿科学教育活动案例评析[M].南京师范大学出版社,2011.

(2)第二次操作:请帮蓝色的瓶子盖上蓝色的盖子

幼儿操作盖瓶盖,引导幼儿发现盖子比瓶子少,并学习说"盖子比瓶子少"。

(3)第三次操作:请帮黄色的瓶子盖上黄色的盖子

幼儿操作盖瓶盖,引导幼儿发现盖子与瓶子一样多,并学习说"盖子与瓶子一样多"。

(分析:《纲要》提倡幼儿动手操作,在"操作中学习",而小班幼儿的思维比较直观,让幼儿动手操作,在玩的过程中掌握所要学习的知识,可以事半功倍。)

2. 尝试解决"多、少、一样多"的问题

(1)请幼儿观察红色组的瓶子,观察后提问

师:请你们看看,红色的瓶子和瓶盖都找到自己的好朋友了吗?

幼:没有,盖子多出来了。

师:盖子多出来了,它没有朋友了,好孤独啊,它会哭的,怎么办?

引导幼儿想办法解决多出来的盖子的问题。

幼:可以再找来和红盖子一样多的红瓶子,这样就可以一样多了。

在活动过程中,对表现好的幼儿予以小红花奖励,激励幼儿动脑筋想办法。

(2)以同样的方法引导幼儿解决"盖子比瓶子少"的问题

(分析:该环节引导幼儿解决"多、少、一样多"的问题,活动中采用小红花奖励的方法,可以有效地激励孩子解决问题,有利于保持孩子活动的兴趣,增添动力。)

3. 游戏:分点心

师:今天,青青草原上的小羊们来我们班作客啦,快来看看都有谁?

出示小羊,分别为:喜羊羊、美羊羊、懒羊羊、沸羊羊、暖羊羊、慢羊羊,教师一一介绍。

师:小羊们从那么远的青青草原来,肚子都很饿了,我们给小羊分点心吃吧。

请幼儿按要求给小羊们分点心。

(1)第一次分点心:请给小羊们每人分一块香草蛋糕,沸羊羊对香草过敏,请不要分给他。分好后要求幼儿说说蛋糕和小羊比怎么样。

幼:蛋糕和小羊比,蛋糕比小羊少。

(2)第二次分点心:请给小羊们每人分一块巧克力草饼,懒羊羊最喜欢吃巧克力草饼了,请分两块给他。分好后要求幼儿说说草饼和小羊比怎么样。

幼:草饼和小羊比,草饼比小羊多。

第三次分点心:请给小羊们每人分一份青草沙拉,分好后说说沙拉和小羊比怎么样。

幼:沙拉和小羊一样多。

师:小羊们都吃饱了,它们很开心,邀请我们到青青草原上去跳舞呢。走吧,我们一起排好队出发喽!

(分析:本环节采用孩子们喜欢的卡通形象,能够更好地调动孩子们学习的积极性。小班幼儿喜欢直观形象的东西,越是孩子喜欢的形象越容易带动孩子自主学习。通过给自己喜欢的角色分点心,既能加深孩子对所学知识的印象,又有效贴合了孩子的心理,课堂气氛好,孩子注意力集中。)

教师自评

比较多、少、一样多是科学活动中数学感知集合的内容,是平时用得比较多的活动。因为比较普通,所以活动设计也就显得特别难,要求更高。多、少、一样多的概念很抽象,为了能让孩子有一个更直观的了解,就必须采用最简单、最清晰的方法。而"盖瓶盖"这一操作,正好符合了要求,对于小孩简单且不枯燥,还能从中学到知识。最后的小游戏中采用孩子们喜欢的小羊形象,贴合了孩子的兴趣,使活动达到了高潮,效果很好。

专家评析

活动前的各项准备考虑得比较周到,能针对幼儿的特点设立适宜的目标,在目标设计上能够尊重幼儿的主体性,可以看出教师是经过深思熟虑的。活动中引入幼儿熟悉的卡通形象和常见的瓶子、盖子,通过为幼儿提供足够的动手操作机会和恰当的提问,帮助幼儿顺利建构了"多、少和一样多"的知识。本活动有以下几个特点:环节设计合理,过渡巧妙、自然;能够切合目标,选择孩子身边常见的瓶子和动画形象,贴合幼儿心理,更符合《纲要》理念;活动准备充分,在活动过程中,孩子的积极性能有效调动,是一节比较生动的活动。

案例 4-3

上上下下

小班

授课教师:李晶

幼儿园:吉林省前郭尔罗斯蒙古族自治县幼儿园

(一)学情分析

这节活动是小班科学领域数学学科"方位认知"的内容。小班的幼儿对方位的认知和理解还处于起始阶段,是极其简单而模糊的。因此,在日常生活中,他们往往不能按照老师的要求完成某件事,而会出现很多有趣的错误,比如,鞋子摆在小床上、书包放在桌子下……针对以上情况,我设计了本次活动。

(二)活动目标

1. 能在具体情境中辨别方位"上、下"
2. 培养简单的观察、分析和自理的能力

(三)活动准备

1. 材料准备

图片(花朵、太阳、燕子、兔子、小鸡、飞机、刺猬等);黑板画(上面画着白云,下面画着草地);蚂蚁和小鸟头饰;柜子、手绢、拖鞋。

2. 经验准备

有摆书包、鞋子等物品的实际经历。

(四)活动过程

1. 角色导入铺垫新知

教师提供与幼儿数量相等的小鸟和蚂蚁头饰,让幼儿自由选择。

师:小鸟在哪儿飞?(小鸟在天上飞)

教师手指上面说:小鸟在高高的天上飞,那么就请鸟宝宝飞到老师身边来吧。(幼儿模仿小鸟飞)

师:小蚂蚁怎样走路?(小蚂蚁在地上爬着走路)

教师向下指着地面说:小朋友们真聪明,小蚂蚁就是在地面上爬着走路的。那么就请蚂蚁宝宝爬回老师身边吧。(幼儿模仿蚂蚁爬)

师:请小朋友用你的小手告诉我,小蚂蚁在哪儿爬?(幼儿向下指)小鸟在哪儿飞?(幼儿向上指)

(分析:幼儿教学,尤其是小班幼儿教学,一定要以幼儿的原有经验为基础,适当提高。因此,教师在组织教学的开始阶段,没有直接切入主题,而是利用幼儿已有的知识作为铺垫,在幼儿的模仿与谈话中,渗透本次活动的知识点。教师还运用手势,进一步增强幼儿的感性认识。形式活泼、有趣,适合小班幼儿的特点。)

2. 多种方式深入感知

(1)出示黑板画让幼儿观察,初步感知"上下"

师:图画中有什么?(白云、草地)

你在哪儿看见过白云?(在天上看见过白云)

请小朋友用手势告诉老师。(幼儿举手向上指,表示白云的位置)

师:(小结)白云在上面。

要求幼儿跟着说"白云在上面"。

师:草地在哪儿?请用手势告诉我。(幼儿的小手指向地面,表示草地的位置)

教师边做手势边说:白云在上面,那么草地在哪儿呢?(幼儿回答:草地在下面)

师幼:(共同小结)草地在下面。

(分析:本环节教师出示具有代表性的白云和草地图画,引导幼儿观察、用手势表示,动静结合,让幼儿自然体会。另外,教师敢于放手引导幼儿总结,也许不会达到理想的效果,但毕竟是一次大胆的尝试。)

(2)动手操作,再次感知"上下"

教师引导幼儿了解、分析图片。

出示太阳图片,师:这是什么?它住在哪里?(太阳,住在天上)

师:对,太阳和白云一样住在天上。(教师示范将太阳图片贴在白云旁边)

幼儿独立贴图片。(教师提示幼儿遇到困难时,要请小朋友帮忙)

幼儿再次观察画面,纠正错误。

(分析:本环节中,教师在上一环节的基础上进行扩充,加深难度,体现了活动的连贯性、层次性。让幼儿自己动脑、动手,分析操作,最大限度地发挥了孩子的潜能。幼儿在活动中学会了互助,体验到了成功的快乐。)

(3) 游戏：将军和士兵

教师当将军，幼儿做士兵，"将军"说口令"上面"，"士兵"用动作表示，如举手、抬头等；"将军"说说"下面"，"士兵"也做相应动作。也可以选幼儿当"将军"。

3. 联系实际，进行能力培养

师：请小朋友把手绢摆放到柜子上面的格子里，拖鞋摆在下面的格子里。

幼儿动手操作，教师巡视指导。（教师要随机提示孩子把手绢、鞋子摆放整齐。）

师生共同欣赏劳动成果。

（分析：小班幼儿的活动设计，一定要与他们的生活紧密联系，本环节真正体现了这一点。此环节不仅对新知进行了巩固和反馈，还培养了孩子的自理能力，为他们以后的生活奠定了基础，使幼儿感受到了成功的快乐。）

教师自评

本次活动的知识点，是教师在平时生活中捕捉到的，是教师针对小班幼儿的认知特点，结合本班幼儿实际而设计的。活动简短而内容丰富，时间在 15 分钟左右，运用了观察、模仿、表演、操作、游戏等多种教学手段。为幼儿的探究活动创设了宽松的环境，使每个幼儿都有机会参与和尝试。操作材料的提供也很丰富，为每个幼儿利用多种感官、多种方式进行探索提供了必要的条件。活动内容与幼儿的生活实际紧密联系，让他们在玩中不知不觉领会了新知。总之，本次活动基本达成了预设目标，是一节幼儿较喜爱的活动。

专家评析

教师从幼儿的日常生活入手，结合幼儿的生活实际，调动幼儿的各种感官，以操作和游戏为主要教学方法，教幼儿认识上下方位，符合幼儿的年龄特点。活动内容与幼儿的生活实际结合紧密，幼儿看得见，摸得着。教学目标确定准确，有利于幼儿的长远发展。教学准备充分，教学方法灵活。利用眼、脑、手、肢体等多种感官，引导幼儿观察、模仿、表演、操作，极大地调动了幼儿参与活动的积极性和主动性。活动还能延伸到生活习惯的养成，更体现了学以致用的目标。总之，这是一节较成功的小班活动。

案例 4-4

认识 5 以内的序数

班级：中班

授课教师：刘玲

幼儿园：江苏省连云港市东海县幼儿园

（一）学情分析

中班孩子对 10 以内的数量已经能够正确感知。在幼儿园，孩子们做操要排队、上下楼梯要排队……有的孩子已能尝试用第一、第二来表述自己的位置。在组织教学时，教师也会用"谁得第一、谁得第二"来调动孩子的积极性。可以说，孩子们对序数的概念已经有了一定的感知,但是很零碎、不完整、不规范。因此,我们有必要通过集体活动来帮助孩子进行经验的梳理和提升,使孩子能正确使用第一至第五的序数词来表示物体在序列中的位置。根据孩子的年龄特点,我设计了一个游戏化的情境,让孩子在帮助小动物编房子号码、挂钥匙、选楼房、乘火车等活动环节中感受序数,运用序数,理解序数。

(二)活动目标

1. 幼儿能够正确感知物体在序列中的位置,并能用第一至第五的序数词表示物体在序列中的位置

2. 发展幼儿的逻辑判断能力和动手操作能力

3. 让幼儿体会到数学活动的乐趣和帮助别人的快乐

(三)活动准备

材料准备:森林小区图、楼房图,各种小动物教具若干,写有1~5序数的"钥匙"一套。

(四)活动过程

1. 利用乘火车的形式,巩固孩子对5以内数字的认识,并用数点对应的方式找到座位

师:今天我们要乘火车去森林玩。老师已经买好了车票。请你们每人拿一张,说说你的火车票是怎样的?

师:看看火车站上一共停了几列火车?车厢上有什么?你能不能根据火车票找到自己的座位?(幼儿根据手中车票的车厢号找到相应车厢)让我们开着火车出发吧!

2. 用帮助动物贴门牌的形式,学习用第几座的形式来表示房子的序数

师:看!到了哪里?(让幼儿说一说)告诉你们一个好消息,森林里的小动物们要搬新房子啦!这么多漂亮的新房子,它们都是什么颜色的呀?我们一起从左到右说一说吧。(粉红的、蓝的、黄的、橙色的、红的)

师:咦,这些小房子怎么没有门牌号码呢?一会儿小动物们来了可别迷了路。怎么办呢?我们帮小动物贴门牌吧!有几座房子,要做几块门牌?(教师根据孩子的回答,出示1、2、3、4、5的数卡,并集体给房子贴上门牌号码。)

师:粉红色的房子排在第几座?(第1座)可以用数字几表示?(1)

师:红房子排在第几座?(第5座)可以用数字几来表示?(5)

师:数字2该贴在第几座房子上?数字3和4呢?

3. 用给动物挂钥匙的方式,巩固对序数词第一至第五的运用

师:漂亮的房子上都有了门牌号,小动物们就不会迷路了。瞧,小动物们都来了。(小鹿、小猪、小熊、小狗、小兔)一共有几只小动物?五座小房子够住吗?分房子啦!快排好队。(出示"钥匙")

师:小鹿排在第几个?(第1个)

师:小兔排在第几个?(第5个)

师:2号钥匙该给谁呢?小狗排在第几个?

师:小猪排在第几个?给几号钥匙?

师:请小朋友把小动物送到自己的房子前,边送边说:××小动物,你住在第×座房子。

师:小鹿、小猪、小熊、小狗、小兔都欢欢喜喜地搬进了新家,可高兴了。它们在新房子前的绿草地上唱着歌,跳着舞,还说谢谢小朋友呢!

4. 分组活动:给动物选楼房房间,用序数说出小动物的住所

师:(出示小动物贴图)咦,是谁在说话?噢,是小松鼠、小羊、小猴、小乌龟、小鸡,原来它们来晚了,还没找到合适的房子呢!我们再帮它们找找还有空房子吗?

师:(出示四座楼房图)草地的后面还有四幢新楼房,是几层楼呢?我们来给小动物选楼房吧,选好后说一说,你们组的小动物分别住在第几层?

师:(小结)我们今天帮助了那么多小动物,小动物们好高兴呀!他们说谢谢你们。你们开心吗?(开心)对呀,帮助了别人自己也会快乐!

5. 利用让小动物乘火车的方式,进一步练习运用序数词

师:小动物们也想乘着我们的火车出去玩,你们愿意带上他们吗?

请你们选择自己喜欢的动物,并告诉它,你们坐在几号车厢。

师:让我们带着小动物出发吧!(放音乐,出场)

教师自评

本活动符合《纲要》精神及本班幼儿的实际情况,整个活动过程以游戏化的情境贯穿,让孩子帮助动物编房子号码、挂钥匙、选楼房,通过这些活动环节,让幼儿感受序数,运用序数,理解序数,培养孩子的数学思维和对数学活动的兴趣,同时也让每位幼儿感受到帮助别人的快乐。

专家评析

此活动根据中班幼儿的年龄特点,能够采用贴近孩子们生活的方式进行,幼儿的兴趣很浓,参与的积极性很高,充分体现了数学生活化的理念。活动目标的制订全面,涵盖了情感、知识、技能三个层面,但目标2和目标3的书写上不够具体,与该活动联系不够紧密,很难在活动中评价该目标是否达成。活动过程层次清楚,让幼儿在游戏中感受序数、运用序数、理解序数,培养了孩子的数学思维。总之,此次活动让幼儿在游戏中轻松、愉快地完成了目标,是一节幼儿喜爱的活动。

案例4-5

铺地砖

班级:大班

授课教师:冯燕

幼儿园:浙江大学幼儿园实验园

(一)学情分析

本教学活动通过操作,让幼儿初步感知面积的守恒。本次活动的重点是引导幼儿主动参与测量,激发幼儿对测量活动的兴趣。难点是让幼儿通过操作活动来

讨论、发现正确的测量物体面积的方法。

(二)活动目标

1. 幼儿能够不受空间、方位、形状等因素的干扰,初步体验面积的守恒

2. 幼儿愿意参与活动,积极操作实践,发展幼儿思维的灵活性

(三)活动准备:材料准备

1. 面积相等、形状不同的几何图形纸每人两张

2. 2cm×4cm 纸,打着 1cm×1cm 的格子,每人一张

3. 幼儿用书,剪刀每人一份

(四)活动过程

1. 出示挂图,激发幼儿兴趣

教师出示挂图:旷旷家的新房子铺上了新的地砖,请你们看看,这两块地砖一样大吗? 你是用什么方法知道的呢?

2. 探索:它们一样大吗?

引导幼儿通过数格子初步感知面积守恒。

师:请小朋友翻开幼儿用书,观察第一幅图片,这两张地砖的形状一样吗? (不一样)

师:它们的大小一样吗?

幼儿自由探索,自由回答。

教师引导幼儿说说:你是怎么看出来的? (我用数方格的方法看出来,两块地砖都是由七块一样大小的地砖拼起来的。)

请个别幼儿演示。再请其他幼儿集体判断方法的可行性。

3. 进一步探究:其他几幅图上的地砖是否一样大?

师:那我们再来看看其他三幅图片,观察一下每幅图片中的两块地砖形状一样吗? 大小一样吗?

幼儿操作探索。

请个别幼儿回答。

师:第二幅图中的两块地砖形状一样吗? (不一样)大小一样吗? (一样大)为什么? (因为两块地砖都是由八块一样大小的砖铺成的,所以一样大。)

用相同的方法讨论其他两幅图片。

(分析:教师可以引导幼儿说说在数的过程中,如何不漏数、不多数。引导幼儿掌握正确的数数方法,比如,可以数一格用铅笔划掉一格,或数一格用铅笔在格子里打个勾等。)

4. 再次探究两张纸的大小,进一步感知面积守恒

教师出示一张长方形的纸和一张不规则的纸。(见教学附录)

引导幼儿观察两张纸的面积大小。

师:这两张纸一样大吗? 为什么? (请幼儿自由回答)

(分析:这里肯定有的幼儿会说一样,也有的幼儿会说不一样,教师应允许幼儿进行各种不同的猜测,引起幼儿对探索活动的兴趣。)

出示一个小方格。

师:有的小朋友说一样大,有的小朋友说不一样,到底一样不一样呀?老师这儿有个小帮手——一个小方格,你们可以用它来试一试。

出示16K纸(打着1cm×1cm的格子)。

师:请小朋友用剪刀把这些小方格剪下来,利用它们来试试,比比这两张纸到底是不是一样大。

幼儿操作。

讨论:这两张纸一样大吗?你是怎么知道的?

幼儿再次操作:沿线剪出小正方形,用小正方形拼图,比较拼出的图形的大小,感知面积的守恒。

师:(小结)我们可以通过数格子等方法,来判定两个物体面积的大小,物体面积的大小是不会受形状、空间、方位的影响的。

教师自评

"面积守恒"对于大班幼儿来说,是一个相对较难理解的内容。教师把这个知识点转化为一个具体的操作活动,让幼儿通过活动初步感知测量物体面积的大小可以转化成数单位格子大小的方法。整个活动的难度由浅入深、从易到难地引导幼儿去发现测量物体面积多少的方法。幼儿在活动中能够积极参与,对测量活动有着强烈的兴趣,较好地达成了教育目标。

专家评析

幼儿园的数学教育应与生活紧密联系。在这个活动中,教师选取了对大班幼儿来说比较困难的面积守恒作为教学内容,旨在帮助幼儿形成初步的面积守恒概念,同时培养他们的动手操作能力和思维能力。活动设计巧妙,将抽象概念化为可操作的活动,易于理解。建议教师将问题的提出、探究和解决都放在一个生活场景中去实现,放手让孩子去做,幼儿的主体性会得到更充分的体现。最后再引导他们将探究得出的实物面积守恒升华到图形面积守恒。

本活动操作性较强,且层次分明,从易到难,幼儿能积极参与整个活动,对活动充满兴趣。幼儿在解决问题的过程中进行了充分的思考、探索、创造,较好地达成了教学目标。

案例 4-6

谁是猜拳高手

班级:大班

授课教师:何娟

幼儿园:湖南省株洲市蓝天艺术幼稚园

(一)学情分析

大班幼儿好胜心强,喜欢竞赛性游戏,但常会为了赢输起争执,原因之一是他们的统计方法不合理,记不清输赢。本次活动通过"谁是猜拳高手"的游戏,让幼儿在实际游戏过程中探索统计方法,既满足他们的游戏需求,又解决了他们生活中的问题。

(二)活动目标:

1. 使幼儿在游戏情境中对统计产生兴趣,体会统计的作用

2. 引导幼儿经历数据的收集、整理过程,对统计产生兴趣

3. 使幼儿通过游戏乐意和同伴交往,快乐地融入集体生活

(三)活动准备

材料准备:黑板、记录纸、笔若干。

经验准备:幼儿有玩竞赛性游戏的经验。

(四)活动过程

1. 创设情境,激发兴趣

(1)取队名,营造气氛

师:我们要在男孩和女孩之间举行一次猜拳比赛,先为自己所在的队取个名字。

(2)猜输赢,激发兴趣

师:大家猜猜哪一队会获胜呢?

(3)想办法,引出比赛

师:两队都有希望获胜,到底谁能赢只有比一比才知道,你认为应该怎样比呢?(幼儿根据生活经验设想比赛方法,如男女对抗,赢的人数多的队获胜;组内选拔,选派获胜次数多的人参加总决赛等。)

(分析:从幼儿喜欢的游戏入手,激发他们的学习兴趣和主动性。)

2. 经验呈现,概括提升

(1)第一轮游戏,幼儿运用自己的方法统计

①二人游戏。(游戏方法:男女对抗)

②集体交流。教师引导幼儿交流游戏结果,并引出统计方法。

③小结:肯定幼儿的统计方法,让他们知道在数据少的情况下,可以用简单方法进行统计。

(2)第二轮游戏,幼儿尝试运用记录的方法统计

①为失利的队鼓劲,引出第二轮游戏。(游戏方法:队内轮流比赛,每队选出一位猜拳高手,进行总决赛。)

②幼儿运用原有经验统计记录。(教师观察、指导重点:明确操作要求,纠正错误的记录方法,提醒幼儿及时交换玩伴。)

③幼儿把记录纸贴在黑板上,交流记录的方法。

④幼儿用简洁的符号记录次数,有一定的条理性。教师创设不同的游戏情境,让幼儿体验不同的统计方法。

3. 巩固运用,感受体验

(1)第三轮游戏,运用新经验统计

教师观察指导重点:方法的运用、个别指导。

(2)交流分析统计记录

采用幼儿介绍与同伴观察的两种方法让幼儿相互学习记录方法。

(3)教师初步分析比赛结果,选拔每队的猜拳高手进入总决赛

(总决赛后教师小结:比赛次数多的时候,记录可以帮我们的忙,记一记、数一数、比一比,就能知道比赛结果了,统计的方法真有用。)

4. 活动延伸

(1)引导幼儿自主交流比赛感受

(2)迁移经验,引导幼儿在生活中继续运用统计方法

教师自评

活动过程中,教师以幼儿的主动建构为主,视幼儿的经验随机进行调整,让幼儿理解统计的作用与意义。整堂课幼儿参与的积极性高,活动气氛非常好,达到了理想的效果,教学任务圆满完成。但是,教师在幼儿的实践中对个别幼儿的观察还不够细致,需要进一步加强。

专家评析

本活动的目标的制订有效结合了教学的实际需要,活动内容的选择从幼儿的实际生活出发,活动形式采用了分组竞赛的形式开展游戏,活动过程符合幼儿的年龄特点和能力水平。

本活动不仅发展了幼儿的计数、比较数量大小等数学技能,更重要的是在辨析的过程中学习了统计记录的方法,有助于培养幼儿的统计意识,使其形成科学的思维能力。

幼儿生活中有许多可以进行统计的事件或物品。在本次活动中,教师采取"猜拳"游戏比赛的形式,为幼儿营造统计的任务。需要考虑的是幼儿对游戏的热情和对输赢的执著会不会影响到统计的结果。同时教师对有关分组进行比赛的过程表述得不是很详细。

案例 4-7

找规律

班级:大班

授课教师:宋叶婷

幼儿园:浙江省慈溪市逍林镇中心幼儿园

(一)学情分析

《纲要》中要求,科学教育要让孩子"能从生活和游戏中感受事物的数量关系并体验到数学的重要和有趣",鉴于此,幼儿园的数学活动应该来自于幼儿熟悉和感兴趣的事物,让幼儿在生活和游戏中自然地感受到学习数学的快乐,发现数学中的奥秘。本活动从这一教育理念出发,结合5~6岁幼儿的身心发展规律和实际认知水平,以孩子们熟悉和感兴趣的各种各样的事物为切入点,以孩子们最喜爱的游戏为基本活动形式,旨在引导幼儿与同伴一起在轻松愉悦的气氛中主动参与,积极探索,进一步感知规律的美,体验发现规律的乐趣,进行利用简单规律的排列活动,进而使幼儿真正成为数学学习活动的主人。

(二)活动目标

1. 引导幼儿发现图形、颜色和数字简单的排列规律,并会根据规律指示下一个物体

2. 初步培养幼儿的合作、推理能力及合理、清晰地阐述自己的观点的能力

3. 使幼儿感受数学与生活的联系,培养幼儿乐于助人的精神

(三)活动准备:材料准备

图画一张,黑、白棋,记录纸,笔等。

(四)活动过程

1. 利用游戏,感知规律

师:我们来玩个游戏,游戏的名字叫"动作接龙",看谁能按老师的动作接着做。

师:嘣嚓嚓嘣嚓嚓嘣嚓嚓,击掌拍肩拍肩(师做动作)。

师:谁能接?(一幼儿接)他接得对吗?大家一起接一次,好,再来一组动作。

师:上上下下左左右右,在相应的位置击掌两次(师做动作)。

全体幼儿一起接。

师:在刚才的游戏中,你们猜得非常准,谁来说说是怎么想到要这样接老师的动作的?

师:(小结)你们观察得真仔细,在我们的生活中,有很多东西都是像这样按顺序变化、有规律排列的。今天我们就要用数学的眼光来寻找生活中的规律。

师:小朋友,幼儿园每月一次的幼儿个性化比赛快到了,但我们还没布置好会场,请你们帮个忙。

2. 引导探究,认识规律

师:请你们仔细观察,说说你看到了什么,又发现了什么。

(1)从下往上看,花盆的摆放有什么规律

小结:原来它们是按一盆红、一盆黄这样的顺序有规律地排列的。

(2)花和星星排列的规律

小结:花和星星是按一朵花、两颗星这样的顺序有规律地排列的,也可以说是按数字1、2、1、2这样的顺序有规律地排列的。

3. 图中气球的规律

小结:气球是按一红一黄、二红一黄……红的递增、黄的不变这样的规律排列的。

4. 动手操作,巩固发展

师:你们真棒,能够找到规律,这样也就找到了解决问题的金钥匙。

(出示一组图形)

师:它们是按规律排列的吗?这一组图形是怎样变化的?

(师幼集体评析)

教师加大活动的难度,出示随机排列的图形,请幼儿为它们创造规律。

(教师出示不同颜色的正方形、长方形、圆形,幼儿按自己创造的规律排列)

展示幼儿作品,并评析。

5. 合作创造规律

师：你们每张桌子上都有一个信封，你们把信封中的棋子拿出来，里面有3颗黑棋、3颗白棋，同桌互相合作在桌上摆一摆，摆出一种规律就在记录纸上画下来。记录纸上有12个圈，可是棋子只有6颗，前面的圈可以照着摆好的画，后面的圈该怎么办呢？

师：摆的规律不光要多而且要摆得快。想一想，你怎样画才能记得快？

师：如果遇到了什么困难请举手，我可以帮助你们。

对幼儿的操作结果进行反馈。

6. 总结

师：小朋友真会动脑筋，想的方法可真多，这些方法都很好。看，我有两颗星，一颗是智慧星，一颗是快乐星，请你们闭上眼睛想一想，这节课的两个游戏你都学会了吗？如果你都会了就伸出两个手指头，如果你只会了一样就伸一个手指头。

教师自评

本次活动开始前设计了一个与数学内容有关的游戏，既帮助幼儿理解了知识，又激发了幼儿的学习兴趣，为幼儿创设了良好的学习情境。以游戏的形式让孩子们说说老师接下来会干什么，其实是让孩子合理地进行推理并得出结果。以幼儿园每月开展幼儿个性化比赛为理由开始新课传授，拉近了数学学习与生活之间的距离，引导幼儿在具体的生活环境中学习，用学到的知识直接去解决实际问题，体验数学就在身边。有关花盆、星星、气球的习题，虽然形式都差不多，但在提问方式上由教师引导到幼儿自己发现，由易到难。接下来的环节中，教师联系上面的情境，设计练习，使整个情境教学体现了完整性、连贯性、真实性。教师提出一个开放性问题，不仅要幼儿创造出规律，而且还要他们根据自己的规律接着画，同时还要解决怎样画得快的问题。对于大班幼儿来说，直接进行操作，而且要一次性地解决这么多问题有些难，所以，在这里引导幼儿在操作前就解决操作中可能遇到的问题，从而分散难点，使孩子在操作中更有把握，同时也渗透了有序思考的数学思想。操作完后，让孩子介绍自己的成果，体验成功的乐趣，既发展了孩子的语言表达能力，又有助于增强他们的自信心。

整个活动通过幼儿间的合作、交流、探究，使幼儿掌握了知识，发展了能力。教师以引导者的身份与幼儿共同经历学习过程，使幼儿的主体性得到了充分的发挥。

专家评析

本次活动设计的重点是让幼儿通过对物品的有序排列，初步认识简单的排列规律，并会根据规律指出排列中的下一个物体是什么。目标制订结合了幼儿的实际需要，教学内容选自幼儿熟悉和感兴趣的事物，教学材料的使用朴实无华，突显了材料为目标服务的宗旨，活动过程的组织符合大班幼儿的学习特点。

教师自觉运用新《纲要》指导教学活动，并在活动中运用了观察法、引导发现法、游戏法等多种活动方法帮助幼儿发现规律，并根据规律解决相应的问题，体现了较强的活动组织能力。在活动过程中，依据"感知规律—认识规律—应用规律—创造规律"这4个环节的设计，教师运用多种手段充分调动了幼儿参与活动的积极性和主动性，让幼儿在轻松愉悦的氛围中习得并掌握知识。

 **本章小结**

　　幼儿园数学教育活动的组织与实施是将幼儿园数学教育目标与数学教育活动设计付诸实施的过程。在这一活动过程中,教师不仅是数学教育活动组织与实施的具体行动人,也是将一定的教育教学理论和数学学科知识经验相结合并转化为有效教学行为与策略的行动人。幼儿园数学教育活动组织与实施的有效性问题,既关涉到教师的教育观念、教师的学科教学知识素养,也关涉到幼儿的心理发展特点以及相关的社会环境等。而其中最为重要的是在数学教育活动的组织与实施过程中师幼互动的实质和过程。当然,对幼儿园数学教育活动组织与实施的评价与反思也是影响具体实践过程有效性的重要因素之一。

　　本章第一节重点讨论了对幼儿园数学教育活动组织与实施有效性的理解以及影响活动组织与实施有效性的可能性因素;第二节重点从师幼互动的角度,分析探讨了幼儿园数学教育活动中师幼互动的内涵与特点,数学教育活动实施过程中教师的主要角色以及提高活动组织与实施有效性的若干策略;第三节主要分析了在数学教育活动组织与实施过程中评价与反思对活动实施有效性的影响;第四节着重介绍了一些幼儿园数学教育活动的案例。

 思考与练习

　　1. 结合一个具体的幼儿园数学教育活动,谈谈你对幼儿园数学教育活动组织与实施的有效性的理解和看法。

　　2. 观摩一个幼儿园数学教育活动,对数学教育活动中的师幼互动情况进行记录,并结合所学知识对师幼互动的有效性进行分析。

　　3. 柯林斯小姐说,她不相信向幼儿教授数学是合适的。当你观察她的教室时,你会发现儿童用各种容器在水台边玩耍,还有的儿童在一个天平上称量玩具卡车。你对柯林斯小姐的观点有何看法?柯林斯小姐是在教数学吗?如果是,解释一下她是如何教的。

第5章 学前儿童感知集合活动的设计与实施

> **教学目标**
>
> 1. 学习和了解学前儿童感知集合的关键经验对儿童的意义,以及设计此类活动的注意事项。
> 2. 学习和了解学前儿童分类经验的类型和发展特点,了解不同年龄段对儿童分类学习活动的要求、内容和设计要点。
> 3. 学习和了解学前儿童集合比较基本知识、儿童所运用的策略及发展特点,了解不同年龄段对儿童集合比较学习活动的要求、内容和设计要点。
> 4. 学习和了解学前儿童模式的基本知识、儿童模式的发展结构,了解不同发展水平儿童模式学习活动的要求、内容和设计要点。

"数学的核心价值是感觉和意义、模式和关系、排序和预测的探求。"[①]儿童在学前期很早就开始按照各种类别对物体进行区分、分类、排序。他们也能辨认、描述、扩展模式,分析重复模式和渐增模式是如何产生的。在幼儿园数学教育内容之中,儿童对集合、分类、排序、模式认知等活动内容的学习并不依赖于儿童数概念的基础。它们被称为"数前教育"。但儿童对这些内容的理解和把握,一方面有益于儿童逻辑思维的发展,另一方面,也与儿童数概念的学习与掌握有着密切的联系。集合、分类、排序、模式等内容是儿童理解数学抽象关系的基础,它不仅有助于儿童发现和建构现实生活中的数量关系及其变化规律,为其数理思维和函数关系的后续学习打下基础,而且有助于儿童形成逻辑思考和运用数学思想解决生活中的问题的意识和习惯。[②]

5.1 学前儿童感知集合的发展及其特点

在数学领域中,对建构逻辑组合和分类的理解是至关重要的。建构逻辑组合可以使儿童积累有价值的逻辑思考经验。儿童在建构逻辑分组时,要在基于某些共同特征对物体进行分类的基础上去组织材料。儿童在用物体集合进行游戏时,他们会观察到事物的不同特征,如颜色、尺寸、形状等;然后比较集合中的物体,寻找并根据异同进行分组,在物体间建构相同、不同、更多、更少这一类关系,为日后的所有数学理解提供了框架。感知集合是学前儿童数学学习中的重要经验,那么究竟感知集合都包括哪些内容?感知集合对儿童的重要意义是什么?感知集合方面的教育活动又该如何设计呢?本节予以简要介绍。

---

① Richardson, L., and Salkeld, L. (1995). Transforming mathematics curriculum. In S. Bredekamp and T. Rosegrant (EDs.), Reaching potentials: Transforming early childhood curriculum and assessment Vol. 2(pp. 23-42). Washington, DC: National Associaltion for the Education of Young Children. p. 23.

② 黄瑾. 幼儿园数学教育与活动设计[M]. 北京:高等教育出版社,2010:151.

一、幼儿感知集合的关键性经验

在早期幼儿数学启蒙教育阶段,利用幼儿已有的生活经验和周围环境进行有关集合的建构、比较和理解集合间关系的教育教学活动,不仅有利于幼儿对数概念的形成和理解,也有利于幼儿对数的组合与分解以及加减运算关系的理解。感知集合是指在不学习集合术语的前提下,感知集合及其元素。具体来说,主要包含四个主要的部分。

1. 感知集合及其元素

在数学中,把具有相同属性的事物的全体称为集合。儿童应该理解,日常生活中所说的苹果、橘子、鸭梨……都属于水果这个集合。另外儿童在不会准确数数、比较集合大小的时候,能笼统地判断哪个集合的数量大,哪个集合的数量小。

组成集合的每一个对象叫做这个集合的元素,如儿童应该知道水果这个集合里,有苹果、橘子、鸭梨等元素,这些元素组成了一个集合。

2. 区别"1"和"许多"

区别"1"和"许多"是小班初期学习的关键概念。"1"是自然数的基本单位,也是表示集合元素数量的基本单位。"许多"不是一个确切的数量,但是"许多"是由一个个物体(元素)构成的。

幼儿很小的时候就对物体的多数量有反应,比如幼儿总是想多要几块饼干,吃完还要,比如妈妈给幼儿一块饼干,幼儿还朝妈妈要,妈妈把这一块饼干掰成两块给幼儿,幼儿就满意了,认为自己拥有的饼干"变多了",这时他们并没有意识到构成"许多"的元素。3岁幼儿对集合中元素的感知也是泛化的,所以"1"和"许多"关键概念的学习主要是引导幼儿感知集合及其元素,促进幼儿感知元素的分化过程。当幼儿把一个个物体放在一起变成了"许多"的时候,他们在这个动作过程中真切感受到了"许多"这个集合中的一个个元素。

3. 两个集合元素的一一对应比较

年幼儿童没有对两个集合数量进行确切的比较的能力,但是他们可以凭借直觉倾向于要多一些的糖果,他们对糖果的数量究竟是多少并不确切知道,也就是说他们并未感知到集合中的每个元素,也就不会用一一对应的方法逐一计算出其数量。在对集合数量笼统感知和通过计数得知集合数量这两个环节之间,有一个中间过渡环节便是幼儿对集合中元素的确切感知和会用对应的方法比较集合中的元素。比如一个集合是4只红色的小熊,另一个集合是5只蓝色小熊,每个红色小熊和蓝色小熊为一对好朋友,最后只剩下一只蓝色小熊没有好朋友,那么蓝色小熊就多出来了。

图 5-1 集合之间的关系与运算

4. 感知集合间的关系与简单运算

两个集合存在或包含或相等的关系,比如水果这个集合包含苹果这个集合,动物这一集合包含老虎这一集合。包含关系是整体和部分的关系,感知集合的包含关系便于儿童理解"类包含"的概念。比如儿童面前有5瓶矿泉水,如果他要用5来表示总数而不是最后一瓶矿泉水,他就已经将这5瓶矿泉水形成了一个包含关系。

集合之间的关系也可以运算,如图 5-1 体现的就是集合之间的关系和运算。

二、幼儿感知集合的意义

感知集合是儿童在尚未学习计数、认数以前的准备性学习。当幼儿没有真正理解和知道什么是数时,就提前学习大量的计数、加减运算等,幼儿最终并不能获得数学思维能力和解决问题的能力,而且很可能由于挫败感而对数学不感兴趣。感知集合不仅符合儿童数学学习与发展规律,还是儿童获得数概念和加减运算的感性基础。

(一)儿童数概念的发生起始于集合的笼统感知

有研究表明,12~18个月的婴儿就能知道两个小的集合中哪一个集合多。研究人员在研究中一次出示配对的含有1~4个物体的图案,并提供三种情况,分别是"一样多"(先后出示相同数量的物体)、"更多"(先出示2个物体,再出示3个物体)、"更少"(先出示3个物体,再出示2个物体)。通过观察他们对出示物体注视时间的变化,发现12~18个月的婴儿就已经笼统感知到了集合的数量。而且,很多2岁半之前的幼儿都倾向于大数量的集合,比如愿意要更多的东西。这时候的幼儿虽然不能准确说出一组物体的数量,但是能辨别它们是多还是少。

苏联幼儿数学教育家列乌申娜也指出,儿童在最初形成的是关于元素的含糊的数量概念,而后是关于作为统一整体的集合的概念。在这个基础上才发展出对集合比较的兴趣,才能确定集合中元素的准确数量,进而发展计数的技巧,形成数概念。她明确提出,在儿童数概念发展过程中,最初形成的是对集合数量的笼统感知。

(二)集合感知是幼儿从集合的笼统感知到形成最初数概念的中间环节和必要的感性基础

儿童在对集合的笼统感知阶段还没有学会计数,在这两个水平之间还存在一个中间过渡环节,即幼儿对集合中元素的确切感知和会用一一对应的方法比较集合中的元素。在儿童学会比较集合大小之前,我们往往要求儿童要学会手口一致地点数,但是在儿童对集合中元素没有确切感知之前,他们在点数的时候经常出错,不是嘴巴里数词讲快了,就是手指的动作快了,总之数词、点数的动作和实物之间不能做到对应匹配。

列乌申娜在分析一个5岁1个月男孩数数时还出现手口不一致的现象时说:"儿童们借助于数词过早地转到了计数活动。他们还没有形成对集合的所有元素的确切知觉,还没有学会在实践中把集合的元素用一一对应的方法进行比较,因而他们就不能精确计数和更进一步深入理解作为集合等量标志的数的意义。"[①]所以列乌申娜认为,集合感知之后就是儿童形成集合概念的阶段,如果教师能够在儿童达到感知集合水平之后进行集合的教学,会帮助儿童尽快地掌握计数活动,并深入理解数概念。

三、幼儿感知集合的发展特点

刚开始幼儿对于集合只有笼统的感知,随着年龄的发展,幼儿逐渐能够理解集合和子集的包含关系。具体来看,不同年龄段的幼儿,在集合感知方面有如下发展特点。[②]

(一)2~3岁幼儿产生了对集合的笼统感知,但这种感知是泛化的

此时儿童还看不到集合的范围和界限,不能一个接一个地感知集合中的元素,也不能精

---

① 转引自:林嘉绥,李丹玲.学前儿童数学教育[M].北京:北京师范大学出版社,1994.
② 袁贵仁.中国教师新百科——幼儿教育卷[M].北京:中国大百科全书出版社,2002.

确地意识到元素的数量。如果让幼儿用重叠法感知一个集合中的元素,他们往往会将物体摆出集合的范围。比如一个2岁的男孩乐乐,最喜欢小汽车。一天在他的要求下,妈妈拿来3辆小汽车放在枕头边与他一起睡觉,睡觉期间,妈妈拿走了1辆。乐乐醒来之后,找到了2辆小汽车,但是依旧不停地找(在找第三辆)。第二天,妈妈又和乐乐一起玩小汽车,妈妈想看看他是否真的认识数了,于是妈妈和乐乐给小汽车排了长长的队,妈妈趁乐乐不注意从一端拿走了2辆,可是乐乐并没有发现汽车的减少。妈妈提示他:"你的小汽车少了吗?"乐乐看了看汽车又玩起来了。可见,2岁的乐乐正处于笼统感知集合阶段,当小汽车数量较多时,他并不能把握小汽车的精确数量。只有当小汽车的数量较少(3辆)时,他才感知到小汽车少了。

(二)3～4岁幼儿能感知到集合的界限,对集合中元素的知觉也从泛化向精确过渡

这一阶段的幼儿对集合中元素的认识不能超出集合的界限,他们一般把注意力集中在集合两端的元素上,同时所摆的元素逐步达到准确的一一对应。另外,此阶段幼儿已经开始具有简单的分类能力。幼儿能感知集合的界限与元素,也就能辨认物体(元素)并将它们归类(形成集合)。3岁以后,幼儿能进行简单分类,即按物体外部特征分类(形成集合),如按物体大小、形状、颜色分类,等等。幼儿这时可以用对应的方法来比较两组物体是一样多还是不一样多,例如比较小碗和小勺的多少,让幼儿在每个小碗里放一个小勺,最后看一看谁多谁少。这说明幼儿已经在集合的界限之内感知集合了,但还缺乏对集合元素的明确知觉。

(三)4～5岁幼儿已经能够准确地感知集合及其中的元素,并能够初步理解集合和子集的包含关系

此时幼儿已经提高了按物体的某一特征分类的能力,他们可以按物体的简单用途和数量分类。另外,在直观条件下,幼儿能够对集合(类)和子集(子类)作出比较,能初步理解它们之间的包含关系。

比如有小朋友过生日,从家带来大蛋糕与全班小朋友分享,老师把大蛋糕分成6大块(因为全班一共有6个组)。老师提问:"是切开后的6块蛋糕大,还是没切开时的那个完整的蛋糕大?"有的小朋友说切开后的大,因为切开后有6块。有的小朋友说切成6块的每一块都很小,所以切开后的6块比原来完整的小。有的小朋友不确定,就请大家把切开的6块蛋糕送回来拼在一起看看。结果大家发现,切开后的6块蛋糕还能拼成一个完整的蛋糕。即便小朋友们亲眼看到了这个过程,但还是有小朋友依然坚持切开后的6块蛋糕比原来的蛋糕要多。这说明这一年龄段的幼儿在直观上能对集合和子集做出比较,但是还不能准确地进行集合之间的计算。

(四)5～6岁幼儿对集合的理解进一步提高和扩展

他们能够按照两种特征将集合分成子集,比如可以把颜色和形状不同的一组几何图片分别从形状和颜色两个角度分类。另外,他们还能够比较好地理解集合和子集的包含关系,能够进行初步的集合运算,但是他们头脑中基本还没有形成类包含的逻辑观念,在遇到大数目的加法(即并集问题)时,多数幼儿需要借助计数的方法来进行。

四、促进幼儿集合感知发展的教育活动举例

(一)利用情境演示抽象的数学关系

学前儿童还处于直观形象思维阶段,对于抽象的数学逻辑关系往往无法理解。他们常

常会用动作表演情境的形式来演示这些数学关系,帮助自己解决数学问题。比如儿童在解答"小明有3块糖,后来妈妈又给了他2块糖,他现在一共多少糖?"这种题目时,他们往往会先数出3块糖,再数出2块糖,然后用手把这些糖拢到一起,再从头数一数一共是多少。儿童的这些动作刚好演示了这个题目所包含的数学关系,有助于儿童的理解。对集合及元素的感知对小班儿童来说充满着挑战,所以我们不妨把抽象的数学关系情境化。

案例 5-1

小班:1和许多[①]

(一)活动目标

(1)区别"1"和"许多",能感知什么是1个,什么是许多。

(2)知道同类物体可以组成许多,许多物体可以分成一个一个物体。

(二)教学准备

(1)实物教具:扑克、玩具。

(2)与幼儿人数相等的积木,盛玩具的塑料筐一个,选取的物体单位名称为"个",便于幼儿掌握。

(三)教学过程

1. 创设情境,让幼儿区别"1"和"许多"的概念

(1)教师以变魔术的形式,出示一张扑克牌,让幼儿说出"一张",继续快速地出示,启发幼儿说出"许多张"。以这种形式,重复2至3次,然后变其他玩具。

(2)请一位小朋友到前面来站队,继续一位一位地请……启发幼儿说出"是由一位一位小朋友组成的许多小朋友",请幼儿一位一位回到座位,帮助幼儿理解"许多小朋友分成了一个一个小朋友"。

2. 指导幼儿亲自参加操作活动,感知"1"和"许多"之间的关系(即许多个物体可以分成一个一个物体,一个一个物体合起来变成许多个物体)

(1)老师拿出一筐积木,让幼儿知道框里还有许多积木。

(2)把一筐积木撒在地上,说明要求:请幼儿每人迅速拿一个积木,然后会说自己拿了一个。老师问:刚才地上有许多积木,小朋友把积木一个一个拿走了,地上还有吗?幼儿答:没有了。

(3)请幼儿把自己手中的积木放回框里,老师说:小朋友一个一个把积木放回框里,你们看框里有许多个积木。老师应该强调一个一个合起来就是许多。

点评

"一张一张牌组成了许多张牌""一个一个小朋友组成了许多个小朋友""一个一个积木组成了许多积木""许多积木又变成了一个一个积木",教师引导幼儿亲历这种变化过程,这种变化过程与儿童的思维是同向的,而且最后的环节还让儿童亲

[①] 幼教网:http://www.youjiao.com/e/20090711/4b8bcc60832d9.shtml,2011-12-16日下载,稍作修改。

自操作体验这种"一个一个组成许多,许多分成一个一个"的过程,切实达到了教学目标。

案例 5-2

中班:蔬菜的家(感知集合)[①]

(一)活动目标

(1)通过游戏、操作等活动,在分类的基础上初步感知集合,了解集合与子集的包含关系。

(2)通过观察,能够按照一种或几种标准把同类物体放到一起。

(二)活动准备

场景布置:用彩带围成草莓、西瓜、苹果、葡萄、香蕉的家;音乐磁带:《我的朋友在哪里》;头饰:草莓、西瓜、苹果、葡萄、香蕉各 6 个;幼儿操作材料:衣服、花、图形及空白集合图若干、记号笔;电脑课件:小动物找家、蔬菜的家。

(三)活动过程

1. 通过游戏活动,初步感知集合

(1)请小朋友带上不同水果娃娃的头饰,老师:"今天我们都成了水果娃娃,请你告诉我你是什么水果娃娃呀?现在我们来做个游戏,请每个娃娃去找跟你相同的娃娃做朋友,找齐了好朋友,就可以找一个家坐下来。"

(2)幼儿游戏

(3)老师:"你们都找到了自己的家,可小动物们还没有找到家呢?你们愿不愿意帮帮他们呀?"

(4)出示大屏幕一(小动物找家)并提问:

① 这是什么地方?蓝蓝的天空会是哪些小动物的家?为什么蓝蓝的天空是这些小动物的家?

② 这是什么地方?绿绿的草地会是哪些小动物的家?为什么绿绿的草地是这些小动物的家?

③ 这是什么地方?青青的小河会是哪些小动物的家?为什么青青的小河是这些小动物的家?

小结:小动物们都找到了自己的家。蓝蓝的天空是会飞的小鸟的家;青青的小河是会游泳的小动物的家;绿绿的草地是会跑爱跳的小动物的家。

2. 通过操作活动,初步了解集合、子集的包含关系

(1)出示大屏幕二(蔬菜的集合),教师问幼儿:"这个家里有谁?我们给这个家取个名字吧(蔬菜的家)。对,这么多蔬菜住在一起组成了一个大家庭。"

(2)水果大家庭由哪些小家组成?是苹果娃娃多呢还是水果娃娃多?为什么?

[①] 浙江学前教育网:http://www.06abc.com/topic/20101228/55960.html,2011-12-16 日下载,稍作修改.

3. 幼儿分组操作活动

(1)教师:"这是谁?衣服和花衣服看到我们既有大的家又有小的家,很羡慕,也想请我们帮帮忙,给他们分小家,你们一边分,一边想想:我们是按照什么来分的?"

(2)每组请一名幼儿讲述结果。教师提问:"你们组是按照什么分的?是花衣服多还是衣服多?为什么?"

4. 幼儿个别操作活动

教师:"这些是谁?他们还没有自己的家,请你们赶快帮他们找到家吧。"请幼儿分组按颜色、大小、形状分成不同的子集,并介绍给其他幼儿或客人老师听。

点评

这节教学活动有多个层次,有全班一起进行的水果找朋友游戏、小动物找家游戏、集合比较问答;这节教学活动有多种形式,有游戏形式、操作形式、问答形式,全班操作、小组操作,还有个别操作;这节活动运用了多种集合的材料,有水果、蔬菜、衣服,还有其他个别操作的材料。多个层次、多种形式、多种材料,更有利于儿童对集合的感知从个别到一般。

(二)调动游戏手段,感知巩固概念

游戏是学前教育的基本活动,游戏可以调动儿童的兴趣与主体参与度。在游戏中,儿童也可以通过自身的参与更加深刻地体会抽象的数学关系。

案例 5-3

游戏1 小白兔拔萝卜

(一)目的

通过游戏认识"1"和"许多"。

(二)准备

玩具萝卜(与幼儿人数相等),篮子一个。在地上画一个大圆圈,附近再画一个小圆圈假设为小白兔的家。离小圈两米远画一横线假设为山,萝卜放在山上。

(三)玩法

幼儿扮演小兔子,找出一名衣着鲜艳的"小兔"站在小圈里,其他"小兔"站在大圈里。老师启发幼儿数数:小圈里有几只"小兔"?大圈里有多少只"小兔"?老师最后告诉幼儿:小圈里有1只"小兔",大圈里有许多只"小兔"。然后"小兔"到山上拔萝卜,每只"小兔"拔1个。由老师发信号,"小兔"从家里蹦出来,到山上拔萝卜,边蹦边念儿歌:"小白兔,乐呵呵,到山上,拔萝卜,一只小兔拔一个,放在一起是许多。"每只"小兔"到横线前拔一个萝卜。老师问:"你们手中有几个萝卜?"幼儿回答后,老师让"小兔"将萝卜一个一个放在篮子里,然后问:"一个一个的萝卜放在一起是多少萝卜?"总结,一个一个萝卜放在一起就是"许多"萝卜。幼儿边跳边念儿歌下山。

案例 5-4

游戏2 小蚂蚁运粮

玩法

老师出示塑料筐(当仓库),说:仓库里一袋粮食也没有了,怎样才能使仓库里有许多粮食?请幼儿扮演小蚂蚁,每人去运一袋粮食放进仓库。然后提问:仓库里有多少粮食?每只小蚂蚁运了多少粮食?(每只小蚂蚁运一袋粮食,仓库里就有许多粮食,一袋一袋放在一起就变成了许多粮食。)老师说:今天天气真好,小蚂蚁把粮食运到外面去晒晒太阳吧!让幼儿每人运一袋粮食,看看仓库里还有没有粮食。(每只小蚂蚁运一袋粮食,仓库里一袋粮食也没有了,许多粮食就分成了一袋一袋……)

(三)强调多种形式,加强操作体验

儿童学习数学概念的形式是多种多样的,比如游戏、参与、体验、讨论等等,但是操作对于儿童的数学学习来说是至关重要的。皮亚杰说过"动作是儿童认知发展的基石",儿童只有通过操作才能与客体进行互动,在互动过程中主动建构物理经验和逻辑数理经验。

案例 5-5

小班:印章

(一)材料

画有猫、狗、猴子的图片,三个动物下面分别画有三个空盘。
刻有鱼、肉骨头和桃子的印章。

(二)观察要点

积累一一对应比较的经验,得出动物和它们爱吃的食物一样多的认识。

(三)幼儿操作状况

幼儿拿到印章,都开始对应地找到动物们爱吃的食物,并开始敲印,他们在每个动物的盘子里敲了一个又一个印,直到教师说:"小动物只要吃一条鱼、一根肉骨头、一个桃子"的提示后,才恋恋不舍地对应着敲印一个。换了一组幼儿操作时,情况也是如此。

事后幼儿这样说:

玲玲:"我要给小猫吃许多条小鱼,小狗吃许多肉骨头,小猴吃许多桃子,这样他们才高兴啊。"

明明:"小猫吃许多条小鱼,小狗吃许多肉骨头,小猴吃许多桃子,那么他们就吃得一样多,会很高兴。"

点评

敲印章是孩子喜欢的操作活动,孩子在敲印章的动作中学会了对应,不仅学会了

> 一和许多的概念,还转向了"1"和"许多"的对应,使并列的 3 个动物都对应了许多食物,又用这样的理由满足了自己对重复敲印章的需要,达到心理的满足。由此出现了教师预设与幼儿兴趣的碰撞,此时教师显得十分急躁,虽然经过及时提示,仍然出现了一些不尽如人意的情况。此时,倾听幼儿的解释是十分必要的,从孩子的解释中会得到许多我们意想不到的启发和收获。教师千万不能按主观愿望任意干预,而应及时分析原因,调整原来的计划,变消极阻止为积极应对和引导。

教师除了提供手头操作的材料,还可以调动幼儿的听觉、触觉、运动觉等感知通道来体验、获得集合的概念。比如,老师可以把一粒豆子放入一个密封的不透明的罐子里,把许多豆子放到另一个密封的不透明的罐子里,让幼儿通过摇一摇听声响的方法来区分"1"和"许多"。

5.2 学前儿童有关分类的数学教育活动的设计与实施

类概念的学习和形成是人类的一种基本认知活动,同时也是构成许多其他认知任务的基本成分,形成类概念的过程就是抽象出不同物体的共同特征、将具有相似性的物体归为一类的加工过程。物体类概念的形成主要是根据相似性原则,按物体的表面相似性,把具有相似性的一类事物归为同一类的概念,且所有类属成员具有相似的特征或者功能。早期儿童的分类经验是儿童建立类概念的重要基础,也是儿童感知集合概念、建立类别推理能力的重要基础,是儿童基本数学技能的重要组成部分之一。幼儿在拓展、探索世界的同时,仔细观察并比较物体属性的异同,通过给材料分类并组建模式,在事物间建构数学关系。

本节主要阐述学前儿童获得分类经验的意义,学前儿童常用的分类形式,学前儿童分类经验的发展,学前儿童分类活动的教学目标以及学前儿童分类教育活动的设计与实施。

一、学前儿童获得分类经验的意义

所谓分类,是根据事物的某种特征(属性)将其集合成类的过程,就是"把相同的或具有某一共同特征(属性)的东西归并在一起"[1]。分类活动是儿童通过对物体的特征进行感知和理解,通过比较而建立集合关系的一种表现,是儿童数概念形成以及正确计数的基础。同时分类活动中所涉及的分析、比较、观察、判断等基本能力也能够对幼儿逻辑思维能力的发展产生一定的影响。[2] 此外,分类是模式和未来代数推理不可分割的部分。为了将材料分成不同的类别,幼儿必须学会去关注物体的特殊属性,在不同的材料和情况下识别出来。幼儿利用这种属性的知识去识别、创造、扩展模式。[3]

全美数学教师协会就分类提出如下要求:能够根据物体的大小、数量和其他特征(属性)对物品进行分类、分级和排序,并能够根据排序和分类,组织关于物体的数据。全美数学教

---

[1] 林嘉绥,李丹玲.学前儿童数学教育[M].北京:北京师范大学出版社,1994:101.
[2] 黄瑾.幼儿园数学教育与活动设计[M].北京:高等教育出版社,2010:170.
[3] [美]莎莉·穆莫,[美]布伦达·耶柔米.数学不仅仅是数数——基于标准的幼儿数学教学活动[M].侯宇岚,陈芳译.南京师范大学出版社,2013:137.

师协会认为分类对于数学和科学学习是非常关键的能力,协会提出的标准明确了计数与分类相联系的重要意义。分类为儿童提供了有益的逻辑思维经验。

当儿童把"一样"的东西归为一类的时候,也就形成了集合的概念,一个类别的事物有可能为零(空集),也有可能为无穷。儿童在动手将一个一个物体加以区分和归并的过程中,还会加强对集合中元素的感知。

儿童在数物体时,首先要将一类物体与其他物体区别开才能计数。而且儿童需要先学习集合以及集合的分合,然后才能过渡到正式的加减学习。比如,汽车有4个轮胎加上1个备胎,一共是5个。假如一个轮胎没气了,被取下来检修,汽车换上备用轮胎,那么5个集合中减去或拿走1个没气的轮胎。如果儿童要学会加减运算,最开始的时候应该是以集合的分、合为基础的(如图5-2所示)。

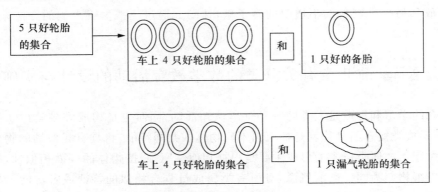

图5-2 可分离和合并的集合

由以上论述可知,分类是贯穿儿童日常生活的一种能力,也是贯穿整个科学活动过程的一种能力。分类可以帮助儿童感知集合,分类是计数的必要前提,分类是形成数概念的基础,还能促进幼儿分析、综合等思维能力的发展。因此,分类是儿童应该习得的一项关键数学概念。

二、学前儿童常用的分类形式

儿童对物体进行分类时,常常会按照如下几种标准和特征对物体进行分类。

(1) 按照物体的外部特征进行分类。即按照物体的颜色、形状进行分类,比如把绿色的东西分为一组,把红色的东西分为一组;把圆形的放在一起,把方形的放在一起。

(2) 按照物体的特征量的差异分类。即按照物体的大小、长短、粗细、厚薄、宽窄、轻重等量的差异进行分类。例如,把大的放在一起,把小的放在一起;把轻的放在一起,把重的放在一起;把长的放在一起,把短的放在一起。

(3) 按照物体的材料分类。物品是由不同材料制作的,如木头、铁、塑料、纸、布等。

(4) 按照物体的图案分类。物体上有不同的视觉图案,如条、点、花或空白。

(5) 按照物体的质地分类。即摸上去的感觉不一样,如光滑的、粗糙的、硬的、软的、湿的、干的。

(6) 按照物体的功能进行分类。一些物品可以完成一个功能或用来做同一件事情,如所有东西都是用来吃饭的,书写的或者演奏的等。

(7) 按物体的数量进行分类。如儿童把有两只脚的动物归在一起,把具有四只脚的动物归在一起。

(8) 按照物体间的联系分类。一些物品应该配套使用,比如蜡烛和火柴,牛奶和杯子,碗和勺子,或属于某一特殊人群(警服、手枪、警车)。

(9) 按照共同特征进行分类。如所有物体都有手,都有腿,都有窗户,车上都有司机等。

(10) 按包含关系分类。

- 具体概念的分类。如从不同水果的卡片中将香蕉、苹果、梨等分别归类。
- 一级类概念分类。如从一堆画有各种水果、车辆、餐具等的卡片中把车辆的卡片挑出来。
- 二级类概念分类。如按照交通工具、玩具、植物、动物等分类。

总体看来,按照物体的外部特征进行分类是最简单的层次,按照包含关系分类相对较难。但是分类过程中,儿童选择哪种标准或他们如何精确分类并不重要,重要的是他们应用的逻辑思维过程。

三、学前儿童分类经验的发展

分类是幼儿生活中常见的一种活动。儿童随着年龄的增长,其分类的能力和经验在不断地发展和提升。例如,3岁以下的幼儿常常会收集一些相似的东西进行排列,到了3岁半,多数幼儿能够根据物体的简单特征来进行分类。再大一些的学龄前儿童就逐渐能够根据几种明显特征中的一种或多种对事物进行分类。例如,有时候,大一些的幼儿能够灵活运用思维,把一组物体先按一种特征进行分类,然后再根据另一种特征进行重新分组。

在此引用王宪钿等的一项研究说明学前儿童分类经验的发展。他们的研究中所用材料为绘有单一物体的图片,图片中物体的内容分为交通工具、餐具、工具、家具、文具、动物、植物等类别,要求儿童对交叉搭配的各类物体进行分类。

1. 该实验证明了儿童分类的年龄特点和发展趋势

(1) 不能分类。把毫无关联的图片按照原顺序或按数量平均放到各个木格里,不能说明分类原因;或者任意把图片分成若干类,也说明不了原因。

(2) 依据感知特点分类。即按照颜色、大小、形状这些明显的特征进行分类,比如把红色小汽车放在一起,黄色小汽车放在一起。

(3) 依据生活情境分类。把日常生活情境中经常在一起的东西归为一类,比如书包是放在桌子上的,就把书包和桌子放在一起。

(4) 依据功用分类。如桌子和椅子都是用来学习的,碗筷是用来吃饭的,船和车是用来运人的。但是儿童说明分类原因时,只能说出物体的个别功能,而不能加以概括。

(5) 依据概念分类。如按桌、椅、纸、笔以及交通工具、玩具、家具等分类,并明确说明了自己分类的依据,如说车、船是用来载人的、运东西的交通工具。

他们的研究结果表明,不同年龄儿童分类情况有所不同。

2. 随着儿童年龄的增长,从第一类到第五类依次变化

4岁以下儿童基本上不能分类。[①]

[①] 此项研究较早,当时的研究结果发现4岁以下儿童基本不会分类。但是随着时代的发展,儿童接受的信息不断增加,儿童分类能力的发展已有所提高。《3~6岁儿童学习与发展指南》中提出3~4岁儿童应该能根据某种明显的外部特征将物体归类,如收拾积木时按照颜色、形状分别摆放。

5～6岁儿童主要依据物体的感知特点和情境联系来分类。

5～6岁儿童发生了从依靠外部特点向依靠内部隐蔽特点进行分类的显著转变。

6岁以后,儿童开始逐渐摆脱具体感知和情境性的束缚,能够依物体的功用及其内在联系进行分类。

虽然王宪钿等人的这项研究较早,当今儿童分类的发展已经超越了当年相应年龄段儿童分类的水平,但是儿童分类水平的发展规律是不变的,即从没有分类概念到依据物体外部明显特征进行分类,再转向依靠内部隐蔽特征进行分类。在下部分,我们将结合最新研究,说明各个年龄段儿童分类应该达到的参照水平。

> **案例 5-6**
>
> 安娜贝尔在2周内进行了多次钮扣分类。她先是根据颜色来分,然后又根据尺寸。最终,安娜贝尔注意到一些钮扣有相同的颜色和尺寸。她把这些钮扣组成新的小组,显示出她对属性的观察在发展并且是灵活的。钮扣可以用不同的方式来进行分类。[①]

四、学前儿童分类活动的教学目标[②]

从分类活动所涉及的思维要求来看,有关分类的具体目标和内容可以分为三个方面:一是"学习按照物体的一维特征进行分类",即根据物体的某一种特征(属性)进行区分与归类。具体到教学活动中,需要从明显特征到不明显特征、从外部特征到抽象特征、从非本质特征到本质特征、从形的特征到数量特征、从一般特征到关系类特征的不同要求逐步提升;二是"学习按层级分类",即幼儿对事物的多种不同特征按照逻辑思考有序、分层地进行逐级分类,如儿童先按照颜色对物体进行分类,然后再按照大小进行分类;三是"学习按照二维(或以上)特征进行分类",即儿童能够在头脑中同时考虑事物的两个(或以上)特征的分类。比如,穿着红衣服的小姑娘为一组,那么所有穿红衣服的小姑娘就会走到一起,在这个过程中,儿童头脑中就同时处理了事物的两个特征:颜色和性别。

根据学前儿童分类经验的发展特点和年龄趋势,我们分别阐述各个年龄段学前儿童分类活动的教学目标。

(1)小班。能根据某种明显的外部特征将物体归类,如收拾积木时按颜色、形状分别摆放。

(2)中班。能根据某种或某几种特征将物体归类,比如既能够按照颜色归类,又能够按照大小或长度归类。而且儿童还要用语言表达"为什么要把它们放在一起"。

(3)大班。能根据较为本质的特征对常见事物进行归类,并用表示概念的词来表示,如交通工具、水果、鸟等;初步理解类(集合)与子类(子集)的关系,如汽车卡片里有红色小汽车和蓝色小汽车,红色小汽车和蓝色小汽车合起来都叫汽车。知道汽车多,红色小汽车(蓝色小汽车)少。

---

① [美]莎莉·穆莫,[美]布伦达·耶柔米.数学不仅仅是数数——基于标准的幼儿数学教学活动[M].侯宇岚,陈芳译.南京师范大学出版社,2013:135.

② 参照教育部.3～6岁儿童学习与发展指南[Z].2012(9).

教学目标只是从儿童不同年龄班可以获得经验的角度提出的一个参照而已,在实际教学活动中,教师应该时刻关注本班幼儿的实际发展情况,确定契合本班幼儿的教学目标。而且不同儿童之间是有差异的,不能用一般的教学目标去要求每个幼儿,如一些发展较弱的儿童,到了大班未必能达到上述列出的教学目标,教师可适当放低要求,给孩子一个"脚手架"。

五、分类教育活动的设计与实施

分类活动的设计与实施和幼儿生活的环境以及日常生活有着紧密的联系。对幼儿的分类教学活动来说,无论是正式的集体教学活动还是非正式的游戏活动和生活活动等,分类活动的内容和材料均需考虑幼儿的生活。以此引导幼儿通过对社会生活和自然环境中的事物的观察来建构对世界的认识,从而在潜移默化中让幼儿习惯或喜欢以数学的方式来思考和认识周围的世界,喜欢以数学的方式来解决生活世界中的问题。在各种分类活动中,让幼儿有机会动手操作不同形式的分类和表述其分类的结果是非常重要的。在动手操作的分类活动中,要秉承"儿童在先,教师在后"的理念,提倡以幼儿自身参与的体验和操作活动为先,尽可能避免教师先示范、幼儿后模仿的教学模式。即使是在之后的教师的归纳和提升活动中,也要以教师创设情境、鼓励幼儿交流分类的结果和体验为主,让幼儿在分享交流自身的分类经验过程中,能对自身和他人分类的标准有一个逐步明晰的深刻的理解。

(一)非正式分类教育活动

除了正规的教育活动外,在儿童平时的生活中有很多随意的教育契机可以促使儿童获得分类的经验。比如收拾玩具的时候,引导幼儿按照玩具的种类进行整理,积木类的玩具放在一起,拼图类的玩具放在一起,等等;平时还要提供各种机会让小年龄的儿童探究颜色,提供各种颜色的物品让儿童辨认颜色,为按照颜色分类奠定基础;儿童在玩角色游戏的时候,提供给他们成人的衣服、成人的鞋子、成人所用的东西、宝宝的衣服、宝宝所用的东西、书房里的物品、医院的物品,等等,让他们在潜移默化中慢慢感知"通过物品之间的联系分类"。

成人还应以非正式方式引导儿童掌握分类词汇,成人可以描述儿童的作品,比如"你把猪放在了这边的围栏里,你把牛放在了那边围栏里""你能把野生动物放在这里,家禽放在那里吗?"儿童经常接受成人这样的分类语言,慢慢地,他们也可以命名和说明他们如何分类以及为什么有如此分类。

下面列举一个"非正式"的儿童分类活动。

> **案例 5-7**
>
> 蝴蝶结(中班)[①]
>
> (一)材料
> 一组具有颜色、大小、花边等差异的蝴蝶结,可一分为二的分类盛器。
> (二)观察要点
> 捕捉幼儿在分类活动中的矛盾点,引发认知冲突。

[①] 徐苗郎.我的幼儿园数学活动模式[M].上海社会科学院出版社,2004:63.

（三）幼儿操作状况

幼儿在操作汽车分家、动物分家、蝴蝶结分家时已出现了两种分类方法：一是按颜色和大小分，二是按颜色和长短分。他们在交流这些分类方法后，约定今天再想出第三种分类方法。

琴琴和芳芳在一起分蝴蝶结。她们一会儿都说找到了第三种办法。

琴琴边分边表演："我给蝴蝶结分成红家和绿家、大家和小家"，接着又把两种蝴蝶结调换了一下位置："第三种办法是小家和大家。"

芳芳见了马上说："第三种办法前面已经分过了，不算不算。"可是，琴琴还是坚持两种位置调换是不一样的分法。

芳芳也边分边表演："红家绿家，大家小家，还有第三种分法是有金边和没有金边。"

芳芳说："我才是对的，你的不算。"琴琴说："你也对，我也对，大家都对。"两人争执不下，就请老师作裁判。

点评

从两种分法上可以看出两个幼儿虽然都有求异的愿望，但由于发展水平不同，表现也有差异，琴琴认为把两组位置调换就是不一样，芳芳却坚持要找出蝴蝶结上的另一个不同点。教师不应该肯定对错，可以将两种方法介绍给大家，肯定芳芳找出蝴蝶结绸带边的不同的分法，同时也可以指出琴琴的分法和芳芳不一样，也是动了脑筋，换个位置变出另一种办法来。介绍给其他幼儿，供幼儿自由选择，这样就顺应了幼儿的发展，没有急于把处于不同水平的幼儿强行统一到相同的答案上来。随着年龄增长，成熟和经验都会使他们在多重分类学习时，从寻找不同特征中进行不同的分类。

（二）正式活动

正式活动为教师组织的，以促进儿童获得分类经验的集体活动。正式活动中，教师可以帮助儿童梳理、提升有关分类的经验。设计正式活动时，可以注意以下几点。

1. 充分与幼儿交流、讨论物品的属性

儿童若想正确对物品分类，必须要认识、了解这些物品，知道这些物品有哪些特点，有哪些属性，才能够找到分类的维度。在进行正式活动时，教师要注意，当幼儿对某些物品属性的认识不够充分时，首先需要跟幼儿一起讨论物品的属性与特征。

案例 5-8

按照联系进行分类[①]

（一）目标

根据事物的联系将物品分类。

[①] 引自：罗莎琳德·查尔斯沃斯.3～8岁儿童的数学经验[M].第5版.人民教育出版社，2007：97.

（二）材料

成套的图片，每一套有一个主题，如以下几个方面：

1. 不同职业的人物以及该职业需要的物品

专业人员	该职业需要的物品
邮递员	邮件、邮筒、邮票、帽子、邮包、邮车
飞行员	飞机、飞行帽、飞行员徽章
医生	听诊器、体温计、绷带
清洁工人	垃圾箱、垃圾运输车
警察	手铐、手枪、帽子、徽章、警车
消防员	帽子、水龙带、消防车、消火栓、着火的房子
售货员	各种食品、袋子、购物推车

从三套物品的分类开始，逐渐增加数量。

2. 需要配套使用的物品

物品	与之配套的东西
平底玻璃杯	盒装牛奶、灌装果汁、苏打水
茶杯与茶托	咖啡壶、茶壶、烧水壶
火柴	蜡烛、烟火
纸	铅笔、蜡笔、钢笔
钱	钱包、银行
桌子	椅子

3. 相关的物品，如动物和它们的幼崽

（三）活动过程

(1)一次出示一张人物或物品的图片(例如工人)作为提示线索，问："这是谁(什么)?"当儿童正确回答后，一次出示一张配套图片，问："这个应该和谁(什么)在一起?"

(2)给每个儿童一张提示性图片。依次呈现每张配套图片，问："这是谁(什么)? 这个应该和谁(什么)在一起?"

(3)给儿童一叠图片，说："把它们分一分，找出所有工人和他们要用的物品。"或者"这是一只玻璃杯、一只茶杯和茶托以及一些钱。看看这些图片，找到哪些东西是和它们一起用的?"

点评

按照物体间的联系分类相对于按照物体外部明显特征进行分类来说，对儿童的挑战更大，因为儿童要认识到各个事物之间的关联。如果要求儿童能够正确地按照物体间的联系分类，儿童必须具有与此相关的生活经验，比如儿童应该知道消防员都有哪些装备，医生拥有哪些东西，火柴可以点蜡烛和放烟火，等等。在设计此类活动时，教师应该了解本班儿童的前期经验，选择合适的归类材料。

> **案例 5-9**
>
> ### 按照类别名称进行分类[①]
>
> **(一)目标**
>
> 讨论哪些物品可以归为一类并确定该类别的名称。
>
> **(二)材料**
>
> 可以根据类别名称归为一类的物品,如
>
>   动物:一些动物玩具或图片
>
>   车辆:玩具汽车、卡车、摩托车或图片
>
>   服装:鞋子、衬衫、腰带或图片
>
>   书写工具:钢笔、铅笔、荧光笔、蜡笔、粉笔或图片
>
> **(三)活动过程**
>
> 1)一次讨论一件物品,一共讨论三件。针对每件物品提出以下问题。
>
> ①你能给我讲一讲这是什么吗?
>
> ②五个具体问题:
>
>   A. 这叫什么
>
>   B. 它是什么颜色的?
>
>   C. 你用它来做什么? 或它能用来做什么? 或谁用它?
>
>   D. 它是什么东西做成的?
>
>   E. 你从哪里找到它?
>
> ③呈现讨论过的三件物品,讨论:像这样的物品都是什么? 这些都是动物(或车辆、服装、书写工具)。
>
> 2)将已经讨论过的两组或多组物品放在一起,让儿童将它们进行重新分类,讨论每一组的类别名称。
>
> **点评**
>
> 这个活动是要求儿童能够按照事物的包含关系进行分类,即按照二级类概念进行分类。这类活动要求儿童对某些物体的功用、特征、归属都有一定认识,同时这种分类活动又反过来促进儿童对事物本质和概念类属的认识。

以上这两则案例都是教师以问题来引导幼儿对物品特点、属性的关注,教师会通过一系列的问题,如这是什么(这叫什么)、它是什么颜色的、它能用来做什么、它是什么东西做成的、它经常跟哪些东西在一起等,引导幼儿一步一步对物品进行概念层面的认识。这种丰富、深刻的认识使得幼儿从概念层面对物品进行分类成为现实,而不单单是从物品的外部显现特征进行分类。

2. 提供多种形式和材料的操作

操作是儿童学习的最有效方式,儿童就是在"做"和"摆弄"中学习的。对于分类概念的

[①] 引自:罗莎琳德·查尔斯沃斯.3~8岁儿童的数学经验[M].第5版.人民教育出版社,2007:99.

获得,也要提供给幼儿足够的、大量的、丰富的、多层次的操作材料,儿童通过动手按照自己的维度把不同材料放在不同盛器中,他们或许可以享受自己动手操作的愉悦,加深对物品类别的认识,或许在动手放材料时产生认知冲突,从而获得更高层次的分类概念。

> **案例 5-10**
>
> **分家家(中班)**①
>
> (一)活动目标
>
> 1. 通过活动鼓励幼儿寻找物体的不同特征,多次尝试按物体的一个特征的肯定与否定标准分类,进一步理解上述分类方法的意思。
>
> 2. 提高幼儿观察、比较、分析、综合的能力,促进幼儿初步逻辑思维的发展。
>
> (二)活动准备
>
> 1. 分类物品:3 种颜色、4 种动物的塑料片(如:有红、黄、白的兔、猫、鹅、鱼的塑料片为一组);3 种形状、4 种颜色的图形片(如:有三角形、圆形、正方形的红、黄、蓝、绿四色图形片为一组),以上材料组数为幼儿参加活动的人数。
>
> 2. 分类盛器:可抽动隔板分割成小格的盛器一个(可隔成四格、三格、二格)。
>
> 3. 地上画有可站立 8～10 人的圈两个。
>
> (三)活动过程
>
> 1. 观察分类材料,寻找特征自由分类
>
> (1)观察幼儿操作,可能出现:
>
> 按幼儿的分类材料:甲种,可能出现按物体的名称分(4 家),按动物片颜色分(3 家);乙种,可能出现按图形片名称分(3 家),按图形片颜色分(4 家)。
>
> (2)交流。我是怎么分的,分了几家,各家的名称是什么?
>
> (3)小结。小朋友真能干,分家的办法想得都不一样,同样分动物,有分成 4 家的,有分成 3 家的,分图形片也是用不同方法分成 3 家和 4 家。
>
> 2. 提出分家要求
>
> 分动物片或是图形片,都要试一试分成两家,看一看有没有不同的分法。
>
> (1)观察幼儿操作。甲种材料可能出现:A 按名称分,是 XX 家,不是 XX 家;B 按颜色分,是红色家,不是红色家。
>
> 乙种材料可能出现:A 按形状分,是 XX 图形的家,不是 XX 图形的家;B 按颜色分,是 X 颜色图形的家,不是 X 颜色图形的家。
>
> (2)交流第一次尝试的结果,提出问题:
>
> 甲种材料:同样是分动物片片,按颜色分怎么会分出"是红片片家,不是红片片家""是蓝片片家,不是蓝片片家"两种不同的名字呢?
>
> 同样是分图形片,按形状分怎么会分出"是三角形家,不是三角形家""是圆形家,不是圆形家"两种不同的名称呢?
>
> (3)第二次再尝试变一变,用不同方法分,取不同的名字。

---

① 徐苗郎.我的幼儿园数学活动模式[M].上海社会科学院出版社,2004:63.

> (4) 依据幼儿提供的情况,再一次交流,以后再作第三次尝试……
>
> 3. 玩小朋友分家家的游戏
>
> (1) 请一组幼儿,教师参与商议以后,分在两个圈中站立,让全体幼儿看,猜猜他们分家家所取的名字是什么。如女孩子家,不是男孩子家;或穿系带鞋子小朋友的家,不穿系带鞋子小朋友的家。
>
> (2) 调换一组幼儿,自己商议后,分站两个圈中,教师和幼儿一同猜猜他们分家家后取的名字。
>
> **点评**
>
> 教师有序提供一系列操作学具,由幼儿自由选择,在幼儿自主地进行操作时,教师就观察了解幼儿操作分类的过程,适时地作一些间接指导,或鼓励幼儿尝试多种操作材料,或就一种材料进行多种分类方法的探索,让每个幼儿都能在自身不同发展水平的基础上,积累新的分类经验。从上则案例可以看出,活动过程中,教师给了幼儿多次尝试操作的机会。

这则案例还有另外两个特点:

(1) 活动过程中教师很注重幼儿分类操作之后的交流,这一点值得肯定。因为用语言表达自己的分类结果和分类原因是分类教学中的重要环节,儿童用语言把分类的过程和结果表述出来是幼儿思维抽象和内化达到一定水平的标志。因此,在教学活动设计中,教师要注重儿童操作之后的交流。

(2) 这则活动是"以物体的一个特征的肯定与否定的标准分类"方法的学习。这种分法是:在提供的一组物体中,先寻找物体的某一特征,把它们分成两组,对一组按特征作肯定取名,而对另一组按统一特征做否定取名,一般用"是……不是……"表述,如"是三角形,不是三角形""是苹果,不是苹果"。幼儿在操作该种分类方法时与以前积累的分类经验是不同的。这种分类方法在促进儿童思维灵活性和养成幼儿从多角度看待问题的思维习惯上都起着积极的作用。

5.3 学前儿童集合比较教育活动的设计与实施

本节主要阐述学前儿童获得集合比较经验的意义、学前儿童集合比较能力的发展、学前儿童集合比较活动的教学目标以及学前儿童集合比较教育活动的设计与实施。

一、学前儿童获得集合比较经验的意义

一方面,对两个集合的物体进行数量上的比较,可以帮助儿童感知集合和集合中的元素,感知集合物体的数量,还可以帮助儿童获得数的感性经验。另一方面,儿童在集合比较中会运用一一对应的方法或者数数的方法来进行比较,对应和数数都是儿童应该获得的关键经验,所以集合比较的过程会不断促进儿童这方面的发展,为计数活动和加减运算经验的获得奠定良好基础。

二、学前儿童集合比较能力的发展

"通常情况下,儿童有三种方法可用来进行集合比较:视觉提示、一一对应、数数"[1],还有一种方法是目测,但仅可用来比较较小的集合数量大小,所以在此不加详细论述。一般来说,视觉提示、一一对应、数数比较这三种策略是从低级到高级的发展序列。

1. 视觉提示

视觉提示指儿童用长度、面积或排列的密集程度来比较两个集合的大小,比如我们把 5 个红色钮扣较稀疏地排列成一排,把 6 个黑色钮扣较为密集地排列成一排,利用视觉提示来比较集合的幼儿,会觉得 5 个红色的钮扣看起来长一些,所以判断红色的钮扣比黑色的钮扣多。皮亚杰的守恒实验已经证明,儿童利用视觉提示进行集合比较的方法并不可靠。

2. 一一对应

一一对应的方法比视觉提示的方法更加可靠一些,比如有 5 个碗和 6 个勺子,儿童可以利用"找朋友"的方法,即一个碗对应一个勺子,最后发现剩下一个勺子,从而判断勺子多出来了。这种方法显然是儿童已经有了集合和集合元素的概念。但是有研究表明,儿童只能对已安放好的两排一一对应的物体进行多少的比较,而不会主动地以一排物体作依据,把另一排物体与之一一对应,挪动物体或者在两排物体图片之间连线的方法可以帮助儿童更好地一一对应,但是这些策略儿童一般不会自发使用。

3. 数数比较

运用数数进行集合比较对儿童来说要求较高,充满着挑战。它涉及以下四个方面的技能以及这些技能之间的协调。

(1)儿童必须可以熟练地数数,他们能用准确的顺序说出数词,并知道每一个集合中有多少物体。

(2)儿童必须理解,为了找出两个集合的大小,先要知道每一个集合中物体的数量。

(3)儿童在数完第二个集合时,一定要记住第一个集合的数量,儿童在比较这两个集合之前,始终要在短时记忆中记住这两个集合的总数。

(4)儿童需要知道这两个集合中哪个数更大一些:①具有同样总数的两个集合数量一样多,具有不同总数的集合数量不同;②数词在数词系列中的位置与数量的大小有关,在数词系列中的位置越往后,其数词的数量越大。如果儿童缺少了以上任何一种技能,儿童都不能完成运用数数策略进行集合比较的任务。

儿童对不同数量集合的比较能力是不同的,有研究人员通过实验法,对不同年龄组儿童对不同数量集合的比较能力进行了考察,结果如下。

(1)幼儿对两个不同数量集合进行大小判断时,总体上两个集合数目之间差异(数距)越大,判断的正确性(得分)越高。如果儿童面对两个比较任务,一个任务是比较 8 个苹果和 3 个梨子,一个任务是比较 8 个苹果和 7 个梨子,儿童完成第一个任务的准确性要高,所用时间要短。

---

[1] 周欣.儿童数概念的早期发展[M].上海:华东师范大学出版社,2004:95.

(2)幼儿对两个不同数量集合进行大小判断时,数目都在5以内的两个集合大小判断的准确性(得分)明显高于数目在6个以上的两个集合大小的判断。如果儿童面对两个任务,一个任务是比较3根铅笔和2块橡皮的多少,另一个任务是比较8根铅笔和7块橡皮的多少,儿童完成第一个任务的准确性要高,用时要短。一方面,这可能是因为儿童对数的认识都是从1开始慢慢递增的,不管是唱数、点数还是知道集合的总数,儿童都是从接触小集合开始的,所以儿童对小数量的数序比较熟悉,知道数字排在前面的数量小。另一方面,小集合数量比较时,儿童更容易借助视觉提示的帮助。

三、学前儿童集合比较的教学目标[①]

在《指南》中关于学前儿童集合比较的学习与发展目标主要涉及小班和中班儿童。

(1)小班幼儿。应该知道集合的数量可以用多、少或者相等来表示。会把配对的物体进行匹配,比如一只碗匹配一个勺子,一个刷牙杯匹配一只牙刷等。能通过一一对应的方法比较两组物体的数量的多少。

(2)中班幼儿。能通过数数等多种方式比较两组物体的数量。

如前所述,教学目标只是从儿童不同年龄班可以获得经验的角度提出的一个参照而已,在实际教学活动中,教师应该时刻关注本班幼儿的实际发展情况,确定契合本班幼儿的教学目标。

四、集合比较教育活动的设计与实施

(一)非正式活动

儿童在日常生活中的许多活动都涉及比较,比如家里来了客人,妈妈给客人小朋友2块糖,自己家的小朋友很可能也要同样多数量的糖;家里来了客人,妈妈让孩子数一数一共有几位客人,就拿几双筷子;还有的时候,儿童会告状:"老师,妞妞的娃娃比我的多!"这时候老师可以带着小朋友一起来数一数,或者用一一对应的方法来比较比较。作为成人要利用这些生活中的教育契机,促进儿童集合比较能力的发展。

如果数量差异较小,儿童必须使用一一对应的技能,由于儿童的发展水平不同,他们可能每次都要进行物理上的匹配,或者可能通过计数进行比较。比如,晶晶对老师说:"老师,丫丫的娃娃比我多。"老师说:"我来检查一下。"晶晶说:"我早检查过了,她有4个,我才3个。"可是老师发现每个孩子都有4个娃娃。"你再好好检查一下",老师说,"晶晶,你看,我们把你的娃娃一个一个放在丫丫的娃娃旁边。"晶晶将它们一一对应匹配好,说:"我弄错了,我们两个的一样多。"

以上这些例子或者情境都是发生在日常生活中的非正式活动,为激发儿童的非正式学习,教师必须提供儿童可以用来自己学习比较的材料。教师必须通过运用比较词汇,对儿童在游戏和其他活动中遇到的比较问题给予必要的帮助,随时准备介入并支持儿童的发现。

[①] 参照教育部.3~6岁儿童学习与发展指南;李娟.提高教师观察了解儿童数学学习水平的研究[D].华东师范大学博士学位论文,2011.

(二)正式活动

日常教育实践中,教师还会设计很多结构化的教学活动,帮助儿童提升经验。那么在设计集合比较方面的教学活动时,应该注意以下几点。

1. 提供丰富的材料让孩子摆弄

集合比较要求儿童对数量之间的抽象关系有深刻的认知,这对儿童来说是很抽象、很难理解的。如果提供给儿童一些可数的操作材料,便可帮助儿童理解集合的量,通过一一对应比较出不同物体的量。

案例 5-11

利用实物图片比较集合的数量[①]

(一)目标

(1)引导儿童比较数量不同的物品。

(2)引导儿童学习使用多、少、一样多等词汇。

(二)材料

任何可用于匹配、计数和分类的材料。

(三)活动过程

(1)在磁力板上贴上不同图形。如呈现两组图形,"圆形的个数和正方形的个数一样多吗?(或红色圆形与蓝色圆形,小兔子与小鸡)哪一组多?多少个正方形?"儿童可以指着物品,说出数词和比较词,移动物品等,这表明他们能够理解概念。

(2)准备午饭或加餐用的杯子、汤匙、餐巾纸或食品。"我们来看看,是不是每个人都有……"给儿童时间,等待他们核对数量。如果儿童存在困难,可以建议他们进行计数或匹配。

(3)创设数量不同的物群之间匹配的问题情境:汽车与车库、消防员与消防车、茶杯与茶托、爸爸与儿子、帽子与脑袋、大猫与小猫、动物与笼子,让儿童用匹配来比较物体的数量。

点评

上述活动,允许儿童运用匹配和数数两种方式进行比较,即不能运用数数进行集合比较的儿童可以通过移动物体,或者把配对的事物进行一一匹配之后再来比较物体的多少。上述活动给我们的另一个启示是,集合比较的活动可以利用一日教育环节中非常简单的材料,比如午餐用的杯子、汤匙等物品,这些东西是随处可取,为儿童所熟悉的。

[①] 引自罗莎琳德·查尔斯沃斯. 3～8岁儿童的数学经验[M]. 第5版. 人民教育出版社,2007:111.

2. 根据"孩子的大纲",制订适宜的集合比较活动

儿童在集合比较时用到的策略水平从低到高分别为视觉提示、一一对应和数数比较。而且,比较实物相对于比较符号要简单一些。因此,教师们在日常教育活动中,可以根据儿童的发展情况,提供不同难易程度的材料让儿童进行比较。下面就与大家分享南京一所幼儿园教师们的做法。

> **案例 5-12**
> **根据孩子的不同水平提供不同难度的集合比较任务**[①]
>
> 在"比 6 少的点子"这节活动中,教师为发展水平最低的那组幼儿制订的目标是"通过摆弄实物,能够根据视觉提示摆出比 6 少的点子",提供的材料如图 5-3 所示,第一排 6 个雪花片教师课前已经粘贴在操作版上,幼儿可以通过摆弄雪花片按照一一对应的方法,利用视觉提示,摆出比 6 少的雪花片。
>
>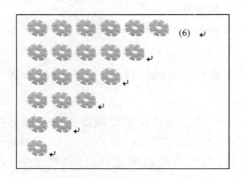
>
> 图 5-3 发展水平最低幼儿的操作材料
>
> 教师可以为发展水平中等的那组幼儿制订目标:"把实物换成点子,但照样可以根据视觉提示画出比 6 少的点子。"提供的材料如果 5-4 所示。教师把实物雪花片换成了让幼儿印点子,第一排 6 个点子同样也是活动前教师事先画好,幼儿同样可以运用一一对应,视觉提示的线索来完成这个任务。
>
> 教师可以为发展水平最高的那组幼儿制订目标为"没有视觉提示,甚至给幼儿视觉干扰,让其摆出比 6 少的物体",提供的材料如图 5-5 所示。第一排的 6 个小星星也是教师活动前事先贴在操作版上,然后给幼儿提供比小星星要大很多的雪花片,让其摆出比 6 个小星星少的雪花片。因为从视觉上来看,5 个雪花片比 6 个小星星还要"长",这种视觉上的干扰因素增加了操作任务的难度,"因为皮亚杰发现,年幼的儿童始终喜欢根据他们得到的视觉性提示,如一排物体的排列长度或密集程度,而不是数量或一一对应的方法来判断多少"。[②]

[①] 李娟.提高教师观察了解儿童数学学习与发展水平的研究[D].华东师范大学博士学位论文,2011:147.
[②] 周欣.儿童数概念的早期发展[M].上海:华东师范大学出版社,2004:93.

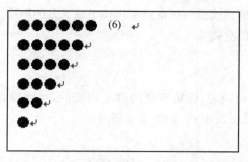
图 5-4 发展水平中等幼儿的操作材料

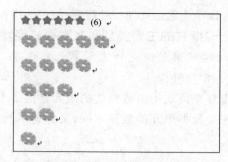
图 5-5 发展水平最高幼儿的操作材料

点评

从儿童实际发展水平出发设计教学活动和选择材料是对教师教育教学的基本要求。上述活动设计正是在这样一种理念下,从儿童集合比较的发展规律出发,教师自发制作了不同难度的操作材料。

5.4 学前儿童有关模式的数学教育活动的设计与实施

本节主要阐述学前儿童获得模式经验的意义,学前儿童模式经验的发展,学前儿童模式教育活动的设计与实施。

一、学前儿童获得模式经验的意义

数学是模式的科学和语言。模式反映的是客观事物和现象之间本质、稳定、反复出现的关系,具有重复性和可预测性。模式不仅是数学的基本主题,也反映了数学的实质是对于客观世界的形式、结构和关系的抽象化模式的研究。

作为儿童早期基本数学能力之一,模式认知能力与其他数学内容相互联系,渗透在分析数量关系、解决问题、建模、判断、证明、预测等各种活动中,是儿童进入数学世界的重要中介。第一,模式与儿童的代数思维和逻辑推理能力紧密相连,为儿童日后进行更抽象的数学学习奠定基础。第二,模式的学习有助于帮助儿童去发现、理解数学自身独特的结构以及数学中代数、几何、测量等各大主题之间的联系,使儿童获得有效的数学图式。第三,模式的学习与儿童日后的学习关系密切,日常生活中的艺术、建筑、舞蹈、音乐等方面都存在大量的模式方面的因素,如一个人学习舞蹈时,如果不能及时发现其中的模式,学习起来则会存在困难,所以模式经验的获得对儿童一生的学习都会有重大意义。探索模式能帮助幼儿从不同的关系来审视物体,从而帮助幼儿理解数学结构。

二、学前儿童模式经验的发展

儿童模式的发展必须建立在儿童对排序的基本理解的基础之上。它包括创造和发现对象在视觉、听觉和运动上的规律。而排序是一种较高层次的分类活动。排序涉及比较两种或两种以上的对象或对象组,同时也涉及把对象按照一定的顺序(从第一到最后)排列起来。当儿童还处于感知运动阶段时,就开始发展排序的概念了,如儿童能够把物体按照从大到小的顺序排列。排序还包括发现一种持续、均匀地增加的模式或遵循既定的规律出现重复的顺序。

(一)模式的主要类型与儿童模式经验的发展

1. 按照模式组成的基本单元来划分

(1)重复性模式

重复性模式指组成模式的单元是由 n 个相同的、保持不变的单元构成的,如红绿,红绿,红绿……根据单元的数量不同,又分为不同难度的模式,如图5-6所示:

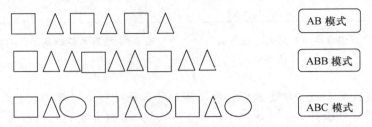

图 5-6 不同单元数量的模式举例

这里只是用图的形式列举了三种不同单元数量的模式,其实还有很多,比如 AAB 模式,AABB 模式等。一般来说,单元数量越多,对于儿童的挑战越大。

(2)发展性模式

发展性模式指由按照同一规律发展变化的单元构成,如图5-7所示。

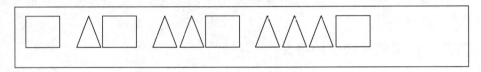

图 5-7 发展性模式举例

上图是按照三角形不断加1的规律形成的模式。还有其他形式的发展性模式,比如 AB,AABB,AAA,BBB 模式;AB,AAB,AAAB 模式。

发展性模式需要感知"看不见"的规律的重复,这与重复性模式相比,对儿童的挑战更大。一般来说,儿童先获得重复性模式的经验,再发展发展性模式的经验。

2. 按照组成模式的载体不同来划分

(1)实物模式

实物模式是指以实物、动作或声音等实体的形式呈现的模式,如一个红色小熊一个蓝色小熊,一个红色小熊一个蓝色小熊,再一个红色小熊一个蓝色小熊;或者跳舞时前进2步后退1步,前进2步后退1步,再前进2步后退1步;又或者拍手、拍肩、跳,拍手、拍肩、跳,再拍手、拍肩、跳。

(2)符号模式

符号模式是通过字母、数字、文字等抽象的符号系统来表达的模式,如"0123,0123,0123""1,2,3,5,8,13(前两项相加等于第三项这一规则的重复执行形成的单元构成)"。

从组成模式的载体来看,实物或者图片对儿童来说是最容易的,动作、声音等稍有难度,而符号形式的模式对儿童来说则更有难度。

(二)从模式能力的结构看儿童模式经验的发展[①]

模式能力主要包括模式的识别、复制、扩展、创造、比较、转换等。其中模式的识别能力是基础,其他方面都是在模式识别能力的基础上发展起来的模式运用能力。

模式识别能力是指获得模式结构的能力,即辨认出模式单元有哪些组成元素,模式各单元之间的关系是怎么样的。比如:

老师拿一条颜色有规律排列的串珠项链问小朋友:"漂亮吗?"
小朋友:"漂亮!"
老师:"哪里漂亮啊?"
小朋友:"颜色很漂亮。"
老师:"颜色怎么漂亮了?"
小朋友:"一个红的,一个绿的,一个红的,一个绿的……"

模式复制能力指按照原有物体模式,制造出具有相同结构的模式。比如,老师拿着这条颜色有规律排列的串珠项链,让儿童比照着,操作出相同结构的串珠来。

模式扩展指在模式识别基础上对模式发展的预测能力,儿童需要分析模式的整体结构及其中的规律性联系,从而对模式在任何时间、空间中的发展、变化进行预测。比如教师拿着这一条颜色有规律排列的串珠项链,让儿童继续按照原来的规律串下去。

模式创造能力指一种对模式结构的新的学习和反应能力,它要求儿童对所要创造的模式结构有清晰的预想,能够自己创造出一种模式结构或序列。比如,教师拿着这条颜色有规律排列的串珠项链,让儿童再串出一种"不一样"的项链来。

模式比较,关键在于分析模式结构的异同,促使儿童透过表面现象,把握决定模式结构的本质要素。如,通过对于动作模式"坐,站,坐,站"与数字模式"1,2,1,2"的比较分析,儿童会发现尽管它们在表现形式上不同,但它们有相同的结构,是相同模式在不同情境中的不同表现形式,都可以概括成"A,B,A,B"。获得这一认识是儿童代数学习的先导。

在模式比较能力基础上,儿童便可发展模式转换的能力。用不同的材料或符号再造某一模式,也就是用不同的表现形式表征同一模式,这就是模式转换。能够进行模式转换,就意味着儿童对模式的本质和内涵有了准确的理解。比如儿童用"跳,蹲,跳,蹲"的动作表征串珠中"红,绿,红,绿"的颜色模式。

从以上陈述可知,儿童模式识别、复制、扩展、创造、比较、转换的能力是层层递进的,儿童模式经验的获得也是从模式的识别逐步发展为模式的转换。对于3~4岁儿童来说,应该能够识别并发现规律;对于4~5岁儿童来说,应该发现事物简单的规律并加以运用,如发现围墙是按两横一竖、两横一竖的模式排列以后,能正确地接续;5~6岁儿童应该能在发现排列规律的基础上进行创造,如学习律动之后自己编出一个新的动作程序。

三、学前儿童模式教育活动的设计与实施

尽管模式不能直接教给幼儿,但教师可以通过活动来促进幼儿模式概念的建立,让幼儿接触模式,给他们提供辨识、扩展、创造模式的材料和机会,一旦他们理解形成模式的事物间的潜在关系,他们就开始学习模式了。例如,幼儿可以从教师设计好的模式材料中学习辨识

[①] 参阅史亚娟.论模式能力及其对儿童数学认知能力发展的影响[J].学前教育研究,2003(Z1):13-14.

模式,模式可以在集体活动、小组活动、观察活动或其他生活活动中介绍给幼儿。一旦幼儿意识到周围充满着模式,他们就开始创造模式了。

(一)非正式活动

生活中到处充满了模式,教师应该注意这些模式的元素。教师的责任在于让幼儿注意到模式,激发幼儿讨论,引导他们开始自己发现模式。教师可以帮助幼儿发现自然存在于室内外环境中的模式。比如排队时,教师要求按照一个男孩、一个女孩、一个男孩、一个女孩的形式排队;午饭后散步时,看到房檐上有规律的图案排列也可以与幼儿交流;教室里墙面布置中也有模式的元素,教师也可以与幼儿一起识别、交流模式;大班的儿童每天观察自己种植的大蒜,教师可以鼓励儿童把每天的蒜苗画下来,儿童每一张画上的蒜苗都会比前面一张长一点,这也是发展性模式的学习;教师也应该引导儿童注意每天作息时间安排的重复性模式、美工角装饰活动中的模式规律、积木建构区中的模式规律。

(二)正式活动

1. 根据幼儿模式发展规律递进性教学

如前文所述,儿童模式概念的获得经过了模式识别、模式复制、模式扩展、模式创造、模式比较和模式转换的过程,教师设计教学活动时要参照这一发展规律,教学环节层层递进。

案例 5-13

体现模式发展渐进要求的活动——水果宝宝上火车[①]

(一)活动目标

(1)通过接着排、用不同材料照着模式排、创造模式排等多种方式,积累按物体一个特征有规律地排列形成序列的经验。

(2)体验活动的乐趣,发展比较分析、综合及创造的能力。

(二)活动准备

1. 排序练习操作材料——自制泡沫小火车地板若干(图 5-8)

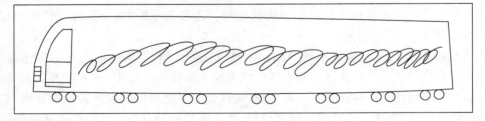

图 5-8　自制泡沫小火车

2. 塑料水果片若干(如苹果、梨子、香蕉、橘子、柿子、桃等)

3. 一列如图 5-9 所示的图形上火车的排序教具

[①] 引自徐苗郎.我的幼儿园数学活动模式[M].上海:上海社会科学院出版社,2011:87.

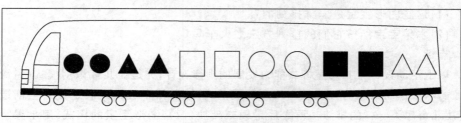

图 5-9　火车排序教具

(三)活动过程

1. 出示排序材料,集体讨论,个别参与活动

(1)出示一列已装有塑料片苹果和梨子的"火车"。(模式:AABB)

① 讨论:火车上装着什么水果,它们是怎么排列的?

② 请个别幼儿参与接着排下去。

(2)出示一列空的火车和苹果片与梨片材料

① 讨论。除了两个苹果、两个梨子这样连续排列的办法,还可想出哪些与它不同的排法。请苹果宝宝、梨子宝宝上火车吗?(估计可能出现 ABAB 或 ABBABB 或 AABAAB)

② 同样是苹果、梨子宝宝上火车有不同的排列方法,我们已经排出几种。引导从数量上比较,如一个一个隔着排、两个两个隔着排、一个两个隔着排的、两个一个隔着排的。

2. 提供人手一份材料,幼儿操作

(1)组内人手一份材料均不同,大致有三种。

① 有的火车已经装了一部分水果,让幼儿接着装下去。

② 有的火车没有装货,但有一张排列的模式,及与模式上不同的水果片材料,让幼儿参照模式用不同材料装货。

③ 有的火车没有装货,提供三种不同水果片材料,幼儿选择材料自己创造排列方式装货。

(2)组内幼儿两人互相介绍,交流是怎样让水果宝宝排队上火车的。

(3)按不同数量间隔排列的火车选择不同的目的地,如一个一个隔着排的开到苏州,两个两个隔着排的开到郑州,一个两个隔着排的开到北京。幼儿把火车送到指定地点。

3. 出示图形宝宝上火车材料(图 5-10),讨论

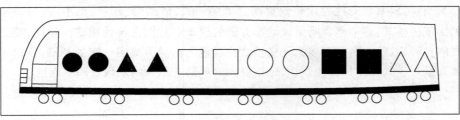

图 5-10　图形宝宝上火车

> (1)这些图形宝宝是怎样排列的?
> (2)水果宝宝能按它们的排列方法上火车吗?
>
> **点评**
>
> 以上活动设计紧扣儿童模式能力发展的规律设计,先是让儿童识别模式(讨论火车上的水果是怎么排的),然后让儿童扩展模式(接着排下去),之后是让儿童创造模式(让儿童想不一样的排法),再之后是模式转换(识别图形宝宝的模式,用水果宝宝替换图形宝宝)。从中可以看出,这个教案的设计者充分了解儿童模式能力的发展规律,在此基础上才设计出了如此环环紧扣、符合儿童模式发展规律的活动。

2. 关注除视觉模式之外的其他模式教学

如前文所述,从模式的载体来看,有实物模式、符号模式和规律模式。实物模式中又包括视觉模式、听觉模式等。在教育实践中,教师往往比较重视视觉模式,即看得见的模式,比如图案的有规律排列、数字的有规律排列、舞蹈动作的规律性等;对于听觉模式较为忽视。但是听觉模式是一种重要的模式形式,设计教学活动时,应该予以关注。许多教师发现幼儿在节奏说唱的时候更容易认识到模式,尤其是伴随着身体运动的时候。当幼儿运用自己的身体创造模式时,模式可能变得更容易感受和内化。

> **案例 5-14**
>
> **听觉模式**[1]
>
> (一)目标
>
> 复制和延伸听觉模式。
>
> (二)活动过程
>
> 进行拍手游戏,让儿童跟着一起做,拍法如:拍、拍、停、拍(重复几遍)。玩60～90秒,以使每个人都有机会参加。也可以教师做拍、拍、停,儿童拍最后一下,重复三遍后结束。还可以教师拍一组节奏,请儿童接着拍下一组。尝试其他模式,如拍手、拍手、拍胳膊或拍手、跺脚、拍腿。
>
> (三)延伸
>
> 帮助儿童建构自己的模式。让他们使用乐器建构自己的模式(如鼓声、铃声、鼓声、沙锤声)。
>
> **点评**
>
> 教育实践中,教师往往比较偏重视觉上的模式,即图形、形状、大小、符号等不同排列组成的模式,容易忽视听觉或动作方面的模式。我们在设计模式活动时,要注意模式的多种表征方式,它可以为儿童模式比较能力的发展奠定一定的基础,不仅可以拓展儿童对模式本质规律的认识,还培养和发展幼儿思维的发散性和变通性。

---

[1] 罗莎琳德·查尔斯沃斯.3～8岁儿童的数学经验[M].第5版.人民教育出版社,2007:168.

3. 在游戏情境中幼儿理解模式更容易

在具体的游戏情境中,幼儿能更好地带着任务去关注事物间的关系。例如,教师可以要求幼儿为每只羊妈妈找1只羊宝宝。较之直接要求幼儿展示一个大小相间排列的模式,这可能更容易让幼儿形成感知。

■ 案例 5-15

好饿的毛毛虫[①]

艾瑞·卡尔的图画书《好饿的毛毛虫》是所有幼儿都喜欢的一本书。教师可以利用这个绘本故事给幼儿建立一个游戏情境,让幼儿在情境中关注和思考:毛毛虫吃的橘子多还是李子多?每一页中,它比前一页多吃了几个水果?用具体的材料来表征问题,可以帮助幼儿建构模式与关系。当儿童关注到每天都会多吃1个水果时,就会对渐增模式有所感知。

■ 案例 5-16

模式猜一猜[②]

在这个游戏中,教师在小组活动时,用幼儿的鞋子创造各种模式。幼儿尝试找出教师的模式。这个游戏有无穷的可能性,比如:

褐色、白色,褐色、白色,褐色、白色。

跑鞋、凉鞋、凉鞋,跑鞋、凉鞋、凉鞋,跑鞋、凉鞋、凉鞋。

鞋头向前、鞋跟向前,鞋头向前、鞋跟向前,鞋头向前、鞋跟向前。

随着经验的增加,幼儿识别模式的能力越来越强,也会想出更多可能的模式。一些幼儿在游戏后也会开始创造自己的鞋子模式。

本章小结

感知集合、分类、集合比较和模式是儿童数学学习中非常重要的几个方面,本章分别介绍了每部分所包含的关键概念、儿童理解此概念的重要意义、儿童理解此概念的发展特点和学习规律,并提供了典型的教育活动设计案例供阅读者参照。

思考与练习

1. 儿童在获得集合比较概念时,有哪些年龄特点和发展规律?选择某个年龄段,设计一则以集合比较为内容的数学游戏或活动。

[①] [美]莎莉·穆莫,[美]布伦达·耶柔米.数学不仅仅是数数——基于标准的幼儿数学教学活动[M].侯宇岚,陈芳译.南京师范大学出版社,2013:135.

[②] 同上,186.

2. 分类活动的形式有哪些？比较和分析小中大班幼儿分类活动的教学目标和发展水平。

3. 学前儿童模式概念的发展具有哪些规律？选择某个年龄段，设计一节有关模式的活动。

第6章 学前儿童数概念与运算教育活动的设计与实施

> **教学目标**
>
> 1. 学习和了解学前儿童初步数概念和数运算所包含的各种关键性经验，了解各关键性经验对儿童数学学习的重要意义。
> 2. 学习和把握学前儿童初步数概念和运算能力的发展规律及其特点。
> 3. 学习和把握学前儿童数概念各部分内容的教学要求和教育活动设计要点。
> 4. 学习和把握学前儿童数运算的教学要求和教育活动的设计要点。

大量的国内外研究结果表明，儿童在入学前已经发展了丰富的感性的数知识和技能，这些感性经验在很大程度上会影响儿童在小学的数学学习和数学能力的发展。学前期儿童数教育的关键就是建立儿童丰富的数的感性经验，并在数学教育中紧密联系儿童的这些感性经验，就是通过现实经验和对具体材料的操作来建构数感。因而，引导幼儿感知事物的数量及其关系，建构初步的数概念，形成数感，是幼儿数学教育的主要内容之一。向幼儿进行10以内的数的加减运算教育，是让幼儿更好地感受和体验日常生活和游戏中事物的数量关系，并学习用简单的数学方法来解决日常生活中的某些简单的问题。幼儿数概念的建构是一个复杂而有规律的过程，感知集合教育为幼儿数概念的获得创造了有利条件。那么，了解幼儿数概念形成和发展的规律与特点，这是幼儿数学教育必须解决的理论问题，也是为儿童设计与实施有效的数学教育活动的前提和基础。

6.1 学前儿童初步数概念和数运算的关键性经验

数概念与数运算的内容被认为是幼儿数学中最重要的内容，也是内容涵盖最广的一个领域。数概念与数运算领域中重点在于发展幼儿对数的深入理解，通常指的是数感知能力的发展，包括数的分解能力和使用参照数的能力。也即建构基础性数概念。学前儿童数概念的发展是一个较为复杂的发展过程，它是儿童在对生活世界中事物的数量及其关系感知、理解的基础上逐渐建构形成经验的过程。因此，数概念的形成和发展过程，是儿童关于数及其关系的各种经验的积累和组合提升的过程。数感就是数概念或者对数量的理解，它在量和计算之间搭建起桥梁。数运算是儿童在获取丰富的关于数及其关系的经验基础上，对这些数关系经验的应用。本节主要对学前儿童数概念和数运算概念建构过程中的一些关键性经验进行介绍和分析。

一、数和数字

什么是数？我们从一懂事起就开始接触数、学数和使用数。今天如果有人忽然问你"什么是数？"，恐怕你会发现这个问题很难回答。《现代汉语词典》解释为："数：数学上表示事物的量的基本概念。"《维基百科》指出:"数是一种抽象的概念,用作表达数量。"那么量是什么呢?量是事物在同一种属性上的差别。量的起源来自人们对物质在空间中的独立性和不连续性的认识。原始人在采摘和打猎的过程中发现采回来的野果和打回来的猎物都是独立的、不相连接的。为了分配劳动果实,为了区分表达这种独立性和不连续性,人类先是产生了"数"的朦胧概念。他们狩猎而归,猎物或有或无,于是有了"有"与"无"两个概念。所谓"有",就分为"一""二""三""多"等四种(有的部落甚至连"三"也没有)。任何大于"三"的数量,他们都理解为"多"或者"一堆""一群"。

1. 数字是一种用来表示数的书写符号,是一种特定的社会知识

不同的计数系统可以使用相同的数字,比如,十进制和二进制都会用到数字"0"和"1"。同一个数在不同的计数系统中有不同的表示,比如,数37(阿拉伯数字十进制)可以有多种写法:中文数字写作"三十七",罗马数字写作"XXXVII",阿拉伯数字二进制写作"100101"。阿拉伯数字是古代印度人在生产实践中逐步创造出来的,后来被阿拉伯人掌握、改进,并传到了西方,西方人便将这些数字称为阿拉伯数字。幼儿关于数字的关键性经验主要在于对数符号的认读与书写。儿童在学习数词的时候,既通过背诵练习,也通过模仿同伴和成人来学习数字名称以及数字的顺序。

2. 由于科学技术发展的需要,数的范围不断扩大

如从自然数、整数、实数到复数,再到向量、张量、矩阵、群、环、域等不断地扩充与发展。自然数是人类历史上最早出现的数,自然数在日常生活中起了很大的作用,人们广泛使用自然数。我们把$\{1,2,3,4,5,6,7,8,9,10,\cdots\}$等全体正整数组成的数集合称为"自然数"。自然数有数量、次序两层含义,分为基数和序数。基数是指表示集合中元素数量的自然数。基数理论认为,两个可以在元素之间建立一一对应关系的有限集具有共同的数量特征,这一特征叫做基数。这样,所有单元素集$\{x\},\{y\},\{a\},\{b\}$等具有同一基数,记作1;类似,凡能与两个手指头建立一一对应的集合,它们的基数相同,记作2,等等。序数是表示集合中元素的次序的自然数,回答"第几"的问题。序数理论认为自然数集N是指满足以下条件的集合:①N中有一个元素,记作1;②N中每一个元素都能在N中找到一个元素作为它的后继者;③1是0的后继者;④0不是任何元素的后继者;⑤不同元素有不同的后继者。序数的经验是建立在数序的经验上,数序指的是每个自然数在自然数列中的位置以及与相邻两数之间的大小关系。

> **案例 6-1**
>
> T女士数了数排成一行走出去的儿童总数。她把手放在萨曼塔的肩膀上说:"3"。
>
> "我不是3,我是5。"
>
> T女士大笑起来,似乎认为这是个玩笑。但萨曼塔是认真的。
>
> 萨曼塔向我们展现了她对数字的理解,即她认为数字是她本身的一部分,数字显示了她的年龄。这种社会知识是来自他人,而非来自儿童自己的体验。①

---

① [美]阿林·普拉特·普莱瑞著.幼儿园科学探究教学——科学、数学与技术的融合[M].霍力岩,等译.北京:教育科学出版社,2009:146-147.

除基数和序数等关键性经验外,数的实际意义的理解还包括单双数(奇数和偶数)、相邻数(数词序列中连续的三个数之间的关系,即中间的一个数(1除外)比前面的一个数大1,比后面的一个数小1的数差关系)和零的认知性经验(0表示空集或分界点)。

二、计数技能及其组成

计数技能即数数(shǔ shù)技能,有着丰富的内容,从计数活动的结构来看,可以分为内容和动作两个层面,内容方面主要包含唱数、点数(包括按物取数和按数取物)、按群计数;动作层面主要是指手、口、眼之间的一一对应。其中主要是手的动作(触摸物体—指点物体—用眼代替手区分物体)和口的动作即语言动作(大声说出数词—小声说出数词—默数)的一一对应。计数从其技能的连续性来看,可以包含三项子技能:"①用正确的顺序有声或无声地说出数词;②能确认可用于计数的若干单位实体;③能把数词和计数的单位实体一一对应。"①

1. 唱数

唱数是指口头数数,即口头上依次序说出数词。唱数的实质是按顺序从记忆中提取数词。儿童能够说出"1,2,3,4,5,6,7,8,9,10"时,就能在记忆层面上计数1至10。唱数是儿童进行点数的基础,也是儿童获得基数概念的基础。唱数一般可以分为顺数和倒数两种关键性经验:顺数(shǔ)是按照与自然数序列顺序一致的方向唱数,倒数是按照与自然数序列顺序相反的方向进行唱数。

2. 点数

点数就是理解性数数,即需要将每个数词与数过的每个物品相对应。它建立在儿童对一一对应的理解的基础之上。在点数过程中,使手的动作(逐一指点物体)和口的动作(有顺序地逐个说出数词)之间产生一一对应。即通过指示动作把数词与可数实体之间在时间和空间上建立一一对应的关系。美国著名心理学家格尔曼和加利斯特尔提出了正确数数的五个原则。

(1)一一对应原则。一个数词对应于集合中一个数过的物体。即一个物体只能数一次,一个数词也只能用一次。

(2)固定顺序原则。用于给集合中每个物体加标签的数词的顺序应始终如一。这是由数词系统自身特定的顺序和规律决定的。这种顺序在用于数不同的集合时应该是一样的,是不可以任意改变的。

(3)基数原则。用于数某个集合的最后一个元素的数词同时又代表了这个集合的总数。基数原则的对应性关键经验包含两种,即说出总数和按数取物。说出总数是让儿童说出一个集合中元素的数量是多少,按数取物是要求儿童从许多物体中拿取出一特定数量的物体。

(4)顺序无关原则。即一个集合的总数与点数这个集合中的每个元素的顺序没有关系。

(5)抽象性原则。即任何由可数实体所组成的集合都可以采用前四条原则进行计数。

3. 按群计数

计数中的按群计数是数数熟练水平达到一定程度的关键性经验,即计数时不用一一点数的方式,而是以数群为单位,如两个两个、三个三个、五个五个数等,这表明幼儿能将数群作为一个整体加以把握,具有了更抽象的性质。

数数并不是儿童唯一的计数能力,目测和数量估算是人类的另两种计数能力。目测是

---

① 周欣.儿童数概念的早期发展[M].上海:华东师范大学出版社,2004:61.

在不数数的情况下能较快地、准确地说出小的集合中物体的数量。数量估算是在不数数的情况下能较快地、粗略地说出较大集合中物体的数量。

三、数的组成

数的组成是指数的结构,包括数的组合与分解两个过程。数的组合指除 1 以外的任何一个自然数都是由两个或两个以上的自然数组成的;数的分解是指除 1 以外的任何一个自然数都可以分解成两个或两个以上的自然数。数的组成反映的是自然数之间的关系问题,也是集合关系中的总集与子集的关系问题在数关系中的总数与部分数及部分数之间关系上的反映。具体来说,这种关系表现为三个数群之间的等量关系、互补关系和互换关系;等量关系表现为一个数群(总数)可以分解为两个相等或不相等的子群(部分数),两个部分数合起来就是原来的那个总数,用公式 $B=A+A'$ 表示;互补关系,在总数不变的情况下,一个总数分成的两个部分数中,一边从上到下数越来越小,下一个数分别比上一个数小 1,另一边从上到下数越来越大,下一个数分别比上一个数大 1,用公式 $B=(A-n)+(A'+n)$ 表示;互换关系,一个总数分成的两个部分数,位置互换一下,总数大小不变,这是两个部分数之间的互换关系,用公式 $B=A+A'=A'+A$ 表示。

幼儿掌握数的组成是数群概念的发展,是进一步理解数的关系的标志。就数组成的实质而言,它是一种概念水平上的运算。儿童要达到真正理解数的组成中的数群关系和达到完全掌握某数的全部组成形式的目的,就必须用抽象的数概念作为依托才能完成。但数的组成中的数群关系又不是一种简单的告知性的知识,而是幼儿在具体的操作活动中感知、发现、理解和思考的结果。此外,数组成中数群之间的等量、互补、互换的关系本身就包含着简单的加减运算,它是抽象加减运算的基础。林嘉绥的研究表明,儿童掌握数的组成,在心理上是对总数与部分数三种关系的综合反映。幼儿是先理解数群关系再进而掌握数的组成。[①] 幼儿掌握数的组成,可以为学习加减运算积累感性经验,而在抽象概念水平上形成的数组成之间的数群关系,是掌握加减运算中的数群关系的基础。

四、数的运算

把数的性质、数和数之间的四则运算在应用过程中的经验进行总结和整理,形成最古老的一门数学——算术。而学前儿童的数的运算的经验主要是 10 以内的数运算,即通过实物、表象和符号几种形式来理解运算的实际意义,并能运用简单的运算理解和表征生活中的情景问题。

1. 加法和减法

学前期儿童的数的运算所涉及的基本经验主要是加法和减法。加法是求和的运算,用来表示两个任意的子集都可以合并构成一个总集,学前儿童学习加法运算主要涉及的是两个数合并成一个数的运算。可以用 $c=a+b$ 来表示,其中数 a 与数 b 叫做加数,数 c 叫做和。加法运算的法则主要是交换律,即 $a+b=b+a$,加号前后的两个数互换位置,它们的和不变。减法主要是用来表示一个总集中去除一个子集后所剩子集中元素的数量。可用 $a-b=c$ 来表示。其中数 a 称作被减数,数 b 称作减数,数 c 叫做差。学前儿童学习的减法运算主要涉及已知两个数的和与其中一个加数,求另一个加数的运算,它是加法的逆运算。

---

① 林嘉绥. 儿童对部分与整体关系认识发展的实验研究——4~7 岁儿童数的组成与分解[J]. 心理学报,1979(1).

2. 部分和整体

儿童理解加减运算的一个最基本的经验是数的部分与整体之间的关系。这一关系是指数的相加性组成原理,即任何自然数可以分成更小的数,也可以与其他的数组合成更大的数。这种关系在心理学中被称为部分-整体图示(Part-Whole Scheme),它是儿童掌握数概念的一个重要环节,并在数的加减运算中担当重要的角色。

刘静和等人在实验的基础上提出了儿童对部分与整体关系认识的 12 项指标:①整体可以分为若干相等或不相等的部分;②各部分之和相等于整体;③整体大于任何一个部分;④任何一个部分小于整体;⑤整体包含部分;⑥部分包含于整体,任何部分都来自于整体;⑦部分变化的位置不影响整体;⑧当整体分为两个部分之时,部分之间存在着消长、增减关系;⑨当整体分为两个部分时,一部分是另一部分的"补",并存在可逆关系;⑩整体是一个大的堆或集合,所划分出来的每一个部分或小的堆分别可以看作是一个集合;⑪整体可分为部分,部分又可以作为一个整体再分为部分;⑫当整体分为相等部分时,部分的数与每部分中的单元数是相反方向消长的关系。① 12 项指标根据难易程度又可以划分为四个层次,即数量关系、包含关系、互补可逆关系、补偿关系。

6.2 学前儿童初步数概念和运算能力的发展及其特点

学数前的感知集合教育为幼儿学习初步数概念打下了基础,那么幼儿初步数概念是如何形成和发展的?数概念中的各关键性经验具有什么样的发展特点?它们之间具有什么样的关系?这些将是在本节中进一步讨论的问题。

一、学前儿童数概念形成的标志

在日常生活中,人们一般认为幼儿学会了数数,能依次说出数词,能按成人的要求拿取物体,能够比较环境中事物的多少,就意味着儿童形成了数概念。其实并非如此简单。幼儿数概念的形成和发展是一个复杂的智力活动过程。在小学算术教学法的理论中,数概念的形成有三个指标:说出数目名称;知道某数在自然数序列中的位置;知道这个数的组成。这三个指标均是围绕数的意义的理解展开,说出数目名称属于数词系统的认读问题,也含有基数概念的含义。第二个指标属于对数的序数意义的理解,而第三个指标是理解数的组成,是关于数关系的认知理解。

数概念是一种抽象的概念,它是在实物概念的基础上发展起来的。根据心理学的研究,对幼儿数概念形成的标志有两种不同的观点。一种观点与前述小学算术中的数概念指标相类同,认为幼儿数概念的形成具有三条标志:一是掌握 10 以内数的实际意义,主要包括数的基数意义和序数意义;二是理解 10 以内自然数的顺序;三是理解数的组成。另一种观点则认为,幼儿数概念形成的标志主要是掌握相邻数之间的关系和数的守恒,而且认为相邻数是形成数概念的核心和关键。

实质上,两种观念并没有本质的差别。因为在第一种观点中关于理解 10 以内自然数的顺序指标,其含义主要就是关于相邻数的关系问题,自然数的顺序是一个固定不变的体系,其排列的法则就是前面一个数总比后面一个数小 1,后一个数总比前一个数大 1。这一法则

---

① 转引自周欣. 儿童数概念的早期发展[M]. 上海:华东师范大学出版社,2004:208.

体现了自然数序列中相邻数之间的等差关系和相对关系。而数的守恒问题意味着在判断物体数量时，不会因物体形状、颜色、大小等外部特征或空间排列形式等的改变而改变，正确理解数的实际意义。数的实际意义主要是体现在基数意义和序数意义上，在儿童熟练而深入理解了数的基数意义和序数意义之后也就会形成数的守恒。例如，幼儿掌握了"5"这个数概念，意味着幼儿不仅能够认读"5"这个数字符号，还应该知道"5"这个数字所表征的基数意义和序数意义，即"5"一方面代表了一个含有5个元素的集合；另一方面代表了在对该集合计数时，该集合中与数词"5"相对应的那个元素是集合计数中的第5个元素。应该知道"5"在自然数系列中的位置，知道"5"在"4"的后面，在"6"的前面，知道5比前面的4大1，比后面的6小1。更为深入的是要知道"5"是由5个"1"所组成，也可以由1个"1"和1个"4"组成，或1个"2"和1个"3"组成等。

从本质上来说，幼儿数概念形成的三个标志已经蕴含了数概念所要表征的所有数量关系：计数中的对应关系、数之间的大小关系、集合量的多少关系、相邻数之间的等差关系、传递关系和相对关系、数群中整体与部分之间的等量关系和包含关系、整体中的部分之间的互补关系和互换关系以及数的守恒关系等。因而，幼儿数概念的形成和获得就是要让幼儿理解和把握数的实际意义中所包含的这些数量关系。而要达到数概念的这些指标所包含的数量关系，是有不同的分析、综合、抽象、概括的水平。儿童数概念的形成要经过一个漫长的阶段，在学前期，儿童只是形成初步的数概念。

二、学前儿童数概念发展的一般过程与特点

幼儿数概念的形成和发展包括计数能力的发展，对数序认识、数的守恒及对数的组成的掌握等几个方面。儿童数概念的发展过程是与其集合概念和计数概念的发展紧密联系在一起的，它们既在概念和思维过程上具有密切的关系，又在发展进程上具有年龄阶段上的同步性和一致性。对学前儿童的数概念发展来说，既是一个连续的过程，又具有阶段性的特点。

（一）对数量的感知阶段（3岁以前）

这个阶段的儿童对数量中的大小关系和多少关系有了笼统的感知，能够对明显的大小和多少的差别作出判断和区分；会唱数，但一般不超过10；逐步学会了用一一对应的方式手口协调地在小范围内（1~5）点数，但却不一定能说出总数。因此，这个阶段的儿童的数概念主要是通过感知和运动来把握客体的数量关系，而且往往只具有对小数量物体的初步的数量关系的理解。

（二）数词和物体数量间的联系建立阶段（4~5岁）

数词和物体数量间建立联系表明儿童开始理解数所表征的实际意义。这一阶段儿童的数概念基本形成，其特点是：儿童不仅能够手口协调地点数，而且在点数后能够说出物体的总数，即有了最初的数群的概念；末期开始出现数的守恒现象；在理解基数概念的同时，能够完成按物取数和按数取物，并认识10以内的序数；随着计数活动经验的积累，能够逐步认识数与数之间的关系，能按数序排列10以内的自然数序列；能够借助于具体的实物进行数的组成与分解，初步理解一定数量物体的总数可以分解为两个部分数；末期开始能做简单的实物运算。这个阶段的儿童已经具有了一定的计数能力，建构和理解了一定的数量关系，表明儿童已经能够在较低水平上形成初步的数概念。

(三)数的运算初期阶段(5岁以上)

这个阶段儿童的数概念进入了一个较深入的快速发展阶段。此时幼儿的计数能力,对基数、序数意义的理解和把握,以及数的运算能力都呈现了一个飞跃上升的趋势。这个阶段是儿童数概念发展的转折点,具体表现在:对10以内的数大多具备了数量守恒的观念;计数能力有了进一步的发展,具备了按群计数的能力;对基数概念、序数概念的理解有不同程度的开展和加深,进一步掌握了相邻数、单双数等数关系;能够掌握10以内数的组合与分解,能感知和理解数的组成中数群间的等量关系、互补关系、互换关系;从表象运算向抽象数符号运算过渡。总之,这一时期的儿童在数概念发展上表现出从表象水平向抽象水平过渡的特点。

从上述的儿童数概念发展的三个阶段来看,学前儿童的数概念发展是从接触具体的事物开始,从亲自摆弄、触摸、看具体事物中获得有关物体数量方面的感性经验开始,逐步走向初步抽象的数概念,这是一个有序的、渐进的、不断积累深入的过程。但对于不同的儿童个体来说,其发展速度和水平存在着较大的个别差异。特别是受到后天环境和社会文化的影响,而教育对儿童数概念和运算能力的发展有着重要的影响作用。

根据林崇德的研究,儿童数概念的形成和发展有明显的年龄特征:从1.5~2岁起,儿童开始运用次第数词"1个又1个",逐步进入口头数数的水平。3岁前儿童开始掌握"2"以内的数概念;在这基础上,儿童的计数能力逐步发展;3~4岁儿童可以掌握到"5"以内的数概念;4~5岁儿童可以掌握到"11";5~6岁可以掌握到"23";6~7岁可以掌握到"29"。而2~3岁,5~6岁是儿童形成和发展数概念的两个关键年龄阶段。前一个是从感知事物飞跃为数概念萌芽,即从"空白"到出现有计数能力;后一个是学龄期儿童数概念的形成与发展的一个飞跃时期。

三、学前儿童目测能力的发展

目测就是在不数数的情况下快速而准确地说出小集合中物体的数量,它也是人类的一种计数能力。成人和儿童都具有这种能力。对学前儿童的目测能力来说,英美的研究认为最多的目测数一般为4个物体,我国的研究发现,学前儿童也有能目测5个物体的。

心理学的研究表明,目测范围的数量具有独特的优势,目测和大数估算的表现缺乏相关,目测可能是依赖于一种专属于小数量的认知过程机制,对小数量进行操作的过程是前注意水平的,发生在视觉分析的早期阶段。儿童目测能力的发展先于儿童数数能力的发展,有可能是一种生来就有的能力。

吕静和王伟红的研究表明,学前儿童目测能力随年龄而发展。儿童在三岁以前只能目测3以下的数,大部分人要到四五岁时才能目测到4和5个物体,且这是目测可能达到的最大数。儿童在3岁以前的各年龄组的目测成绩均好于点数成绩,说明儿童的目测能力发展先于数数能力的发展。可见,在儿童早期,有两种计数能力并存,一种是目测,一种是口头数数。儿童最初的数数能力的发展可能会得益于儿童的目测能力。

四、学前儿童计数能力的发展

计数是一种有目的、有手段、有结果的活动。其目的是要搞清集合内元素的个数,其手段是把要数的集合的元素与自然数列建立一一对应的关系,其结果是说出总数。计数活动是儿童数概念形成和发展的一个重要方面。儿童的计数能力标志着儿童对数的实际意义的理解程度。

幼儿计数能力的发展顺序是:口头数数,按物点数,说出总数,按群计数四个阶段。

(一)口头数数

口头数数是指儿童口头上按自然数数序来唱出数词的能力。口头数数能力是一种记忆性的数数能力,它主要是在成人的影响下逐步学会按照一定的顺序背诵这些自然数的名称。3~4岁的幼儿一般能从1唱数到10,但一般都是凭着机械记忆,背儿歌似地背诵这些数词,带有顺口溜性质,并没有形成数词与实物之间的一一对应联系,并不理解这些数词的实际意义,所以还不能正确地用这些数来表示物体的数量。这个阶段幼儿的口头数数表现出以下的一些特点:

(1)幼儿一般只会从"1"开始唱数,如果遇到干扰就不会继续数了,需要重新从"1"开始。

(2)幼儿一般不能从中间的任意一个数开始数,更不会倒着数。

(3)在口头数数中,幼儿常会出现脱漏数字或循环重复数字的现象。

因此,在这个阶段,幼儿仅仅是机械性地掌握了数的固定顺序,并没有理解数序关系和数量意义。5岁以后,有不少幼儿能够从自然数列中的任意一个数开始接着往下数,这说明他们在数词之间逐渐建立了较牢固的联系。儿童的这种口头唱数能力的发展对儿童学习计数具有积极的意义,它是儿童进行正确计数的前提和基础。已有研究表明,儿童唱数能力的熟练度、灵活性和唱数能力在数链上的扩展对儿童基数概念的获取和深入理解具有重要的影响作用。

(二)按物点数

指用手逐一指点物体,同时有顺序地逐个说出数词,将数词与物体的数量建立联系,建立数与物之间一一对应的关系。按物点数的过程是儿童口头动作(唱出数词)和手的动作(指点物体)的协调一致的一一对应的过程。这个过程比口头数数过程复杂,它需要多种分析器的协调参与,是手、眼、口、脑协同一致的活动过程。3~4岁的幼儿由于大脑皮层的抑制性机能发展较差,手眼协调动作不灵活,口头数数还不熟练,常常会产生点数中的种种手口不一致现象。有的虽能正确点数实物,但常不能说出被数物体的总数。4岁以后儿童按物点数能力有所增强,5岁以后儿童点数实物的协调性和灵活性得到快速发展。

(三)说出总数

说出总数是指幼儿在计数过程中,在按物点数之后能将所点数的最后一个物体所对应的数词用来表示所数过的物体的总数,即回答"一共是几个"的问题。会按物点数不是计数活动的完成和终了,只有会说出总数,才是计数过程的完结,才能称之为学会计数。它要求儿童需把数过的物体作为一个总体来认识,并能在数词与物体的数量之间建立起联系。能够说出总数,是幼儿计数能力发展的关键,它表明幼儿已经能够开始运用数来解决集合的问题并理解数的实际意义。这就是儿童最初的数抽象,它意味着儿童计数能力达到了一个新的水平,形成了最初的数概念。一般4岁以后的儿童大多数都能够数出10以内的物体并说出总数。

幼儿从按物点数过渡到说出总数是一个发展的过程。他们在说出总数时往往会出现下列几种现象:"①直接回答'不知道';②重复按物点数的过程;③用一个固定的数词作答,如不论点数几个物体都回答是'5个';④机械地模仿成人的答案等。"[①]

说出总数的本质是要在数数和基数概念之间建立关系。儿童虽然很早就学习数数,但他们对数的基数意义的理解却发展缓慢。很多研究迹象表明,"儿童重复说出最后一个数词

---

① 林嘉绥,李丹玲.学前儿童数学教育[M].第2版.北京:北京师范大学出版社,1994:122.

根本就不意味着他们理解这一个数对这一集合的意义所在。也就是说,他们不一定理解这最后一个数词实际上是代表了这一集合的总数。"①"儿童在数数中重复最后一个数词的反应有两种水平:一种是形式上的反应,儿童并不理解所重复的最后一个数词是代表这个集合的总数;另一种是实质性的反应,儿童理解了这一数词的基数含义。"②儿童最终开始理解一个集合的基数意义时,就是"完成了一个对数的数数含义的理解到对基数含义的理解的转换"。③

对计数过程中的说出总数所要达到的在数数和基数概念间建立关系本质属性的反映,按数取物可以较好地体现这一关系的建立和完善。按数取物就是按一定的数拿取同样多的物体,它是对数概念的实际运用。按数取物首先要求儿童记住所要求取物的数,并理解数所代表的基数意义,然后按数通过数数取出相应的物体。因而,按数取物不仅完成了对数的数数含义的理解到对基数含义理解的转换,而且完成了对基数含义的理解向对数数含义理解的转换。

(四)按群计数

就是计数时不再依赖于一一点数的方式,而是以数群为单位,如两个两个数、五个五个数等。按群计数是数群概念初步发展的标志之一。数群概念是指能将代表一个物体群的数作为一个整体去把握,而不需要用实物和逐一计数来确定物体群的数量。按群计数要求具有较高的数抽象水平,幼儿的按群计数能力是在其掌握10以内的数概念基础上发展起来的。三四岁儿童点数后能够说出总数,这时就具有了从整体把握一个数的初步能力和经验。这种经验和能力的不断积累和熟化,到五六岁时,就可以发展为按群计数的能力。

也有研究者认为幼儿学习计数通常会经历三个发展阶段:笼统感知阶段、一一对应阶段和点数阶段。尽管幼儿进入这三个计数阶段的年龄存在差异,而且在每个阶段上所停留的时间也不同,但这三个阶段的顺序是循序渐进的。

1. 笼统感知阶段

幼儿在确认物体数量时,最初会受感觉的影响。例如,一个孩子想要拿与另一个孩子一样多的饼干,就会像另一个孩子一样,用手抓一大把饼干,他认为都是用手抓,所以饼干的数量一样多。

2. 一一对应阶段

幼儿对物体数量的确认虽还会受到视觉和触觉的影响,但其计数的方法已较有逻辑。例如,当幼儿尝试根据一个已有的集合,拿取与该集合数量相同的物体时,处于该阶段的儿童就会拿一个物体与已有集合中的物体匹配或对应摆放,由此创建一个相同数量的集合。

3. 点数阶段

幼儿会先点数一个已有集合中物体的数量,然后再点数出与该集合数量相同的另外一些物体,组成新的集合。幼儿要准确地用点数的方法来确认物体的数量,必须认知到数词之间存在一个固定的顺序(固定顺序原则)。幼儿也必须要了解点数的时候每个物体必须且只能点数一次,并且每次指一个物体时必须只能说一个数词(一一对应原则)。在幼儿理解了数到最后一个数词代表集合的总数后(基数原则),就会选择用点数的方法作为确认物体数

---

① 周欣.儿童数概念的早期发展[M].上海:华东师范大学出版社,2004:82.
② 同上,第86页.
③ 同上,第90页.

量或创建一个相等数量集合的策略。①

五、学前儿童对数的组成理解的发展

数的组成包括数的组合与分解,故又称作数的分合。幼儿掌握数的组成是数群概念的发展,也是进一步理解数之间关系的标志。幼儿掌握数的组成比理解数的实际意义、数的守恒和序数等都要困难。因为它包含了三个数群之间的等量关系、互补关系和互换关系。

实验表明:幼儿在4岁半以前不能理解数的组成,他们任意地摆弄物体,有的虽在行动上将一个数分解成两个部分数,但口头上却说成另外的两个数。如将8个扣子分解成4个和4个,但在口头上却随意说成"5个、8个"。5岁以后,幼儿可能开始初步理解数的组成,但不全面、不稳定。有10%~30%的幼儿会完成部分数的分解和组合,有极少数幼儿(约5%~10%)完全掌握了数的组成。5岁半以后,幼儿数的组合能力发展较快,能初步理解并完全会分解和组合的人数增加至25%~30%。6岁幼儿接近基本完成,完全会分解、组合的幼儿人数达到40%。6岁半左右能达到基本掌握的水平。②

幼儿掌握数的组成需经历从具体到抽象的认识发展过程。幼儿是在具体的操作中,运用直观的具体材料,先感知、发现、理解数群和子群的等量关系,进而再发现和理解子群之间的互补和互换关系,然后基于对数群三种关系的综合性反映,幼儿逐步掌握数的组成。因而,幼儿对数的组成概念的掌握,也是从外部动作向内部动作发展的。

六、学前儿童加减运算能力的发展

对于幼儿来说,运算包括数的组合(初级加法)、从集合中拿走一些东西(初级减法)、把相同数量的材料连续相加(初级乘法)、给朋友平均分配材料(初级除法)。幼儿也需要用不同的方法和工具来运算,包括实物材料、心算、估算、借助纸和笔等。许多研究表明,儿童在上小学前就拥有丰富的加法、减法的概念和知识。事实上,儿童在很早就开始接触这方面的经验,并表现出对一个集合的量的增加和减少的理解。格尔曼和加利斯特尔研究发现,2岁、3岁和4岁的儿童表现出对加减运算不同水平的理解。有关婴儿数学能力的研究表明,人类可能生来就对物体数量的增加和减少有敏感性,然而,真正的运算能力可能要到2岁半以后才出现。学前儿童的加减运算概念的发展反映了幼儿思维抽象性逐渐发展的过程和水平。这一发展过程可以从两个方面的发展反映出来:一是抽象水平的逐步提高,二是运算方法选择的灵活性增加。

(一)幼儿加减运算概念发展的三种水平

从抽象水平来看,幼儿最初是在实物水平上进行加减运算,然后逐渐转化为抽象的符号水平的加减运算。这一转化过程可以划分为三个水平阶段。③

1. 实物演示的运算

儿童最初完全要依靠实物来演示题目中的行动和关系。他们要用实物和实物点数的办法来再现题目中所提到的集合的数量以及数量的变化。在这一水平上加法就是把两个集合

---

① [美]莎莉·穆莫,[美]布伦达·耶柔米.数学不仅仅是数数——基于标准的幼儿数学教学活动[M].侯宇岚,陈芳译.南京师范大学出版社,2013:30-31.
② 林嘉绥.儿童对部分与整体关系认识发展的实验研究——4~7岁儿童数的组成与分解[J].心理学报,1979(1).
③ 周欣.儿童数概念的早期发展[M].上海:华东师范大学出版社,2004:176-195.

中所数的东西合在一起,儿童一般运用把全部物体一一数一遍的方法。儿童在进行实物加减的运算时,可能有两种做法:一种是在数出两个加数集合后把它们放在一起,然后再把所有物体从 1 开始一一数一遍;另外一种是在不把它们放在一起的情况下进行一一点数。前一种是加法中的呈动态的"变化-加入"类型,如小花先有 3 颗糖,后来妈妈又给她 2 颗糖,她现在一共有几颗糖? 它包含着数量先后的变化及移动集合的行动;而后一种代表了加法中合并的固定关系,如小明有 3 块红色的橡皮,有 1 块白色的橡皮,他一共有几块橡皮? 在运算实物演示加减运算的发展阶段的后期,儿童在加法上发展出"从一个加数接着数"的方法,即他们把其中一个已知的物体集合作为给定的条件,再接着点数另一个加数集合就可以了。如 3 个物体加上 2 个物体,儿童从 3 开始数,然后再加数上 4,5,就可以了。

与加法类似的减法的方法是通过拿走物体的动作来完成。即把小的数量从大的数量集合中拿走,再把剩下的物体数一下。此外,在实物演示水平上,儿童还可能采取其他的实物方法来完成减法运算。如儿童可以采用匹配法,把两个集合的实物一一对应地匹配,多出来的实物的数量就是减法的结果;儿童也可以采用倒数的办法,从大的数上倒数回去,如小花原来有 5 颗糖,吃掉了 2 颗后还剩下了几颗糖? 儿童从 5 开始接着倒数两个数词的方法,即 4,3,就可以得到结果。当然还可以用加上去的办法来做减法,如他们会从 2 开始接着点数物体,点数到与大的数相同为止,然后把这个集合点数出来就可以得出结果了。倒数和接着数的办法可以用在实物水平上,也可以用到口头数数的数词水平上。

2. 口头数数的运算

幼儿运算概念在抽象水平上发展的第二个阶段是儿童把利用实物演示进行的外部动作过程逐步内化,他们把注意力由物体转换到数词本身,认识到在加减运算时可以脱离实物,而用数词就可以完成。对大多数儿童而言,在大量的运用实物运算的基础上逐步发展了使用数词本身来进行运算的能力。这种方法在解决加减问题时更有效,也更有灵活性。研究表明,幼儿加法运算能力的发展存在一个层级结构。当儿童开始做加法时,分别点数每个集合中物体的数量,再把所有的物体一起进行点数(数全部)。幼儿也很快就会发明一个正确的数数策略,即一起点数两个集合中的物体从而得到一个总数,而不再用分别点数两个集合的物体数量(连着数)。随后儿童会从一组物体的数目开始继续计数(接着往下数)。儿童在运用口头数数的方法进行加减正是从比较简单的"全部数"发展到更为复杂的"从一个加数接着数"的方法。儿童从运用数词全部数到运用数词接着数的方法的转换,标志着儿童的数数技能和对数概念的理解进入了一个新的发展水平。

在这一阶段中,儿童有时会运用手指来帮助运算,但手指所代表的作用大多与实物的作用不同。儿童此时的手指并不是代表集合中的物体,而是用来帮助代表已经加了几个数词,即作为一种记忆的辅助性手段。

3. 数的组合或口诀的运算

抽象水平的第三个阶段是儿童运用数的组合知识和口诀来做加减运算。儿童在运用口头数数进行加减运算时,已经开始学习一些简单的加减数的组合或口诀。儿童运用数的组合和口诀进行加减的运算,实际是数群概念水平上的加减运算。研究发现,有些儿童在从运用口头数数向运用数的组合和口诀来进行加减运算的转换过程非常缓慢。但大多数儿童最终都要运用这些数群知识而不是实物或口头数数的方法来进行加减运算。

总之,学前儿童加减运算能力的发展,有一条很清晰的从具体到抽象的发展轨迹,而这其中的各个发展阶段是以相互交叉的形式出现的。儿童实物加减方面的生活经验和数概念的掌握的结合,使得儿童有可能从实物加减运算顺利地过渡到口头数数的加减运算,而口头数数加减运算的经验尤为儿童运用数的组合的方法进行运算奠定了基础。

(二)幼儿加减运算方法选择的转化

幼儿在加减运算方法上从逐一加减到按数群加减的转化,也是幼儿在加减运算中思维抽象性逐步提高的一种表现。

1. 逐一加减

逐一加减就是用计数的方法进行加减运算。表现在加法运算上,常常是将两个集合的物体合并为一个集合,再逐一计数新集合中元素的个数,或者是以第一个加数为起点,再接着计数第二个加数集合的物体,直至点数完为止。表现在减法运算中就是先将要减去的物体取走,再逐一计数剩下的物体数,或者是从总集合中逐一倒着数,数到要减去的数量为止。以上方法总体上是运用逐一计数来进行运算的,顺接数或倒接数,这是幼儿运算水平的较初级阶段。

2. 按数群加减

按数群加减是指幼儿能够把数作为一个整体来把握,从抽象的数群出发进行数群间的加减运算。实质上是依靠抽象的数概念进行加减运算。这是以幼儿掌握了数的组成为基础的,当幼儿掌握了10以内的数的组成后才能逐步达到按数群加减的水平。

从逐一加减到按数群加减的转化,实质上是幼儿思维发展的质变,也是以后加减运算进一步发展的必要的基础,是儿童进一步理解加减运算关系的基础。

(三)幼儿加减运算能力的发展特点

一般认为,4岁以前的幼儿基本上不会加减运算,他们不懂加减的含义,也不会自己动手将实物分开或合拢进行加减运算。数的运算对这个年龄阶段的儿童来说还是很困难的。但有研究也表明,3~4岁的学前儿童已经具有解口头应用题的能力,甚至3岁以下的儿童在口头初步掌握数的符号系统以前就具备了加减运算的能力。这种运算的能力主要是依赖于感知的过程和具体的物体。

4岁幼儿一般会自己运用实物进行加减运算,但在进行运算时,幼儿常常采用的是实物的逐一加减的方法。这时幼儿完全依靠动作思维,是在最低的思维水平上进行数的运算。

4岁以后的幼儿已经表现出初步的运用表象和数词进行加减运算的能力了。

5岁以后,幼儿学习了顺接数和倒着数,他们能够将顺接数和倒着数的数数经验运用到加减的运算中。5岁半以后,随着幼儿数群概念的发展,特别是数的组成知识的获得,让幼儿能够开始运用数的组成知识进行加减运算,这样就从逐一加减向按数群加减的水平发展。所以,5~6岁也是儿童加减运算能力发展的一个重大转折点。

6.3 学前儿童数概念及数运算教育活动的设计与实施

数概念和数运算是学前儿童数学教育活动的主要内容,也是学前儿童数学教育的核心。学前儿童数概念和数运算的获得是一个复杂的发展过程,其间涉及儿童诸多的关键性经验的获取,而这些关键性经验之间又具有某种发展性的内在逻辑关系。学前儿童的数学教育活动的设计就需要考虑这些关键性经验的获得以及它们之间的发展性关系。因此,本节内容主要是从数概念发展的各构成经验和数运算的发展路径来分析学前儿童数概念及数运算教育活动的设计与实施问题。

一、学前儿童数概念教学活动的设计与实施

有关数概念的早期教育是学前儿童数学教育的一个重要方面,在教学中,不仅要让幼儿学会数数技能,理解数的实际意义,知道自然数的序列及其关系,还要帮助儿童理解和掌握10以内数的组成及数符号的认读与书写,为儿童学习数的运算和形成抽象的数思维奠定基础,也为儿童以数学的方式探索世界提供支持。根据幼儿数概念形成的三个标志,我们主要从"数的实际意义""自然数序列关系""数的组成"三个方面介绍学前儿童数概念教学活动的设计与实施。此外,还涉及数符号的认读与书写问题。

(一)"数的实际意义"活动的设计与实施

数的实际意义主要是数的基数意义和序数意义。学前儿童10以内基数的教学,一般是通过计数活动、数量比较等活动,让幼儿理解10以内自然数的基数意义,获得初步的数守恒观念。而序数意义的获得是在儿童获得基数意义之后,在计数和排序等活动中逐步感知和建构的。

1. 基数意义的教学要求

(1)小班。会手口一致地点数5以内的实物,并能说出总数;会按实物范例和指定的数(5以内)取出相等数量的物体。

(2)中班。会正确点数10以内的实物,并能说出总数;能不受物体的大小、形状或排列等的影响,正确判断10以内物体的数量。

(3)大班。认识10以内的单、双数含义;认识0的含义;会10以内计数的倒数、顺接数和倒接数;学习按数群计数。

2. 序数意义的教学要求

适于4～5岁幼儿(中班)学习10以内序数,理解序数的含义,会用序数词正确表示物体在序列中的位置;会从不同方向(如从左到右,从右到左,从上到下,从下到上等)正确表示物体在序列中的位置。

3. 基数意义活动的设计与实施

(1)基数意义活动设计要点

①点数(shǔ)实物后说出总数的计数活动是幼儿认识10以内自然数的基本方法,也是一切认识10以内数的方法的基础,又是理解数的实际意义的基本途径。因此,基数意义的活动离不开计数活动;而计数活动的首要目的是让儿童获得基数概念,理解数的基数意义。

幼儿最初学习点数实物和说出总数是一个连续的过程,所以小班开始学习计数时,可以采取分步的办法,首先由教师完成计数过程,教师点数(shǔ)物体并和儿童一起数数,在教师点数的基础上,让幼儿说出总数,回答一共有几个的问题。然后在幼儿较好地掌握了说出总数之后,再让幼儿自己点数后说出总数。

②要调动幼儿的各种感官去感知数量。如听觉所感知的声响次数、运动觉感知的数量、视觉感知的数量、触觉感知的数量等,还可以把各种感官所感知的数量进行协调,如建立一一对应的关系。

③幼儿对10以内数量的感知和认识可以划分若干段落进行。如在小班感知和认识3以内的数量,5以内的数量;中班阶段可以进行6的感知,7、8和9、10的感知。这样儿童可以在感知数量的同时,更好地感知和建立数之间的关系。

④将10以内数量感知和计数活动、分类活动等结合起来,使幼儿数学教育的有关内容

可以有机结合,相互渗透。如通过相邻数的比较与转换活动,把认识数的形成与计数活动结合起来。儿童通过计数活动对相邻两数进行数量比较,从而可以认识和理解相邻两数之间存在的多1和少1的关系。

⑤在10以内基数意义的活动中,要重视数守恒观念的渗透。如在实物点数的活动中,尽可能选用不同颜色、大小、形状、排列位置、排列距离的材料,有助于幼儿习得守恒的概念。

(2)基数意义活动设计举例

> **案例 6-2**
>
> **小班数学教案:小蜗牛过生日**[①]
>
> (一)活动目标
> (1)在游戏的情境中,学习手口一致点数5并不漏数。
> (2)在活动过程中,能够积极参与点数活动。
> (二)活动准备
> (1)教具:电子白板、课件。
> (2)学具:黑板、各种磁力教具、点数袋子若干、玩具若干。
> (三)活动过程
> 1. 激发幼儿兴趣,感知5以内的数
> (1)播放"蜗牛与黄鹂鸟",教师和幼儿一起律动进入教室。
> (2)教师和幼儿一起说儿歌"山上一只虎,林中一只鹿,路边一只猪,草里一只兔,还有一只鼠,一起数一数,1、2、3、4、5"。
> (3)感知5以内的数,一起数手指,点一下数一下,边点边数。
> 2. 引出小蜗牛,初步点数1~5
> 师:小朋友们,今天有一个神秘的小客人来咱们班做客了,你们猜一猜是谁呢?(幼儿无限的想象)
> (1)展示课件画面1,请一名幼儿在聚光灯下找找看,是哪只小动物来做客?幼儿通过聚光灯发现小蜗牛,并提出讨论问题:小蜗牛来做什么呢?
> (2)展示课件画面2,教师拉开遮盖,露出生日蛋糕,幼儿发现生日蛋糕。教师提出讨论问题:小蜗牛来过生日,谁知道它几岁了呢?
> (请幼儿到白板前一根一根地数蜡烛,其他幼儿一起数,小蜗牛过5岁生日)
> 3. 朋友们来庆生,巩固边点边数
> 师:小朋友们,你们过生日请不请好朋友啊?今天小蜗牛的好朋友也来了呢,我们一起看看都是谁(利用拉幕功能将画面拉开)
> (1)出示课件画面3,请一名幼儿到白板前面带领幼儿数一数都有哪些小动物来参加,一边点一边数并说出总数5。
> (2)出示黑板。
> 师:这些好朋友还为小蜗牛带来了礼物呢,我们来看看都有什么?

[①] http://www.baby-edu.com/2011/0725/9024.html.

教师操作磁力教具,引导幼儿点数5以内的物体并说出总数。

例:小狐狸送了一个,请小朋友将一个小西红柿放在礼物的下面。

小乌龟送了两个,请小朋友将两个小西红柿放在礼物的下面,依次到5,在数的过程中,提醒幼儿点一个数一个,引导幼儿按照点的数目匹配等量的物体。

4. 集体游戏:选礼物

(1)讲解装礼物。

师:你们想参加生日庆祝会吗?我们先给小蜗牛准备生日礼物吧!桌子上有很多袋子,上面画着点,有几个点,我们就放几个礼物进去,然后我们就去找老师排队,到班里为小蜗牛庆祝生日。

(2)幼儿操作,教师巡回指导,提醒幼儿看清楚点卡后再拿。

(3)幼儿操作后,教师检查并带领幼儿为小蜗牛庆祝生日。

案例6-3

中班数学教案:大鼓咚咚咚①

(一)活动目标

(1)能手口一致地点数5以内的数量,并说出总数。

(2)学习识别5以内数字,并能认读。

(二)活动重难点

(1)活动重点:能手口一致地点数5以内的数量。

(2)活动难点:能根据数量说出总数。

(三)活动准备

(1)大鼓(也可选铃鼓、响板等打击乐器)1副。

(2)5以内大数字卡片1套,小数字卡片两人1套。

(四)活动过程

1. 敲敲拍拍,幼儿点数5以内的数量

(1)出示大鼓,教师分别敲1、2、3、4、5下,请幼儿仔细听,数一数每次大鼓敲了几下。

(2)幼儿根据大鼓每次发出的声音次数拍手。即教师敲几下大鼓,幼儿就拍几下手。

2. 认认敲敲,区别数字5

教师出示并介绍数字4和5。这是数字4,谁来帮忙敲4下大鼓?这是数字5,请大家把大腿当鼓敲5下。

3. 敲敲跳跳,幼儿学习识别5以内数字

(1)我们听了大鼓的声音特别高兴,忍不住要站起来跳一跳。

---

① http://www.baby-edu.com/2011/0719/9000.html。

(2)教师敲几下鼓,你们就跳几下。大鼓敲得重,你们就跳得高,大鼓敲得轻,你们就跳得低,一边跳一边数一数跳了几下,跳得对不对。

(3)教师随机出示1~5的数字卡片,请幼儿全体、小组、个别根据卡片上的数字跳一跳、说一说。

4. 活动结束

教师和幼儿一起总结,引导幼儿收拾卡片和大鼓,自由结束教学活动。

案例 6-4

大班数学游戏教案:跳花竿

幼儿天生爱玩游戏,而数学又比较抽象难懂,为此,特意设计了大班数学游戏教案——跳花竿,帮助幼儿学习单数和双数,并从中获得快乐的学习体验,激发对数学的兴趣。

(一)活动目标

(1)通过跳花竿的游戏的形式让幼儿自由探索了解单数和双数。

(2)感受同伴间相互交流的乐趣。

(二)活动准备

花片、大数字卡片若干,一幅美丽的图片(各类动植物若干)单双数的汉字词组卡片,花竿等。

(三)活动过程

1. 导入——游戏"猜花片"

我们小朋友很喜欢玩花片,今天老师就用花片和小朋友一起做个猜花片的游戏好吗?(好)请小朋友每人抓一小把花片,数一数有几个花片,可以用数字几来表示?并找出数字卡片。两个好朋友相互检查一下拿得对不对。

2. 探索单双数——游戏"找朋友"

(1)现在老师请小朋友帮他们找好朋友,要两个两个做好朋友,看看他们能不能全都找到好朋友。全都能找到好朋友的,你把你的数字卡片举起来。(教师挑几张2、4、6、8、10贴在黑板上)不能全部找到好朋友的数字卡片举起来。(教师挑几张1、3、5、7、9贴在黑板上)

(2)师生共同检验。小朋友看一看你们有没有不同的意见?

(3)小结。都能找到好朋友的数字卡片有一个好听的名字,你们知道叫什么吗?(双数)不能都找到好朋友的数字卡片也有一个好听的名字叫什么?(单数)出示汉字词组。那哪些数字是双数?(2、4、6、8、10)那哪些数字是单数?(1、3、5、7、9)幼儿跟念几遍。

(4)对啊!这些都能找到好朋友的数字叫"双数",不能都找到好朋友的数字叫"单数"。现在我们一起来玩一个"抱双,躲单"的游戏,好吗?

3. 巩固单双数——游戏"抱双,躲单"

游戏规则:幼儿根据教师念或举单数双数,如果教师念的是单数就把头埋在膝盖上,如果教师念的是双数,就用双手抱住手臂。

4. 游戏"跳花竿"

(1)老师介绍游戏玩法。如双数打开花竿,单数合拢,幼儿根据老师的口令做相应的动作。

(2)游戏数次,由简单到难。

4. 序数意义活动的设计与实施

(1)序数意义活动设计要点

①幼儿在基数学习过程积累的数经验,是学习序数的基础。序数可以集中进行教学,不需要分解逐个进行。

②学习序数,要结合材料的排列变化,明确序列的起点和方向。因为掌握排列的起始点和方向是序数的核心。丰富变化的排列形式可以丰富幼儿对于序数的经验。

③利用多种操作材料,结合计数活动和排序活动,引导幼儿确定物体的位置。

④引导幼儿在日常生活和游戏活动中进行序数学习。如户外活动的排队,体育竞赛中的名次排列,送小动物上火车(如:让小兔上第四节车厢)等。

(2)序数意义活动设计举例

案例 6-5

幼儿园中班数学教案:认识 6 以内的序数[①]

(一)活动目标

(1)小朋友在"小动物坐火车"的游戏和"看电影"的游戏中,认识 6 以内的序数,并感知序数的方向性。

(2)小朋友通过"小动物的家"的游戏,能够正确运用"第几"来表示物体的顺序。

(二)活动准备

(1)能调头的火车图片 1 幅(画有 6 节车厢,分别为红色、蓝色、黄色、绿色、紫色、粉色)、数字卡 1~6(1 套)。

(2)小动物图片 6 张(小熊、小猪、小狗、小鸡、小猫、小兔)。

(3)电脑、投影仪各 1 台,投影幕 1 块。

(4)记录表若干、电影票若干、水彩笔若干。

(三)活动过程

1. 创设情境"小动物坐火车旅行",帮助幼儿认识"6"以内的序数

(1)教师出示火车图片(火车头朝左),引导幼儿观察。

导语:"今天天气真好,小动物们准备乘火车去旅行。现在火车开来了。"

---

① 活动设计作者:金洁,引自:http://www.baby-edu.com/2010/0224/3712.html。

提问：
① 这辆火车有几节车厢？（6节）
② 可以用数字几来表示？
③ 第一到第六节车厢分别是什么颜色的？（看序号说颜色）
④ 绿颜色的车厢是第几节？数字几来表示？（看颜色说序号）

(2)教师边出示小动物图片边提问：
① 哪些小动物都来乘车了？（小熊、小猪、小狗、小鸡、小猫和小兔）
② 小动物们分别坐在第几节车厢呢？
③ 你是怎么知道的？你是从哪边开始数的？（从左到右）

(3)玩游戏："我来问,你来答",复习巩固从左到右1～6的序数。

教师："×××,我问你,小白兔在第几节？"
幼儿："金老师,我来答,小白兔在第2节。"
教师："×××,我问你,第3节坐着谁？"
幼儿："金老师,我来答,第3节车厢坐的是小狗。"

2. 引导幼儿感受不同方向物体的排列次序

教师："小动物们玩得真高兴,它们又要出发了。（变换火车方向,车头朝右）请你们看一看现在小猪坐在第几节车厢？原来小猪坐第几节车厢啊？为什么变了呢？"

教师小结：火车调头了,数的方向不同了,小动物排列的次序也就变了。

3. 指导幼儿个别操作,学会用第几层、第几号的形式来表示动物的住处

(1)利用多媒体展示出一幢六层的楼房,引导幼儿观察并了解上下的空间关系。

提问：
① 楼房一共有几层？用数字几来表示？
② 第一层在哪里？（下面）
③ 数楼房要从哪儿开始数？（从下往上）

教师小结：我们数楼房时应该从下往上数。

(2)让幼儿学会用第几层、第几号的形式来表示动物的住处。

引导语："小动物们都累坏了,都回到了自己的家。小朋友们找一找小熊住在几层、几号？用数字怎么表示呢？……（小狗、小鸡、小猫、小兔）"并与幼儿一同给其他剩下的小动物找家。

(3)幼儿操作活动：帮小动物们的家都贴上门牌号码。

引导语："哎呀……小猪在哭,怎么回事？我们一起问问它：小猪,小猪,你为什么哭呀？"

① 教师与幼儿一同观察讨论,找到小猪的家,并给写上门牌号。
② 出示记录表并示范讲解写法,重点指导把小动物们的门牌号码写在记录表上,记录下相应的层数和房间号要对应的数字。

4. 游戏:"看电影"

(1)教师讲解游戏规则:提供4排,每排为红、黄、蓝、绿颜色的椅子,每排的椅子靠背上贴有数字号码1~6。

教师给每位幼儿发一张红、黄、蓝、绿颜色的电影票,每张电影票上写有座位号码。幼儿根据电影票上的颜色和座位号,找座位。

教师引导:先让幼儿仔细观察电影票的颜色,找相应颜色的排,再根据电影票上的座位号找座位。

(2)幼儿自由取票找座,观看动画片《小鲤鱼》。

(四)活动延伸

(1)在活动区投放可以排列序数的材料供幼儿进行操作。

(2)在日常生活中,如站排、户外游戏时渗透序数。

(二)"自然数序列关系"活动的设计与实施

自然数序列关系主要是指自然数的顺序、相邻数的数差关系和相对关系。计数活动和数的大小比较为儿童认识和理解自然数的序列关系提供了感性经验。

1. 数序的教学要求

(1)小班。会从1开始的顺数唱数,感知正确的数序。

(2)中班。会从10以内任意数开始的顺数唱数和10以内的倒数;知道10以内相邻两数的大小关系(多"1"和少"1"的关系)。

(3)大班。熟练掌握10以内自然数的顺序;认识10以内三个相邻数的关系及自然数列的数差关系。

2. "自然数序列关系"活动设计要点

(1)利用儿童口头唱数的熟练度和灵活性来感知自然数的序列关系。如从1开始的顺数,从10以内任意数开始的顺数,从10开始的倒数,从10以内任意数开始的倒数。

(2)利用相邻两个数的比较和转换,引导幼儿感知和认识10以内相邻两数的数差关系。相邻两个数之间的转换揭示和突出了自然数列的本质关系,促使幼儿深刻理解两个自然数之间的多1和少1的关系。同时也促进了幼儿思维的可逆性和相对性的发展。

(3)利用扑克牌游戏、蒙氏教具的数棒材料等操作性活动,建构相邻的三个数之间的比较与转换,从而感知自然数列的等差关系、传递关系、相对关系。

3. "自然数序列关系"活动设计举例

案例 6-6

中班数学教案:找密码[①]

(一)活动目标

(1)认识数字9,能正确感知9以内的数量。

(2)会按一定规律进行点数排序。

---

① 活动设计作者:林佩芳,引自:http://www.baby-edu.com/2011/0729/9025.html。

(3)体验数字游戏的快乐。

(二)活动准备

(1)材料准备:圆点和图案相匹配的信封若干个。自制大信封、密码箱各一个,三个内装提示语的神秘小盒。

(2)经验准备:幼儿对5~8以内数量有初步的认识。

(三)活动过程

1. 兴趣导入

老师:小朋友,今天小猪宝宝来做客了,还给我们带来了一箱礼物呢!让我们一起打开看看吧!哎呀,怎么打不开?噢,原来是只装有礼物的密码箱!

2. 开展游戏

(1)猜密码

那密码是什么呢?大家看一看密码箱,有几个数字组成?(5个)猜猜会是由哪些数字组成的呢?(试用幼儿说的数字开箱)噢,还是打不开!(作和小猪耳语状)小猪宝宝说啦:密码就藏在3只神秘的盒子里!快找一找神秘盒在哪里?

(2)找密码

①打开第一个神秘盒。这里有一张提示的纸条,上面说:密码就藏在圆点和图案的数量一样多的信封里,(出示大信封)信封的正面和反面各有什么呢?(圆点和图案)桌子上有很多信封,让我们去找找看。(幼儿的一次操作)

老师:你们找的信封上的圆点有几个?图案有几个?一样多吗?你是怎么数的?

老师:谁的信封上的圆点和数字是一样多的?快打开看看里面有什么秘密。(先后有4名幼儿发现信封上的圆点和图案是一样多的,分别从信封里找到4个数字)

小结:我们现找到4个数字,那么还有一个数字在哪里呢?

②打开第二个神秘盒

老师:让我们打开第二个神秘盒吧!哦,这张纸条上说,还有一个数字藏在圆点和图案的数量都比8多1的信封里,我们一起来找一找!(幼儿第二次操作,教师随机指导)

老师:你们找的信封上的圆点有几个?图案有几个?一样多吗?是比8多1吗?比8多1是几?我们一起打开信封,看看是数字几?看看9像什么?

③打开第三个神秘盒

师:我们把5个密码数全找到了,谁来把它放在密码箱的空格里?(请一幼儿自由摆放)咦,怎么还是打不开?谁有好办法?(幼儿讨论并试摆放,如幼儿仍无法进行,可启发幼儿关注第三个神秘盒)

老师:我们一起来看看第三个神秘盒到底告诉我们些什么?(打开神秘盒,出示从大到小排序的标记)这是什么标记?(请幼儿按要求进行密码排序)

(3)对密码

老师:哦,密码摆放正确了,看看密码箱能不能打开了?(请幼儿打开密码箱)啊,密码箱终于打开了!看看,小猪给我们带来了什么?(激发幼儿快乐情绪)

(4)分享快乐

老师:礼盒中有许多种礼物,找到比8多1的礼物,大家一起分享糖果。

(三)"数的组成"活动的设计与实施

1. 数的组成的教学要求

大班:理解数的组成的含义,知道 10 以内的数除 1 以外均能分解成两个数,两个数合起来就是原来的数;懂得一个数和它分解出来的两数之间的关系:包含关系、等量关系和大小关系;懂得分成的两个数之间的互补关系和互换关系,并掌握 10 以内各数的全部组成形式。

2. 数的组成的活动设计要点

(1)10 以内数的组成的学习。在内容上可以划分为三个单元,先学习 5 以内的数的组成,理解分解和组合关系中的等量关系;再学习 6、7、8 三个数的组成,学习按序的排列分合,感知和体验部分数之间的互补关系和互换关系;然后学习 9、10 两个数的组成,按照已有的经验进行类推,把互换关系和互补关系引进到数群的关系认识。

(2)数的组成活动要以操作为先,体验为主。幼儿对数组成概念的掌握是从外部动作向内部动作发展的。幼儿数的分解与组合的经验是建立在幼儿生活中已有的分合物体的经验基础上的。因而,幼儿首先需要的是分合实物的操作经验,在此基础上形成对数的组成的表象和概念水平的理解。教师要给儿童提供操作的活动和材料,让幼儿在操作和探索中发现和体验基本的数群关系。但教师也要适时地根据幼儿操作活动中的具体情况,引导幼儿对分合活动中的操作规则和组成中的数量关系等进行讨论,使幼儿的感性经验可以得到整理和归纳,从而对数群关系能逐步形成一种综合性的反映。

(3)利用多种活动和游戏形式,逐步提升儿童对数的组成的认知。幼儿对数的组成的理解是基于对数群关系的理解和把握。在教学中,教师也要遵循儿童认知的规律,先通过实物的操作活动,如分纽扣、分瓶盖等分合活动,让幼儿体验和理解数群之间的等量关系。然后教师可以引导幼儿在操作活动中发现数群之间的分合规律,巧妙设计材料,让幼儿分别形成互换关系和互补关系的体验和认知。如在 5 的组成中,互换关系是凸显"5"可以分成"4"和"1",也可以分成"1"和"4",两个子群位置的改变并不影响它们与总群之间的等量关系。而互补关系是要凸显两个子群间的数量关系,即随着一个子群从"1"逐步增大到"4",那么另一个子群就会随之从"4"逐步减小为"1"。

3. 数的组成活动的设计举例

案例 6-7

大班数学活动:保龄球馆(数的组成)[①]

(一)设计意图

数的组成是数概念教育内容中的一个重要部分,以往幼儿学习时,经常会出现机械记忆的情况,有些虽然开始关注孩子的操作但是多以"就事论事"地摆弄桌面材料为主,比较单一、乏味。新《纲要》中关于数学领域的目标定义为"能从生活和游戏中感受事物的数量关系并体验到数学的重要和有趣"。而保龄球就是孩子们生活中常玩的一个合作体育游戏,整个活动以保龄球馆为游戏情节线索,以儿童思维发展的理论为依据,设计了三部曲:操作体验——归纳提升——迁移运用,让幼

---

① http://www.06abc.com/topic/20110221/79681.html.

儿在操作中体验快乐,积累经验;在交流、归纳、提升中发现一些简单的规律,在迁移运用中提升解决日常生活问题的能力。

(二)活动目标

(1)探索发现将数字10分成两个部分时,可以有不同的结果,并能分出10的所有组数。

(2)能够在观察的基础上,分析比较多组分和记录的相同点和不同点,并能用符号表示,体验互换、互补关系。

(3)在游戏活动中巩固10以内数的组成,体验参与活动的乐趣。

(三)活动准备

保龄球若干,记录表,皮球,投影仪,奖品,抽奖箱。

(四)活动过程

1. 幼儿游戏,记录结果

(1)引题。乐乐保龄球馆今天开业了,你们想不想去尝试一下?我们先来看看这张记分表,它能告诉我们什么?

(2)介绍规则。下面三个小朋友一组,请你们商量一下谁先玩,谁记录,谁捡球,商量好了到老师那儿领一张记录表。请你看清楚记录表的左上角的数字,是几,就到几号保龄球馆玩。

(3)游戏与记录

2. 交流结果,梳理经验

(1)交流结果

师:你是怎么记录的?

(2)引导梳理

教师提升:10个保龄球可以分成3个站着的和7个倒着的。3和7合起来是10。

(3)探索互换规律

(4)用已知规律整理记录表

师:在老师表格里面找不到的记录你们还有吗?是不是你们打保龄球的所有记录都在这上面了?

师:现在请你们三个人一组将记录表用自己的方法整理一下,让它有次序、很整齐、也记得牢、不会漏掉、也不会重复。

幼儿交流记录表。

3. 颁奖活动,迁移经验

(1)交待规则

师:你们看这是什么?(出示抽奖箱)抽奖时间到了!每个小朋友可以到抽奖箱里摸一张奖券,请你们看清楚是几元的奖券,每张奖券只能领两种奖品,两种奖品合起来的价格刚好是奖券的面额。

(2)领取奖品

(3)交流分享

师:你拿的是几元的奖券?你用这奖券领了哪两样奖品?

(四)数符号认读与书写活动的设计与实施

数符号的运用不仅对人类文化的传播和发展意义深远,对个体的思维和认知能力的发展也有重要影响。首先,它是儿童从具体的数学思维向抽象的数学思维转化的标志,对书面数符号的学习和了解能使儿童在数的理解上产生一个质的飞跃。当儿童能阅读、书写和理解数的表征符号时,这种把数从具体事物参照体系中独立出来的过程就趋于完善。其次,它提供了一种儿童和成人可以共享的认知模式,这一模式为儿童和成人进行有关数方面的交流提供了基础。一旦儿童开始运用这些符号,它们很快就能成为儿童数学思维的一部分,并为儿童进一步学习数学提供可能和前提。书面数符号是人类文化的发明,儿童通过社会传递的方式来掌握它,因而儿童生活中的重要他人以及机构教育在这一过程中起着重要作用。

已有研究表明,书面数符号的表征和理解能力的发展涉及对书面符号与物体之间的双向转换的理解,主要包括书面数符号认读、实物-书面数符号、书面数符号-实物三个发展方面。幼儿学习书面数符号是在他们掌握了数量的概念和口头数符号的基础上进行的,帮助他们在物体的数量、口头数符号和书面数符号之间建立联系是学习书面数符号的重要方法。

书面数符号的认读是在口头数符号与书面数符号之间建立联系的过程(包括数字和算式的认读)。到了中班,随着幼儿能力的发展,教师要求幼儿认读数符号的内容和认读的方式都有所改变。首先,认读内容方面,数目从小到大。其次,在认读方式上,实物-书面符号的转换是将实物的数量转换为书面数符号的过程。实物-书面数符号-实物的转换是将实物的数量转换为书面数符号,再还原到实物数量的过程。而书面数符号-实物的转换则是将书面数符号转换到实物的数量的过程,就是常说的按数字取物。即教师出示数字或算式,让幼儿用操作材料表示出来。比如教师说:"请大家拿出与卡片上数字一样多的雪花片,7。"幼儿拿出 7 个雪花片,就证明他们理解数字 7 的含义。[①]

儿童在采用书面数符号表征物体数量的能力发展方面大约表现出四种水平状态:随意性反应,符号与数量无任何关系,如涂鸦、画画或想象性文字;图像式反应,符号既反映数量也反映实物特征,如颜色、形状或大小等;图符式反应,符号只反映数量,不反映物体特征,如竖线、数点等;符号式反映,如阿拉伯数字。[②] 非数字符号表征的方式在中班下学期很快向符号方式转换,在大班上学期时完全消失。

1. 数符号读写的教学要求

(1)中班。能正确认读 1~10 的阿拉伯数字符号,并能用 10 以内的数字符号正确表示 10 以内物体的数量。

(2)大班。学习正确书写阿拉伯数字符号。

2. 数符号读写活动设计要点

(1)数字认读可以结合基数学习进行,利用数字歌等,引导幼儿认识 1~10 的数字,通过数物配对游戏让幼儿知道数字可以用来表示物体的数目。

(2)数字书写要采用讲解和示范的方法帮助幼儿熟悉正确的笔顺和笔划。

[①] 周欣,王烨芳.幼儿园中班数学教育与儿童书面数符号学习[J].幼儿教育(教育科学版),2006(6):19-22.

[②] Hughes M. Children and number. Oxford. England:Blackwell,1998:53-78.转引自:周欣,王滨.4~5岁儿童对书面数符号的表征和理解能力的发展[J].心理科学,2004,27(5):1132-1136.

3. 数符号读写活动的设计举例

案例 6-8

认识数字 8

（一）活动目的

(1) 在活动中,能够认读数字 8,并通过对实际物品的操作,理解 8 的实际含义。

(2) 通过多种形式的活动,丰富对数字 8 的感性经验,提高参与数学活动的兴趣。

（二）活动准备

数字操作材料每人 1 篮、标有数字 1~8 的汽车图、水果贴图(8 种,每样分别有 1~8 个,1~7 贴一棵树,8 贴另一棵树)、动物卡片(8 只鸡、8 只青蛙)、小猴指偶。

（三）活动过程

1. 复习 1~7

(1) 看,我们的老朋友又来了(出示小猴指偶),今天小猴又请小朋友到它的果园里去玩了,还想去吗? 那就出发吧!

(2) 看,果树上长着各种各样好吃的水果,说说你最喜欢吃什么? 数数有几个? 可以用数字几来表示? 我们应该把它们送到几号车上去呢? 请小朋友送水果。

2. 认识数字 8

(1) 小猴还请了好几个好朋友来呢,看,先来的是谁? (出示"8") 小朋友认识吗? 它呀,也是个数字宝宝,叫作"8"。

(2) 请幼儿从操作篮的数字宝宝中挑出数字 8 并观察,引导幼儿想象,说说 8 像什么? 如像葫芦、望远镜、眼镜、轮胎、肉串、不倒翁、娃娃等。

(3) 请幼儿数另一棵树上的水果,提问:8 个苹果可以用哪个数字来表示? 8 个苹果应该送到几号车上去呢? 如果请 1 个小朋友送一个苹果,那么 8 个苹果应该请几个小朋友呢? 请 8 个幼儿逐个将 8 个苹果送到标有数字 8 的汽车上,小朋友边看边数。

3. 游戏

(1) "找朋友"。幼儿手拿数字卡片 8,到教室里找出可以用数字 8 来表示的物体。并用卡片与是 8 个的物体碰一碰。

(2) "学叫声"。分别出示 8 只小鸡、8 只青蛙的卡片,引导幼儿先数数小动物有几只,再学小动物的叫声,几只就叫几下。

小结:8 可以表示任何 8 件东西

(3) "开火车"。老师介绍游戏玩法:6 个幼儿头戴数字 8 的头饰分别做火车头,其他幼儿来乘火车,但是一辆火车连火车头的幼儿一共是 8 人。

指定好火车头,幼儿自由组合,达到 8 人的要求即可出发。

（四）活动延伸

自选操作,巩固对 8 的认识

> 1. 老师介绍材料和方法
> (1)橡皮泥作 8。
> (2)连线 1~8(结果变成数字 8)。
> (3)插塑玩具拼数字 8。
> (4)串数字宝宝 1~8。
> (5)火柴棒拼摆数字 8。
> 2. 幼儿操作:教师重点指导一些新的操作类型

二、学前儿童数运算教学活动的设计与实施

(一)数运算的教学要求

适于 5~6 岁(大班)让幼儿学会解答简答的(求和、求剩余)口述应用题。学习用描述和模仿的方法自编简单口述应用题;学习 10 以内加减法:理解加、减的含义,认识加号、减号、等号及其含义,认识加、减算式并会运算。

(二)数运算的活动的设计要点

(1)幼儿阶段 10 以内的加减运算主要是引导幼儿在实物动作和数数水平上理解加减的含义,会解答简单的加减口述应用题,积累加减运算的感性经验。

(2)利用儿童学习加法比学习减法容易的规律,在学习 5 以内加减时,先学习加法,理解加法含义,再学习减法,理解减法含义。在学习 6~10 的加减运算时,可以利用已有经验,把加和减结合进行。

(3)口述应用题能帮助儿童较容易且较准确地理解加法和减法的含义,是学前儿童掌握加减运算的工具和基础。教师可以通过口述应用题,帮助幼儿理解加减含义和应用题的结构。

(4)教师要提供丰富的材料,让幼儿通过自己的操作活动,感知和体验加减运算的含义和应用题的结构。教师要适时地引导幼儿观察、表述加减运算中的数量变化过程和数量关系。

(5)教师要引导幼儿适时地运用数的组成经验学习加减运算,把加减运算提升到抽象的水平。

(三)数运算活动设计举例

> **案例 6-9**
>
> 大班数学教案:猴孩儿做客[①]
>
> (一)活动目标
> (1)激发在游戏中学习的乐趣。
> (2)理解加法的含义,学习 5 以内数的加法运算,掌握加法的基本运算方式,初步了解互换、互补规律。
> (3)会看图自编加法应用题,并能正确书写加法算式。

---

① 活动设计作者:马雅雅,引自:http://www.baby-edu.com/2011/1025/9214.html.

(二)活动重难点

(1)重点:理解加法的含义,学习5以内数的加法运算。

(2)难点:会看图自编加法应用题,并能正确书写加法算式。

(三)活动准备

(1)知识准备:对5的加法有一定的认识。

(2)材料准备:课件;数字卡片幼儿每人一套;教学挂图;蝴蝶、梨子卡片等。

(四)活动过程

1. 导入:组织幼儿复习5以内的组成练习(2分钟)

提问:今天老师跟小朋友们玩一个我问你答的游戏好吗?小朋友我问你,5可以分成1和几?5还可以分成几和几?

2. 展开

(1)以小猴子做客的情景,引导幼儿理解加法的含义,学习2~5的加法,编加法应用题(3分钟)

提问:今天不仅爸爸妈妈来到幼儿园做客,还有客人来到了我们小猴班呢,看谁来了?

①学习2的加法,理解加法含义。

教师先出示1只小猴子,又出示一只小猴子。

提问:我们班共有几只小猴子来做客?你是怎么知道的?教师在黑板上摆出算式1+1=2。

②学习2~4的加法应用题,理解应用题的基本结构(7分钟)

提问:现在老师给小猴准备了桃子,看看老师是怎样做的?

教师先拿一个桃子给小猴子,又拿一个桃子给小猴子。老师一共给了小猴几个桃子?

提问:现在老师还给小猴准备了香蕉,请小朋友们看看这次老师又是怎样做的?

请小朋友先描述这件事情,再试着把最后一句话"一共给了小猴子2个桃子"变成一个问题考考大家。请小朋友在桌子上摆出算式,并相互说一说,算式中的每个数字和符号都代表什么意思?怎样读这个算式?

小结:用语言将题进行描述,用提问的句子结束叫做应用题。

(2)引导幼儿自己看图编应用题(10分钟)

①现在看谁还来到我们班,请你们根据你们看到的编一道应用题考考小朋友吧!

②请幼儿给爸爸妈妈编应用题,让家长回答。

③请小朋友互相进行应用题的创编,教师进行指导。

(3)引导幼儿了解互换规律(4分钟)

提问:请小朋友将算式摆出。

小结:符号与得数相同,加号前面与后面的数交换,这样的现象叫做互换规律。

3. 结束:看图创编应用题(4分钟)

请小朋友看图找发现,自由创编应用题后,给自己的爸爸妈妈出题。

案例 6-10

活动名称：新车拍卖会①

适合年龄：大班

(一)活动目标

(1)运用10以内加减法的经验解决货币交易的问题。

(2)体验拍卖的规则和乐趣。

(二)活动准备

(1)幼儿制作了各种经验中的或想象的车辆。

(2)幼儿人手两张"5元"，人手一块拍卖牌。

(3)模仿简单的"拍卖会"场景(包括木槌、拍卖桌、展示台、标价牌等)。

(4) 8辆被拍卖的车并分别编号。

(5)幼儿在活动前观察好同伴制作的交通工具，选择好三种自己最喜欢、最想买的交通工具。

(三)活动过程

1. 介绍拍卖规则

(1)介绍规则

①今天我们要举行"新车拍卖会"。拍卖和我们平时买东西有点不一样。

②这个是我们的拍卖牌，想买车的人只能以"举牌"示意；举牌一次——加价1元。(加几元?)

③我们每次拍一辆。拍卖官敲锤定价；最后出价最高的人就可以用钱买到新车了。

(2)试拍一次

①规则听懂了吗？我们先来试拍一次吧。

②这辆车是唐老师的车，开价2元。想买的孩子请举牌。

③举一次牌加价1元，现在我的车应该加价到几元了？(3元)想3元买这辆车的孩子请举拍。

重点关注：孩子对竞拍规则的理解。

2. 拍卖

(1)刚才我们试拍过一次了，现在我们要正式开始拍卖了。

今天我们拍卖的车都展示在这里了，看看一共有几辆？(8辆)(车子的牌号安排从差到好)

(2)教师针对不同拍卖的情况

A. 很多人追买：这么多人喜欢这辆车啊？你们真的准备用钱买这辆车吗？看看后面还有几辆车呢，有没有你更加喜欢的车。

---

① 该案例由上海市长宁区幼儿教师唐蕾设计，上海市长宁区教育学院汪光珩提供，略有改动。

B. 相同的价格：自己商量一下。

C. 10元：现在这么多人都想用10元来买这辆车，还有没有人能出比10元更多的钱？这辆车暂时不能被卖出去了。

(3) 付钱、找钱、兑钱

A. 幼儿运用10以内的加减法经验付钱、找钱、兑钱。

例如：恭喜乐乐用7元买到了豪豪的这辆车，请乐乐付钱给豪豪。

乐乐有2张5元一共10元，他要付7元给豪豪怎么办呢？

找钱：应该找多少钱？（3元）

乐乐没有3元没有零钱怎么办？可以去我们的小银行换，5元换5个1元。

B. 教师可以把孩子的付钱和找钱的过程在黑板上展示出来。

重点关注：孩子能否运用10以内的加减法解决付钱和找钱的问题。

3. 交流体验、提升经验

(1) 哪些孩子买到了车？感觉怎么样？

(2) 为什么没有买到车呢？

重点关注：孩子们积累的方法和对拍卖游戏的感受。

（由上海市长宁区幼儿教师唐蕾设计）

本章小结

数概念与运算是学前儿童数学学习中最为重要的一个部分，本章分别介绍了学前儿童初步数概念和数运算的关键性经验、学前儿童初步数概念和运算能力的发展及其特点、学前儿童数概念及数运算教育活动的设计与实施，并提供了典型的教育活动设计案例供阅读者参照。

数概念是幼儿数学学习的重要内容，幼儿数概念主要涉及数的实际意义（基数、序数、单双数、相邻数等）、计数技能、数的组成以及数字的书写和认读。计数活动是幼儿形成初步数概念的基本活动。

学前儿童的数的运算的经验主要是10以内的数运算，即通过实物、表象和符号几种形式来理解运算的实际意义，并能运用简单的运算理解和表征生活中的情境问题。学前期儿童的数的运算所涉及的基本经验主要是加法和减法。儿童理解加减运算的一个最基本的经验是数的部分与整体之间的关系。

幼儿数概念的形成和获得就是要让幼儿理解和把握数的实际意义中所包含的这些数量关系：计数中的对应关系，数之间的大小关系，集合量的多少关系，相邻数之间的等差关系、传递关系和相对关系，数群中整体与部分之间的等量关系和包含关系，整体中的部分之间的互补关系和互换关系以及数的守恒关系等。

儿童数概念的形成和发展以及数运算能力的发展均具有明显的年龄特征，形成三个典型的发展阶段。幼儿计数能力的发展顺序是：口头数数，按物点数，说出总数，按群计数四个阶段。5岁以后，幼儿可能开始初步理解数的组成。幼儿加减运算概念发展存在三种水平阶段：实物演示、口头数数、数的组合或口诀的运算。在加减运算方法上也存在从逐一加减到按数群加减的转化。

学前儿童数概念和数运算教育活动的设计是在考虑学前儿童数概念和数运算各关键性经验的获得以及它们之间的发展性关系的基础上，对学前儿童提出相应的教学要求和指导要点。从"数的实际意义""自然数序列关系""数的组成"三个方面介绍学前儿童数概念教学活动的设计与实施。数运算活动的设计要遵循儿童数运算发展的三种水平和两个转化阶段。

 思考与练习

1. 简述幼儿计数能力发展的顺序与特点。
2. 学前儿童数概念的发展具有哪些阶段性特点？选择某个年龄段，设计一则以数概念为内容的数学教育活动。
3. 数的组成教育对幼儿发展具有什么样的教育意义？
4. 简述学前儿童加减运算概念发展的三种水平。
5. 结合幼儿园的观摩与见习活动，思考并评析幼儿园开展的有关数概念与数运算内容的数学教育活动的有效形式和指导要点。

第7章 学前儿童测量与统计教育活动的设计与实施

教学目标

1. 学习和了解学前儿童关于量的关键经验，包括量的比较、量的排序、量的等分、量的守恒和量的测量。
2. 学习和了解学前儿童量的认知能力是如何发展的，发展有何特点和规律。
3. 学习和了解学前儿童量的比较和排序、量的等分和守恒方面，该如何设计与实施教育活动，包括教育要求、教育内容和设计要点。
4. 学习和了解学前儿童测量和统计教育活动的设计与实施，包括教育要求、教育内容和设计要点。

在《指南》的"感知理解数、量及数量关系"中，提出了感知、区分并描述物体的量的方面的特点，初步理解物体量的相对性。作为最有价值的数学技能之一，测量涉及把对象的某一属性量化以便能够进行比较，也就是用数字来描述对象某一方面（重量、体积、面积、长度、高度、温度等）的特征。因而，测量活动涉及"数与运算"和"时间、空间"两个领域，是把数与物体的特征量建立联系，把几何与数字联系起来。儿童测量概念的获得始于他们每日的自然活动，始于幼儿探索物体属性时获得的物理知识。通过触摸、抬举、推拉、扔掷等行为，幼儿获得物体的某些特征。测量关系的发展始于对实物和图片的比较，通过比较，儿童能够发现两组物体之间基于某种特殊性质或特征的关系。一种特征就是非正式的测量单位，如大小、长度、高度、重量或速度等；另一种则是数量的比较。因而，测量的内容包括物体的测量属性、测量单位以及用数进行测量。

《指南》也指出，幼儿"能用简单的记录表、统计图等表示简单的数量关系"。统计是与儿童日常问题的解决直接相关的内容。统计是儿童进行数据处理与分析的重要技能，统计活动中运用的各种表达方式能帮助幼儿组织、显示、分析他们的数据。统计表的使用也让幼儿有机会思考分类、一一对应、数量化、集合比较、加法和减法等概念。

7.1 学前儿童关于量的关键性经验

量是指客观世界中物体或现象所具有的可以定量区别或测定的属性。数学是从量的方面揭示事物特性的，这就意味着量是数学的基本要素，也是全部数学的基础。事实上，所有数学内容都是围绕量的抽象（或选择）、量的度量方法的寻求、量的关系的揭示而建立起来的。[1] 量有连续量和不连续量；连续量是指需要通过测量来明确的量；非连续量是指物体的多少，是用计数来明确的量。例如，小班有多少小朋友、铅笔盒中有几支铅笔等是不连续量；长度、面积、温度、速度等是连续量。物体的大小、长短、轻重等连续量都是幼儿生活中经常接触的，因而需要学习。在比较各种量的差异时，幼儿可以感知量的相对性，并建立序的概

---

[1] 梁绍君.数学文化及其数学文化关照之数学教育[J].重庆大学学报（社会科学版），2006,12(3):129.

念,从而对其中的传递关系有所体验。

从量的角度出发,通过对量产生的背景、量的抽象方式、量的度量方法寻求的过程以及量的关系的揭示进行教学,既可以揭示儿童对数量概念获得的关键性经验过程,又符合数学抽象性关系建立的路径。对学前儿童来说,量的内容包括量的比较、量的排序、量的等分、量的守恒和量的测量。那么这几个方面包含的关键性经验是什么?只有明确了这些经验,才能确定关于量的学习内容与教育要求。

一、量的比较

比较是儿童根据某些具体特征或属性在两个或两组物品间建立关系。一类属性是连续量的比较,主要是对事物的特征量的比较,即对非正式测量单位的把握和理解,如尺寸、长度、高度或速度等。可以通过重叠法或并放法进行直接比较,也可利用逻辑关系进行间接比较。一类属性是不连续量的比较,比如哪个多哪个少,实质上是比较两个集合的元素的多少。可通过对应法来直接比较,也可通过比较两个基数的大小来间接比较。比较是排序和测量的基础。

基本的比较包括:大小,长短,粗细,厚薄,宽窄;高矮,胖瘦,重轻,快慢,冷热;近远,晚一点,早一点,旧一点,新一点,高一些,低一些;吵闹,安静;数量的多少。

儿童还会发现,在比较时,有时两个物体或两组物体没有差异。即物品的大小、粗细、长短是一样的,或者他们发现两组物品的数量是一样多的。

幼儿在日常生活中会有许多接触比较的机会。他们总是在比较中来认识世界和周围的生活现象。他们希望自己比别人更强壮一些,个头更高一些,跑得更快一些,拥有和其他小朋友相比一样多或更多的玩具,等等。在儿童的游戏中,也处处充满着可能的比较活动,积木块的大小、卡车的长短等。在摆弄这些材料时,儿童会对物体进行观察、感觉、移动和倾听,注意到物体之间的差异,并关注到物体的轻重、大小、厚薄、粗细等相关的属性。大多数儿童都是通过自然的和非正式的活动来学习量的比较的。教师必须关注幼儿的量的比较的非正式学习,为幼儿提供有助于其练习比较的材料,随时准备着用"比较"用语干预并支持幼儿的发现,并帮助其解决在游戏和生活中遇到的比较问题。

二、量的排序

所谓排序,是将两个以上的物体按照某种特征上的差异或一定的规则排列成序。

1. 排序是一种较高层次的分类活动

排序是建立在比较基础上的思维活动,是反映幼儿思维判断和推理能力发展的一项重要的活动。全美数学教师协会认为,学前儿童应该能按照大小、数量和其他属性排列物品。在学前阶段,排序活动是贯穿在幼儿数概念、数序的认识与比较以及量的差异特征的认识区分等教学内容中的一项操作活动。著名心理学家皮亚杰认为,排序和分类一样,也是幼儿学数学的重要智力准备活动。而排序也是儿童建立模式概念的重要基础。

2. 排序是高水平的比较

排序涉及对两个以上物品或物群的比较,还需要将物品从第一个到最后一个按顺序排好。当儿童还处于感觉运动阶段时,就开始发展排序的能力了。2岁以前的儿童喜欢玩嵌套式玩具,如果按照从大到小的顺序排列,这些玩具最终能叠成一个有序的序列。儿童刚开始懂得比较简单的特征,按照物品的大小、高矮、粗细等特征进行排序。儿童按照这些特征进行排序时,蒙台梭利的一些教具可以作为很好的操作材料,比如粉红塔、棕色梯、数棒等。

随着儿童排序能力的提高,他们逐渐能按其他特征进行排序,比如色彩饱和度(由深到浅)、质地(由粗糙到光滑)、声音(由嘈杂到柔和)、温度(由热到冷)等。

儿童除了行为上能够根据物品的量进行排序,语言上也需要使用比较性的词汇或使用一个词及其反义词来描述截然不同的事物。比如词语"比较大""比较小""高、矮""粗、细"等。

3. 排序的形式一般可以分为几种

(1)按次序规则排序。它包括:按物体量的差异的次序排序。例如将物体从大到小、从长到短、从高到低、从厚到薄的次序排列,反之同样也可以排序。

(2)按物体数量多少的次序排序,如将圆点卡片,按从多到少或从少到多的次序排序。

(3)按特定规则排序。该种排序常称作模式排序。它包括:按物体外部特征的特定规则排序,按物体量的差异的特定规则排序,按物体数量多少的特定规则排序,按物体摆放位置的特定规则排序。

但量的排序是与量的比较结合的活动,活动时要把量的排序和模式排序区别开来。

三、量的等分

幼儿对部分与整体关系有一种自然的理解力和兴趣,这是他们日后理解"分数"概念的重要基础。等分即等量划分,也就是把一个整体分成几个相等的部分。等分的份数越多,每一份就越小。等分可以分成形的等分和数量的等分两种。形的等分涉及的量主要包括体积、面积、长度。数的等分涉及的是数量。

1. 形的等分

最初阶段,等分一般是跟生活情境联系在一起的。儿童从自己所熟悉的物体来接触等分的概念,比如等分苹果、饼干、蛋糕、豆腐干、绳子等。最初是二等分,之后可以是四等分。比如"家里来了一个小朋友客人,妈妈拿出一个苹果,如何分成相等的两份给自己和小朋友吃""一共有四个小朋友,一块圆形蛋糕如何分呢"等。在等分实物的基础上,儿童可以学习运用不同的方法等分直线、正方形、圆形、正方体等一些对称的形体,比如对角折、对边折、尺子测量、非标准单位测量等。

2. 数的等分

最初阶段是小数量的二等分,之后数量逐渐变大,开始出现三等分、四等分。比如"一共有4个苹果,怎么分给2个小朋友呢""一共有6个苹果,如何分给3个小朋友呢",等等。

通过等分的学习和体验,可以使幼儿了解整体和部分的关系,增进对日常事物的认识,也为将来学习除法和分数积累一些感性经验。然而,研究表明,幼儿对等分的理解与判断往往受等分后物体的形状和摆放位置变化的干扰。这是因为他们还没有面积、体积守恒的观念。教幼儿认识等分,主要是通过等分几何形体,但是不必局限于几何形体,刚开始可以适当选用幼儿熟悉的实物,如苹果、细绳、糖果等,以便于幼儿的理解。在前符号阶段,等分的学习应该限制在二等分、三等分和四等分的范围之内。这样的等分在我们的日常生活中会经常碰到,如果儿童能够理解它们,就可以把这些经验迁移到一般的分数上。

四、量的守恒

量的守恒指儿童对客观事物的量有了稳定的本质的认识,不为其非本质的变化所迷惑。

学龄前儿童的具体形象思维决定了他们在比较量时,往往容易受到外在形式、视觉判断等方面的干扰而不能准确感知量。但是经常接触量的守恒方面的教育经验,有助于儿童获得量的守恒这一概念。量的守恒包括体积(容积)守恒、面积守恒、长度守恒和数量守恒。

1. 体积守恒

儿童能够不因物体外形的改变而认为其体积发生改变。比如,让儿童比较大小相同的两个球形泥团,当着他的面把其中一个泥团搓成长条,幼儿能够不受这个外形变化的干扰,坚持认为这两块泥巴是一样多的。

2. 面积守恒

儿童能够不因物体外形的改变而认为其面积发生改变,如图7-1所示。

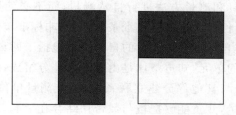

图 7-1　面积守恒

这样两张图片给儿童,儿童能够准确判断红色部分的体积是一样的。

3. 长度守恒

儿童能够不因物体外形的改变,而认为其长度发生改变,如图7-2所示。

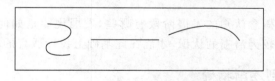

图 7-2　长度守恒

三根一样长的绳子,当着儿童的面把其中一根扭成S形,一根扭成曲线,另一根保持直线,儿童依然能够判断三根绳子是一样长的。

4. 数量守恒

儿童能够不因物体外形的改变而认为其数量发生改变。比如9颗红色钮扣排成较紧密的一排,9颗黑色钮扣排成较疏松的一排,儿童能够不受这个外形排列的干扰,依然准确判断红色钮扣和黑色钮扣是一样多的。

从心理学研究结果来看,儿童最先掌握的是数量的守恒,接着是物质守恒和长度守恒,然后是面积守恒与容积守恒,最后是体积守恒。由于幼儿关于量的守恒观念发展得较晚,教师应依据幼儿的年龄阶段和各类守恒概念建立的顺序与特点安排教育活动的内容,循序渐进,才能帮助幼儿逐步建立起正确的量的守恒概念和经验。

五、量的测量

测量是将事物的属性量化,赋予事物一个数,从而可以在同一维度上比较事物。量的测量过程,就是把待测定的量与一个作为标准的同类量进行比较。用来作为测量标准的量叫做度量单位。用一个度量单位来计量某一个量,度量的结果是这个量含有度量单位的若干倍,这个倍数值就叫做这个量的量数。同一个量,用不同的度量单位来计量,所得的量数不同。例如,一段距离,如果用米计量,所得的量数是2000;如果用千米计量,所得的量数是2。目前,我们所用的度量单位,有的是由国家法律法规规定的,有的是根据科学研究的需要而议定的,也有的是由习俗流传下来的。

对幼儿来说,测量标准侧重于对一些可识别的、可测量的属性特征进行比较和确定尺寸关系。通过使用非标准的测量单位,非正式的直接比较式的测量最终会发展成为更富有逻辑和更细致的测量。由于幼儿年龄小,教师的主要目的是帮助其理解测量的非标准单位,要求幼儿运用简单的测量工具和测量方法进行自然测量,而不必使用标准度量单位。幼儿学习测量常利用各种自然物,例如小棍、筷子、纸条、小瓶等非标准单位测量物体的长度、高低、容积等,这种测量方法称作自然测量。儿童的自然测量包括了两种逻辑活动:一是儿童要把量的整体划分为若干个小的单元,知道整体是由若干个部分组成;二是儿童要进行易位和替换,从而把每次测量的部分与其他部分建立联系,以确立测量单位体系,最后对测量单元进行逻辑相加。通过自然测量,儿童能够把量与数密切结合在一起,从而形成用数来表征量的数量关系的概念。

大班儿童可以接触了解标准测量,即用尺子来测量长度,用刻度测量容积,用温度计测量温度,用天平测量重量等。

7.2　学前儿童量的认知能力的发展

学前儿童对于量的概念认知的发展阶段有哪些,发展规律是如何的?只有对学前儿童量的认知能力的发展有较为清晰的认识,才能在此基础上设计适宜的教育活动。

一、由模糊、不精确到逐渐精确[①]

幼儿所能识别的量的差异有一个从差异明显到差异细微的发展过程。幼儿最初对量的感知和区分是笼统的、模糊的,只能区分两点明显差异,如能在两个高度差异比较大的苹果中识别哪个大、哪个小。随着年龄的增长,幼儿开始能识别和区分差异不明显的量,并能对物体进行连续比较,依据量的差异对物体进行排序。

幼儿所能正确表达的量的差异也存在一个从笼统到逐渐分化的发展过程。最初幼儿虽然能区分物体的量的差异,但不能用准确的语言进行表述,常常用大小的词汇来表述不同的量的差异,如把宽窄不同的两条路说成一个大、一个小。随着对量的感知经验的积累和相关词汇的掌握,幼儿对量的感知逐渐分化,能够运用准确的语言来表述不同量的差别。列乌申娜指出:"只有在有语言的情况下,儿童对于各种不连续量和连续量的感性知觉才是清晰的、分化的。"[②]

---

① 赵振国.学前儿童数学教育[M].郑州:郑州大学出版社,2014:98.
② 列乌申娜.学前儿童初步数概念的形成[M].曹莜宁,成有信,朴永馨,译.北京:人民教育出版社,1982:158.

二、由受外观知觉特征影响到按内在逻辑推理[1]

幼儿最初对量与量之间关系的理解是直观的、绝对的,容易受外观知觉特征的影响。年龄较小的幼儿在比较两组物体量的多少时,往往凭物体所占空间的直观感觉。如3个西瓜和6个葡萄分别堆放着,问西瓜和葡萄哪个数量多时,他们看到西瓜所占空间大,就说西瓜多。此时幼儿缺乏对传递性、相对性、守恒的理解,因为对这些关系的判断需要幼儿同时考虑两个因素,具备思维的可逆性,但幼儿通常只能考虑一个方面,并且受到外观知觉特征的影响。

随着感知操作经验的丰富和认知能力的提高,幼儿从4岁左右开始能够在具体形象与操作动作的支持下感知和理解量的守恒以及传递性与相对性的关系。直到学前末期和小学低年级阶段,即进入具体运算阶段,儿童才开始真正理解量的传递性和相对性关系,形成守恒概念。大量研究结果证实,儿童对不同类型的量达到守恒和传递性推理的年龄存在一定的先后顺序,但是不同国家、接受不同质量水平教育的儿童达到某一发展阶段的年龄有差异。例如,拉宾诺威克兹(Labinnowicz)指出,瑞士儿童与美国儿童形成守恒概念的发展顺序相同,但是美国儿童达到某一发展阶段的年龄要晚一些,尤其是较高的发展阶段。[2]

三、测量概念发展阶段

一般来说,儿童对量的测量的认知能力的发展要经历这样几个阶段[3],如表7-1所示。

表7-1 儿童对量的认知能力的发展阶段

量的认知能力的发展		
发展阶段	定 义	实 例
1	游戏阶段(0～6岁)	模仿较大儿童和成人的行为。把东西倒入另一个容器,抬桌子,伸手拿东西,洗热水澡等
2	比较阶段(3～6岁)	经常比较大小、轻重、长短、冷热
3	使用任意单位(5～6岁)	使用任意非标准单位作为中介物。逐渐认识到使用标准单位的需要
4	使用标准单位(5～7岁)	使用标准单位。逐渐认识到使用标准单位的需要

1. 第一个阶段:游戏阶段

这个阶段的儿童基本上是模仿年龄较大的儿童和成人的行为,他们学着别人的样子也用尺子、量杯、天平等测量。他们在探索容积属性时,把一个容器里的沙子、大米或豆子倒入另一个容器里。他们帮老师抬起桌子时,就在学习重量。他们发现他们的胳膊太短,够不到床底下的鞋子,就是在学习长度。他们发现夏天的时候,喜欢吃凉的东西,就是在学习温度。

2. 第二个阶段:比较阶段

这一阶段贯穿于整个幼儿园时期。儿童根据某些具体特征或属性在两个或两组物品间建立关系,比如"我比子晨高""大象妈妈比大象宝宝高""我比你多一块饼干""屋里比外面暖

---

[1] 赵振国.学前儿童数学教育[M].郑州:郑州大学出版社,2014:98.
[2] 埃德·拉宾诺威克兹.皮亚杰学说入门:思维·学习·教学[M].杭生,译.北京:人民教育出版社,1985:101.
[3] 引自:罗莎琳德·查尔斯沃斯.3～8岁儿童的数学经验[M].第5版.北京:人民教育出版社,2007:174.

和"等。

3. 第三个阶段：使用任意单位阶段

儿童手边有什么就会以什么为单位进行测量。比如用曲别针量一量黑板的长度，用铅笔量一量镜子的高度，用牙签量一量自己的脚有多长，用绳子量一量身高等。

(1) 在此阶段的儿童会慢慢具有"单位重复性"的概念，即儿童知道通过反复"摆放"同一个测量单位（比如曲别针），根据单位重复的数量总和判断被测物体的总长度或总面积。单位之间既不留空隙，也没有重叠。

(2) 在此阶段的儿童还会慢慢理解非标准单位的大小和数量之间的反函数关系，即测量同一个长度，非标准单位越长，用到的数量越少，非标准单位越短，用到的数量越多。比如不同的小朋友测量花池的长度，脚大的孩子测出花池有15个脚长，脚小的孩子测出花池有18个脚长。在此过程中，儿童慢慢理解非标准单位的大小和数量之间的反函数关系。

(3) 在此阶段的儿童越来越会根据具体情境选择适宜的非标准测量单位。比如，测量直线型物体时，幼儿不会选择弯曲的非标准测量工具；测量比较长的物体时，幼儿会偏向于选择更长一些的非标准测量工具。在这个过程中，儿童会慢慢意识到使用标准测量单位的需要。比如量小朋友身高时，要想让别人知道小朋友到底多高，用皮尺会更准确方便。

4. 第四个阶段：使用标准单位阶段

在这一阶段，儿童逐渐认识到标准单位的必要性，并能够认识到，为了以他人能理解的方式进行交流，必须使用他人同样使用的单位。比如，一个儿童说自己的纸有10拇指宽，另一名儿童找不出同样大小的一张纸，这名幼儿与第一个幼儿的拇指宽度不同，测量出的纸张大小也会不同。但是，如果这名幼儿说自己的纸是10厘米宽，另一个小朋友会准确地找出同样大小的纸。在这个例子中，拇指是任意单位，厘米是标准单位。再如，建筑师的图纸都用厘米甚至毫米作为标准单位标注长、宽、高，如果用非标准测量工具的话（比如曲别针），不可能画出精准的图纸，工人之间也无法清晰地交流。当儿童积累的测量经验越来越丰富时，就会自发地意识到标准工具的必要性。

(1) 在此阶段，儿童一开始并不能准确使用标准测量工具，他们只是把标准工具当作非标准测量工具使用，尺子跟绳子发挥的作用并没有太大区别。

(2) 在此阶段，能力发展强的儿童会学着把尺子上0这一端对准待量的物体一端，去读尺子另一头的刻度数量。当测量长度超过尺子的物体时，会结合使用标准单位和非标准单位。

很显然，学前儿童主要处于测量活动的探索阶段。学前前期一般处于测量发展的游戏模仿和比较阶段，学前后期逐步进入到使用随意的计量单位阶段。

7.3 学前儿童关于量的概念的教育活动的设计与实施

本节主要介绍学前儿童量的比较与排序教育活动的设计与实施和学前儿童量的等分与守恒教育活动的设计与实施。

一、学前儿童量的比较与排序教育活动的设计与实施

(一) 学前儿童获得量的比较与排序概念的意义

当幼儿开始作一些关于更多或更少、大或小的粗略感知判断时，他们就开始逐渐序列化

物体,比如在木琴上把琴键按照长短排列。许多孩子着迷于在比较的基础上将物体按顺序排列,嵌套玩具的流行可以证明这一点。

量的比较和排序是日常生活所需最重要的数学技巧之一。生活中的多种情景都会用到这两个概念。比如小朋友坐小椅子,妈妈坐大椅子;幼儿园排队时按照由矮到高的顺序排;妈妈要把玩具放进整理箱,哪个整理箱可以装更多的玩具;两个盘子里的食物哪个更多;我的脚比你的大;粗一些的绳子更结实;站到更高的地方可以看得更远……

量的比较和排序可以促进儿童其他数学认知能力的发展。儿童在进行量的比较和排序时,可能会利用触觉、视觉、听觉,期间会涉及数字、数量、图形、空间等。量的比较和排序还是量的等分、守恒和测量的基础。

量的比较和排序可以促进儿童思维的发展。儿童通过视觉、触觉、听觉分辨出物品量的差异,并将其按照量的差异顺序排列,这本身就是梳理万物、培养科学思维的重要组成部分,是人类认识世界、改造世界的重要前提,数量化思维是儿童思维发展的一个重要方面。

(二)学前儿童量的比较与排序概念的发展

在量的比较与排序的发展中,由于注意范围有限,对物体的量的差异比较缺乏系统性,小班幼儿还不能系统地对物体进行比较。也较难对数量多的物体进行排序。小班幼儿所能排序的物体数量通常在3个左右。同时,小班幼儿还不能熟练地掌握和应用比较方法。例如,比较3支铅笔的长短时,会注意到一端要一根比一根长,但是会忽略另一端要全部对齐。这点也反映了小班幼儿只能关注事物一个方面,难以同时兼顾多个因素。因而在排序中通常采用尝试错误的方式来确定序列,他们还不能通过逻辑推理来判断序列中的可逆性、传递性、相对性关系。例如,将3支铅笔从长到短排好后,让他们从短到长排列,他们仍需要尝试错误重新比较长短来建立新的序列。

中班幼儿能够进行比较和排序的物体数量增至5～7个。通常能够通过目测来完成量的差异的综合比较和排序。中班幼儿对传递性的认识明显提高。但是,许多中班幼儿还是容易忽略排序规则,出现顾此失彼的现象。

大班幼儿在感知和比较的经验基础上,可以对物体的多种量的差异进行比较,逐渐能够在逻辑推理的基础上判断量的序列中的可逆性、传递性、相对性,能够对较多数量的物体进行排序。具体表现为:可以比较和排序的物体数量进一步增加;可以对同一组物品进行不同维度的比较;开始掌握一些排序方法,双重排序的能力有所发展;对量的大小的相对性有一定感性认识;对量的大小的传递性有初步体验。

(三)学前儿童量的比较与排序活动的教学目标与内容

幼儿园关于量的比较和排序活动的教学内容主要包括:比较大小、长短、粗细、高矮、厚薄、宽窄、轻重、容积等量的差异;学习量的正、逆排序;感知和体验量的相对性与传递性。

根据儿童量的概念的认知发展水平及规律,各个年龄段的要求与目标如下[①]。

1. 小班

(1)能感知和区分物体的大小、多少、高矮、长短等量方面的特点,并能用相应的词表示。

(2)能通过一一对应的方法比较两组物体的多少。

(3)能在一组(3个)学具中找出最大、最小(最长、最短)的。

---

① 参考教育部.3～6岁儿童学习与发展指南;徐苗郎.我的幼儿园数学活动模式[M].上海:上海社会科学院出版社,2011;罗莎琳德·查尔斯沃斯.3～8岁儿童的数学经验[M].第5版.北京:人民教育出版社,2007.

(4)比较物体的大小(长短),能把4~5个物体按大小(长短)排序,并能找出最大(最长)和最小(最短)的。

2. 中班

(1)能感知和区分物体的粗细、厚薄、轻重等量方面的特点,并能用相应的词语描述。会将4~5个物体按高矮(粗细)排序。

(2)能通过数数比较两组物体的多少。

3. 大班

(1)比较宽窄,知道哪个宽,哪个窄,或者一样宽。

(2)认识星期,知道一星期有7天,会排列顺序。

(3)比较远近,知道哪边远,哪边近或一样远,会按远近排序。

(4)学习操作天平,探索使之平衡的多种方法,能在比较物体轻重的基础上按物体轻重排序。

教学目标只是从儿童不同年龄班可以获得经验的角度提出的一个参照而已,在实际教学活动中,教师应该时刻关注本班幼儿的实际发展情况,确定契合本班幼儿的教学目标。而且不同儿童之间是有差异的,不能用一般的教学目标去要求每个幼儿,如一些发展较弱的儿童,到了大班未必能达到上述教学目标,教师可适当放低要求,给孩子一个脚手架。

(四)学前儿童量的比较与排序活动的设计与实施举例

1. 活动设计与实施要求

根据学前儿童量的比较和排序概念的发展特点及发展目标,教师在生活、游戏及教学活动中设计比较和排序任务时需要注意:

(1)提供给小班幼儿操作比较的材料只突出某种量的比较,便于幼儿发现不同的正确区分,如,同样长短但是粗细明显不同的木棒、长宽一样但是厚薄显著不同的积木等。要明确排序的方向和排序的规则,排序的方向是指按照某个维度的量的差异排成递增或递减序列,如从大到小、从高到矮排序。方向不同,序列也不同。教师应采用语言、手势动作和材料演示相结合的方法帮助幼儿理解并明确排序方向。排序规则是在按某一维度的量的差异进行排序时应遵循的原则与要求。如进行高矮排序时,排序对象应在同一水平面上。

(2)教师要给予幼儿自主操作和探究的机会,并通过提问等方式引导幼儿比较和描述物体的量的差异,描述排序的规则和策略。儿童对物体量的认识主要是通过感官的感知建立的,因而,在量的比较和排序活动中,教师要注意调动幼儿的多种感官,让幼儿在看看、摸摸、掂掂等活动中进行比较,区分物体量的差异。如,通过目测进行比较,通过掂一掂物体来感受和区分物体的轻重,通过摸一摸物体来感知其厚薄等。

(3)教师要设计任务,帮助幼儿体验量的大小的传递性、相对性。教师应关注幼儿能够正确按哪个维度的量排序,使用什么策略排序,能否理解排序规则,能否理解序列的可逆性、相对性和传递性等。对于量的相对性和传递性的理解,需要教师引导幼儿在两两比较的基础上进行合理的逻辑推断。要注意通过分解的、有序的、层层深入的两两比较帮助幼儿体验并理解量的相对性和传递性。

2. 非正式活动

日常生活中,儿童的许多活动都涉及比较和排序。比如在幼儿园老师说:"这个箱子太重了,你拿那个轻点的吧。""坐这把小椅子,那个大椅子是老师的。"儿童排队时,有时候会按照由矮到高的顺序排队。在玩区域活动时,会经常玩粉红塔、棕色梯、数棒等涉及量的排序的操作材料。儿童在这些非正式的教学活动中,通过观察、触摸、搬运、倾听等方式比较事物之间的相同和不同。下面列举一些非正式活动的例子:

18个月大的晨晨想拿起一个大盒子,王老师蹲在他旁边,拉出一个小盒子。"晨晨,那个盒子太大了,你的胳膊太短了,你拿这个小盒子。"

4岁大的笑笑和顺心背对背站着。"刘老师,你看看我们谁高啊?"刘老师说:"你们可以站在镜子前面,自己比一比看。"两个男孩跑到镜子前面,背对背站着,朝老师喊道:"我们一样高,你比我们两个都高。"

"老师,可可的娃娃比我多。"李老师:"我们来检查一下。"可可说:"我早就检查过了,她有4个,我才3个。"

积木区里的楠楠:"老师,我搭了个金字塔,你看越往上越小!"

益智区的乐乐:"熊爸爸最高,排第一个;熊妈妈排第二;然后是熊哥哥;最后是熊妹妹。"

3. 正式活动

案例 7-1

比一比(中班)[①]

(一)活动目标

(1)运用不同的感官,认识比较并区分厚薄,并按厚薄不同进行量的排序。

(2)在合作性活动中体验交流和合作的快乐。

(二)活动准备

厚薄不同的书本若干;纸、笔若干;眼罩若干

(三)活动过程

1. 观察比较书本的厚薄

(1)教师出示一本书,引导幼儿观察书本的厚薄。

提问:你认为这本书是厚的还是薄的?你是怎么知道的?(鼓励幼儿说说自己的理由。)

(2)教师再出示一本书,请幼儿对两本书进行比较。

提问:你认为这两本书哪本厚,哪本薄?你是怎么发现的?(让幼儿边说自己的想法,边当场演示自己比较厚薄的方法。)

归纳:原来一本书是不能说出厚薄的,只有两本书比较了,才知道哪本厚,哪本薄。

2. 幼儿分组比较并排序

(1)幼儿每人任意选取两本书,比较其厚薄。

(2)将一个小组的书全部集中,请小组的3名幼儿共同为6本书排序。

(3)请幼儿各自介绍自己小组排序的结果。("说说你们是怎么排的?")

[①] 黄瑾.幼儿园数学教育与活动设计[M].高等教育出版社,2010:237.

3. 合作游戏,利用感官比较厚薄

(1)幼儿两人一组,选取4~6本书,其中一名幼儿戴上眼罩用手摸的方法开展厚薄的比较,另一名幼儿进行检查,并要求对方说说理由。

(2)幼儿互换角色,重新进行"摸一摸,比一比"的游戏。

(3)游戏结束。2名幼儿共同商量用数字编号进行记录和排序,比较出所有书的厚薄差异。

点评

"一个物体无法进行比较,只有两个或多个物体才能比较。"——通过第一个环节,让幼儿了解了这个道理。整个活动过程中,让儿童综合运用了视觉、触觉进行比较活动,尤其是最后一个环节,让儿童戴上眼罩摸一摸,一方面提升了活动的难度,另一方面使活动更有趣。这个活动还体现了层次性:在比较两本书的基础上,对多本书进行排序。比较是排序的基础,排序是比较的延伸。

案例 7-2

颜料的色度[①]

(一)材料

● 给每个孩子三个盛有颜料的容器:一个盛有原色(红色、黄色或蓝色),一个盛有白色,另一个盛有黑色。

● 纸和画刷。

● 颜料搅拌器、勺、滴管。

(二)活动环节

1. 开始

让孩子们看这些颜料,并标注出原色、白色和黑色,让他们思考,当把白色或黑色加入到原色后会发生什么。把白色或黑色倒入一种原色中,搅拌,然后鼓励孩子描述他们所看到的现象。

告诉孩子们,他们将要自己去探索当白色或黑色加入到原色后会发生什么,使用类似"更浅""更深"等词语。鼓励孩子独立去尝试,可以直接把颜料倒入,或者用勺子、滴管滴入容器,他们可以观察容器里颜料色彩的变化并且(或者)在纸上画出出现的颜色。

2. 过程

和孩子们一起讨论他们所看到的色彩的变化,强调随着加入的白色越多,原色是如何逐渐变浅的,以及随着加入的黑色越多,原色是如何逐渐变深的。让孩子看到其他人的变化后的颜色,并与自己的颜色作比较。使用诸如"浅—更浅—最浅"和"深—

[①] [美]安·S.爱泼斯坦,苏珊娜·盖斯莉著.我比你大,我五岁——学前儿童数学能力的发展[M].霍力岩,姜姗姗,等译.北京:教育科学出版社,2012:96.

更深—最深""苍白""色调""浓淡""红色""粉红""浅黄""深黄"等词汇。

鼓励孩子们环顾教师四周或者看看自己的衣服，找一下调出来的相似颜色，并比较深浅度。鼓励孩子们计算他们加入一定量的白色或黑色的次数，对测量感兴趣的孩子也可以计算并记录（清点）添加了多少勺或多少滴颜料。如果孩子把色彩涂到纸上，在色彩下方备注一下加了多少勺或多少滴白色或黑色颜料之后，才变成了这种颜色。

3．结束

跟孩子们一起清理颜料和调色工具，如果孩子想保留他们的纸，就在上面写上他们的名字并挂起来晾干。根据孩子衣服、鞋子的颜色选择不同的色度来确定下一个活动的顺序，如："现在，所有穿着深蓝色衣服或鞋子的孩子先洗手。接下来是穿着蓝色衣服或鞋子的孩子……现在，轮到穿浅蓝色衣服或鞋子的孩子洗手。"大声喊出其他的原色直到每个孩子都被轮到。

4．延伸

（1）把原色、白色和黑色颜料，以及普通的和不常见的测量工具（勺子、滴管、转筒）都投放到艺术区，让孩子在活动时间可以自由探索。

（2）让孩子注意到玩具、房间里的家具、衣服、书本插图、植物和其他室内外物品上的颜色等级。

（3）在户外活动时间，选择一个天空呈现不同颜色的云朵（白色、浅灰、深灰）的时候，鼓励孩子观察这些云朵，并讨论他们所看到的不同色度。

点评

幼儿园常见的比较及排序的活动大都涉及长度、粗细、重量、面积、体积等，涉及色度的活动较少，但作为一套完善的幼儿园数学教育课程，应该给幼儿尽可能丰富的量的比较和排序的经验。这个活动给了一线教师很好的提示和参照。另外，这个活动还非常注意活动与儿童的生活相联系，比如与儿童的衣服，与儿童户外活动时看到的云朵，与玩具、家具、书本插图、植物等颜色等级相联系。

案例7-3

沙子面包房[①]

（一）材料

- 沙盒或者沙桌（里面也可以装干豆、米或小碎石）
- 几套量杯
- 几套量勺
- 旧的厨房用具（各种勺子、小铲子、搅拌器）

[①] ［美］安·S.爱泼斯坦，苏珊娜·盖斯莉著.我比你大，我五岁——学前儿童数学能力的发展［M］.霍力岩，姜姗姗，等译.北京：教育科学出版社，2012：92.

- 旧塑料搅拌碗、松糕盒、蛋糕锅、饼干片
- 菜谱卡和记号笔

(二)活动环节

1. 开始

在教室和户外提供不同大小的量杯、量勺和搅拌碗等厨房用具,支持孩子们围绕烹饪主题开展扮演游戏。在工作时间,在沙桌上的小组活动时间,以及户外活动时,观察孩子如何用沙子装满量杯和量勺。

2. 过程

跟孩子一起,模仿他们装、倒的动作。评论大小不同的量杯和量勺时,使用比较性的词汇,跟孩子谈论不同容器里的沙子数量,使用诸如满的、空的、更多、更少和一样的等词语。注意孩子们是否按刻度的渐变顺序叠放量杯并作出自己的比较。认真倾听孩子用勺舀沙子或填充松糕盒时的数数,或者听听他们在按照一个"菜谱"的规定游戏的情景中所使用的数字和顺序,在菜谱卡上写下孩子们的配料。

3. 结束

让孩子帮忙清空和清洗各种碗和用具,把材料放在生活区留待下次使用,或者把材料放在户外一个容易找到的地方用于沙盒游戏。

4. 延伸

(1)在生活区放一个食谱盒,从杂志上剪下食谱和图片,将其和根据孩子们口述记录下的食谱一同放入盒子里。

(2)在生活区放一个烤箱定时器,供孩子们使用。

(3)在计划或回顾时间分发大小不同的杯子,拿最大或最小杯子的孩子先做计划。做一个游戏,让孩子们猜一猜多少勺沙子才能装满特定大小的一个容器。

(4)在点心时间,让孩子猜测一下他们要(把果汁、牛奶或其他液体)倒至水壶的什么高度才能让每个人得到半杯、一满杯、两杯等。

(5)观察孩子们是否会比较自己杯中和其他孩子杯中的果汁量。留心注意孩子们重新装满杯子、喝几口后再做比较的情况。

点评

这个游戏提供了用量杯和量勺比较体积的做法。假装游戏是孩子非常喜欢的游戏,尤其是假装做成人世界的游戏,做蛋糕,做菜。在饶有兴趣的过程中,儿童很自然地在学习体积、容积的大小。另外,这个活动也很好地与儿童其他环节的活动及日常生活结合在一起,使活动向纵向延伸,使孩子获得更加完整丰富的经验。

> **案例 7-4**
>
> ### 活动名称：让谁先吃好呢[①]
>
> 适合年龄：大班
>
> （一）活动目标
>
> (1)按动物的不同特征在比较的基础上对其进行排序，并尝试进行推理判断。
>
> (2)鼓励幼儿清晰地表达自己的想法。
>
> （二）活动准备
>
> 电子白板课件、操作材料(人手一份)。
>
> （三）活动过程
>
> 1. 故事情境导入
>
> (1)今天来了几个小动物，我们看看都有谁啊？
>
> 主要提问：有些什么动物？发生了一件什么事情？
>
> 动物们都想吃这个又大又红的苹果，到底让谁先吃好呢？他们决定来比一比，谁是第一，谁先吃？
>
> (2)鳄鱼最先提议，你猜它会建议比试什么？
>
> 他们按照嘴巴从大到小排了个队。鳄鱼获得了第一。
>
> 小结：鳄鱼用自己的优势和大家比，得了第一。其他小动物不服气，还想继续比试。
>
> 2. 根据不同特征进行排序
>
> 主要提问：接下来猜猜看小动物还会比些什么呢？你们觉得给谁先吃好呢？
>
> 重点关注：幼儿是否能按一个特征进行排序。
>
> 幼儿在排序过程中比较的方法
>
> (1)比尾巴：我们请小动物们都转过身来，把尾巴露出来比一比。
>
> 重点关注：幼儿是否能通过目测进行比较。
>
> 小结：尾巴很明显，我们不用量，眼睛一看就看出来了。
>
> (2)比身高：
>
> 主要提问：怎么比？你们平时怎么比身高的？他们都站好了吗？
>
> 重点关注：是否知道比身高的方法。
>
> 小结：比身高的时候要站在同一水平面上比才准确。
>
> (3)比体重：人手一份材料
>
> 主要提问：怎么比？它们轮流坐在跷跷板上比体重，你能给他们排个队吗？
>
> 重点关注：幼儿是否能通过推理判断按体重进行排序。
>
> 小结：原来用跷跷板的方法也能比体重。

[①] 该案例由上海市长宁区幼儿教师杨敏姬设计，上海市长宁区教育学院汪光珩提供，略有改动。

3. 尝试理解逆向排序

主要提问:这个时候毛毛虫说话了,无论怎么比都应该让我先吃!这是为什么呢?

重点关注:孩子能否从所列的排序中观察出最后一个都是毛毛虫,从而联想到逆向排序。

小结:原来排顺序不一定要从大到小排,还能从小排到大,动物们这下都服气了,让毛毛虫先吃到了苹果。这个故事的名字就叫"让谁先吃好呢"。

重点关注:幼儿对逆向排序的理解。

(由上海市长宁区幼儿教师杨敏姬设计)

二、学前儿童关于量的等分与量的守恒教育活动的设计与实施

(一)学前儿童获得量的等分与守恒概念的意义

量的等分是解决日常生活问题的最重要的数学技巧之一。生活中很多的问题都涉及量的等分。比如一个苹果分给两个小朋友;一杯果汁分给两个小朋友;生日蛋糕分给班里小朋友;玩具分给两个小朋友玩;午点时,6块小饼干分给3个小朋友,等等。儿童只有掌握了量的等分的概念,才能解决这些实际问题。

量的等分和量的守恒可以促进儿童其他数学认知能力的发展。儿童在等分物体或数量时,可能会涉及图形、对称、测量、数量、空间和其他工具。儿童接触量的守恒活动时,会综合参照形状、刻度、数量,这些概念的综合运用势必会促进儿童数学认知能力的发展。

量的等分和量的守恒可以促进儿童思维的发展。量的等分与诸多实际情景问题相联系,儿童在解决实际问题的过程中运用量的等分,会提高问题解决能力及对数学的价值的认同。量的守恒活动会促使儿童对事物的量有更本质的认识,提高其抽象思维水平。

(二)学前儿童量的等分与量的守恒概念的发展

等分是幼儿在生活和游戏中常常遇到的问题,如,有好吃的想和好朋友分享,如何才能分成相等的两份?由于幼儿的知识经验和能力发展所限,有关等分的教学活动主要安排在大班进行。大班幼儿对形状和数量有了一定的认知经验,通过学习可以将一张正方形的纸折成大小一样的两个长方形或四个小正方形,也可以通过数数量将一堆(10个以内)物体分成数量相等的两份。

大量研究表明,儿童形成守恒概念比较晚,并且形成不同类型的量的守恒的年龄差异较大。大班幼儿开始初步掌握数量守恒和长度守恒。在数量守恒方面,小班幼儿尚未形成数量守恒,知道一一对应是一样多,但易受物体大小和物体排列形式的影响;中班幼儿数量守恒得到一定发展,不容易受物体颜色影响,逐步摆脱了物体大小的干扰,但仍受物体排列形式的影响;大班幼儿数量守恒已基本形成,不受物体大小、颜色的影响,逐步摆脱物体排列形式的影响。在长度守恒方面,幼儿长度守恒的发展落后于数守恒的发展,小班幼儿往往只能关注事物的表面特征,因此只能判断两根两端对齐的物体是一样长的,对其他摆放形式,小班幼儿基本判断错误;中班幼儿在长度守恒方面虽比小班有所发展,但不明显;大班幼儿在

长度守恒方面有了较明显的发展,不管是哪种摆放形式,大部分大班幼儿都能作出正确判断。[①] 大班幼儿还不能很好地理解面积、体积、容积的守恒,但是在操作的基础上,结合计数等,能够理解面积、体积、容积的守恒,并做出正确判断。[②]

(三)学前儿童量的等分与量的守恒活动的教学目标与内容

根据儿童量的概念的认知发展水平及规律,量的等分与量的守恒活动的要求与目标如下[③]。

1. 中班

在数量的比较中,能不受物体大小、颜色、形状及排列位置、间距等影响,积累数量比较及数量守恒的经验。

2. 大班

(1)初步理解量的相对性。
(2)能感知整体与部分的关系,将对称图形二等分和四等分。
(3)能将 10 以内的小数量平分。
(4)能初步感知长度、面积、体积、容积等,不受物体外部形状或容器的影响。

(四)学前儿童量的等分与量的守恒活动的教学设计与实施举例

1. 活动设计与实施要求

(1)等分与守恒活动要与儿童的生活实际相联系,在实际生活情境和游戏情境的操作中学习和体会等分概念与守恒概念。

等分是帮助幼儿进一步获得整体与部分关系的认知,为儿童学习分数概念建立经验基础。等分学习内容主要包括对集合数量的等分和对形体的等分。对于初学等分概念的幼儿来说,教师设计活动时要注意与生活情境相联系,从幼儿熟悉的可以等分的物品开始,如分点心、分苹果等实物,让幼儿借助于生活经验理解等分的含义。

量的守恒问题是学前期儿童认知的难点,这就需要教师通过幼儿的生活情境和游戏情境,让幼儿在动手实验的过程中,在尝试、比较、分析、思考的过程中感知与体验量的守恒。这样有助于儿童将所获得的经验和概念迁移到生活中的其他问题情境中,思考生活中有关的量的守恒的问题。

(2)活动的材料要能较好地服务于儿童的等分活动与量的守恒活动。

在等分活动中,教师要选择生活中常见的物体、物品作为操作材料。这些物体的材料要匀称,不易碎裂且便于等分;使用的等分工具不仅要安全卫生,还要便于幼儿使用;如选择从数量上进行等分的物品,应选用一样大小的、同类的、数量是成双的东西。

量的守恒是建立在幼儿对量的比较的基础上的,是量的比较的结果性体验之一。在量守恒的体验活动中,教师提供给幼儿进行量的比较的实物要与生活相联系,且材料要能体现一定的变式,这样让儿童在各种变式材料的比较中感知体验量的守恒的基本特点。

2. 非正式活动

日常生活中儿童也会有大量接触量的等分和量的守恒的机会,教师应该抓住随机教育

---

① 林炎琴.3~6岁幼儿数守恒和长度守恒的发展特点[J].学前教育研究,2012(4):45-48.
② 赵振国.学前儿童数学教育[M].郑州:郑州大学出版社,2014:103.
③ 参考教育部.3~6岁儿童学习与发展指南;徐苗郎.我的幼儿园数学活动模式[M].上海:上海社会科学院出版社,2011;罗莎琳德·查尔斯沃斯.3~8岁儿童的数学经验[M].第5版.人民教育出版社,2007.

的契机。比如下述几种情境：

午点时间。3个小朋友1个盘子,盘子里有6块小饼干,到底该怎么分？

美工区。"老师,我用这个橡皮泥捏了个大大的圆饼。"刘老师："好,你还能用这块橡皮泥捏成什么形状呢？"

班里一个小朋友过生日,家长送来一个大蛋糕。老师："我们该怎么分这块蛋糕呢？"

区域活动中。阳阳在玩水,老师："这瓶水倒到这个大瓶子里,会变少吗？"

3. 正式活动

案例 7-5

图形四等分（大班）[①]

（一）目标

(1) 通过尝试,学习运用对边折、对角、过中心折的方法,四等分图形。
(2) 通过等分,理解整体与部分之间的关系。
(3) 感受数学在解决生活实际问题中的价值。

（二）材料

小熊分饼的挂图,圆形、正方形、长方形人手一个,剪刀人手一个,双面胶或胶水,图形等分记录纸人手一张。

（三）活动过程

1. 出示圆形,让个别幼儿上前演示圆形的四等分

"小熊家里来了三位客人吃饭,小猫、小狗和小兔。可是家里只有一张饼了,该怎么分呢？你能帮帮他们吗？"

2. 把分开的四份重叠,验证是否是相等的四份

再把分开的四份拼成原来的圆形,让儿童体会部分之和等于整体。

"你分的这四份加起来,是原来那个大饼吗？你怎么来验证呢？"出示圆形模子,让儿童再拼回去。如图7-3所示。实际教学中,稍加改动效果会更好。可以让幼儿把分下来的四份贴回到原来的那个圆形里,看是否能够重合（而不是在纸的左侧拼）。

3. 幼儿个别操作

提供圆形、长方形、正方形和图形等分记录纸如图7-4（记录纸上呈现多个正方形和长方形,以鼓励儿童记录不同的分法）。

"你能把这些图形分成一样大小的四份吗？你是怎么分的？记录下来。你怎么知道分出来的四份是一样大的呢？这四份跟原来的大图形是一样大的吗？"

[①] 设计者为河北保定惠嘉幼儿园王梦、刘艳丽。

图 7-3　圆形等分记录　　　　　图 7-4　方形等分记录

4. 延伸:让幼儿四等分实际生活中的物品

"老师这里有一根绳子,可是有四个口袋要扎起来,怎么把这个绳子分成四份呢?""老师这里还有一块抹布,四个小朋友要帮助老师擦玻璃,怎样把这块抹布分成四份呢?"

点评

儿童运用对角折、对边折、过中心点等方法四等分图形,对于儿童来说没有太大的问题。但是"如何验证分的这四份是相等的,如何理解部分之和等于整体",这对于儿童有一定的挑战。这个案例让儿童操作:叠在一起看看是否重叠,利用记录纸让幼儿把分开的四份拼在一起与原来的图形进行比较,通过这个操作的过程,切实让幼儿在行动中把看不到的抽象关系显性化。

案例 7-6

两瓶水一样多吗(大班)[①]

(一)活动目标

通过选择空瓶,用瓶罐倒水的经验,证实将一样多的水倒在大小不同的容器内,对比水的容量来证实自己的判断是否正确的过程,逐步积累容量守恒的经验,以及继续尝试用不同方法进行证实。

(二)活动过程

1. 创设问题情境

旅游团里小动物的饮料瓶全空了,河马队长带来的大瓶无色和咖啡色的两种饮料逐个分发到小动物的两个不一样大的空瓶里,河马队长边分边说:"我分给你们的两种饮料是一样多的。"但小动物们看了看分到的两瓶饮料,都觉得不是一样多。河马队长和小动物们争论了起来,小朋友们,你们看看这两瓶饮料(出示两个不同形状的饮料瓶),想想到底谁说得对。

[①] 徐苗郎.我的幼儿园数学活动模式[M].上海:上海社会科学院出版社,2011:159.

2. 幼儿自由操作

建议幼儿自选空瓶,用玩水时倒来倒去的方法来比较究竟是一样多还是不一样多(幼儿操作时选择的瓶的个数和种类都不一样)。

3. 操作后的交流

(1)让幼儿操作后评判,到底河马队长和小动物谁说得对。(有的幼儿坚持原有看法,有的则改变了原来的判断,还有部分幼儿因为把饮料倒入了大小不一的两个瓶内,依然无法判断。)

(2)交流操作方法,教师帮助幼儿归纳。

①选择两个相同的空瓶,把装在大小不同的瓶内的饮料倒入其中,比较出饮料一样多。

②选择与原来装饮料的两个瓶中其中一个大小相同的空瓶,将另一瓶饮料倒入,比较出饮料一样多。

③任选一个瓶子,将一瓶饮料倒入,用笔画或贴纸条的方法做标记,把饮料倒出后再将另一瓶饮料倒入该瓶,看饮料位置与原来留下的标记是否一致,从而做出比较。

④选两个不一样的瓶子,将两个瓶里的饮料分别倒入两个瓶进行比较后,认为不一样多。

小结:每个人用的方法不同,得出的结果也不同,大家可以用不同的方法进行比较,也可以互相讨论。

点评

量的守恒对学前期幼儿来说需要经过一个较长时间的感知操作、积累经验、逐步顿悟的内化过程,才能逐步建构起来。孩子本身对水又非常感兴趣,在倒水玩水过程中来积累这方面的经验非常适合。

活动刚开始设置了一个问题需要小朋友帮忙解决,设置的问题情境有助于儿童的兴趣调动和概念理解。孩子在操作之后,教师带领孩子们总结归纳判断的方法非常重要,很多类似的活动,到最后成了孩子们单纯的玩水,到底如何判断是否"一样多"好像被忘记了,这个活动的这部分值得注意。

7.4 学前儿童测量与统计教育活动的设计与实施

本节主要论述学前儿童的测量技能和统计技能及测量和统计教育活动的设计与实施。

一、学前儿童的测量技能

(一)幼儿测量技能的发展

测量是把待测量的量与同一个作为标准的同类量进行比较的过程。这个公认的标准量叫做测量单位。把要测量的量直接同测量单位进行比较后得出量数的方法叫做直接测量。幼儿最初发展的自然测量的方法就是利用自然物作为量具进行的直接测量。因而,幼儿测量技能的发展中要完成三部分内容的组合:对各种物体量的认识;对不同量的测量工具的认识;建立数与量之间的关系。

幼儿在很小的时候就开始学习表示物体量或物体属性的词,如长和短、高和矮、粗和细。随后他们开始通过直接比较的方式,或根据外部感知到的物体特征对物体的量进行判断。这时,儿童基本上做好了学习测量的准备,并开始把数和量联系起来。

如前文所述,对儿童长度测量能力发展的划分,基本上遵循从简单到复杂的原则,从物体长度的直接比较、间接比较,然后发展出长度的非标准测量以及标准测量。面积测量的发展过程也与长度测量的发展类似,从知觉比较开始,经初步使用中介物进行测量的阶段,到最后真正的测量阶段。面积概念从一维空间扩展到二维空间,所以对儿童来说,面积测量更有挑战。

(二)幼儿如何发展对测量概念的理解

儿童主要通过观察年龄较大儿童和成人的测量活动来学习。经验,尤其是成人和同伴的评论或提问,能帮助幼儿发展对测量概念的理解。成人无需采用正规方式教授儿童学习标准测量,儿童需要认识事物因为某些属性的"多"与"少"而有所不同。这种认识的获得主要是通过他们自己的观察和直接经验。

例如,瑞吉欧的孩子们在决定用鞋子测量桌子时,发现她们的鞋不是完全一样的尺寸。这样的话,木匠就不知道用谁的鞋来量她们要制作的一模一样的新桌子了。有了这样的认知冲突,让孩子们讨论如何更好地解决问题,从而引导他们认识到使用标准工具进行测量。

所以,大多研究者都认同,借助真实情境的设计可以让儿童在问题情境中更好地建构测量的概念。在解决实际测量问题时,儿童会自然地学会"单位""测量值"等基本概念,比如"乌龟找食物的路径有多长""老鼠公主的床到底定做多大的"等。

大多研究者还倡议教师应该将测量整合进教室的日常生活中去。比如,早点时教师可以问:"我在这两个杯子里倒了一样多的豆浆吗?"在积木区,教师可以评价:"晨晨,你搭的比我高。我需要加多少块积木才能搭得跟你的一样高呢?"

尽管教师不能直接教授测量概念,但他们在幼儿建构概念的过程中起非常重要的作用。教师必须了解儿童测量概念的认知发展规律,设计涵盖关键经验的教育活动,通过各种方法加强幼儿对测量的兴趣。当幼儿出现明显错误时,教师还应该抓住契机适时插入评论或问题来引起幼儿的反思。具体做法我们会在"活动设计与实施"部分详细介绍。

(三)学前儿童量的测量活动的教学目标与内容

学前儿童关于测量的学习内容主要涉及的是运用自然测量的方法测定物体的不同的量的特征,如对物体的长短、高矮、距离等进行测量,对容积的测量,对重量的测量,对面积的测量等。这一内容常常是在中、大班进行学习的。在测量活动的学习中,儿童除了要学习选择适宜的量具对物体的量进行测量外,还需学习对测量结果的描述和表征方式,如用数来表征测量的结果,即用数学的语言描述出来。

(四)学前儿童测量教育活动的设计与实施

1. 活动设计与实施要求

(1)测量活动要结合到儿童日常的生活活动中

儿童的测量概念主要源于他们日常的自然活动。在这个过程中,他们探索周围的环境,发现环境中事物的不同的量的特征,基于对这些量的特征的观察、比较,从而建构起自己的测量知识。如,儿童在游戏活动中常常会实践着他们观察到的成人的活动。儿童常常通过操作游戏材料,把水、泥土、沙子等东西从一个容器倒入另一个容器中,他们可能会用到形状、大小各不相同的容器。这样的一些活动可以帮助他们感知和理解容积测量的概念。儿童在玩积木的过程中也会逐渐认识到每种积木块都是另一种积木的一个单元。当把几块完全相同的积木首尾相接地排在一起的时候,它们的长度正好与另一块较大的积木是相等的。此外,儿童还会在活动中选取一定数量的积木围成各种形状。这样儿童就会对长度和面积测量的概念有所认知和理解。总之,教师应该将测量整合到儿童的日常生活中去,教师要为幼儿自由的测量活动创设条件、提供活动场所以及工具和材料等。通过有意识地整合测量经验,在幼儿感兴趣的基础上,教师能帮助儿童巩固和扩展对测量的理解。

(2)教师要通过评论、提问或示范等,帮助幼儿发展对测量概念的理解

通过分享信息,错误认识会减少,最终被逻辑思考所代替。教师适时的评论或提问,可以引导儿童关注到他们未关注的量的特征,引导幼儿进一步对解决问题的策略有概念化的理解。如,在积木活动区,教师通过评价:"你的塔比我的高。我需要加多少块积木才能和你的塔一样高呢?"这样的提问可以鼓励和引导儿童进行比较,把儿童的关注点引导到把积木作为测量单位的想法上来。此外,教师通过一些示范性的动作,能让儿童在观察中增进对正确的测量方法和测量要领的理解。如长度测量的要领包括:从被测量的一端开始,连续移动测量工具,并使前一次测量的终点成为下一次测量的起点;测量要沿着直线进行;测量一次,数一个数,计数出最后的量数。

(3)教师要适时地引导幼儿理解测量单位与测量结果之间的关系

测量单位与测量结果关系的建立是儿童在数与量之间建构数量关系的一种重要经验。在儿童学会正确测量之后,适时地引导儿童认识到用不同的测量工具测量同一个物体时,其结果是不同的。这样的经验对大班幼儿来说是十分重要而有意义的。如,在"运粮食"的游戏活动中,引导幼儿关注到用大杯子运送的次数要少,而用小杯子运送的次数要多一些。这种测量单位大小与测量结果之间的关系可以启发幼儿对相对性思想的理解,发展其思维的灵活性。

2. 反面案例

如上文所述,测量的教育活动应该渗透在一日生活中,且真实问题情境有助于儿童理解测量概念。但是有些教师不明白其中道理,把测量教育活动做成了单纯的技能训练。在此列举一例,提起大家的注意。

案例 7-7

活动初,老师提问:"我的桌子有多长呢?我们分别用铅笔、吸管和曲别针量一量好不好?"

老师示范如何用工具一个挨着一个测量。

量完之后出示了右侧这张表格 7-2:把刚刚测量的结果记录下来。

然后让儿童分别用铅笔、吸管、曲别针量一量自己的小桌子有多长,并记录在这张记录表上。

最后教师总结:"铅笔、吸管、曲别针这些东西都能用来做测量工具。测量工具越长,用到的数量越少,测量工具越短,用到的数量越多。"

表 7-2 测量记录

测量物体	
所用工具	
测量结果	

上述类似的测量教育活动在幼教中屡见不鲜,面对这样的教育活动,我们不禁要反问教师:"为什么要让幼儿测量自己的小桌子有多长呢?是要给木匠具体尺寸来定制桌子吗?是比一比谁的桌子大,谁的桌子小吗?"都不是!教师只是在一种非问题情境下对儿童进行静态技能的训练。在这个活动中,孩子毫无兴趣,只是按照教师的"摆布"完成硬性布置的任务,这个过程中孩子不会明白测量时为什么测量工具要一个挨着一个,不会明白测量工具与用到的数量之间的反函数关系,更不会产生使用标准测量工具的意识。

3. 正面案例

与上面的反面案例相对,在此列举一个我们提倡的测量活动。①

案例 7-8

甘蔗有多高

8月底,班上进行了以"食物"为主题的活动,课程的焦点放在研究稻米上。为了让孩子们有机会接触真正的稻米,教师带孩子们到郊区的稻田去实地参观(如图7-5)。10月下旬,稻子结穗了,孩子们又到田里去看稻子与以往相比有什么不同。这次,孩子们注意到了田边的甘蔗。孩子们开始围着老师问:"老师,那根长长的是什么啊?"回到幼儿园,孩子们注意到小班的菜圃里也有甘蔗,孩子们开始对甘蔗产生了浓厚的兴趣,他们也想在他们的菜圃里种甘蔗。

图7-5 实地参观

在孩子们的提议,他们向农民伯伯请教有关甘蔗的问题。"甘蔗会不会开花啊?""甘蔗有没有害虫啊?""怎么种甘蔗啊?"

回园后,孩子们按照农民伯伯的说法,认真地在菜圃里种起甘蔗来。种完甘蔗,孩子们经常利用到户外的时候去照顾、观察甘蔗。老师还鼓励孩子们将甘蔗的样子画下来(如图7-6)。

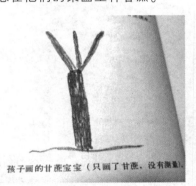

图7-6 孩子画的甘蔗宝宝

(一)非标准测量工具的探索

有一次,煜翔到户外观察甘蔗时,用手指头在甘蔗旁边比来比去:"甘蔗长高了吗?我看长高了!"在一旁的玉玲说:"你这样比,会变来变去。"(如图7-7)于是老师问:"那用什么方式,才不会变来变去?"佳宇想了想:"用吸管!"玉玲:"用树枝!"于是老师鼓励孩子们用自己想出的工具去量一量。孩子们陆续用各种材料进行测量,毛线、纸条等都成为孩子们选择的测量工具(如图7-8)。老师还鼓励孩子把自己测量的结果记录下来。随着甘蔗的长高,测量的结果很快就比纸的长度还长,孩子们讨论要一张更大的记录纸(如图7-9)。

---

① 林意红. 甘蔗有多高——幼儿测量概念的学习[M]. 南京师范大学出版社, 2004.

图 7-7 手指比划

图 7-8 工具测量

(二)非标准测量单位的发现

在寻找测量工具时,有一天孩子们发现益智区的连环扣也可以用来量东西。于是孩子们就开始用连环扣来量甘蔗。这样,孩子们不仅可以用手比划甘蔗"有这么高",还可以具体说出是"几个"连环扣那么高。他们开始将长度这个"连续"的量用"单位"的概念来表示。

孩子们开始对"几"这个数字很感兴趣,拿着连环扣开始量班上其他的物品(如图 7-10)。孩子们对量东西相当热衷,而且似乎越长的东西他们越喜欢,数出来的连环扣越多,孩子越有成就感。

图 7-9 甘蔗成长图

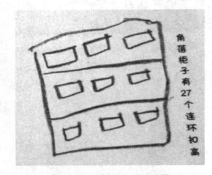
图 7-10 用连环扣测量

有一天,有个孩子说想要量一量幼儿园"爱弥尔"(幼儿园的名字)。孩子们串了很长很长的连环扣,一个孩子拿着串好的连环扣到楼顶顺下来,在楼下的孩子将多余的连环扣拔掉(如图 7-11)。然后孩子们数连环扣的数量。最后孩子们数了 353 个连环扣。老师问:"那是多高啊?"孩子们回答:"很高!"(如图 7-12)

(三)标准测量单位的学习

老师决定引导幼儿思考:"我们都知道 353 个连环扣是多长。但是我们告诉外面的人'爱弥尔'有 353 个连环扣那么高,别人会懂吗?"

孩子们说,把 353 个连环扣都画下来给别人看就行了。或者把连环扣挂在教室前面。后来,孩子们彼此看来看去,不再发言。老师根据孩子的反应,觉得提"尺"这个概念还为时过早。

图 7-11　测量爱弥尔

图 7-12　数连环扣

后来，潘磊主动回家问了这件事，隔天很兴奋地告诉老师，用尺子量就行啦！其他孩子在潘磊的提示下，都活跃起来，开始找尺子。后来大家认为卷尺最合适。但是他们到了楼顶发现尺子不够长。有一个孩子突然想到："我们去量一量353个连环扣的长度就行了啊！"孩子们把353个连环扣拉直，很自然的，一个人对好头，一个人在另一端试着读数字。

亚瑞问："老师，要看哪一边才对？"原来卷尺上有寸和厘米两种刻度。

老师说："一边是寸，一边是厘米。"

捷琳想到了自己的身高："我有115厘米高。"

于是亚瑞读出了卷尺上的刻度："有500厘米。"

老师问："你是从0开始量的吗？"亚瑞仔细看看，才发现卷尺的头和0之间有小小的距离。调整后，煜翔指着一端说："这里才是500厘米。"

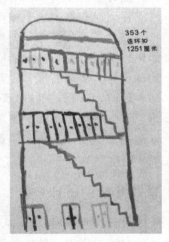
图 7-13　爱弥尔高度

于是老师又问："后面的怎么办？"

煜翔说："老师，你帮我按住这里，我再量一次。"于是煜翔将尺整个往后移，再把0对准老师手抓的地方。两个500厘米，还剩下一点点。孩子们又用相同办法量完剩余的连环扣。最后一共是1251厘米（如图7-13）。孩子们很兴奋："哇！好高啊！"孩子们把爱弥尔的高度记录在小本子上。

(四) 测量方法的应用

有一天孩子们发现有一根甘蔗被拔了！孩子们很心疼，决定做个栅栏。于是老师带着他们去买木条。根据设计图，孩子们决定买35根就够了。到了木材行，孩子们发现木条很长，一根可以截成两根，所以买20根就够了。

回到幼儿园，老师引导孩子们讨论该怎样截木条呢？在老师的引导下，孩子们想办法把木条截成两段一样长的。有的孩子提出来把木条放在手上，平平的就是一半。但是孩子们尝试之后发现木条太长了,怎么拿都不平衡。有的孩子想出拿两块石头各放在木条的一端,这头走一步,那头走一步,走到中间就可以了。但是孩子们试了一次发现,步子不一样,也找不准中间。孩子们还想到把益智区的积木排在木条上,结果最后一个超出了木条的长度,拿掉又太短。后来想到用绳子,但是量过之后,孩子们发现毛线会时松时紧的,也不可靠。之后,孩子们想到用纸条来量,这个办法果然奏效了。

接下来的一个月,孩子们就锯木条、磨木条、刷漆,然后插到田里去。这其间又涉及怎样才能使每两根木条其间的距离一样宽,怎样做记号等。

在这一过程中,我们看到了孩子们的探索。也许有人会想:拿尺来量一量不就解决了吗?虽然孩子们先前有拿尺子量"爱弥尔"的经验,但是在平分木条时,他们并未将这两件事连在一起。可能是关于尺的经验还比较少。如果老师主动提出让孩子们用尺子来量一量,那么其中这么丰富的探索过程都不会发生。

点评

在上面介绍的这个课程中,我们可以清楚地看到孩子测量学习的发展阶段:非标准测量工具的探索—非标准测量单位的发现—标准测量单位的发现—测量方法的应用。老师本着开放的心态,随着孩子的兴趣而进行调整,支持孩子们勇于冒险地试一试。老师还准备了开放的环境、丰富的材料,让孩子们自由探索。当孩子求助老师时,老师总是鼓励孩子们再想一想,试一试。当孩子的做法行不通时,老师不急于告诉孩子正确的方法,而是让孩子从失败中学习如何纠正。这样的活动、这样的教师才顺应了孩子测量概念的学习。

二、学前儿童的统计技能

所谓统计,一般是指根据从总体中随机取出的样本中所获得的信息来推断关于总体性质的一种方法。作为一种数学思维的方法,它能帮助我们对现实生活中的有关资料信息作出合理的解释和判断。[1]《指南》对大班儿童提出的目标包括:"能发现生活中许多问题都可以用数学的方法来解决,体验解决问题的乐趣。""能用简单的记录表、统计图等表示简单的数量关系。"《指南》的教育建议也指出:"鼓励和支持幼儿发现、尝试解决日常生活中需要用到数学的问题,体会数学的用处。"比如:"讨论春游去哪里玩时,让幼儿商量想去哪里玩?每个想去的地方有多少人?根据统计结果做出决定。"美国的数学标准中把数据分析与概率作为一项重要的内容,这项标准包括组织数据、解释数据,以及判断某件事物或关系可能发生的概率。把"问题解决"和"表征"作为其重要的过程标准。问题解决是数学学习的核心,而统计技能则是直接和问题解决有关的数学技能之一。统计是对数据表征和分析的一种活动。因而,统计活动是幼儿数学学习的一项重要活动。

(一)幼儿统计技能的发展

统计是儿童收集、组织数据并描述和解释数据的一项活动。收集数据的主要目的在于

---

[1] 黄瑾.幼儿园数学教育与活动设计[M].北京:高等教育出版社,2010:176.

解决一些答案不能立刻见分晓的问题。儿童提出的问题是数据的主要来源。儿童在逻辑分类活动、集合比较活动、测量活动等的学习与应用中已经包含了收集数据的初步形态。事实上,收集数据的活动早在儿童入园之前就已经发生了,他们从自己的真实生活经验中收集数据,并使用最简单的方法来表现收集到的数据结果。统计活动中运用的各种表达方式帮助幼儿组织、显示和分析他们的数据。图表是对数据的系统表征,是帮助儿童从视觉上清楚地对数据进行组织、比较和分析的重要表征形式,也是儿童统计活动的一项重要内容。儿童在制作和分析图表的过程中,为了描述数据,会用到分类、计数、比较数量、测量、一一对应以及交流沟通能力。借助直观的结构或图表,可以表达各种类型的信息,并形象鲜明地表现不同的数量。绘制和分析图表使儿童有机会整合以前所学到的多种概念和技能。

不同年龄阶段的幼儿对统计的认知水平有明显的年龄特征。3～6岁儿童正处于理解象征的发展进程中。他们能理解简单的图表,能从理解实物图表发展到理解象征性图表。这个发展进程可以分为三个阶段。

1. 实物图表阶段

在这一阶段,儿童以实物为材料来制作图表,通常幼儿仅能考虑两个形成对比的物体类别。比较的基础是对长度和高度的一一对应和形象化。如让幼儿选择他们最喜欢的苹果类型,是红苹果还是黄苹果。幼儿选择好后就分别到代表红苹果和黄苹果的老师那里去排队,幼儿通过一个真人图表显示他们最喜爱的苹果类型的投票结果。幼儿形成了两组队列,他们分别和旁边的小朋友拉手配对,就形成一一对应,比较出哪一组人数更多。

2. 图片式图表

在该阶段,幼儿能运用物体的图片来进行统计,也就是能够在图表中使用代表物体的图片。如幼儿可以通过在图表中粘贴红色卡片和黄色卡片来统计喜欢红苹果和黄苹果的人数。

3. 条形图表

在第三阶段,幼儿理解了用块状体或方形代表物体的条形图表。在条形图表中,幼儿用一个方形作为物品数量的象征,相当于我们使用的直方图统计图表。

绘制统计图表的活动给幼儿提供了一个运用基本数学技能的机会。儿童可以把分类、比较、测量、点数等活动的结果整合在一张统计图表中。儿童可以通过收集数据、分析数据和解释数据的活动逐步建立统计的思想。

小班幼儿能初步感知某些现象可能有多种结果;感知有两种可能结果的随机现象;会对混在一起的物体进行分类并通过目测、一一对应、点数等方式来比较和区分物体之间数量的差异。小班幼儿虽没有统计经验,但是他们在日常生活中和游戏中会表现出比较数量来给物体分组的行为。

中班幼儿已经可以感知事物和现象中可能结果的随机性,并感知每种随机结果的不可预测性;能按照某种标准将物体分类并能通过比较发现量的差异;理解统计数据中的大小关系,并能用图形符号表征数据。

大班幼儿能按统计要求将物体分类(不超过10类)并按数量排序,能在老师指导下学习用统计图表征数据,并通过分析数据或图表,得出数量间的关系,能根据统计数据作出简单的判断和决策。

研究表明,中、大班幼儿的统计思维能力随年龄的增加逐步提高,经历了随意期、过渡期、量化期和分析期四个水平,从中班到大班有了较大的发展。① 中、大班幼儿的统计数据表征可分为四种类型,分别是图画型、数字型、图文结合型和初级图表型,每种类型各可分为五个发展水平。随着年龄的增长,幼儿对统计数据的表征类型从图画型、数字型逐渐向图文结合型和初级图表型过渡。幼儿对表征方式的选择与其数概念理解能力、数字表征能力以及书面符号表征能力的发展都有关联。中班幼儿统计思维能力中表征部分的发展尚处于起步阶段,他们对表征方式的认识和理解还有较大的欠缺,让他们自发地使用较抽象的方式来表征数据则更加困难。大部分中班幼儿虽然已能意识到要用数字来表征集合的数量,但没有意识到在表征数据时还要将集合的种类也表达出来。因此,他们大多只标出了集合的数量,却不标明集合的种类。大班幼儿对表征方式的认识和理解相较于中班幼儿有了很大提高,表现出了从图画型、数字型向图文结合型和初级图表型的转变。这也表明大班幼儿已从具体形象思维向抽象思维转变。②

(二)幼儿统计活动的教学内容

有关简单统计的教学活动一般适宜于中、大班进行。具体的教学内容主要包括:通过资料的收集、整理过程,在分类、比较的基础上建立统计意识,学会简单的统计;能看懂和学习用实物图表、象征性图表和数符号等记录方式的统计;尝试用统计思想对生活和游戏中的有关资料信息进行数据的收集、整理、分析和解释,从而形成判断或预测。

(三)学前儿童统计教育活动的设计与实施

1. 在生活和游戏中感知统计的形式,形成统计意识

幼儿对数据和概率很感兴趣,也能在日常生活和游戏活动中运用这些概念。数据的分析和概率也关系到数与运算、测量、分类、比较等活动。如,今天有多少孩子来幼儿园了?男孩多还是女孩多?大家投票最多的喜欢吃的饼干口味是哪一种?儿童可能帮助统计不同口味的饼干的票数,通过观察或点数找出票数最多的一种。当幼儿分析数据时,他们不但通过属性进行分类,并且能进行量化。

统计活动中运用的各种表达方式帮助幼儿组织、显示、分析他们的数据。教师建立的表格有预定的分栏,可以帮助幼儿有效地组织数据。而为了让数据具有实际意义,统计活动必须与儿童的生活和游戏活动中的事物直接相关。比如,关于"鞋子统计"的活动,主要是调查孩子们穿的鞋子的类别。教师可以把表格制作到磁性板上,孩子的名牌也是用磁条。孩子如果穿了不同的鞋子,每天还可以改变统计表。教师确定幼儿所穿鞋子的类型,从而确定哪些属性可以用于统计。这个活动对小班幼儿来说,是进行统计的一个良好开端,可以吸引幼儿参与到统计活动中来。

2. 在实际操作活动中体验、分享和交流统计结果,形成对数据的简单解释和判断

儿童对统计意义的认识和对统计技能的掌握均需要通过亲身的参与和体验才能逐步建立和深入。在统计记录方式和对统计数据的分析与解释中,儿童一般是先认识和学会实物图表,慢慢才进入到象征性图表,从而发展到数符号图表。这就需要教师和成人有意识地引导和启发幼儿进行相应的探究性操作活动,让幼儿在自身参与和大胆尝试、积极思考的过程中,通过与他人经验的交流与分享,体验到统计对解决生活和游戏中问题的有用和有趣,获得和提升统计过程中收集数据、整理数据、分析数据、解释数据的相关经验和方法,并能适时

---

① 夏娟.5~7岁儿童统计思维的发展研究[D].上海:华东师范大学,2011.
② 夏娟.中大班幼儿统计数据表征能力的发展[J].幼儿教育,2011(10).

地对某些结果做出简单的判断和预测。教师在和幼儿交流、分析统计方式和相关经验的过程中,应注意不时地鼓励和提示幼儿对自己的统计结果作出简单的判断和预测。如,在前述的"鞋子统计"活动中,教师要适时地引导提问:"今天教室里穿得最多的一种鞋是什么?"这样可以引发幼儿解决问题的兴趣。"你知道哪种鞋得票最少吗?"可以引发幼儿的推理和论证。"今天穿带扣鞋的人多,还是穿没有带扣鞋的人多?"可以引发幼儿的交流和讨论。"如果两栏一样高的话,它们的票数一样多吗?""多少人穿粘扣鞋,才能让这种鞋得票最多?"可以引发幼儿对数据的分析和预测。

> **案例 7-9**
>
> **活动名称:天气统计**[①]
>
> (一)活动目标
> (1)感知统计的有用和有趣,建立对统计的兴趣。
> (2)初步了解统计的方法,学习观察、比较、记录。
> (二)活动准备
> (1)一张两周的天气记录表(其中晴、阴、雨各有数天为宜)。
> (2)幼儿人手一份印有 3 行同样大小的正方形格纸一张,红、蓝、黑笔各一枝。
> (3)幼儿人手一张空白的 A4 纸。
> (三)活动过程
> 1. 观察认识天气记录表
> (1)教师出示天气记录表,激发幼儿兴趣。
> 提问:这是什么表?这一天是什么天气?(分别指晴天、阴天、雨天)这张表是讲什么的?
> (2)引导幼儿观察、讨论。
> 这是两个星期的天气记录表,当中有晴天、阴天,还有雨天。我们怎样知道这么多天里有几天晴天,几天阴天,几天雨天呢?想一想,我们有什么好办法?让别人一看就明白的方法。
> 2. 动手操作,尝试多种方法建立统计表格进行统计,并对统计结果进行比较
> (1)小组探索统计方法。
> 教师对幼儿进行分组(以 3~4 位儿童一组为宜),请小朋友分组探索如何进行统计?并以小组为单位分别汇报自己的统计方法和统计结果。
> (2)教师提示统计方法。
> 教师:这是一张天气统计表,小朋友们自己动手统计,一个晴天在太阳这一行用红笔涂满一格,有几天晴天涂几格,阴天,在有云彩的一行涂蓝色,有几个阴天涂几格。雨天在虚线一行涂黑色,有几个雨天涂几格。最后观察比较,哪种天气多?哪种天气少?

[①] 引自幼儿学习网,有删改。http://www.jy135.com/kindergarten/shuxue/2008/0216/12355.html。

3．讨论

(1)请几个小朋友轮流说一说自己天气统计表的结果。

(2)提问：

①晴天和阴天比，哪种天气多，哪种天气少？

②晴天比阴天多几天？阴天和雨天比哪种天气多？哪种天气少？阴天比雨天多几天？

小结：我们今天学习了一种新本领，学会了用统计的方法观察、比较我们周围的东西。请大家在以后的生活中多用这种方法来记录、比较我们看到的东西。

(四)活动延伸

户外活动时，引导幼儿观察天气的情况。

本章小结

客观世界中的物体和现象存在着量的不同差异，对量的认识和测量是儿童数学学习中非常重要的方面。本章分别介绍了学前儿童关于量的关键性经验，主要包括量的比较、量的排序、量的等分、量的守恒和量的测量；学前儿童量的认知能力发展及其特点；学前儿童关于量的概念的教育活动设计与实施；学前儿童测量与统计教育活动的设计与实施。测量与统计是学前儿童数学学习的一个重要组成部分，学前儿童的测量主要是一种自然测量，而统计是儿童数学学习中重要的一种数学表征方式。

思考与练习

1. 结合幼儿园的见习与观摩活动，思考并评析幼儿园开展有关量的概念的教育活动的有效形式与指导要点。

2. 搜集有关幼儿园量的概念的教育活动方案，分析讨论方案设计的成功与改进之处。

3. 结合幼儿园的见习与观摩活动，思考并评析幼儿园开展的有关统计内容的教学活动。

第8章　学前儿童空间与时间教育活动的设计与实施

> **教学目标**
>
> 1. 学习和理解学前儿童认识空间几何形体、空间方位关系和时间概念的关键经验。
> 2. 学习和理解学前儿童空间几何形体认知的发展特点,掌握学前数学教育对不同年龄段儿童的空间几何形体学习活动的要求、内容和设计要点。
> 3. 学习和理解学前儿童空间方位关系认知的发展特点,掌握学前数学教育对不同年龄段儿童的空间方位关系学习活动的要求、内容和设计要点。
> 4. 学习和理解学前儿童时间认知的发展特点,掌握学前数学教育对不同年龄段儿童的时间概念学习活动的要求、内容和设计要点。

心理学的研究认为,人类的认识是基于对自身和空间的理解,沿着由近及远,由具体到抽象,由身体和空间到其他语义域逐步发展起来的。在人类的感知和体验过程中,身体和空间首当其冲,是形成若干其他概念(包括抽象概念)的主要基础。在人类认知发展的连续体中,空间概念的形成先于时间概念,空间概念可以向时间和许多抽象领域拓展。

从科学意义上看,时间和空间都是客观存在的物质世界的表现形式,整个物质世界都是存在于一定的时间范围和空间范围之中。空间和时间是构成儿童日常生活过程的主要概念,但对儿童来说又是比较抽象的概念。儿童对空间和时间概念的感知和理解,从其出生起就在不断与环境的互动中发展着。对学前儿童进行初步的空间和时间概念的教育,有利于初步发展儿童对其生活世界中的空间和时间的知觉能力,帮助他们更好地适应日常生活,更好地理解和把握现实世界。本章主要就幼儿空间概念和时间概念获取所涉及的关键性经验、幼儿空间和时间概念发展的特点、幼儿学习空间和时间的要求以及空间和时间概念教育活动设计与实施等几个方面的问题进行讨论。

8.1　学前儿童关于空间和时间的关键性经验

空间是客观物质的存在形式,由长度、宽度、高度表现出来。任何物质都存在于一定的空间之中,并且和周围其他事物存在着空间上的相互关系。时间也是物质存在的基本形式之一,也是人类生活中最普遍的现象。时间是物质存在的"持续"属性,空间是物质存在的"广延"属性。空间和时间是事物之间的一种次序。空间用以描述物体的位形,时间用以描述事件之间的先后顺序。

空间范畴一般包含诸多语义内容,如距离、面积、位置、位移、形状、处所、途径、方向等,学前期儿童学习空间概念的关键性经验主要涉及形状、位置和方向等。时间是人类生活中最基本的和最习以为常的经验之一,但人类并没有对时间的直接感受器,在传统的生活中,人们是凭借着各种自然界的周期性变化和循环来认识和测量时间的。儿童的时间经验主要体现在儿童对物体存在的持续性和变化的顺序性的认识。本节主要介绍学前儿童关于空间概念和时间概念的一些关键性经验。

一、空间几何形体的关键性经验

2001年我国基础教育数学课程改革颁布的《全日制义务教育数学课程标准（实验稿）》在总体目标中提出："要使学生丰富对现实空间及图形的认识，建立初步的空间观念，发展形象思维。""学生的空间观念包含图形的识别与理解能力、图形的分解与组合能力、图形的建构与探索能力、对图形的运动与变换的欣赏和利用几何直观解决问题能力五个基本成分。其中，图形的识别与理解能力是空间观念的基础，图形的分解与组合能力是空间观念得以健康发展的基本条件，良好的图形的建构与探索能力是空间观念发展的标志，对图形的运动与变换的欣赏是空间观念逐步成熟的前提，利用几何直观解决问题的能力是空间观念成熟的标志。"[1]

几何是研究空间中的形状和空间形式的数学。克莱门茨与巴蒂斯特曾提出："几何是帮助我们去阐释与反映外在物理环境的一种方法，并且可作为学习其他数学和科学题材的工具。尤其是加强几何的空间思考，有助于高层次数学能力的发展。"[2]几何经验不仅可以为儿童提供连接数学与真实世界的一个最佳机会，而且培养了儿童理解和解释世界所必需的空间能力。幼儿从很早开始就忙着建构各种几何概念。他们在空间里游走，他们在空间的位置与其他环境物体相对照，他们探索环境里的各种形状。幼儿的环境充满了图形和形状，在常见的图形和形状之间建立关系，能够帮助幼儿在逻辑上联系数学的其他领域。

《指南》提出让幼儿感知形状与空间关系：能关注和感知物体的形状特征与形体结构特征，能感知物体的基本空间位置与方位，能运用几何形体和空间方位经验尝试解决生活中的问题。儿童学习几何是从识别几何图形，掌握几何概念开始的。学前儿童的几何能力主要体现在图形的辨认与比较、图形的组合与分解等方面，初步认识一些简单的平面几何图形和一些简单的立体几何图形的名称、特征，并能按其不同特征进行分类、排序等活动，具有辨认、拼搭、分解几何图形的能力，是学前儿童数学教育的重要内容之一。

（一）空间几何图形的辨认与比较

根据荷兰数学家范希乐（van Hieles）夫妇的几何思维发展水平理论，儿童对几何图形的辨认经过了知觉辨认和特征辨认两个水平：知觉辨认即通过视觉或触觉系统来对几何图形的类别进行判断；特征辨认是根据几何图形的特征，如边、角、边与边的关系、角与角的关系等来进行判断。一般在心理学和数学研究中，主要通过"命名"（说出形状的名称）、"指认"（根据名称指认形状）、"匹配"（找出相同的形状）、"分类"（将同一类形状放在一起）、"拼合"（将拆分后的形状拼回原形）等任务来分析儿童的图形辨认能力。学前儿童数学教育的几何形体主要涉及平面图形和立体图形两部分。

1. 平面图形

几何图形是指点、线、面以及它们的集合。而在同一平面内的点、线、面所构成的图形叫平面图形，它只表示空间的长度和宽度，又称二维平面图形。学前儿童的平面几何图形认知一般包括圆形、三角形、正方形、长方形、椭圆形、梯形等。具体描述如下。[3]

（1）圆形。在平面内，到一定点距离等于定长的点的集合。圆是由封闭曲线围成，半径

---

[1] 王林全.空间观念的基本构成与培养——兼谈美国如何发展学生的空间观念[J].数学通报,2007(10):24—27.
[2] Clements, D. H. & Battista, M. T. (1992). Geometry and spatial reasoning, in: D. A. Grouws(Ed.) Handbook of research on mathematics teaching and leaning. New York: Macmillan Press. p.420.
[3] 邹兆芳.幼儿数学新编[M].第2版.上海三联书店,2005(第2版):16.

都相等。

(2)三角形。由不在同一直线上的三条线段所围成的封闭图形,如三角尺、三角铁等。

(3)正方形。有一个角是直角,且有一组邻边相等的平行四边形(两组对边分别平行的四边形)。正方形的四个角都相等,都为90°,四条边也相等。

(4)长方形。有一个角是直角的平行四边形。长方形的四个角都相等,两组对边分别相等。

(5)梯形。只有一组对边平行的四边形。平行的两条边叫梯形的底,不平行的两条边叫梯形的腰。

正方形、长方形、梯形都是四边形的特殊情况。

(6)椭圆形。在平面内,到二定点距离的和等于常量的点的集合。椭圆也是封闭曲线围成的,长轴和短轴不相等。圆形是椭圆形的特殊情况。

2. 立体图形

立体图形是指由空间点、线、面所构成的图形,它是由面围成的封闭图形,表示空间的长、宽、高三个维度。学前儿童对立体图形的认识一般包括球体、圆柱体、长方体、正方体。具体描述如下。[①]

(1)球体。一个半圆以它的直径为轴旋转所得的曲面所围成的几何体,如皮球、弹子等。球的截面是一个个大大小小的不同的圆形,经过球心截得的圆形为最大圆。

(2)长方体。底面是长方形的直平行六面体(底面是平行四边形且侧棱和底面垂直的平行六面体),如火柴盒、包装盒等。其表面展开图的六个面都是长方形或四个面是长方形、两个面是正方形。

(3)正方体。棱都相等的长方体叫正方体,如玩具魔方、骰子等。其表面展开图由六个正方形组成。

(4)圆柱体。以长方形一边所在直线为轴旋转一周形成的曲面所围成的几何体。如圆木头、易拉罐、电池棒等,其展开图为两个圆和一个长方形。

(二)空间几何图形的组合与分解

1. 几何图形的组合

几何图形组合能力是几何能力的一个重要方面,它是指把多个图形组合起来,形成一个更大的图形或者形成一个几何图案的能力,主要表现为:使用几何图形进行自由组合创造、用几何图形填充图案拼图、以及图形组合的心理表征等方面。克莱门茨等人通过对儿童的几何图形组合能力的系统研究后提出,儿童要有效地完成几何图形的组合任务,必须具有以下能力:①能够构思形状的图示,并能将想象的图示与目标图示进行匹配;②能够逐渐具有辨别、操作单个以及多个几何形状的能力;③能将一个形状与另一个结合起来(从尝试错误到考虑原因);④能够进行形状的替代等。

几何图形组合活动能够帮助儿童感知和理解图形的特征,发现图形之间的关系,形成图形以及图形组合过程的心理表征,等等。

2. 几何图形的等分

等分几何形体就是把某些几何形体分成相等的几份。等分的份数越多,每一份就越小。

---

① 邹兆芳.幼儿数学新编[M].第2版.上海三联书店,2005:17.

其中,分成相等的两份叫二等分;分成相等的四份叫四等分。学前期儿童主要学习二等分和四等分。儿童在日常生活过程中经常会有等分的经验,如切分蛋糕的经验、折纸的经验(将一张正方形的纸折成两个一样的长方形或三角形,或将一张正方形的纸折成四个一样的正方形或三角形等)等。等分经验不仅可以帮助儿童获取等分的知识和技能,了解整体与部分的关系,而且也是儿童建立初步的除法和分数概念的感性经验基础。

二、空间方位的关键性经验

(一)空间方位的基本特性

任何物质都存在于一定的空间之中,并且和周围的其他物体存在着空间上的相互位置关系,也就是空间方位关系,一般用上下、前后、左右等词语表示。可见,空间方位是一个关系概念,位置和方向是空间范畴中的重要概念,也是两个有密切联系的概念,位置是占有一定空间的点、线、面、体,而方向是面对的某一位置。空间关系,一般地讲,是指某一物体(或该物体的动作或特征)同另一物体(即参照物)在空间上的相互位置关系,要确定位置的这个物体是焦点物,也叫目的物或目标物;为了说明该物体位置而参照的那个物体是参照物。

一般来说,空间位置关系具有以下三个基本特性。[1]

1. 相对性

我们生活的周围空间是向纵、横、深三个方向扩展的,空间坐标系按照纵、横、深三个扩展方向形成的三对相对应的基本方向分别表示为前后、左右和上下三对方向的位置。它们都是相对的方向位置概念,上是对下而言,前是对后而言,左是对右而言。人们在日常生活中对物体的位置定向的理解常包含了这种相对性,包括以下三个方面。

(1)主体对它周围客体的相对位置。例如:我站在汽车的前面。

(2)周围客体对主体的相对位置。例如:汽车在我的后面。

(3)各物体相互之间的相对位置。例如:自行车在汽车的前面,汽车在自行车的后面。

物体位置的辨别需要有参照物(基准),如以自身、地球或其他自由选定的物体作为参照物。幼儿认识空间方位是从以自身为中心逐步过渡到以他物为中心。幼儿先认识以自身的定向为出发点:上面是头,下面是脚(如头上有片天,脚下有条路);前面是胸,后面是背(如胸前,背后);右面是右手,左面是左手;再逐步认识到以他物为出发点。由于参照物是可变的,是相对而依存的,因此,空间方位就具有相对性特征。

2. 连续性

由于空间方位是一种相对存在的位置关系,也就使得空间位置关系具有连续性特征。上下、前后、左右是空间向纵、横、深三个方向扩展的,前后是相对的,前是向前扩展的一种无限的延伸,后是相对前而存在的一种向后的无限延伸。因而,这种相对的空间位置关系是处于一种空间连续体中。

3. 可变性

"上下、前后、左右"都是相对位置,即它们会随观察者视角的变化而变化。物体的空间位置关系的可变性主要是由于物体位置辨别中的参照体系是可变的,参照物的变化就会造成所考察的目标物的位置关系的变化。可变性、相对性和连续性所反映的物体空间位置关

---

[1] 黄瑾.幼儿园数学教育与活动设计[M].北京:高等教育出版社,2010:248.

系的基本特性是一致的。

(二)空间方位的关键性经验

空间方位关系在汉语中主要是用方位词来表征。方位词是汉语中一个封闭的词类，分单纯方位词和合成方位词，合计总数一百多个，单纯方位词数量极其有限，只有十六个，上、下、左、右、前、后、东、南、西、北、里、外、中、内、间、旁。除"上、下""前、后"可以成对单用外（如"上有天堂，下有苏杭""前有埋伏，后有追兵"），一般不能单独使用表达空间关系。

上与下的主要意义是高于或低于某个参照物的位置，而且参照物与这个位置基本上在同一垂直于地面的垂线上或在该垂线两边附近，也就是说，垂直的概念和由它推导出来的高低概念是使用上和下的先决条件。

前后、左右是以参照物立足于一个水平面时所指的水平方位。这个水平面指地表或平行于地表的某个想象中的水平面。水平面的概念是使用前后、左右这组方位词的先决条件。

"左"与"右"所指的方位是以人左右手所指的方位为基础的。当参照物无左右手但本身的特征能定出前后方位时，就可以将它拟人化，以"左、右手"所指的方位为其左、右方位。

"里""外"属于拓扑性质的空间方位，即是说它们不随观察者视角的变化而变化："里"指面或体的范围圈所包围的方位，不被范围圈包围的范围为"外"。

幼儿对物体空间方位的知觉开始不能加以区分，他们只注意到物体本身而不能知觉到物体之间的位置关系。幼儿认识空间方位的区域是由近及远逐步扩大的。一般先把整个区域分成两个区域：或上和下，或前和后，或左和右，而且在每一对相对的位置关系中，开始只能分出一个标记来，如上面、前面等，然后在与一个标记的比较中才认识到相反的标记，形成互逆的空间概念。如里面—外面、上面—下面、前面—后面等。

三、关于时间概念的关键性经验

时间是客观物质存在的一种形式，是物质运动、变化的持续性、顺序性的表现。它是由过去、现在和未来所构成的一个连续性范畴。时间概念是指人脑对物质运动过程的持续性和顺序性的反映，是人脑对时间的长短、先后、快慢等变化的反映。时间是客观存在的，但人类却没有特定的感知时间的感受器，个体对时间的知觉是在多种感受器的参与下，通过对事件的始末的时点及有关的时间参照系进行加工而间接地认知时间的。时间与幼儿生活密切联系，幼儿初步认识时间，有利于感知时间存在和时间知觉的发展。

时间具有以下特点：①流动性：时间与物质运动相联系；②连续性：时间是永远不能也不会间断的；③均匀性：时间均匀地流动着；④不可逆性：时间不能倒转，流逝过去的时间不能再回；⑤无直观性：时间看不见、摸不到，没有直观的形象；⑥相对性：时间的程序不是绝对不变的，同一天中的晚上比早上晚，但今天晚上比明天早上早。

我们在日常生活中会经常涉及时间概念，但所有的时间词汇常常表示着不同的含义。有的表示时间的长短（如1天、1小时等），有的表示时间的先后顺序（上午、中午、下午等），有的表示具体的时间节点（如6月1号，三点一刻等），还有的则表示速度（快、慢等）。时间心理学家一般把对刺激序列在5秒钟之内的时间认知界定为时间知觉，而把刺激序列超出5秒钟以外的时间认知则称为是时间记忆。已有研究认为时间认知主要分为时序认知、时距认知和时点认知。而时序、时距、时点三个概念又是相互联系，彼此依存的。

(一)时序

时序是指客观现象的顺序性，即两个或多个事件可以被感知为按顺序组织的不同事件，它依赖于我们对变化的体验,如昨天、今天、明天,去年、今年、明年等。从定义出发,时序概念包含三个属性:顺序,指的是个体能够在一系列项目或事件中知觉出各组成成分的先后顺序;位置,指对项目或事件在相应的时间量尺上所处位置的知觉;间隔,指的是对项目之间间距的知觉。对应着三种属性的检验分别称为顺序判断、位置判断、间隔判断,这三种判断任务类型对儿童提取时序信息的要求有所不同。一般情况下,间隔判断和位置判断的难度要大于顺序判断,因此,学前儿童的时序认知主要在于顺序判断。汉语口语中时间词的表达大多借用空间概念,如"上午、下午、前天、后天"等。

幼儿初步认识时间的内容主要包括早晨、中午、晚上、白天、黑夜、今天、昨天、明天;一星期的七天排列,昨天是星期几、今天是星期几、明天是星期几等时序概念。

幼儿感知时序需要成人把通用的时间标准和时间单位与幼儿的实际生活联系起来,如幼儿每天生活的整个节律,即早上盥洗、吃早饭、上幼儿园、学习活动、吃午饭、睡午觉、游戏、回家、吃晚饭、看电视、睡觉的时序促使幼儿对时间条件反射的形成。

众多研究表明,幼儿认知时序由近及远,先认识一天中的早、中、晚,再认识一周内的星期几和一年内的四季。幼儿常对时序作静止的和固定的理解,他们对一天中早、中、晚的时序容易理解,而对把昨天的晚上和今天的早上、中午进行排序感到不理解。

(二)时距

时距(duration)是客观现象的持续性,即两个连续事件间的间隔性或某一事件持续的时间段。如2011年与2012年相差的年份,从家到学校所花费的小时等。

对时距的认知主要包括时距知觉与时距估计两个方面,它们是两种不同的加工过程。时距知觉涉及心理感知,指在知觉上认识两个连续事件的或多或少的同时性的能力。时距估计是指不用"钟表"等物理标尺,儿童对时间进行估计的能力。时距估计要求判断的是仅靠感知不能判断的时距,这里有记忆系统的介入,当记忆用于将某时刻与现在的某时刻相连或联系两个事件时,就会有对时距的估计。

时间的计算是利用物质运动的周期性作为尺度的。例如地球环绕太阳公转一周所经历的时间称作1年(公历),地球自转一周所需的时间称为1天。一年有365天,每月有30或31天,二月有28天。一年有12个月。一周有7天,星期日、星期一、星期二、星期三、星期四、星期五、星期六。一天分成24个小时,1小时分为60分钟,1分钟分为60秒。在儿童的生活中,他们常常会用很长时间、很短时间、一小会儿时间、马上等等时间词语对时距做总体描述,也会逐步采用一些具体的习俗时间单元概念来表述,如儿童能说出具体有几天、几个星期、几个月等。

(三)时点

时点是指关注具体的时刻,是连续性时间序列上的具体节点。主要包括儿童对常用时间、时钟、日历等时间单位的初步认识,以及具体的时间点上所要做的事件等的认知。如现在几点了?今天是几号?今天是什么节日?不管是历史事件还是个人事件,人们总是能将其定位在时间轴的某一点,如发生在某日的几刻,甚至更为详尽。人们也通常是通过这种习俗时间定位方式来计划自己的未来,如要在何年何月何日完成某项任务。

钟表在幼儿的生活中是经常可以接触到的,钟和表用来计算时间,时间单位是秒、分、时,既可以计算时距,又可以用来指示时点。钟和表上的短时针指示小时,它每12小时走一圈;长针指示分,它每60分走一圈。钟面上的每一个数代表某一点钟,用长针和短针的指示来表示具体时点。学前儿童主要是对整点和半点进行认知。

8.2 学前儿童空间概念和时间概念的形成与发展

空间和时间是物体存在的两种基本形式,空间认知发展与时间认知发展都是儿童认知发展的重要领域。黄希庭等人在针对5~9岁儿童的时间观念发展的研究中发现,5岁儿童在时间估计和再现时距中,往往分不清事物的时间关系和空间关系,用事物的空间关系来代替时间关系;6岁儿童开始把事物的时间关系和空间关系区分开来,但是这种区分仍很不完全,再现时距的准确度仍受到空间关系的影响;7岁儿童基本上能把事物的时间关系和空间关系区分开来,再现时距的准确度已很少受空间关系的影响;8~9岁儿童能区分事物的时间关系和空间关系,再现时距的准确度大为提高。这一结论与皮亚杰的研究结果基本一致。已有研究表明,幼儿期是儿童空间认知和时间认知快速发展的时期,本节主要就学前儿童在空间几何形体概念、空间方位概念和时间概念三方面的发展规律和特点加以介绍。

一、学前儿童空间几何形体的认知发展

几何形体是对客观物体形状的抽象和概括,具有普遍性和典型性。各种几何形体源于世界中的具体物体,但又高于具体的物体。物体的形状在几何形体中得到概括性的反映。幼儿对几何形体的认知过程是一个动态的发展过程。

(一)学前儿童几何形体认知的一般发展过程

幼儿认识几何形体的发展过程,可以从不同的方面加以反映。

1. 儿童几何思维发展的转换过程

在儿童几何思维发展方面,主要有两种具有影响力的理论,分别为皮亚杰和英海尔德(Piaget & Inhelder)的空间概念发展理论与荷兰数学家范希乐夫妇(van Hiele-Geldof & van Hiele)的几何思维发展水平理论。

皮亚杰和英海尔德的空间概念发展理论有两个主要的思想。首先,他们认为"空间表征是通过儿童动作和动作的内化的组织过程得以实现的"。儿童对物体形状和几何形体的认识是其身体、眼睛、思想与环境互动的结果。其次,他们认为儿童对于几何概念的理解与其认知发展密切相关,儿童的几何思维经历了拓扑几何、投影几何、欧几里得几何三个阶段。处在拓扑阶段的儿童仅能够分辨封闭图形和开放图形;而处在投影几何阶段的儿童开始能区分欧氏几何图形中的直线图形和曲线图形,但还不能区分直线图形之间的差异;进入欧氏几何阶段的儿童则能够辨认直线的欧氏几何图形,如区分正方形和六边形。6岁前的学前儿童还未进入欧几里得几何阶段。

但后来的一些研究结果表明[①],无论是拓扑几何图形还是欧氏图形,儿童的认识都有先有后,3~5岁儿童已经能进行欧氏几何图形的区分,但在每个年龄水平上拓扑图形的辨认都要优于欧氏几何图形的辨认。在4岁年龄水平上儿童辨认拓扑图形的能力有显著提高,在5岁年龄水平上儿童辨认欧氏几何图形的能力有显著提高。

范希乐夫妇的几何思维发展水平理论认为,儿童对几何图形的辨认经过了知觉辨认和特征辨认两个水平。知觉辨认即通过视觉或触觉系统来对几何图形的类别进行判断,开始

---

① 赵一仑.拓扑占优——学前儿童空间概念特点的实验研究[D].华东师范大学研究生博士学位论文,2007.

于非语言的思考。特征辨认是根据几何图形的特征,如边、角、边与边的关系、角与角的关系等来进行判断,属于描述性水平,开始于语言的思考。大部分学前儿童主要处于知觉辨认的水平,也有部分儿童进入到特征描述性水平。

幼儿对几何形体的认识是从感知开始的。在实际生活中,幼儿积累了他们对几何形体的最初的感知经验。心理学的研究表明,幼儿认识物体的形状不只是在视觉感知过程中实现的,同时也通过触摸的动作,并借助语言表达来实现。多种分析器的协同活动促进了幼儿对物体形状更准确的感知。通过对幼小儿童在感知物体形状时眼睛的运动和手的动作的研究发现,3岁左右儿童感知几何形体的水平较低,他们仅注意形体的某一个别特点;而4岁幼儿认识几何形体时却常常只注意图形的内部,好像只在观察它的大小,因此不能准确地确定形状;5岁幼儿的视觉才开始注意到形状的最典型部分;6～7岁儿童逐渐形成沿图形轮廓转动眼球模式,好像是在按其形状制作模型,从而保证其对形状的确切认知。

在运用视觉感知物体形状的同时,幼儿的触摸觉也在积极地参与。研究发现,3岁儿童手的动作更类似抓握;4岁儿童逐渐出现了手掌和手指前部表面的积极触摸运动;5～6岁的儿童可用两手触摸物体,两手相向或分开运动,并开始用指尖触摸,观察图形的整个轮廓,好像在照着物体的形状制作模型。

2. 几何形体感知与词的联系

儿童对几何形体的认识过程不仅是对图形的知觉过程,而且也需要借助于语言的表征。从幼儿感知几何形体的外部形状到能应用相应的语词表征,有一个渐进发展的过程。国内研究者对儿童平面几何图形辨认能力的发展进行了较为广泛的研究,主要通过"命名"(说出给定形状的名称)、"指认"(根据名称指认图形)、"匹配"(找出与给定范例图形相同的图形)、"分类"(将同一类形状放在一起)、"拼合"(将拆分后的形状拼回原形)等任务来分析儿童的图形辨认能力。研究者们发现,儿童在几种任务中的能力水平是不同的,发展有先有后。丁祖荫等人(1985)研究发现,学前儿童的图形匹配成绩最好,指认其次,命名成绩最差。因而,儿童对形体的感知与词的联系的发展过程需经历匹配→指认→命名的过程。

3. 学前儿童辨认各种几何形体的顺序

研究显示,幼儿对图形概念的理解从3～4岁开始建立,5～6岁开始稳定。幼儿开始很快就学会命名常见的图形,由于幼儿生活经验和形体自身的复杂程度等因素的影响,幼儿在认识几何形体时,表现出明显的先后顺序。首先是先平面图形后立体图形;其次,在平面图形中,国内外的研究中,比较一致的看法是:圆形、正方形、三角形、长方形、半圆形、椭圆形、梯形、菱形等;立体图形的认识顺序是球体、立方体、圆柱体、长方体和圆锥体。幼儿在认识立体图形时,易和平面图形相混淆。

4. 幼儿几何图形组合能力的发展

几何图形组合能力是指将两个及以上的几何图形组合起来,形成一个图形或者是一个几何图案的能力。它体现了儿童对几何形体之间关系的认知、理解和应用能力。克莱门茨等人通过研究发现儿童在平面几何图形组合能力的发展上,可以划分为七个阶段。学前儿童主要处于前四个阶段。[①]

(1) 前组合阶段。不能够进行图形组合,甚至不能完成简单的拼图任务。

---

① 常宏.3～6岁儿童平面几何图形组合能力的发展研究[D].华东师范大学硕士学位论文,2009.

(2) 零散组合阶段。使用尝试错误完成简单的图案框架,将图形简单连接起来形成图案,从整体上看待图形。

(3) 图像阶段。使用尝试错误来将几个图形连接起来形成一个图案,通过图案的轮廓线或者轮廓线的长度来匹配图形。开始尝试错误地旋转和翻转形状。

(4) 形状组合阶段。有意识地将图形组合起来形成新的图形或图案。既通过边也通过角来判断要选择的图形,并逐渐能根据已经拼好的部分的角来考虑多个备选的形状;能够形成图形的图示,有目的地旋转和翻转形状。

我国有研究也进一步证实了克莱门茨等人的阶段理论。小班幼儿在几何图形组合能力测查中,以阶段(2)和阶段(3)的行为特征为主,其几何图形组合能力主要处于阶段(2)、阶段(2)~(3)过渡期、阶段(3)几个水平;中班幼儿以阶段(3)的行为特征为主,图形组合能力主要处于阶段(2)~(3)过渡期、阶段(3)、阶段(3)~(4)过渡期几个水平;大班幼儿以阶段(4)和阶段(3)的行为特征为主,主要处于阶段(3)~(4)过渡期和阶段(4)两个水平。[①]

总体来说,幼儿的几何图形组合能力的发展是由尝试错误的方式走向利用图形的心理表征来预期图形的组合。儿童可能是在中班(4~5岁)开始出现图形组合的心理表征能力,并在中大班阶段(4~6岁)得到显著的发展。

(二) 学前儿童几何形体认知的年龄特点

1. 3~4岁(小班)

小班幼儿已对学前期认知的大多数平面图形有较好的匹配能力,能正确认识圆形、正方形和三角形。对这三种图形不仅能正确匹配、指认,而且能正确命名,并且也能按照这些图形找出周围环境中的相应物体。但他们不是从这些图形的特征来认识,而是将其和自己日常生活中熟悉的物体相对照,所以有的幼儿会把圆形说成是"太阳",把三角形说成"小旗",等等。

2. 4~5岁(中班)

中班幼儿能够正确认识的平面图形增多,如长方形、半圆形、椭圆形、梯形、菱形等,而且能理解平面图形的基本特征(角和边的特征),并能根据特征比较不同的图形。中班儿童已经能认识到图形守恒,不受图形大小、颜色和摆放位置所影响,对图形做出正确的辨认和命名。他们能理解平面几何图形之间的简单关系,对使用平面图形拼搭物体表现出很高的积极性和一定的创造性。

3. 5~6岁(大班)

大班幼儿已能够理解一种图形的典型特征,并在头脑中形成某种图形的"标准样式",从而能够根据图形的特征进行正确判断。大班幼儿能够理解图形之间较复杂的组合关系,如图形之间的关系不仅表现为一个图形可以由几个相同样式的其他图形组成,也可以由几个不同的图形组合而成。大班幼儿还开始认识一些基本的几何体,做到能正确命名并知道其基本特征。

二、学前儿童空间方位的认知发展

心理研究表明,个体心理起源于动作,动作是主体认识客观世界的源泉,儿童从很早开始就通过他的视觉、触觉等感官和周围世界中的物体接触,儿童通过与客体的接触,不仅获得了"客体永久性"概念,而且在对客体进行探寻的过程中,形成最初的空间意识。随着儿童

[①] 常宏.3~6岁儿童平面几何图形组合能力的发展研究[D].华东师范大学硕士学位论文,2009.

思维的发展，儿童的空间概念也逐步发展起来。儿童空间方位概念的逐步发展过程中会表现出如下的规律和特点。

(一)学前儿童空间方位概念发展的一般过程

1. 以自身为中心的空间定向到以客体为中心的空间定向的发展过程

幼儿在理解空间方位概念时必须从一个相对的关系来认识，这对于思维还不具有相对性的幼儿来说是有困难的。幼儿的空间方位概念总的来说是从以自我为中心的定向逐渐过渡到以客体为中心的定向过程。

研究表明，儿童在认识空间方位关系时，首先是从自身出发，以自己的身体作为参照体系来辨别周围客体的方位。幼儿首先学会的是辨别自身身体部位的不同方位，如头在上，脚在下，胸(脸)在前，背在后，右手拿勺子，左手扶碗等。然后儿童再把不同的方向与自己本身的一定部位相对应，建立了以下类型的联系：头上，脚下，面前(胸前)，背后，右面是右手，左面是左手。儿童在判断客体空间方向的过程中，是以自己的身体为出发点，来判断相对于自己身体的客体在空间中所处的方位。如"头上有屋顶，脚下有地板。""我的面前是一幢房子，背后是一座小山。"

在此基础上，幼儿逐渐能做到以客体为中心区分空间方位关系。以客体为中心的定向，是从客体出发，以空间中的某一客体为参照物，确定其他目标客体与之形成的位置关系。如：桌子的前面是黑板，桌子的后面是椅子。但由于幼儿思维具有自我中心状态，他很难站在别人的立场上思考问题，因此这种客体中心定向能力(尤其是以客体为中心判断左右)在学前期是很不完善的。比如儿童逐步能以客体为中心判断上下、前后的方位，但以客体为中心的左右概念却较为困难。

此外，儿童在获取和理解空间方位概念的过程中，伴随着由自我中心向客体中心的转化过程，儿童对空间方位概念的理解也是从绝对性走向相对性的。儿童最初是以自我为中心认识事物之间的空间位置关系，所以对以自己为中心的上下、前后、左右的方位关系，儿童会看作是绝对性的关系。但随着儿童能开始以客体为中心定向空间方位关系，儿童参照体系在发生不断的变化，儿童会认识到空间方位关系是随参照物的改变而变化的，任何空间方位关系均是依据参照体系的建立而存在的。没有绝对的上下、前后、左右的空间关系。

2. 学前儿童空间概念的发展规律

幼儿空间概念的发展，既表现为他们认识空间方位时明显的顺序性，也表现为他们辨别空间方位区域的扩展。

(1) 上下→前后→左右

幼儿对空间基本方位的认识顺序是：上下→前后→左右。我国学者关于2~6岁儿童对空间词汇掌握情况的研究表明，儿童在4岁时能基本掌握"上、下、里"三个方位词；5岁时除能掌握上述3个词外，还能掌握"前、后、中、外"4个方位词；儿童对于"左右"的掌握比较困难，直到6岁还有一部分儿童不能正确理解这两个方位词。[①] 出现这种发展规律的原因是和不同方位概念的复杂程度有关。虽然上下、前后、左右都是相对概念，但"上、下"是垂直方向的，头为上、脚为下的竖直方向是以天、地的位置关系为标准建立的参照体系，其方向性一般是不会改变的。而前后和左右方位都是表征水平方向上的位置关系，这种方向关系会因定

[①] 张仁俊.儿童对空间词汇的掌握[J].华东师范大学学报,1985(4):35-46.

向者自身位置的改变而发生变化。如果儿童掉转身体,原来在他前面的东西就会变成在他后面,而原来在他左面的东西就会变成在他右面。儿童只有认识到这种相对性的变化关系,才能正确地区分前后、左右。

和其他方位词相比,"左、右"方位词表示的空间方位具有明显的相对性和灵活性,人们要确定左右方位必须首先确定前后方位。这个要在3~4岁之后,儿童凭借日常生活经验(写字,拿勺、筷子等)区分了自己的左右手,并知道把左右手和左右方位联系起来,儿童对左右方位的理解还只局限于自身的左右部位,之后,到了4~5岁,有些孩子甚至更晚一些,在形成一定的推理能力的基础上,儿童才开始摆脱这种限制,知道用自己左右手作为推算的出发点来理解左、右方位。由此可见,儿童是在区分自己的左右手并形成一定的推理能力的基础上习得"左、右"方位词的。而这又总是以前后方位的确定为基准的。

(2)近的区域→远的区域

幼儿辨别空间方位的区域是随着他们年龄的增长,活动范围的扩展而不断扩展的。幼儿以自身为中心去确定相对于自己的客体所处的位置时,起初常常局限于离自身不远的,自己能直接感知到的范围内的。面向自己的客体,而对于偏斜于自身的客体或离自身较远的客体的空间位置的判别较为困难。比如3岁左右的幼儿对处于其右前方30度~45度区域内的物体,就不能明确给定其方位关系。他们常常会说不出它的方位,既不能认定它是在右面,也不能认定它是在前面,他们说"这不是在右边,而是靠前边一点",或"这不是在前面,而是靠旁边一点"。随着年龄的增长,尤其是儿童对空间方位的相对性、连续性关系认识的深入和发展,儿童就逐渐能意识到并能辨别出离其身体较远的物体的上下、前后或左右的空间方位关系。儿童对前后、左右的方位区域的范围逐步扩大,且能把每一个空间位置理解为两个有连续性的区域,比如前面可以分为前左和前右两个连续性的区域,右面也可以分为右前方和右后方两个连续性区域。这样就逐渐把空间方位理解为一个连续的统一的整体。

(二)学前儿童空间方位概念发展的年龄特点

1. 3~4岁(小班)

这一年龄阶段的幼儿基本能够较好地辨别上下的空间位置,开始学习辨别前后方位。但他们所能理解的空间方位的区域十分有限,仅限于直接感知的范围内,如自己身体的部位,紧挨自己或靠近自己的身体,离自己不太远且正对自己身体的物体等。对于不是正对自己身体的物体,他们就不能正确地辨别了。

2. 4~5岁(中班)

该年龄段是幼儿空间概念快速发展的时期,他们能够较好地辨别前后的空间方位,并且开始学习以自身为中心辨别左右方位,能够辨别离自己身体比较远的物体和稍微偏离上下、前后、左右方向的物体的空间方位。

3. 5~6岁(大班)

这一年龄阶段的幼儿基本上能够正确辨别上下、前后,他们能把空间分为两个区域,或者左和右,或者前和后;还能把其中一个区域分成两个部分,如把前面分成前面的左边和前面的右边,把左边分为左前方和左后方两个区域。同时,这个阶段的儿童已经能够确切地标出空间位置的中间点,表明他们已经能够理解所感知的整个空间按基本方向的可分性。但是大班幼儿还不能完全做到以自身为中心辨别左右,以客体为中心辨别左右的能力还在初步的发展中。

三、学前儿童时间概念的认知发展

儿童对时间的认识兴趣很早就产生了,并随着语言的发展开始使用一些日常时间词汇,但直到上幼儿园小班(3~4岁),儿童并不能理解时间词汇的真正含义。儿童时间概念的发展,是建立在其对时间的知觉基础上,同时受到其思维发展水平的制约。心理学研究中把儿童时间认知能力的发展过程大致分为3个阶段:3岁前的萌芽期、4~7岁时的发展期及7岁后的逐步完善期。学前儿童时间概念的发展首先是对时间的知觉发展过程,幼儿在感知生活中事物运动、变化的延续性、顺序性和周期性的过程中,逐步形成对时间的持续性、顺序性、周期性特征的理解,从而加深对时间概念的认知。学前儿童在时间概念的认识上,既表现出一些规律性特点,也表现出某些阶段性的年龄特点。

(一)学前儿童时间概念发展的一般特点

学前儿童时间概念的发展过程是主体与环境互动发展的过程,学前儿童理解时间概念的困难和他们思维发展的特点密切相关。

1. 幼儿的时间认知是以生活经验为基础,由感性直观逐步走向抽象概括的过程

由于时间概念是抽象的,没有具体的形象作为支柱。人类也没有专门针对时间的感受器官。因而,幼儿对时间的感知是建立在对周围事物运动、变化的感性经验基础上的。这主要表现在两个方面:

(1)儿童对时间的认知是由近及远、由短及长的发展

学前儿童对时间的认识主要来自自己的直接经验,幼儿的时间表征主要来自日常生活,常规活动的定时刺激使他们产生了某种时间模式的印象,并逐步形成该单元的表征。而且这种直接经验越多,所得到的印象便越深,越容易形成时间表象。"日"的时序周期短,经历的次数多,所形成的印象自然比较深刻;而"年"的变化周期长,即使以他们出生时算起,也不过经历几次而已,因此尽管幼儿能够认识"小树发芽的春天""烈日炎炎的夏天""树叶飘零的秋天"和"白雪皑皑的冬天"的图片,却不容易形成对季节和年之间的变化顺序以及距离远近的认知,只有随着经验的增多、认知的发展,儿童才可逐渐掌握较长的时间单元表征。幼儿对时间的理解往往是从和其生活密切联系的"一天"开始的,然后才逐渐向更长和更短的时间延伸。

弗里德曼的研究发现,虽然学龄前儿童的时间认知能力非常有限,但他们对熟悉的日常生活事件顺序的认知能力已得到较大提高。3~4岁儿童能在一些较为简单的时间模式内对事件顺序进行表征,通过"事件表征"或"脚本"来掌握熟悉活动的顺序;4~5岁儿童能表征稍长一些的时间模式内的顺序信息,例如日常生活事件的序列;而对更长时间模式内的顺序信息(例如一周内的每天,以及月份、季节的顺序等)的表征则在6~8岁开始习得。黄希庭等人的研究也发现,虽然6岁儿童基本上不会使用时间标尺,但大部分都能使用如"吃午饭时"和"吃午饭后"这些日常生活中的时间概念进行时间估计。这表明儿童对各种时间概念的掌握和运用是有先后的,与他们生活经验密切相关的时间概念先掌握,与他们生活经验相距较远的时间概念后掌握。

(2)儿童对时序的理解以本身的生活经验为时间关系的参照物

其中周期性发生的生活经验,如生活作息制度、幼儿园的活动和日月运行等对儿童认知时序有重要的影响。

方格、方富熹、刘范对"一日之内"的时序进行了研究,他们发现,幼儿对每日时序的认知遵循着从感性直观上升到抽象概括这一认知发展规律。在研究中使用"日常活动""生活作

息"以及"日月运行"三种主题的时间参照物来表现早晨、中午和晚上的时间系列。以"日常生活"为例,第一项活动是做早操(早晨),第二项活动是吃中饭(中午),第三项活动是看电视(晚上)。实验中,让幼儿完成按早、中、晚的顺序填空的任务,如把"早晨""中午"的图片摆好,让幼儿在其余几张图片中选一张他认为合适的图片填在"中午"之后的空白处。研究结果发现,5~6岁幼儿对一日之内的时序(早晨、中午、晚上)已能正确掌握,而4岁幼儿能掌握的人数不到50%。而4~6岁幼儿对一日之内的时序认知显示出这样的发展过程:最初,幼儿不理解早、中、晚的关系;以后随年龄增长,他们能够理解一日的时序,但阐述的理由往往离不开自己的直接经验;再以后,儿童对时序的认知完全从图片的直观内容和自己周围的生活情境中摆脱出来,对时序的认知达到了抽象概括水平,此时幼儿所阐述的理由是:"早晨是第一,中午是第二,晚上是第三。"

2. 幼儿对时间概念的认知经历了时间关系和空间关系的分化过程

学前儿童掌握时间概念的发展过程,还表现在逐渐把时间因素和空间因素分开。由于幼儿对时间没有特定的感受器,幼儿对时间的感知主要是通过对事物的运动、变化的感知来形成的。而事物的运动变化又常常会表现出空间关系的变化。幼儿对时间信息的获取常常会通过各种媒介物才能感知,而空间因素相对来说就较为直观。因而,幼儿常常把时间因素和空间因素混淆。事实上,在传统的习俗时间概念中,也常常用空间概念来表征时间,如上午、下午、前天、后天等。此外,时间概念与距离、速度概念紧密联系,人们经常用时间来描述距离,或用距离描述时间。

如皮亚杰的研究表明,4~5岁幼儿还常常分不清事物的空间关系和时间关系,在估计时间和再现时距时往往用空间关系代替时间关系。例如,6岁前的儿童把小汽车行驶路程的远近和小汽车行驶的时间长短混同起来,他们往往认为小汽车"走4米花10秒时间"比"走2米花20秒时间"所用的时间长。6岁儿童仍然表现出这种倾向,单纯根据小汽车行驶的路程远近来判断行驶时间的长短,而把小汽车行驶的速度放在一边,但是已经开始把事物的时间关系和空间关系区分开。7岁以后儿童基本上能够区分空间和时间关系。

3. 幼儿对时间的认知由固定性走向相对性

研究表明,学前儿童对一日时间的延伸(昨晚和明早)的认知水平低于对当日之内时序(早上、中午、晚上)的认知。4岁幼儿基本上还不具有时间相对性概念。5~6岁幼儿对一日前后延伸的时序相对性认知水平也很低。幼儿之所以能够正确认知一日之内的时序,是因为一日之内的早上、中午、晚上是固定的。幼儿把这种时序看作孤立、静止的,把它从整个时间流中割裂开来。而"昨晚"是在今天早上之前,"明早"则在今天晚上之后,这种具有相对性的时间概念,要求儿童既认识时间顺序的固定性,又认识时间概念的相对性,儿童到7岁时才能掌握。

4. 幼儿对时间的认知由主观、模糊走向客观、精确

对幼儿时序发展的研究认为,学前儿童对时序的认知经过四个连续发展的阶段:最初,儿童还不能对有关时间的刺激物进行归类;其后,儿童能够在知觉水平上作出分类;再后来,儿童能把某一特定的时序与具体生活事件联系起来,并用故事的形式正确叙述先后发生的连续事件;最后,儿童能够摆脱具体的直观的生活内容,把时间关系抽象概括出来,真正形成时间概念。这最后一个阶段,大约发生在7岁以后。在这一发展过程中,由于儿童对时间的感知是建立在自身的直观性生活经验上,再加上幼儿自身发展的自我中心特点,因而,幼儿早期对时间的感知带有很大的主观性和情绪性,他们的时间概念也是很含糊的。如他们常

常用"昨天"泛指过去,"明天"泛指将来。例如,有个中班儿童说:"昨天我爸爸带我去动物园了。"其实是很久以前去的。而随着幼儿年龄的增长,以及思维抽象性的进一步发展,幼儿在逐步建立起时间更替观念的同时,也逐渐发展起对时间分化的精确性。这种发展过程,体现了儿童思维发展由感性直观到抽象概括发展的规律及特点。

总之,学前儿童时间认知的发展过程和发展阶段,体现了其思维发展由感性直观到抽象概括发展的规律和幼儿思维发展的一般特点。

(二)学前儿童时间概念认知的年龄特点

从前述的学前儿童时间概念发展的规律和特点可知,幼儿时间概念的认知水平会随着其年龄的增长、经验的积累和思维的发展而变化。幼儿对具体的时间概念的理解和掌握也存在特定的发展顺序。因而,在幼儿园小班、中班、大班,学前儿童的时间概念发展呈现出一些年龄特点:

1. 3～4 岁(小班)

大约从 3 岁开始,幼儿的时间概念开始形成,说话时会越来越多地使用与时间有关的词。3～4 岁幼儿能掌握一些最初步的时间概念,如早上、晚上、白天、黑夜,但对时间的理解往往和他们生活中熟悉的事件相联系,而对具有相对意义的时间观念如昨天、今天、明天还不能掌握。虽然他们在生活中也会接触和使用一些时间词语,但他们并不真正理解其确切的含义。

2. 4～5 岁(中班)

从 4 岁开始,儿童已经开始出现依据因果关系判断时序的萌芽,4～5 岁幼儿开始能表征一日顺序,能知道早晨、白天、晚上、夜里就是一天,并且能理解和说出早晨、白天、晚上、夜里等时间词汇。在此基础上,逐步能够认识今天、明天和昨天。

3. 5～6 岁(大班)

一般认为 5～7 岁是儿童时间认知发展的飞跃期。从 5 岁开始,已经能对未来一周内以日为单位和未来一年内以月为单位的代表性事件与相应参照事件的时距进行区别,而且判断的准确性呈现出随年龄递增的趋势。大班幼儿对时间的认识逐渐向更长、更短的时间段扩展。他们能认识前天、后天,具有"星期"及"几点钟"的概念,基本能表征一周的顺序,但是整个学前期对更大或更小的时间单位还不能掌握。在有时间作为参照物的情况下,5 岁儿童已具有把时间看作是可以计数的潜力,6 岁儿童已能使用时间标尺测量时间。

8.3 学前儿童空间概念教育活动的设计与实施

空间关系是事物存在的形式之一,是儿童认识世界的重要方面和重要途径,也是数学教育的重要组成部分之一。学前儿童的空间概念教育主要涉及空间几何形体概念的教育和空间方位概念的教育两个部分。本节在我们了解了学前儿童获取空间概念所需的关键性经验,以及学前儿童空间概念发展的规律和特点的基础上,对学前儿童空间几何形体教育活动和空间方位概念教育活动的设计与组织进行讨论。

一、学前儿童空间几何形体教育活动的设计与实施

(一)学前儿童空间几何形体的教育要求

1. 小班

认识圆形、正方形、三角形,正确说出图形的名称,能够在周围环境中寻找和图形相似的

物体。

2．中班

(1)认识长方形、椭圆形、梯形,能正确说出图形的名称,知道正方形、长方形、三角形、梯形以及圆形和椭圆形的基本特征(如正方形有4个一样大的角,4条一样长的边),能从周围环境中寻找和图形相似的物体。

(2)能不受颜色、大小及摆放位置的影响,正确辨认和命名图形,并能按图形的基本特征进行分类。

(3)会用各种几何体(积木或积塑)按要求或自由进行拼搭和建造活动,体验图形的边、角关系。初步理解图形之间的简单关系,如1个正方形可以分成2个长方形或4个小正方形,也可以分成2个三角形或4个小三角形,而2个正方形也可以拼成一个长方形等。

3．大班

(1)认识正方体、长方体、球体、圆柱体,能正确说出名称和基本特征。能根据几何形体特征进行分类。

(2)能够对平面图形和立体图形进行辨别、区分。体验平面图形和立体图形之间的关系。

(3)学习对实物和形体的等分,理解等分后的部分与原整体的关系。

(二)学前儿童空间几何形体教育活动设计要点

1．紧密联系幼儿的生活经验,让其在动手操作中感知和体验几何形体的特点

引导幼儿探索二维和三维图形的活动可以贯穿整个幼儿园课程。学前儿童对几何形状的理解顺序是熟悉物品→拓扑图形→欧氏图形。幼儿生活在一个形形色色的几何世界中,空间几何是提供幼儿连接现实世界的最佳工具,因此几何教学就应从幼儿的生活实际经验着手。教师可以请幼儿在家庭生活中搜集各种几何形体的材料,如牙膏盒、纸盒、胶卷筒、固体胶筒、钮扣、镜子等,这些材料既可以放在数学区角中让幼儿进行对照、比较,也可以在教学活动中让幼儿摆弄、触摸、观察、比较,从而感知到几何形体的基本特点。

以往的研究者,无论是皮亚杰、范希乐,还是后续的克莱门茨等人都强调"动手操作"在学前儿童几何学习中的重要地位。儿童对几何的抽象思维是基于早期的动手操作经验。范希乐夫妇认为,儿童早期应该操作具体的形状,组合、折叠、创造、复制形状等,从而探索形状的特征,如边的关系、对称等,按照特征对形状进行分类等,为进入下一个阶段做准备。教师应该给幼儿提供充足的图形操作机会。图形组合、拼搭、分割等活动的操作过程,不仅能让幼儿熟悉图形组合的策略和方法,更有助于幼儿形成几何图形的心理表征,探究和发现几何形体之间的关系。这些基本能力是儿童后期的几何知识和几何能力的基础。

如在认识立体图形时,教师可以利用一些生活中收集到的各种形状的包装盒作为活动材料,让幼儿动手操作,指导幼儿把盒子拆开,再把拆开的盒子按面分解成几个部分,也可以把拆开的盒子再让幼儿折叠、粘贴成原来的样子,或者以平面形式将轮廓描绘到材料纸上,再让幼儿照盒子的折叠线完成折纸,然后复原包装盒。在这样的操作活动中,幼儿会直观地感知到立体图形和平面图形之间的关系。

2．在上述活动中,充分调动幼儿的视觉、触觉、动觉感知形体的特征

幼儿认识图形是图形知觉问题。幼儿感知图形特征的操作过程是多种感觉分析器共同参与的过程。教师要让幼儿在活动中运用观察、触摸、拼搭、比较等多种途径感知图形及图

形之间的边、角关系，逐步形成对几何图形的特征性认识。如对圆、球体、圆柱特征和关系的认识，可以选取生活中的材料，如硬币、杯子和乒乓球等，既可以让幼儿在摆弄、滚动中认识到圆镜、杯子和乒乓球的滚动性特征及其差异，还可以让幼儿在触摸圆镜、杯子、乒乓球的过程中感受到圆、圆柱和球体的线、面关系及其差异（幼儿用手指沿着圆镜的边缘和面触摸，感受平面和曲面边缘的不同，把触摸的体验和视觉观察的信息结合，形成较为直观的形象）。

案例 8-1

认识球体和圆柱体[①]

（一）活动目标

(1)通过观察、触摸、操作、比较球体和圆柱体，说出它们的主要特征，并能正确表述球体和圆柱体的名称。

(2)通过观察、触摸、操作、比较初步体验并能区分平面图形和立体图形的不同。

（二）活动准备

活动材料：圆形镜子、硬币、皮球、乒乓球、圆柱体积木、易拉罐若干（最好每个幼儿一套）

（三）活动过程

1. 认识球体

(1)出示皮球"这是什么？""皮球是什么样子的？"

(2)比较小圆镜和皮球，了解球体特征。

"你们看，小圆镜是什么形状的呢？""小圆镜和皮球的形状一样吗？它们有什么不同呢？"

(3)玩硬币和乒乓球，进一步了解球体的特征。

"请小朋友在桌子上玩一玩硬币和乒乓球，不要让乒乓球离开桌面，你发现了什么？"

(4)说出球体的主要特征。

"乒乓球是什么样子的？它跟皮球的样子一样吗？""乒乓球和硬币的样子有什么不同呢？（引导幼儿认识到硬币的面是扁的、平的，乒乓球的面是鼓的、圆的）""不管从哪边看都是圆的，往哪边推都能滚动的物体叫球体。""你见过的东西中还有哪些是球体这个样子的？"

2. 认识圆柱体

(1)出示圆柱体积木。

"它是不是球体？""它跟球体在形状上有什么不同呢？""它能滚动吗？""试试看，它是怎么滚动的？""为什么它不能像球体那样滚动？"

[①] 本案例根据王志明，张慧和.幼儿园课程指导丛书·科学(大班).第2版.南京师范大学出版社,1997:242-243.案例改编而成。

(2)认识圆柱体的构造特征,比较上下两个圆面。

"上面和下面这两个圆一样大吗?我们怎么来比较它们是不是一样大呢?想办法比比看。"

(3)说出圆柱体的主要特征。

"像这样上下一样粗、两头是圆的,而且两头的圆一样大的物体,我们叫它圆柱体。""请小朋友找找看,我们生活中哪些东西是圆柱体的?""硬币和圆柱体的形状有什么不同?""现在你们把多个硬币整齐地垒起来,看看你们发现了什么?"

(四)小结

"今天我们认识了两种有趣的形状,乒乓球这种的我们叫什么形状?易拉罐这种的我们叫什么形状?""说说看,球体是什么样子的?圆柱体是什么样子的?"教师可就小朋友的表述进行总结。

3. 创造多样化的图形分割、组合活动,让幼儿从中认识图形之间的关系

在帮助幼儿探索几何概念方面,建构活动区可以发挥非常大的潜力。在几何图形的活动设计中,教师可以利用多种操作的形式让幼儿在图形分割与组合的活动中认识几何图形之间的关系。儿童一方面可以从这种分割与组合的活动中感知图形之间的关系;另一方面,也可以在多种尝试中形成对图形间关系的预见性,以及思维的变通性和灵活性。

幼儿可以通过组合形状创造出新的形状,比如把两个三角形放在一起组成正方形。幼儿可以探索用各种直边、弯边的积木来组成不同的造型或建筑。幼儿也可以比较建构各种几何形体的可能性。幼儿在完成不同类别的图形组合任务时表现出了不同的特点,这些特点反映了幼儿图形组合能力的不同侧面。因此,教师可以提供不同的图形组合任务来丰富幼儿的图形组合经验。如用组合图形的方式来填充图案,即图形的拼图任务,这类任务可以提高幼儿根据图案的边和角的特征来知觉所需要的图形,以及旋转和翻转图形的能力;图形的自由组合任务,这类任务有助于幼儿探索图形之间的关系,如 3 个三角形可以组合成梯形;图形组合的心理表征任务,如判断一个六边形分成两半后分别是什么图形,这类任务可以帮助儿童形成图形以及图形组合单元的图示,使幼儿能够对图形组合的过程和结果进行有目的、有意识地预期。

此外,根据不同年龄段幼儿图形组合能力的特点进行有针对性的指导。小班幼儿提供的图形组合任务可以从带有图形轮廓的图案逐渐过渡到不带图形轮廓的简单图案。中班幼儿可以多种形状的自由组合材料为主,同时可以增加部分图形组合的心理表征任务,如鼓励幼儿推测几个图形组合在一起后会变成什么形状,或者某个图形被拆分后会变成哪些形状等。在大班,能够对图形组合的过程和结果进行心理表征的幼儿数量更多,他们选择图形的目的性和意识性更强,能够开始将边和角的特征结合起来推测所需要的图形,更为有效地旋转和翻转图形。部分幼儿开始认识到图形之间存在关系,并开始在操作过程中通过图形替代的方式来探索和利用图形之间的关系。这时,教师除了给幼儿提供更为复杂的图形组合操作材料、图形组合的心理表征材料以外,还可以提供一些能够帮助幼儿探索图形之间关系的材料,如积木的几何形状等。教师应鼓励幼儿发现图形之间的关系。

> **案例 8-2**
>
> ## "大风车"自编活动:种花[①]
>
> 目前幼儿水平:
>
> 第一层次:活动中无法确定中心,对活动的任务要求不理解。
>
> 第二层次:活动中能确定中心,但创造的图形没有呈中心对称。
>
> 第三层次:活动中能多层围绕中心进行拼搭,但是惯用熟悉的图形(正方形、三角形等),对不熟悉的图形(菱形、梯形)积木,使用率很低。
>
> 第四层次:活动中能使用菱形、梯形进行拼搭,但是没有出现朝同一方向旋转。
>
> (一)本次活动需解决的问题
>
> (1)明确任务要求:以六边形为中心,呈对称围绕;
>
> (2)熟悉菱形和梯形积木的外形特征,感受不同摆放方式所呈现的不同图案;
>
> (3)能将梯形和菱形围绕中心进行正确旋转。
>
> (二)活动教具设计(如图 8-1,图 8-2,图 8-3)
>
>
>
> 图 8-1　1~3 层　　　图 8-2　4~6 层　　　图 8-3　7~9 层
>
> (三)活动目标
>
> (1)学习沿着一定方向围绕拼图,发展幼儿的空间思维能力;
>
> (2)对空间几何游戏的兴趣。
>
> (四)活动准备
>
> "动物之家"背景图,不同层次的"花"的底板图(教具 5~8 层),几何积木
>
> (五)活动过程
>
> 1. 导入部分
>
> (1)今天老师带你们到"动物之家"去参观,想去吗?(出示教图)
>
> (2)"动物之家"有几层楼? 一楼在哪里? 我们一起从下往上数一数。
>
> 2. 种花
>
> (1)住在一楼的大象伯伯在他的阳台上种了许多花,天天给花浇水,给花施肥,有一天,一朵漂亮的花开了。(出示完整的花)

[①] 本案例是由上海市长宁区虹城幼儿园的毛婷老师设计,选自华东师范大学周欣教授主持的《搭建桥梁——儿童的学习与教学评估》中的材料,未发表。

①这是什么？花心有几条边？花心旁边是什么？

②花瓣是什么形状的？花瓣的尖角朝哪个方向开的？

小结：花有六片花瓣，每片花瓣的形状、颜色都一样，花瓣紧紧围着花心，朝同一个方向开。

(2)你们看大象伯伯的阳台现在好看吗？我们一起帮帮他，让其他的花也快点开。(出示图8-1)

①请你找一找，这朵小花的花蕊在哪里？花瓣全都开了吗？

那我们赶快让其他几片花瓣也开出来吧。

②其他的花瓣应该怎么开？(老师与幼儿共同完成)

(3)这里还有许多花种，我们赶快帮大象伯伯去种花吧。(幼儿分散活动)

每个篮子里的花种子都不一样，开出来的花也不一样，我们都去试一试。

一楼的花都种过了，我们就沿着楼梯去二楼，一层一层往上种。

观察要点：

①幼儿是否能沿一定方向围绕。

指导语：你看看每片花瓣尖尖的地方都是怎么长的？它们都是朝一个方向排队的。

②幼儿能否将多种图形组合，并沿一定方向围绕。

指导语：你仔细看一看，紧紧连着花蕊的这一层花瓣是什么形状的？你先让这一层花瓣开花行吗？接下来这层花瓣是什么形状的？它们尖尖的地方都是怎么长的？

3. 延伸活动

快来看，现在的"动物之家"漂亮吗？我们一起沿着四楼楼梯爬上去看一看，(掀开顶楼的图片)住在阁楼上的小老鼠他也想在窗台上种花，我们下次再来帮帮它，好吗？

(六)活动后的反思

本次活动中，幼儿基本都完成了教师预设的目标，都能正确地拼完5~9的拼图内容，现对本活动进行以下几点反思。

1. 活动教具的设计帮助幼儿对活动要求的理解

(1)在第一次活动中我们发现，幼儿对于老师拼搭风车的要求并不是很理解，或许是风车离幼儿的生活经验较远，因此在本次活动中我们将创造对象改为幼儿较为熟悉的花，并在活动一开始就让幼儿通过观察了解到是六片花瓣的花，花心是六边形的，每片花瓣是一样的，从而帮助幼儿理解了活动要求。

(2)在确定了创造对象之后，我们考虑到如果让幼儿自由创造六瓣花，依然无法解决他们目前存在的问题，所以我们采用了分层等方法，将教具难度设计成层层递进。通过对第一次活动中幼儿行为的分析，我们发现大班孩子主要存在的问题是对梯形和菱形不够熟悉，对这两种图形进行正确的旋转有一定困难。因此，我们跳过了小班、中班活动中对中心围绕方面的练习，而是有针对性地设计了大班孩子的活动教具(教具图5~8层)。

①第5层。熟悉梯形不同摆放可以呈现不同图案，在已经提供的两个相邻梯形摆放方式的基础上，通过模仿尝试将梯形朝同一方向旋转。

②第6层。模仿已经提供的两个相邻菱形的摆放方式,尝试将菱形朝同一方向旋转。

③第7层。在积累了通过模仿将梯形和菱形朝同一方向旋转的基础上,提供相对两个菱形和梯形,再次尝试将这两种图形朝同一方向旋转。

④第8层。将梯形和菱形进行组合作为一层,并只提供一片"花瓣",尝试朝同一方向旋转。

幼儿在逐渐递进,层层深入的分解图示的操作中,自然而然地积累了经验,前者的经验又为后面的任务完成奠定了基础。哪怕不需要老师从旁的指导,幼儿也能根据分解图示上的暗示条件,来一一进行操作活动,成功地解决了问题(1)和(2)。

2. 活动形式的设计激发幼儿的学习兴趣

在第一次的活动中,不同组幼儿呈现出来的合作交流行为也各不相同,然而我们发现,当儿童能够真切地参与到活动中,与同伴发生互动,通过对同伴的观察、比较,能够更多地刺激自己的发挥。根据大班幼儿的年龄特征,他们更多地喜欢带有竞争性质的活动,可以满足他们的征服欲。因此,在本次活动中,我们改变了先前单一的、枯燥的拼图练习,而是融入了帮小动物种花情景,大班孩子有了一定的规则意识,我们在活动前先让他们明确了活动规则:只有把第一层的花全种完了,才能种第二层,以此类推,看谁种的花最多最漂亮。

整个活动中,幼儿为了取得领先,始终保持高涨的积极性,并试图将差距不断拉大。完成的作品直接贴到了墙面上,让幼儿都能看到,从另一方面也起到了一定的暗示作用,让还没有完成的幼儿可以将自己的作品和墙上的作品进行比较,即使没有老师的提醒也能自己发现错误或指出他人的错误。

在完成教具图5~8层之后,我们又允许幼儿自由创造别的花,并且要求比先前搭的都要漂亮。在这次的创造过程中,幼儿有了明显的进步,不但大胆尝试了运用梯形和菱形,并且都出现了将菱形朝同一方向正确围绕。

由此可见,在设计活动时抓住幼儿的年龄特征,可以让幼儿更好地投入活动,发挥自己的主动性。

3. 需调整的内容

(1)活动材料

在设计这套活动材料时,为了能将幼儿拼好的作品竖起来挂在墙上,以便让幼儿互相分享交流,我们在底版纸上贴了玻璃胶带,积木就可以粘在底版纸上了。但是这么做恰恰对幼儿起了很大的干扰作用。有的幼儿在操作的时候不明白玻璃胶是为了帮助他们固定积木用的,将积木根据玻璃胶粘贴的位置来拼搭,导致了这一环节的失误。此外,由于每张底版上都粘贴了玻璃胶,将它们一起放在每层楼的篮筐里时,底版与底版都粘在了一块,使得活动过程中幼儿取材料非常不方便,老师需要花大量精力来帮助幼儿取材料,错过了很多观察、指导幼儿的机会。

所以我们要调整材料,既能帮助幼儿固定积木,又不要影响他们的拼搭。

(2)对于难点的指导

活动中,我们发现幼儿在完成第5、6层时基本没有问题,进入到第7层后,由于提供的暗示材料不再是相邻的,而是相对的,难度一下子就增大了,使得幼儿在朝一个方向围绕时发生了困难。当幼儿出现方向上的问题时,有的并不能够意识到这一问题,当我问他们:"你看每片花瓣都一样吗?"他们会回答:"一样的。"即使回答"不一样",也找不出哪片花瓣不一样。这样的幼儿并没有发现或找出自己的问题。此时,我的指导语为:"你看每个梯形尖尖的角都是朝一个方向的吗?"但是幼儿并没有理解尖角要怎样摆放才算是朝一个方向,所以他们对于我的问题仍然会点头。可见,教师的指导语并没有从孩子能理解和接受的角度去讲,使他们在这一层次上出现了问题。

还有的幼儿能自己发现作品的问题所在,但是我接着问:"那怎么把它改一改,让每片花瓣都一样呢?"他们会不断旋转积木,却想不到翻转积木,或许大班年龄段的幼儿还没有这一意识。

进入到第8层,要求幼儿将梯形和菱形同时旋转,幼儿出现了明显的差异。有的将梯形看作一层,菱形看作第二层。这一类儿童,能够较好地解决图形方向的问题。而有的儿童则将梯形和菱形看成了同一层。这样的难度比前一种要高许多,因此这一类儿童不能够很好的、独立地解决方向问题。对于他们,我是让他们降低难度,尝试一层一层拼搭,但这样一来似乎失去了如此设计的目的。

(七)下一阶段的个别指导

(1)对于无法自己发现问题,或者发现了问题但找不出问题在何处的幼儿,老师可以让他将自己的作品和其他幼儿的作品进行比较,从而发现自己的问题;也可以让其他幼儿来帮助他发现问题,这都是可以尝试的方法。

(2)对于发现问题所在,却无法改正的幼儿,可以设计一些活动让他们发现翻转这一方法。例如在活动区提供两张拼图图案,一张图案为正确围绕的,另一张图案有一边的围绕方向是错误的,让幼儿将这一边改成和第一张一样的,让他在探索的过程中自己发现翻转的方法。

4. 学习新图形时,通过类比和比较的方法教学效果为佳

图形对比是几何图形教学的良好方法。在教认新几何图形,特别是教认与其他图形相似的图形时,运用对比方法是重要的,但是根据相似图形混淆的特点,在选择比较图形时,相比较的图形中必须有一种是已被幼儿很好地掌握了的,不宜于用两个都不大熟悉或都是生疏的图形同时对比。

据有关研究,幼儿总是最先掌握具有典型意义的物体作为某种物体概念的代表,幼儿喜欢采用具有典型意义的熟悉物体的形状做图形类比。据此,在教学中应充分运用物体轮廓,通过对物体形状、轮廓的类比和形状抽象方式使儿童掌握几何图形概念将是一种有效的方法。

5. 探索图形变换和对称帮助幼儿深化对数学关系的理解①

图形变换是指图形可以改变位置,但大小、角度、面积和边长保持不变。三种主要的变换包括旋转、翻转和移动。旋转是将图形转动一个角度,比如幼儿转到一个角度把某个形状拼到拼图中。翻转是指把一个图形变换到与原来位置成映像或镜像关系的位置。移动是指图形不经过旋转、改变大小或翻转,而改变原来的位置。即图形上的每一个点向同一方向移动了同样的距离。

对称是指在一条分界线的两边或围绕一个点,呈现出相似的形状、物体排列的方式或图案。对称有几种类型,其中镜像对称和中心对称是常见的两种类型:镜像对称(又称轴对称)指的是一个图像的一半和另一半完全一样,只是方向相反;中心对称是指在平面内,如果把一个图形绕某个点旋转180°后,能与另一个图形重合,那么就说这两个图形关于这个点成中心对称。

就像认识模式一样,为了察觉图形变换和对称,幼儿必须看到一个物体的各个组成部分或一对物体相互间的关系。只有这样,才可能进行对称或图形变换。教师可以提供对称和图形变换的材料,在幼儿探索的时候与幼儿一起进行讨论。教师也可以鼓励幼儿用美术和建构材料创造对称或科学展示。

(三)学前儿童空间几何形体教育活动设计举例

案例 8-3

中班数学教案:小熊去春游②

(一)活动目标

(1)培养幼儿对图形学习的兴趣。

(2)巩固幼儿对平面图形基本特征的认识,提高幼儿对图形的抽象概括能力。

(3)能不受大小、颜色和摆放位置的影响,正确辨认和命名图形。

(二)活动重难点

(1)重点:能准确迅速地辨认图形并说出名称。

(2)难点:能用语言概括出它们的共同特征。

(三)活动准备

(1)将各种不同形状和颜色的图形卡片放在一起组成图形王国。

(2)三只小熊图片:小熊的嘴巴各是三种形状(三角形、圆形、正方形),头上的帽子颜色分别是蓝、绿、红;《洋娃娃和小熊跳舞》的音乐、录音机。

(四)活动过程

1. 导入

游戏《小熊去春游》导入课题,激发幼儿的活动兴趣。

---

① [美]莎莉·穆莫,[美]布伦达·耶柔米.数学不仅仅是数数——基于标准的幼儿数学教学活动[M].侯宇岚,陈芳译.南京师范大学出版社,2013:192-193.

② 活动设计作者:刘莹莹,引自:http://www.baby-edu.com/2011/1025/9213.html.

指导语:春天来了,有三只小熊要去春游了,它们来到了图形王国,看看它们都看到了什么?

2. 展开

(1)不受大小、颜色和摆放位置的影响,正确辨认和命名同类图形

出示:"图形王国"图片,请幼儿分别找出三角形、正方形、圆形。

指导语:图形王国里有许多图形,请找出三角形、正方形、圆形。

(2)能用语言概括出它们的特征

提问:它们的相同点和不同点是什么?(思考、互相讨论)

小结:它们的共同点是三角形和正方形都有边和角;不同点是三角形有三条边和三个角,正方形有四条边和四个角;圆形只有边,没有角,是圆圆的。

(3)游戏《找图形》,巩固认知

①听声找形。教师拍一下手,幼儿拿出圆形;拍三下手,拿出三角形;拍四下手,拿出正方形或长方形。

②听音找形。教师说图形,幼儿拿图形。如"拿两个大小一样但颜色不一样的圆形"。

③按要求摆形。幼儿根据教师的要求摆出图形。如"摆放两个位置不一样的三角形"。(一个三角形的一个角在上面,两个角在下面;另一个三角形的两个角在上面,一个角在下面)

(4)趣味游戏《喂小熊》

指导语:三只小熊都想吃和它嘴巴一样形状的饼干。请你找出三角形、圆形、正方形的饼干去喂小熊。(幼儿分别拿出三角形、圆形、正方形图形表示饼干,举起来表示喂小熊,老师检查验证)

指导语:三只小熊都想吃和自己帽子颜色一样的饼干。(幼儿分别拿出红、黄、蓝颜色卡片表示饼干,举起来表示喂小熊,老师检查验证)

3. 结束

(1)随音乐《洋娃娃和小熊跳舞》到户外。

(2)活动延伸:到户外一起寻找具有相同特征的物体,自然结束。

案例 8-4

大班数学教案:圆柱体的乐园[①]

(一)活动目标

(1)通过观察、操作及游戏活动,引导幼儿认识圆柱体的名称和特征,进一步体验圆柱体与平面之间的关系。

---

① http://www.baby-edu.com/2011/0718/8989.html.

(2)发展幼儿的观察、分析、比较和发散思维的能力,激发幼儿对各种形体的兴趣。

(3)启发幼儿动手动脑,培养主动探索的能力。

(二)活动准备

(1)教具准备。圆柱体的易拉罐、薯片筒、纸筒、固体胶棒、彩纸、水笔、圆形两个、长方形一个。

(2)学具准备。圆柱体和其他几何体若干。

(三)活动过程

1. 导入

(1)听音乐走线,进教室,依序坐下。

(2)请幼儿闭上眼睛,老师将一圆柱体放入个别幼儿手中触摸,告诉幼儿:"把它的名字记在心里,待会告诉老师。"

(3)请小朋友睁开眼睛,触摸过的幼儿说出立体的名称。

(4)出示圆柱体娃娃,和幼儿互相问好,请幼儿观察其外形特征。了解圆柱体娃娃是由圆柱体构成的。

(5)引导幼儿在娃娃的带领下到圆柱体世界,探索圆柱的秘密。

2. 感知圆柱体特征、探索与平面图形的关系

(1)出示自制圆柱体,老师:"娃娃的身体和这个形体是一样的。"请幼儿观察圆柱体外形特征,老师一边依序触摸各个平面,一面请幼儿说说在圆柱体上有哪些平面图形?教师将幼儿说出的平面图形在黑板上用形纸摆出来。

(2)教师将圆柱体的纸筒剪开,请幼儿观察圆柱体到底是由什么图形组成的。(两个圆形面、一个长方形的面)

(3)请幼儿将圆柱体分别从众多几何立体中找出。自己依序触摸,感知每个平面,并探索如何将圆柱体滚动起来。(幼儿探索得出:放倒后可以滚动)

(4)请幼儿将手中的圆柱体放在图画纸上,用铅笔描下圆柱体一圆形的面,分别将两个圆形的面在描画的圆上对比,自己探索出:圆柱体的上下两个面的圆形是一样大的。

(5)分别请幼儿表述自己发现了什么,老师总结:圆柱体的两端是两个一样大的圆形,放倒了会滚动。

(6)老师总结:"今天小朋友太棒了,探索出了圆柱的奥秘——①圆柱体有三个面、中间的曲面剪开后是长方形,②上下两个圆形的面一样大,③放倒了会滚动。"

3. 生活中的圆柱体

(1)请幼儿说说,在生活中,还见到什么东西像圆柱体形状。(电池、蜡烛、薯片筒……)

(2)老师一一出示生活中的圆柱体(吸管、铅笔、圆柱体瓶子……)

4. 自由创意

(1)发给幼儿若干不同大小的圆柱体,任意造型,互相欣赏。

(2)请幼儿分别讲解自己的造型。

(活动设计者:成 珊)

案例 8-5

小班数学教案：图形拼拼乐①

（一）设计思路

我班幼儿对圆形、三角形、正方形以及长方形已有一定的认识，但用图形拼图这一创造性的活动，我们还从未尝试过，所以想通过这次活动在巩固对圆形、三角形、正方形、长方形这种图形认识的基础上，让幼儿尝试自由选择这些图形来拼出各种不同的图案，培养孩子们动手操作的能力和思维能力，同时体验图形组合变化的乐趣。

（二）活动目标

(1) 培养幼儿动手操作能力和思维能力，体验图形组合变化的乐趣。

(2) 巩固对圆形、三角形、正方形以及长方形的认识，能根据图形名称取出图形并能按一一对应的关系放置。

(3) 能自由选择图形拼出各种不同的图案。

（三）活动重难点

(1) 重点——巩固对圆形、三角形、正方形以及长方形的认识。

(2) 难点——能自由选择图形拼出各种不同的图案并说出自己拼的是什么。

（四）活动准备

(1) 场地布置。由圆形、三角形、正方形、长方形的图形挖空的小路，填充小路的圆形、三角形、正方形、长方形共 10 个。

(2) 小兔头套一个，简单的图形拼贴画三张。

(3) 各种图形(有圆形、三角形、正方形、长方形若干)每人一份，白纸每人一张。

（五）活动过程

1. 以情境式"小白兔在森林博物馆开画展"导入活动

教师戴上小兔头套扮演小白兔：小朋友们，你们看，我是谁？（小白兔）

对，今天小白兔我要在森林博物馆开画展，你们想不想去看呀？

2. 铺路

指导语：哎呀，小白兔忘记了，去森林博物馆的路还没铺好呢，你们愿意帮我把路给铺好吗？（愿意）小朋友们都愿意帮助我，真是太感谢你们了！那我们先去看看吧！哦，原来这条路是由各种图形拼成的。那小朋友们能告诉我，这里都有些什么图形呢？（圆形、三角形、正方形、长方形）

(1) 介绍铺路规则。对了，我在这边也准备好了铺路的材料，它们是跟路上一样大的圆形、三角形、正方形、长方形宝宝。待会我会请每个小朋友帮我在路上铺上一块图形宝宝。假如，我请你拿一块三角形来铺路，那么你应该怎么办？（选出一个三角形放置在相应的图形里）——教师边说边示范。

---

① http://www.baby-edu.com/2011/0425/8504.html。

(2)帮小白兔铺路。依次请每位小朋友根据图形名称选择图形,并按一一对应的关系放置。

老师:耶,好了,我们的路终于铺好了!真是辛苦小朋友们了,小白兔请小朋友坐下来休息一下吧。

3. 看画展

(1)说出都有什么画。

老师:好了,现在我们可以来欣赏我的画展了。你们看,我都画了些什么画呀?(一张一张出示)

依次问:这画的是什么?它是由什么图形拼成的?(引导幼儿完整回答"这是由＊＊和＊＊拼成的"。

(2)幼儿操作:拼画(幼儿操作,教师从旁指导)。

指导语:小朋友们真能干!可是小白兔现在又碰到了难题了。刚才来看我的画展的游客都说我的画太少了,我还有这么多的画板还是空的呢。你们愿不愿意帮我再拼一些图画展示在这个画板上呢?

(3)请先拼完的幼儿告诉老师"你拼的是什么?它是由哪些图形拼成的?"

(六)活动结束,交代活动延伸

"小朋友们今天可真能干,帮助小白兔用圆形、三角形、正方形、长方形铺好了路,还用它们拼出了那么多漂亮的图画。这些图形宝宝真有用,小白兔现在还想告诉你们一个小秘密:我们生活中其实有很多这样的图形,现在我们走小路回去找找哪些地方还可以找到圆形、三角形、正方形和长方形宝宝呢。走了!"

(华美幼儿园 黄 萍)

案例 8-6

中班数学教案:小兔家的房顶(图形关系)[1]

(一)活动目标

(1)巩固对梯形的认识,能用几个其他图形拼出梯形,或把一个图形减去一部分,改成梯形,体验图形之间的关系。

(2)正确使用剪刀、胶棒等用具,知道将废弃的纸丢进纸篓。

(二)活动准备

(1)教具。等腰梯形的"房顶"和画有小兔子家的拼图底板各1张;三角形、正方形、长方形"房顶"各1个。

---

[1] http://www.06abc.com/topic/20100512/49061.html.

(2)学具。正方形、长方形、直角三角形的小图形片若干,配套的拼图底板若干。

(三)活动过程

(1)教师出示拼图底板,告诉幼儿,小兔要盖一座新"房子",已经盖好了"墙",还缺这样的一个"房顶"。教师出示梯形的"房顶",让幼儿说出梯形的名称。待幼儿认识了梯形以后,教师提问:有没有办法将三角形改成梯形呢?怎么改?请一个幼儿尝试用大家讨论的方法将三角形改为梯形。然后,要求幼儿自己尝试将正方形和长方形改为梯形。改好后,将梯形房顶贴到底板的房顶位置。

(2)教师出示小的图形片,告诉幼儿,小兔还有一些零碎的"瓦",有没有办法盖成梯形的"房顶"呢?引导幼儿说出拼的方法。然后,让幼儿自己尝试用几个图形片来拼成梯形,拼好后也可以贴到底板的房顶位置。

(3)将所有幼儿剪贴或拼贴的梯形"房顶"展示出来,请幼儿说出各自采用的方法。教师对所有拼贴错误或剪贴错误的"房顶"提出修改意见。

(四)活动建议

类似的活动还可以借"补墙洞""添水塘"等情境来进行设计。

二、学前儿童空间方位教育活动的设计与实施

(一)学前儿童空间方位的教育要求

1. 小班

(1)能区分并说出以自身为中心的上下方位,包括自己身体部位的上下位置,在自己上面的物体和在自己下面的物体等。

(2)认识并说出近处两个物体之间明显的上下关系,说出什么在什么的上面,什么在什么的下面等。

2. 中班

(1)能区分并说出以自身为中心的前后方位,包括自己身体部位的前后位置,在自己身体前面和后面物体的位置。

(2)能区分并说出物体与物体之间的上下、前后位置关系。

(3)能按指定的上下、前后方向运动,如向上、向下、向前、向后等。

3. 大班

(1)能区分并说出自己的左手和右手,根据自己的身体判断自己与物体的左右关系。

(2)学习辨别物体与物体之间的左右位置关系。

(3)学习向左或向右方向的运动。

(二)学前儿童空间方位教育活动设计要点

1. 充分利用儿童的身体和身体的动作,帮助其学习并理解空间方位词的意义

幼儿探索环境的时候就在发展空间意识。除了建构有关距离、位置和方向的物理知识,幼儿也必须学习描述这些概念的语言。正确地理解和运用方位词是认识空间方位关系的前提。而儿童认识空间方位是以自己的身体为出发点,并在实际的动作中试验、理解自己与物体之间、物体与物体之间的空间关系。儿童对自己身体有关部位的意识和直接的自我感知

可以帮助儿童理解"上下""前后""左右"等方位词的意义。儿童将身体的部位与有关方位词联系起来,使词的获得及其意义的理解建立在直接感知的基础上。儿童通过移动物体或自身躯体的运动,可以在实际行动中探索空间关系。如先认识头在上,脚在下,脸在前,背在后等,然后让儿童对自身或物体施加向前、向后、向左、向右等趋向性的运动,从而进一步探索和理解空间方位词汇所表征的空间方位关系。

教师和幼儿每日进行的对话也是增强幼儿空间意识与数学语言的联系的重要方式。幼儿在进行活动时,教师可以针对幼儿有关距离、位置、方向的行动进行评论。例如,教师可以说:"宝宝,你已经爬到滑梯的中间了。"教师的语言还可以更加具体:"请把这本书放到书架最底层,放在《小熊》图画书的旁边。"教师还可以向幼儿介绍强化方位语言的图书和儿歌,比如《我们要去捉狗熊》。①

2. 利用儿童的实际生活情境和经验,让儿童从中体验和理解空间方位关系

儿童在日常生活中随时随处都可以接触到空间关系,如上下楼梯、排队、吃饭时左右手的使用、日常用具的摆放、搭积木等。儿童的空间经验是在其生活和游戏中不断丰富和发展的。教师在教学中应该利用儿童的实际生活情境,让儿童在日常生活中体验和理解空间方位关系。如让幼儿观察生活情境中的事物之间的空间关系,也可以让儿童在生活情境中拿取和放置某些物品,从而体验和理解空间方位词汇。教师在教学中也要利用与空间关系有关的游戏来丰富和拓展儿童的经验,如组织幼儿玩"给娃娃布置房间""捉迷藏""寻宝"等游戏活动,让儿童在游戏中体验空间方位关系。

3. 鼓励儿童观察、比较、预测、寻找和描述上述空间关系,形成向客体中心的转移

儿童对空间概念的理解不是通过教师的讲解和传授形成的,而是儿童对物体之间关系的主动探索的结果,是他们在实际的观察、比较、预测、寻找和描述的过程中,不断解决认知冲突,克服"自我中心",从而学习从他人的角度去思考问题的结果。

因此,在教学过程中,教师要尽可能为儿童提供观察、比较和描述物体之间空间关系的机会,并鼓励儿童大胆预测,通过具体的操作验证自己的预测。这样儿童可以在一系列具体的观察、比较等操作活动中不断形成认知冲突,解决认知冲突,逐渐完成向客体中心的转移。

(三) 学前儿童空间方位教育活动设计举例

案例 8-7

大班数学活动设计:左和右②

(一) 活动目标

(1) 以自身为中心区分自己身体的左右,分清自己的左边和右边,会向左和向右数物体个数。

---

① [美]莎莉·穆莫,[美]布伦达·耶柔米. 数学不仅仅是数数——基于标准的幼儿数学教学活动[M]. 侯宇岚,陈芳译. 南京师范大学出版社,2013:192.

② http://www.06abc.com/topic/20101024/67353.html.

(2)知道参照物的不同,左边和右边的方向也会变。
(3)发展幼儿的空间方位知觉和判断力。
(二)活动准备:动物图片
(三)活动过程

1. 猜谜导入,感知自身的左右
(1)区别左右
教师:今天老师给小朋友带来了一个谜语:一棵小树五个叉,不长树叶不开花,从早到晚不讲话,写字画画不离它。喔,这么多小朋友举起了手,那你们知道举手的这只手是——(右手)

教师:对呀,平时我们一般都举右手,高高举起你的右手。(教师检查)平时,你们的右手做些什么事情呢?教师小结:右手一般做拿筷子,握笔,刷牙,写字等。那举起你们的左手,说说左手一般做些什么事情?

小结:对呀,左手,右手是我们身上的一对好朋友,只有左手和右手的相互配合才能把事情做得更好更快。

(2)找一找
教师:想一想,我们的身上,还有哪些像手一样,是一左一右的一对好朋友。

(3)游戏
教师:刚才小朋友找得又快又好,现在老师要请我们身上的这些好朋友做个游戏,这个游戏就叫"我说你说你做"我们来试试。看谁的小耳朵最灵,反应最快。

教师:来,来,来,举起你的右手来。幼儿:我的右手举起来。逐一进行:举起左手,拍拍右腿,摸摸左耳,增加难度:右手摸左耳,左手拍左腿等。

(4)巩固熟悉左右
刚才小朋友玩得开心吗?其实不管什么时候在我们的左右边都有人或东西,你们能说说你的左边有什么?或者坐着谁?右边呢?练说(用左右说一句话)

2. 探索交流,熟悉左右的相对性和绝对性
教师:有5只小动物看到我们玩得那么开心,也来凑热闹了。看,谁来了。(出示五只小动物的图片。)

(1)提问
①有几只小动物?最左边是谁?最右边是谁?
②从左边数起,第3个是谁?
③从右边数起,第4个是谁?
④小猫排在第几个?(可以从左,也可以从右看)
⑤小鸟在哪一边?追问:在谁的左边?在谁的右边?
(2)练说:小鸟在( )的左边,在( )的右边。
(3)总结:我们看的标准不同,左右方向也不同,比如,举例说明。
(4)练说:我在谁的右边?在谁的左边?

3. 联系生活,应用左右

今天,我们学了一个新本领,认识了左右,其实,在我们生活中经常会用到左右。想想,我们上下楼梯要靠( )边走,那等会老师带小朋友去散步的时候,看看你们能不能说到做到。

(1)整队。

(2)听口令:向左转,向右转。向左走三步,向右走三步。

(3)换个方向,认识左边和右边。

(4)走楼梯,提醒幼儿注意安全,靠右走。

案例 8-8

活动名称:乘飞机去北京[①]

适合年龄:中班

(一)活动目标

(1)在平面机舱座位图上和真实机舱场景中寻找座位的过程中,进行简单推理,初步理解二维座位号(如:2E)的意义。

(2)在乘飞机的装扮游戏中,感受以数学空间知识解决生活中空间问题的乐趣。

(二)活动准备

(1)飞机场景摆设(贴第一排和后排部分座位号,排号,验证号,饮料推车,饮料)(图8-4)。

(2)绘制飞机机舱图(图8-5),打印大机票1张,小机票12张(图8-6)。

(3)幼儿认识英文字母(ABCDEF),且知道它们的顺序。

图 8-4 飞机场景摆设

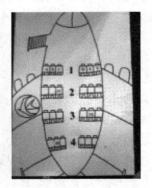

图 8-5 飞机机舱图

[①] 该案例由上海市长宁区幼儿教师陈青、廖蕊设计,上海市长宁区教育学院汪光珩提供,略有改动。

2010年12月3日　　星期五
到达站：北京
座位号：4A

图 8-6　机票

(三)活动过程

1. 介绍飞机票

(1)你们坐过飞机吗?

(2)上飞机时要凭什么才能登机?

(3)对,我这就有一张飞机票,你看看飞机票上有什么?(标志、日期、目的地、座位号)

(4)什么是座位号啊?

重点关注:幼儿乘飞机,对飞机票有哪些经验。

2. 介绍机舱图

(1)我这有一张飞机机舱图(图8-5),看着这张图,你能找到这张机票上的座位4E吗?

(2)你为什么觉得在这里?

小结:原来座位号,数字表示第几排,字母表示第几个座位。

(3)你们想不想要张票去北京?我们一起去坐飞机吧!

重点关注:幼儿对座位号的理解,如何推断座位。

若孩子无法靠自己的观察和思考推断出数字和字母的意义,对机舱图的理解存在困难,教师可以适当引导观察:机头在哪?第一排在哪?一共有几排?第一排的座位号有哪些?A是第一排的第几个座位?等等。

3. 在机舱图上找自己的座位

(1)我给你们每人买了一张机票,拿到后,看看你的座位号是多少,试着找到自己的座位,找对座位了才能登机。

(2)轮流问每个孩子,其他孩子一起思考,帮助验证。

(3)你的位子是在第几排?第一排座位号全贴出来了,你看看它们,帮帮你找到自己的座位。

(4)恭喜你们,全部可以登机了。各位旅客,我是本次航班的空中小姐,我先带你们参观本次航班的飞机。

重点关注:每个幼儿如何理解座位号,如何推断出座位。

4. 熟悉飞机机舱,对号入座

(1)各位旅客,这就是我们要乘坐的飞机,你看到了什么?(尾翼、左翼、右翼、机头、座位)

(2)出示机舱图:图上的登机口在这里,你们能找到飞机的登机口在哪里吗?

(3)各位旅客,飞机还有10分钟就要起飞,请您在楼梯口依次排队,准备登机,登机时请出示机票,并对号入座。(欢迎乘坐本次航班)

(4)各位旅客,还有5分钟就要起飞了,请尽快找到自己的座位坐下。

(5)请低头看看椅子下边的座位号,你坐对了吗?

(若有坐错的,个别帮助:你的座位在第几排？F是在哪个位子？第一排的座位号贴好了,你可以问问旁边小朋友的座位号。)

5. 坐飞机游戏

所有旅客都找到了自己的座位,请您保管好机票,下飞机后凭机票领取行李；飞机马上起飞,请大家系好安全带(老师坐在第一排,也假装系好安全带)。

飞机已经飞上天,很平稳,请您放下座位前边的小桌板,我会为大家提供饮料,请坐在座位上不要离开。(提醒有礼貌、安全)

您喝完饮料后,可以按座位旁边的服务按钮,我会走到您身边收回杯子。(提示礼貌,安全)

飞机已经在北京上空,马上就要降落,请您放下小桌板,系好安全带。

飞机已安全落地,谢谢大家乘坐本次航班。请您依次排队下机,再见！

(四)重点关注

幼儿在真实场景中推理座位号存在的困难,如何解决；游戏时的情绪、兴趣。

(由上海市长宁区幼儿教师陈青、廖蕊设计)

8.4 学前儿童时间概念教育活动的设计与实施

对学前儿童进行时间概念的教育,让他们感知时间的存在和时间的特征及关系,具有重要的意义。这不仅可以发展儿童的时间知觉,形成对时间的正确认知,使其树立良好的时间观念和生活习惯,而且还可以加深幼儿对序列关系的认识,以及对整体和部分关系的认知。幼儿对时间概念的认识与其在日常生活中经常可以体验到的生活情境性问题有着密切的关系,因此,学前儿童时间概念教育活动的设计与实施就要紧密联系儿童的生活世界和生活经验。

一、学前儿童时间概念的教育要求

1. 小班

初步理解早晨、晚上、白天、黑夜的含义,并能正确运用这些时间词汇。

2. 中班

(1)能理解一日内的上午(早上)、中午、下午(晚上)的时间关系。

(2)理解昨天、今天和明天的含义,知道它们之间的关系,理解快、慢、快些、慢些等时间词汇的含义,并能在日常生活中正确使用这些时间词汇。

3. 大班

(1)认识时钟及其用途。知道时针和分针的名称、用途和运转规律,学会看整点、半点。

(2)学会看日历。知道一周有7天,星期的名称和顺序,能确定当天是星期几,昨天是星期几,明天是星期几。

二、学前儿童时间概念教育活动设计要点

(一)让儿童在日常生活中感知和理解时间概念

幼儿很难理解时间概念,然而随着儿童在日常生活中逐渐积累有关时间的经验,时间将对他们产生意义。生活经验是儿童感知和理解时间概念的基础。儿童在日常生活中有各种各样的机会接触到时间关系,他们对时间概念的理解正是通过日常生活中对时间关系的体验而逐步发展起来的。如,当家里的钟表指针指向上午 8 点钟时,上幼儿园的儿童就知道去幼儿园时间到了。或者下午 4 点,就该播出他最喜欢的电视节目了。类似的计时对儿童理解时间和分钟的增长有帮助。因而,在教学活动的设计中,教师要尽量将时间概念的学习与儿童的日常生活背景相联系。儿童对这些生活事件的节律性的经验是儿童理解时间概念的支架。教师在教学中可以借助于儿童对日常生活经验的回忆和认识帮助幼儿理解时间概念。如儿童对"早、中、晚"的认识,对"白天和黑夜"的认识,总是与幼儿一日生活中的时间事件密切相关的。这些时间事件正是儿童体验时间关系,建构时间概念的经验性支架。教学过程就是要唤起幼儿的生活经验,让抽象的时间概念与直观的生活事件建立联系。

"昨天、今天、明天"的时间认知超越了儿童的一日生活经验,它不仅涉及儿童已经历的生活中的时间事件,还涉及儿童对未来时间"明天"的认知。儿童不太容易把未来的生活事件与未来时间相联系和对应。但教学设计中,教师仍然要以"具体的生活情境"为建构点,帮助儿童学会表征未来时间信息,帮助儿童抽取"过去事件""当前事件"和"未来事件"的时间序列关系。以"有规律的生活"为参照点,帮助儿童审视未来时间。研究结果显示儿童对未来时间的理解,依赖于儿童对事件常规顺序的理解。儿童对事件常规顺序的理解来自于发现日常生活的规律性,有规律的日常生活构成了儿童理解未来时间概念的基础。因此,有规律的生活就成为儿童理解未来时间的一个很好的参照点。如教师可以引导儿童主动观察有规律的日常生活,如:妈妈每天烧饭—吃饭—洗碗;小朋友每天吃午饭—午睡—起床;玩滑梯时要爬上去—滑下来;自然界中的春—夏—秋—冬,乌云—闪电—打雷—下雨,发芽—开花—结果,新月—半月—满月,等等。教师也可以结合儿童有规律的生活,丰富和拓展排序教学活动的内容和方式,帮助儿童理解时间的先后关系;也可以通过日常生活的规律预测明天要做的事情和要发生的事件,如明天谁值日?也可以和儿童谈论昨天和今天发生的事情,这样儿童就会逐渐理解这些时间的关系。

(二)以"时间标尺"为支撑点,帮助儿童理解时间概念

时间认知的教学是一个比较抽象的教学内容,因为时间既没有开始又没有结束,如果不用"时间标尺"对片段时间进行衡量,那么对时间的理解就会失去支撑点。"日程表""日历"是十分重要的"时间标尺",要通过幼儿园的教学使儿童学会使用这个"时间标尺"。在实际的教学中,教师首先要通过教学活动,给儿童提供"日历"这个"时间标尺",以此来"激活""唤醒"儿童关于时间的已有经验。

为了让儿童理解以分钟为单位的时间增长,教师可以在教室里设置一个定时器进行分钟报时,或者提醒儿童关注分针从一个位置向另一个位置的移动,以便帮助幼儿轮流开展最喜欢的活动。这样幼儿可以以时间标尺作为支撑点,感受到 5 分钟有多长。此外,教师还可以通过游戏活动,让幼儿在活动中感受某些"时间标尺",培养幼儿的时间感。如通过游戏活动让幼儿感受 1 分钟、2 分钟、5 分钟时间的长短;也可以通过有意识地向儿童提出完成任务的时间要求,让儿童建立时间观念。如在游戏结束时,教师告诉幼儿:"请你们把玩具收好,

再过5分钟,我们到外面排队做操。"5分钟之后,教师就请幼儿到外面排队。儿童在这一过程中就体验和感知了"5分钟"的时间意义。

三、学前儿童时间概念教育活动设计举例

案例 8-9

大班活动：认识时钟①

(一) 活动目标

(1) 通过讲解、辨认钟面针的长短,让幼儿基本掌握钟面分针、时针和数字间的初步运转关系。

(2) 通过辨一辨、读一读,让幼儿能正确辨认整点、半点,建立初步的时间概念。

(3) 通过游戏体验、拓展延伸,初步感受时间的宝贵。

图 8-7 大时钟

(二) 活动准备

准备大时钟一只(可拨动操作,如图 8-7)、挂钟一只、挂图一张;幼儿人手一套可操作的钟面学具。

(三) 活动过程

1. 活动导入

(1) 谜语引出课题。兄弟两个好朋友,围着柱子转呀转,弟弟要比哥哥长,哥哥倒比弟弟短,如果不去珍惜它,就会悄悄地溜走。这是什么呀？请小朋友们一起猜一猜。

(2) 教师:今天我们一起来认识时钟——请小朋友们在教室里找一找时钟。(幼儿找时钟)

(3) 教师提问:我们平时用什么来看时间？

2. 活动组织

(1) 认识时钟

师:启发幼儿自己说说对时钟的认识。

师:出示可拨动操作的大教具钟面。请小朋友观察钟面,说说在钟面上你看到了些什么？说说它们的名称。

幼儿:进行观察;尝试描述钟面上的部件与名称;说说数字。

师:指导幼儿分组操作大的教具钟面,熟悉钟面上各部分的名称。

幼儿:小组人员分别指时针、分针等。

(2) 认识整点

① 幼儿:4 人小组讨论时针和分针指的地点有什么相同和不同？

---

① http://www.baby-edu.com/2009/0507/640.html.

第一、二组看图画指针;第三、四组看图拨针;第五、六组做"钟面"等游戏活动,学习看时钟。

②请幼儿仔细观察钟面,尝试着读钟面上的时间?说说自己读时间的好方法。(幼儿思考后举手回答)

小结:分针指着12,时针指着几,就是几时(某整点)。

③游戏

游戏一:抢答。教师拨教具钟指向某整点,幼儿抢答说出几时?

游戏二:拨一拨。教师报某整点,幼儿学习拨学具钟(小组同伴间可轻轻地讨论)。

游戏三:画一画。教师报某整点,幼儿学习在纸质钟面上画出来。

(3)学习认识半点

①师:出示大教具钟,指导幼儿学习认识半点,初步了解分针与时针的运转关系。

②引出认识半点的方法

师问:当时针在2个数字中间时,分针指在哪个数字上?时间该称哪个半点?(幼儿思考、回答)

幼儿:观察学具;4人小组讨论;讲出半点的特点。

③练一练

幼儿:拨钟、辨认半点练习游戏。

3. 巩固新知

(1)游戏一:"争分夺秒"——看谁认得快。

师:宣布游戏规则,全班幼儿参赛,辨认时针、分针;整点、半点。

(2)游戏二:"小小修表匠"——教师报出某一整点、半点,但出示有残缺的钟面,让幼儿观察、辨认后,在自己的学具钟上进行"修理"(添画出正确的时间)。

4. 延伸活动

(1)小结

(2)拓展

①师:请小朋友讲一讲,我们参观过的小学,小哥哥、小姐姐们几点做广播操?几点开始上课?可不可以迟到?

②猜一猜:古人在没有发明钟表前是怎样看时间的?

③介绍古老的钟:观察挂图上古老的各种不同的钟。

④引导幼儿收集一些有关时间的资料,渗透守时、惜时教育。

案例 8-10

活动名称：购物买放心[①]

适合年龄：大班下学期

（一）活动目标

（1）关注食品保质期，了解保质期在生活中的重要性，有初步的自我保护意识。

（2）乐于认识并理解食品外包装上关于保质期的信息，尝试判断食物是否可以放心食用。

（二）活动准备

（1）2008 和 2009 年月历、黑板、包装袋上保质期的相关信息卡片、五角星粘纸。

（2）带来的有外包装的食品，也可以是家里已过期的食品（请家长配合搜集，但不告诉幼儿食品已过期）；包装上有明显的生产日期（避免同时出现"生产日期"和"上市日期"，生产日期不要早于 2008 年 1 月 1 日）和保质期（保质期限最晚到 2009 年 12 月 31 日）；最好是不需要冷冻的食品。

（3）幼儿对月历有初步的认识和了解（一年有 12 个月，每个月大致有几天等）。

（三）活动过程

1. 提出保质期的问题（食品放当中）

（1）你们带来这么多好吃的食品，想不想知道朋友带来的是什么？和同桌的朋友互相看一看，聊一聊，都有些什么好吃的。

（2）这么多食品，它们肯定都是很新鲜的吗？都是能让我们放心吃的吗？过期的食品是不可以给大家吃的哦！

（3）有什么办法能知道食品到底过期没有？

小结：原来食品包装袋上有小秘密能告诉我们食品过期没有。这个秘密就是保质期（出示汉字卡片）！它是保证食品质量的期限，在这段时间里它很新鲜，质量是有保证的，可以放心大胆地吃，不过过了这段时间，就不能吃了，不然，对身体很不好！

重点关注：幼儿对保质期、生产日期等信息的已有经验。

2. 幼儿寻找、发现、理解保质期的信息

（1）请你找一找你带来的食品上有没有这个保质期和生产日期的小秘密，找到了举起手来。

（2）你在哪里找到的（投影仪放大：识别信息位置、认识字、黑板上写出日期卡片、尝试理解一串数字的意思）？

（3）你已经发现了包装袋上藏着这两个小秘密，可是，通过这两个小秘密怎么能证明你的食品到底能不能吃？

重点关注：幼儿如何想办法判断是否过期，他们对保质期的理解。

[①] 该案例由上海市长宁区幼儿教师陈青、廖蕊设计，上海市长宁区教育学院汪光珩提供，略有改动。

3. 幼儿尝试判断食品是否过期

(1)我们用月历帮帮忙,谁能在月历上找到生产日期?保质期是几个月?也就是说,从它生产的这一天开始,往后的多长时间里它肯定是新鲜的,请你试试看往后数几个月。

(2)今天是几月几日啊,日历上是哪一天?

(3)今天在过期日期前还是后?

(4)请你们看看你的食品,想想看,到底它过期没有呢?想好了请你来试试!

小结:原来,先要知道今天是几月几日,如果今天的日期在生产日期和到期日期之间,就可以放心食用,如果超过了到期日期,就不能吃了。

重点关注:幼儿能否在日历上准确找到日期,能否从生产日期、保质期限,大致推算出到期日期,并将当天日期与到期日期进行前后比较。

4. 小结与品尝

(1)你们今天真棒!把过期的东西都找出来了,而且通过自己动脑筋,证明了你的食品肯定没过期,可以放心吃!

(2)今天我们学会了这个认识保质期的本领,有什么好处啊?

(3)以后你和家人去超市买食物,可要留心查找包装袋上的生产日期,买到放心的食品。特别是家里放了很久的食品,吃之前,仔细看一看过期了没有!你们也要负责提醒爸爸妈妈这个要紧的事情哦!千万别吃坏肚子!

(4)我们大家一起分享这么多好吃的东西吧!

(由上海市长宁区幼儿教师陈青、廖蕊设计)

本章小结

空间概念和时间概念作为整个数学概念结构体系的一个重要组成部分,是对客观物质世界中的物体的存在形式及其关系的抽象和概括。认识基本的空间几何形体、空间方位关系以及对时间的感知,既是儿童日常生活的组成部分,是儿童认识外部世界的重要途径和方法,同时也是学前儿童数学教育的重要内容。对该部分内容的学习,可以帮助儿童发展他们的空间知觉能力、空间想象能力和时间知觉能力。本章分别介绍了儿童认识空间几何形体、空间方位概念和时间概念所包含的关键性经验、儿童理解空间概念和时间概念的发展特点和学习规律,并就相关的教学活动的设计进行了例举说明。

空间概念和时间概念是幼儿数学学习的重要内容,幼儿空间概念学习主要涉及空间几何形体概念(平面几何图形和立体几何图形)的辨认与比较,组合与分解等关键性经验,空间方位概念中的上下、前后、左右、里外等关键性经验。幼儿时间概念的学习主要涉及时序、时距、时点等关键性经验。

皮亚杰和英海尔德的空间概念发展理论认为空间表征是通过儿童动作和动作的内化的组织过程得以实现的。范希乐的几何思维发展水平理论认为,儿童对几何图形的辨认经过了知觉辨认和特征辨认两个水平。学前儿童主要处于知觉辨认的水平。儿童对形体的感知与词的联系需经历匹配→指认→命名的过程。学前儿童辨认各种几何形体的顺序是先平面后立体。幼儿的几何图形组合能力的发展是由尝试错误的方式走向利用图形的心理表征来预期图形的组合。

学前儿童空间方位概念的认知发展规律：以自身为中心的空间定向到以客体为中心的空间定向的发展过程；绝对性走向相对性；上下→前后→左右以及由近及远。

学前儿童的时间认知具有由感性直观逐步走向抽象概括，经历了时间关系和空间关系的分化过程，对时间的认知由固定性走向相对性，由主观、模糊走向客观、精确。

学前儿童空间概念和时间概念教育活动的设计是在考虑学前儿童空间概念和时间概念各关键性经验的获得以及它们的发展性规律的基础上，对学前儿童提出相应的教学要求和指导要点。从"空间几何形体""空间方位关系""时间概念"三个方面介绍学前儿童空间概念和时间概念教学活动的设计与实施。强调教育要紧密联系幼儿的实际生活情境和生活经验，让儿童在动手操作的活动中，感知和体验空间形体和空间关系的特点。在日常生活情境中体验和理解空间方位关系和时间关系。

思考与练习

1. 搜集关于幼儿园时间和空间概念教学的活动案例，分析和评价这些活动设计的优点和可改进之处。

2. 结合幼儿园的观摩与见习活动，思考并评析幼儿园开展时间与空间概念教学内容的数学教育活动的有效形式和指导要点。

第9章 整合思想下的学前儿童数学教育实践

> **教学目标**

1. 了解幼儿园数学教育活动整合与渗透的原理,即这种价值取向背后的理念,了解建构主义理论、回归生活的理论、整合课程的理论。
2. 正确认识和了解生活中的数学,并了解生活中如何渗透数学教育内容。
3. 正确认识环境,包括物质环境和心理环境在儿童数学教育过程中的重要作用,并了解如何在环境中渗透数学教育内容。
4. 了解儿童探究活动中渗透的幼儿数学教育内容,并思考如何将数学教育内容有效地贯通在儿童探究活动中。
5. 了解游戏中渗透的幼儿数学教育内容,并思考如何将数学教育内容有效地贯通在游戏中。

9.1 幼儿园数学教育活动整合与渗透的原理

20世纪50年代起,我国采取分科教学的模式,直到20世纪80年代后半期,我国学前教育工作者开始反思分科教学的弊端,从而开始进行渗透、整合教育的摸索。在幼儿园数学教育改革中,也走过了这样一条路,那么到底为什么要遵循整合和渗透的价值取向呢?这种取向背后的理念是什么呢?

一、建构主义学习理论的启示

由于深受分科教育的影响,我国的幼儿数学教育重视幼儿的认知要求,教授的内容要求体现渐进性,年龄段要求明确,教师的教授和儿童的练习成为最主要的教育方法和学习方式。传统幼儿园数学分科教育虽有成功的方面,如数组成、数运算等,但也有很多不足之处:这种教育方式试图消除数学与其他学科之间的联系,过分重视儿童是否通过练习获得了某个结果,而忽视了儿童在学习过程中表现出来的兴趣、遇到的挑战及运用的策略,这就造成幼儿所学的数学知识与幼儿的生活脱节,一定程度上抑制了幼儿对数学学习的兴趣,削弱了幼儿学习和理解掌握数学的信心。

而建构主义者认为,学习是需要意志的、有意图的、积极的、自觉的、建构的实践。学习不是由教师向学生传递知识的过程,而是学生主动建构自己知识的过程。因此,学生不是被动受教育者而是主动学习者。他不是被动地吸收信息而是主动地建构信息,以自身原有的经验系统为基础对新的信息进行编码,建构自己的理解。其学习的本质不是以掌握现成的信息、知识和技能为出发点,而是以学习主体建构知识和经验,建构式地发展自己为根本目的——学会学习。所以建构主义者首先会选择一些与儿童生活经验有关的整体性的任务并呈现有关的问题。这样会使儿童自然联系到自己已有的知识经验,激发儿童的探究欲望,使他们主动用以往的知识结构去发现新问题并试图去解决它。

建构主义的观点使我们认识到幼儿学习的重点不在于被动地获得一些数学知识,而在于主动建构自己的知识经验。幼儿对知识的真正理解只能由幼儿自身基于自己的经验背景建构起来。所以,数学的真正价值在于它能帮助幼儿更有条理地认识周围世界,解决生活中面临的诸多问题,激发幼儿在主题活动中对数学学习的兴趣。他们在解决问题的过程中,不仅能掌握数学知识,而且能学到许多解决问题的方法和途径,其结果是解决了问题,发展了能力。

建构主义还告诉我们,儿童经验的获得是通过自身与客体的动作来完成的。儿童用自己的动作去作用于客体,建构起了物理经验和数理逻辑经验,在获得经验的过程中,他们体验着、感悟着整个世界,所以儿童在探究过程中获得的绝不仅仅是单纯的、静态的数学知识,他们获得的必定是对世界的整体认知。从这个角度来看,儿童获得的数学知识是与其他知识联系在一起的。

另外,维果茨基又提出了社会建构主义。他认为数学具有社会性和互动性,即儿童在数学学习过程中不仅与物体进行操作与互动,还与他人共同建构,通过与同伴或者老师的协商、交流而获得概念。从这一点来看,儿童的数学学习绝不是教师固守在数学本学科内(不与其他学科发生联系),单纯传授数学知识,儿童在与他人互动的过程中会习得数学学科以外的很多知识。

从以上论述可以看出,基于建构主义,儿童的数学学习应该来源于儿童的整体生活经验,儿童在探究过程中与别人交流、协商,也获得了对这个世界的整体认识。在建构主义课堂上,儿童会发现有许多可以选择的活动,教室里有许多可以选择的操作材料。当儿童通过操作活动找到问题的答案时,教师就可以用与其最初的发现有明显差别的材料对儿童提出挑战,最终的目的就是提高儿童在寻求理解他们的世界这一过程中的推理能力。

二、回归生活的课程理念

陈鹤琴在其"活教育"的思想体系中提出了"大自然、大社会是我们的活教材"。他认为,书本上的知识是间接的、形式化的,只有大自然、大社会才是知识的真正来源,是儿童学习的活教材。他认为,"活教育"要把儿童培养成"现代中国人",因此必须以儿童现有的生活经验为依据,扩大和丰富其对自然和社会的认识和理解,而大自然、大社会提供给儿童的知识是最生动的、直观的和鲜明的,没有人为的扭曲,切合儿童的生活实际,能激发儿童的兴趣,容易被儿童接受和理解。

从人类数学的起源来看,人类的数学能力本身就是为解决现实问题而产生的。幼儿的数学能力也来自于幼儿生活,幼儿的实用算术需要之所以萌发也和数学的历史演化一样,是为解决实际生活中的切身问题,从现实情境中自然发展的。从生活中学习数学,体现了数学学习的自然性、实用性与意义性特点。这不仅可以增进幼儿对数概念的理解,而且还可以缩减幼儿对数学的心理距离,不致对数学产生惧怕心理。对幼儿而言,数学是用来处理生活中切身相关的问题的,而非抽象符号所构成的天书。

但是分科时期,我国学前教育过分关注学科的系统性与逻辑性,而对儿童的实际生活经验与需求关注不够。这使得儿童学到的数学知识是静态的、无用的,儿童对数学的学习兴趣也大大减弱。针对这一问题,2001年颁布的《幼儿园教育指导纲要(试行)》明确阐述了幼儿数学教育的目标:"能从生活和游戏中感受事物的数量关系并体验到数学的重要和有趣",其内容和要求是"引导幼儿对周围环境中的数、量、时间和空间等现象产生兴趣,建构初步的数概念,并学习用简单的数学方法解决生活和游戏中某些简单的问题"。这标志着幼儿园数学教育正发生着从注重静态知识到注重动态知识,从注重表征性知识到注重行动性知识,从注重掌握知识到注重建构知识的重大变革。我们可以从三个方面来理解《纲要》中的阐述:一是幼儿数学教育活动应当联系现实生活,在生活场景和创设的情景中展开;二是幼儿数学教育活动重在感受和体验,注重多感官参与和主体的投入;三是幼儿数学教育活动的内容应该来源于生活,同时应用于生活,即在解决实际问题的过程中理解和体会数学的现实意义,激发幼儿学习数学的兴趣。像操场问题、过马路问题、超市问题这样的内容,能够激发孩子用数学解决实际问题的热情,促使幼儿之间努力合作,充分发挥其想象力,尤其是对年幼幼儿数学学习有很大的启发作用。

当前,人们已经普遍认识到"儿童的数学应该来源于生活,作用于生活,而不仅仅是习得静态的数学知识"。非常有影响力的Cockroft报告也肯定了这一数学观念的转变,这一报告引发了新的思考,人们越来越认识到,数学不光是让孩子掌握一些概念和技巧,还包括调查和推理方法,交流方式以及对数学环境的关注。英格兰和威尔士同样有报告指出,教师不只是单纯解释数学程序和步骤而不深入挖掘概念学习,学生也不是面对问题,复制这些结果的步骤,重要的是儿童要提出问题,解决问题,应用数学知识。

至此,又提出了一个生活中进行数学教育的相关命题,即"发现问题"与"解决问题"。儿童提出数学方面的问题需要他们对生活的体察,因为问题是来源于儿童生活经验的。另一方面,问题解决是数学教育在20世纪80年代的主要口号。所谓"问题解决",是指如何综合地、创造性地运用各种已有的数学知识和方法,去解决那种非单纯练习题式的问题。让幼儿通过"问题解决"来学习数学,不仅使幼儿在学习中真正处于主动的地位,而且使幼儿通过积极主动地探索去建构自己对知识的理解和意义的赋予。

总之,回归生活的课程理念提示我们,数学的意义总是情境性的,儿童的数学学习知识要来源于生活现实,数学知识的理解需要儿童生活中的相关感性经验,而且儿童习得的数学经验应该用于解决生活中的问题。

三、整合课程

1949年新中国成立,学前教育刚刚复兴,我们完全模仿苏联的教育模式,采取分科的形式。1966—1976年"文革"时期,学前教育也受到了破坏。20世纪80年代初,为了恢复学前教育秩序,我们依然采取分科教学的模式。80年代后期,越来越多的学前教育工作者意识到了分科教学的弊端,认为这种过于注重学科逻辑性而忽视儿童生活和经验的教学模式是不利于儿童发展的,于是以南京师范大学一批学前教育工作者为先驱,拉开了我国自下而上的幼儿园课程改革的序幕,尝试着要改变这种分科教学模式。期间国家也先后出台了《幼儿园工作规程(试行)》(1989)和《幼儿园工作规程》(1996)。这两个文件主要阐述幼儿园工作方面的一些规程,并不是专门针对学前教育内容而颁布的,虽然文件中也强调了幼儿主动活动、强调了儿童的个体差异、强调了游戏的重要性、强调了寓教育于一日活动中、强调了幼儿园活动的过程,但在学前教育内容方面阐述并不成系统,不太全面。直到2001年教育部颁布《幼儿园教育指导纲要(试行)》,我国才从国家层面,以文件的形式从总则、教育内容与要求、教育组织与实施、教育评价几个角度具体详细地阐述了幼儿园教育内容方面的导向。

幼儿园课程发展的最基本导向便是领域渗透与整合。儿童眼中的世界是整体的,不分割的,所以我们要以儿童的生活经验为课程来源的话,我们的课程也不应该分科,也应该是整体的。整合课程包含了儿童在各个学习领域的一个完整的发展过程。所以《纲要》提出:

"幼儿园的教育内容是全面的、启蒙性的,可以相对划分为健康、语言、社会、科学、艺术等五个领域,也可作其他不同的划分。各领域的内容相互渗透,从不同的角度促进幼儿情感、态度、能力、知识、技能等方面的发展。"

幼儿教育的整合主要包括以下几个方面:

(1)观念的整合。观念的整合,即幼儿教育过程中要时时有整合的意识,寻找教育现象之间的联系。

(2)目标的整合。在表达教育目标时,我们可能把目标划分为几个方面,我们那样做是为了不致目标过于笼统,但是儿童的生活是整体的,我们划分目标是不得已而为之的,所以目标上的分解应该在后续的教育活动中得到弥补,目标应该是一个整合—分解—整合的过程。

(3)内容的整合。幼儿教育的整合最终体现在教育内容的整合上,我们要时时注意领域中不同方面和不同领域之间的联系,主题是把教育内容整合到一起的良好形式。

(4)幼儿发展的整合。幼儿发展的整合是幼儿教育整合中核心的整合,是其他各项整合的归宿,我们不应该片面追求儿童某方面的发展,而应该促进儿童全面的发展。

整合不是简单地把一个个领域的学习内容相加,也不是在一个活动中拼合几个领域的学习内容,而是从幼儿的真实生活出发,把多个领域、多个方面的经验放在一起来考虑。例如,主题活动开展前,儿童已经具备了哪些前期经验?儿童对什么现象感兴趣?主题活动中幼儿可以积累哪些基本经验?这些经验是否适合幼儿的年龄特点和发展需要,它对幼儿的发展有何积极意义,可通过哪些活动逐步积累?幼儿会产生哪些问题,可通过哪些方式去体验和解决,会怎样表达和表现?等等。其中不乏数学教育内容。考虑这些问题的前提不是基于某一学科,而是基于幼儿的生活和需求,因此,熟悉幼儿的生活、了解幼儿的需求是一切主题学习活动的基本出发点。

幼儿数学教育融入主题活动以后,不是先立足于数学的教学内容体系,然后"打进主题";而是要立足主题活动的内容与要求,充分发掘幼儿数学教育的内容,使幼儿数学教育成为主题学习中不可分割的一个组成部分。游戏被认为是3~6岁儿童进行整合性学习的一个强有力的媒介,因此游戏可以说是整合课程的中心。儿童通常用游戏来表达他们所知道的事物或者他们试图去理解的东西。他们运用的数学概念可能在儿童解决平均分配材料的过程中显现出来。游戏或许是衡量儿童对事物理解的尺度。教师可以在观察游戏时发现儿童在他们的学习中吸收了什么,教师可以结合其他游戏方式与所研究的主题进行整合。

9.2 幼儿园数学教育活动的整合与多渠道渗透

数学的逻辑性和系统性非常强,幼儿园数学教育有着自身的特点和规律,它需要教师在了解整个学科特性的基础上,有计划、有目的地设计一系列数学教育活动。

然而,儿童的生活中充满了各种各样的学习机会,儿童无时无刻不在吸收着外界的信息。除了教师有目的、有计划的数学集体活动之外,教师还应该在整合教育观念的指引下,随时抓住教育契机,对儿童进行多渠道的数学渗透教育。一般说来,整合和渗透的渠道包括日常生活中的数学教育、环境中的数学教育、探究活动课程中的数学教育和游戏活动中的数学教育。

一、日常生活中的数学教育

(一)幼儿园的生活化数学教育

1. 学习材料生活化

操作材料是儿童进行数学学习的重要载体,儿童熟悉的、生活中的材料会让儿童感觉数学就在身边,学习的数学知识也能完全运用到生活中去,所以教师不一定要购置价格昂贵的成品材料,细心地寻找生活中可以就地取材、拿来就用的材料或者鼓励儿童去收集生活中的材料会更有意义,而且也能解放教师。

比如,可以让幼儿从家中带来火柴棒、小盒子、易拉罐、酸奶瓶、树叶等材料。教师可以引导幼儿一起对众多的材料进行观察、分析、比较和判断,筛选出可供选择的材料,最后自行设计出材料的玩法。如让他们把收集来的酸奶瓶按大小排列;树叶按颜色深浅排列;易拉罐按高矮排列;毛线按长短排列……经过这个用充裕时间的寻找、分类过程,幼儿真切地感受到"数学就在我们身边"。此外,幼儿从家里带来的材料种类繁多,包含的数学概念也不计其数。我们鼓励幼儿交换自带材料,并不失时机地加以引导,激发幼儿探索不同材料蕴涵的数学关系,比如可以利用这些材料进行分类活动、模式活动或者计数活动。

再如,对于农村学前教育来说,随手可得的是农作物。教师可以给幼儿每人一个毛豆荚(未剥开的),先让幼儿估算这个豆荚里有几个豆子宝宝,然后再剥开来,用自己会用的表征方式表征毛豆的数量。在这个活动中,儿童首先练习了估算的能力,"估算是个体对那些无法或不必做出精确的数字处理或数字运算的情境的理解和把握,并能够应用相关的数学知识和策略适时给出近似答案的能力"[①]。估算可以帮助儿童对数字方面和测量方面形成更正确的评价和更强的能力。其次,儿童还进行了符号表征的学习,符号表征是儿童掌握数字符号系统,与成人进行数学交流所需要的重要能力。毛豆这一幼儿生活中常见的熟悉物,使其数学学习更加具有情境性和趣味性。

2. 学习内容生活化

学习内容生活化是指儿童数学教育的内容要选择那些贴近儿童生活的,与儿童的生活经验和认知水平相联系相匹配的内容,这样的内容儿童不仅感兴趣而且能理解。

(1)从生活中选择具有启蒙性、实用性的数学教育内容

过去的分科教学过分关注数学学科的逻辑性与系统性,数学教育内容有偏窄、偏深、忽视儿童发展规律的倾向。现在我们再选择数学教育内容一定要从孩子的生活和心理接受能力出发,选择一些简单但实用性强的数学教育内容。如学习用统计的方法对生活中的问题进行决策;统计一月的阴天、雨天、晴天次数,判断当月主要的气候特征;统计今天来园的小朋友的人数;记录自己种植的小植物的生长情况;统计小朋友最爱玩什么游戏,决定游戏内容等。幼儿对这些贴近自己生活的问题很有兴趣,他们在统计的过程中自然能用心学习,全心投入,学习的内容又能对他们以后的生活产生深远和积极的影响。

(2)从生活活动中选择包含简单数学逻辑关系的教育内容

数学内在的逻辑性、抽象性、辩证性以及广泛的应用性对儿童的认知发展、逻辑思维的发展都具有特殊的积极影响。幼儿数学教育内容中最有利于儿童认知思维发展的便是数学

---

① 赵振国.3~6岁儿童估算和数感的发展研究[D].华东师范大学硕士论文,2006.

逻辑关系，而不是数数、计算等内容，但是有些幼儿园或者家长过分重视数数、计算等内容，让儿童机械地记忆、练习，对逻辑关系等方面的内容反而不够重视，这是很不利于儿童数学思维的发展的。逻辑关系包括1和许多的关系、对应关系、大小和多少关系、有规律的排列的关系、空间位置关系等。选择包括这些逻辑关系的数学教育内容，可以让儿童感知周围世界是有秩序的、有规律的，有助于幼儿识别物体、认识物体的本质。如值日生摆餐具，在每个孩子的桌子上放一个碗、一双筷子，可以感知一一对应的关系；整理玩具和生活用具的时候，可以感知分类的概念；串珠游戏的时候可以感知有规律的排序等。

(3) 学习过程生活化

学习过程生活化，这里主要指在儿童一日生活环节中渗透数学教育。

在幼儿的一日生活中，蕴含着许多可对幼儿产生数学影响的情境和事例，而这些情境和事例还是经常地、反复地发生的，因而会对幼儿的数学学习产生潜移默化、润物细无声的作用。例如幼儿园盥洗室排队等候的脚印标记、活动区域人员按钮的标志、摆放玩具的标记、值日生分发碗筷等，都是小班幼儿学习一一对应、比较等数学内容的机会。幼儿稳定的、前后一贯的一天生活活动的顺序，可以使他们体验各种活动时间的长短、时间的间隔、模式序列，如起床时间、上幼儿园时间、桌面游戏时间、集体活动时间、角色游戏时间、午饭时间、午休时间、午点时间、户外游戏时间、离园时间，还可以结合时钟让儿童观察，认识时钟和时间等。教师还可以引导幼儿在生活中观察玩具材料、门窗的形状等。在生活中比较幼儿个子的高矮、手脚的大小等。过渡环节，教师可以随意与小朋友交谈，让幼儿说一说自己的班级号、鞋子号码、体重、身高，家里的电话号码、门牌号码等与日常生活密切相关的一些数字及其作用。

在组织幼儿散步、劳动等过程中，也可以渗透一些数学教育内容。比如午饭后散步时，教师可以引导幼儿观察房檐上的花纹，了解房檐上的模式；可以让儿童观察秋天树木花草的变化，感知秋天季节、时间的流动；引导幼儿观察各种物体的形状，如有的房顶是三角形的，房子的门、窗都是方形的等。

(二)家庭中的生活化数学教育

家庭是幼儿数学教育的另一支非常重要的力量，幼儿园应该充分认识到家庭与幼儿园合作在生活化数学教育中的重要性，因为儿童在家庭中生活的时间很长，家长可以利用生活中的任何契机来进行随机教育。然而，现在家长对幼儿数学教育大多存在误区，很多家长认为幼儿数学教育最主要的内容就是数数、加减运算，而且一般的家长采用的都是让孩子机械记忆训练的方式获得这些概念。所以，幼儿园教师的首要任务便是通过各种形式与家长沟通，交流一些幼儿数学教育中应该包括的内容和进行教育的价值取向。比如请家长配合，让幼儿运用分类知识整理自己的衣柜、玩具橱，或到超市购物，运用所学的加减法计算购物的数量和价钱，学做记录等。家里来客人时，让孩子给每位客人发碗筷，学习一一对应或集合的概念。跟家长坐电梯、等公交车、逛街时，随时让幼儿注意周围环境中的数字及意义。

二、环境中的数学教育

(一)物质环境与儿童的数学教育

幼儿园的物质环境主要指幼儿园内的一些硬件条件、设施、设备等。如《纲要》中所提到的"幼儿园的空间、设施、活动材料等"，这些为幼儿发展服务的、被幼儿经常接触和使用的资源应该有利于引发、支持幼儿的游戏和各种探索活动，有利于引发、支持幼儿与周围环境之间积极的相互作用。

通过幼儿园的物质环境对幼儿进行教育属于一种隐性课程,隐性课程是一种非正式的没有或较少事先安排的、也没有书面文本的课程,它具有暗示性、多样性、隐蔽性和长期性四个特征。它对幼儿的影响是潜移默化的,这种潜移默化的影响对一个人的成长是至关重要的。正因为环境对幼儿数学学习的重要性,我们才要更加注意提供给儿童适合的物质环境。

1. 数学教育环境应该具有儿童性

幼儿园是儿童生活学习的场所,因此幼儿园的教育环境中的元素及其蕴含的教育要素要具有儿童性,要被儿童所喜欢和接受,吸引儿童的关注,激发儿童进行数学操作和探索的欲望。这些数学操作材料要尽可能来源于儿童的生活,反映儿童的世界。

2. 数学学习环境要具有教育性

虽然数学教育环境对儿童的数学学习的促进是隐性的、潜在的,不像集体教育活动那样正规、系统,但是数学学习环境是重要的教育资源,要能够体现教育目的和要求的环境才是适宜的。教育性要求教师要在《纲要》指导下追随幼儿的需要、能力的发展和学习的进程。数学教育环境应该包含儿童数学教育的基本组成部分,而不能有所偏颇,比如数概念、空间、时间、几何图形、排序、集合、模式等内容都应该在数学环境方面有所体现,教师在创设环境时,心中应该非常清楚幼儿数学教育内容都包括哪些方面。数学教育环境还要不断发展变化,即随着幼儿的发展进步而不断变化,依据儿童的学习与成长需要变化而调整,但是这种调整不是跳跃的、摇摆的、无序的,而是遵循着儿童的学习特点、成长规律和教育内容发展变化的。教师应依据对儿童数学学习行为和发展水平的观察与了解,对教育环境中所涉及的资源、材料、工具、物品等进行调整和变化,一方面是对材料的种类进行调整,一方面是材料的难易程度要进行调整。

3. 数学教育环境应该具有互动性

互动性指教育环境中教师、幼儿、环境、材料等因素要相辅相成、相互作用、相互结合,既不是成人的高控,也不是幼儿自然随性。仅靠一方的独自活动只能使环境变成暂时的兴趣,而不是持久的资源。教师应该参与到数学学习环境中去,比如观察数学学习困难儿童的数学学习并一起操作,组织幼儿的讨论和交流,针对不同数学学习水平的儿童提供不同层次的材料。幼儿参与教育环境主要体现在能够及时关注环境中的变化;愿意操作、摆弄各种数学材料;能按照教师的要求完成任务;能用自己的方式展示自己的数学经验并用数学的方式与别人交流。

4. 数学教育环境应该具有开放性

幼儿园的教育不仅仅是幼儿园内部资源的开发与利用,还应该本着开放的原则,利用幼儿园以外的各种资源、幼儿园的家庭教育活动和家园合作性活动,丰富幼儿的数学经验。幼儿园之外有着丰富的数学教育资源,我们应该充分利用这些资源。比如,生活中的各种数字,如红绿灯倒计时、公交车站牌、门牌号码、超市的标价牌、运动员的号码、体温计上的数字、单元数、电梯里的数字等;家庭生活中还会有各种让儿童锻炼计数的环境,比如数数有几个客人、数数自己有几件玩具等;家庭生活中还有各种让幼儿习得一一对应、排序、模式的机会,比如让孩子给每只碗配发一双筷子、给每位客人拿一张纸巾、给每位小朋友发一块糖、几个小朋友比一比高矮并排排队、按照类别收拾自己的玩具等;家长带着孩子外出时,也可以引导儿童注意建筑上的几何图形和对称、模式等。

(二)精神环境与幼儿数学教育

幼儿园的精神环境主要指幼儿在幼儿园能经常接触的人以及人与人之间的关系,包括"幼儿园的常规要求""幼儿同伴群体及幼儿园教师集体""教师的态度、管理方式"等。这些宝贵的教育资源,有助于形成安全、温馨的心理环境。尤其是教师的"言行举止"时刻影响着幼儿的行为,所以教师应该时刻注意为幼儿的学习创造良好的精神环境。

心理学家罗杰斯认为:"心理安全"和"心理自由"是进行创造性活动的最基本的心理因素。托伦斯认为:"友善与宽容的环境"有利于学习的发展,所以说营造轻松民主的教育氛围有利于儿童的发展。数学概念的获得不是机械练习或靠教师口头传授而获得的,数学概念的习得更需要儿童通过探索与外界环境相互作用而获得。所以教师应该注意为幼儿创造一种民主的、安全的、自由的心理环境。幼儿期是情感体验迅速发展的时期,这个时期幼儿对教师的关注特别敏感,教师一句话、一个动作、一个眼神等都会对幼儿产生影响,因此我们首先应该让幼儿在平等、融洽、和谐的人际环境中获得数学方面的发展。

教师要尊重理解孩子。每个孩子都有独特的个性,他们具有不同的认知、性格、学习风格和自我意识等。教师要深入了解不同孩子的认知水平,了解孩子数学概念内化是一个复杂过程。个别教师不了解孩子数学概念获得的过程,觉得有的孩子"怎么教也教不会"而表现出不耐烦,这会让孩子觉察到教师对他的态度,从而更加对数学产生畏难情绪。教师应该承认孩子发展之间的差异性,并坦然接受这种差异性,为不同数学学习水平的儿童制订不同的目标,尤其对那些数学发展水平较慢的孩子更要和蔼,经常与他们一起做数学操作游戏。

教师还要多鼓励支持孩子。数学概念的获得主要通过探索及儿童与客体的互动,所以教师一定要多鼓励儿童主动参与、主动操作,即便孩子操作失败也要用积极的言语多鼓励支持。这会让他们增强信心,克服各种困难再去尝试。教师可以利用赞许的目光、鼓励的微笑、肯定的口吻等积极性评价使幼儿对自己的能力充满信心。

三、探究活动课程中的数学教育

建构主义认为,意义不是独立于我们而存在的,事物的感觉刺激信息本身并没有意义,意义是由人建构起来的,它取决于我们原来的知识经验背景,是主客体相互作用的结果。建构主义非常强调学习过程中动态的、非结构的、具体情境的特征,强调学习者对意义的主动建构以及对知识经验的重组改造。

皮亚杰提出"动作是儿童认知发展的基石",儿童经验的获得是通过主体作用于客体而获得的。比如儿童面前有4个苹果,"4"这个总量不存在于任何一个苹果,任何一个苹果也代表不了"4"这个集合总量,儿童只有通过点数、数词、手指、橘子一一对应,最后再运用包含的关系,才能得出"4"这个总量。由此可以看出,简简单单一个集合总数的概念,也是需要儿童的手指作用于物体的。所以,数学教育需要儿童的探究,儿童在感知、观察、摆弄、操作过程中与同伴和成人共同学习,获得数学经验。

探究这一学习方式并不是儿童数学学习特有的方式,而是儿童进行任何学习的一种方式。很多幼儿园已经在尝试让幼儿在探究中学习了。当前很多幼儿园采取主题的方式、方案教学的方式,让幼儿在熟悉的主题活动中进行深入、自由的探究,教师依据儿童的兴趣来决定儿童探究活动的时间。那么在探究活动中,教师也应该把握进行数学教育的时机,让幼儿在探究活动中获得数学概念的内化。比如在一个项目教学——《修建长江大桥》中,儿童运用木头、锤子、钉子、锯条等工具分小组合作"修建"长江大桥,儿童先是参观了长江大桥,之后查阅了建筑图,然后讨论了"修建"大桥所需要做的准备活动,之后分小组进行"修建"。在"修建"大桥整个探究活动过程中,儿童首先要了解大桥的形状、大桥图案的空间特征,然后需要测量长度,需要探索空间等。这并不是一个纯粹的数学活动,只是一个项目探究活动,但儿童在探究活动过程中的确进行了数学方面的思考,并尝试把学到的数学知识运用于整个探究活动中。

再如幼儿园里经常进行的沉浮概念的探究活动,教师经常会提供给幼儿大量的不同材料和水,让幼儿去探究和感知沉与浮的概念。教师的本来目的是让幼儿获得沉浮概念,但是儿童在探究过程中,会自发地对物体进行分类——哪些物体是沉的,哪些物体是浮的。分类的概念在这个探究活动中自发产生了。

数学在人类生活中无处不在,儿童只要去探究,就有可能碰触数学的问题,就有可能在探究活动中感知数学关系。

四、游戏活动中的数学教育

幼儿的主动性是游戏的主要特点,游戏是适应幼儿的内部需要而产生的,使得幼儿乐于参与游戏并且易于在游戏中受到教育。幼儿的游戏是在假想的情境中发展,进行的是假想的成人实践活动。在游戏中幼儿能控制所处的环境,表现自己的能力和愿望,从成功和创造中获得愉快。

根据《纲要》中幼儿数学教育目标:能够从生活和游戏中感受事物的数量关系并且体会到数学的重要和有趣。这其中包含的一层意思就是数学教育应当联系生活,寓教于乐,在生活场所和模拟场所中展开。若将数学知识融入各类游戏中,这样,一方面能让幼儿在游戏中发现数学、感受数学;另一方面,还能让幼儿运用数学方法解决游戏中某些简单问题。在各种游戏活动中,蕴含着各种数学元素与信息,涉及大量有关数量、空间、时间、形状等方面的知识。

建构游戏是幼儿用积木、塑料等几何体搭建、接插,一人玩或几人玩的游戏。建构游戏中提供的材料是儿童感知几何形状的绝好材料,儿童在运用积木搭建各种建筑物和物体的过程中,可以获得并巩固各种数学知识,包括空间、几何形体、测量等,而这些方面又与分类、排序、数量的比较相联系,从而起到了学习和巩固数学知识的作用。

角色游戏也是儿童创造性反映现实生活的游戏。在角色游戏中,儿童也能处处感知数学元素。如娃娃家游戏,儿童要按时间喂娃娃饭,按时间送娃娃上学,接娃娃放学,这些活动都是儿童感知时间的好方式。如商店游戏中,"营业员"要按照商品的类别摆放物品,"顾客"按照物体类别也比较容易找到商品;商店游戏中,老师也可以假扮顾客参与其中,给幼儿的数学学习适时的指导。例如,顾客要买5块口香糖、4把牙刷、6条毛巾,在这个简单有趣的游戏过程中,既锻炼了幼儿的数数能力,又锻炼了幼儿给物品分类的能力;教师还可以印发"假币",让儿童拿着这些钱到商店里去买商品,买商品的过程必然涉及记数、认识钱币和数运算等方面的内容,儿童在游戏中自觉、轻松地接触并运用了这些数学知识。

户外体育游戏中也蕴含着数学教育内容,比如出教室排队时教师要求儿童按照一个男孩、一个女孩的方式排队;两组展开竞赛时,需要两组同样数量的选手;排球比赛时需要对排球的数量进行计数并比较集合之间的大小;跳远比赛需要测量、计数和比较大小等。

娱乐性的玩水玩沙游戏中,也涉及了数学教育内容。比如儿童在玩水玩沙时,不仅感知了水和沙的特性,还在盛水和玩沙的过程中,通过反复翻倒,逐步感知了量的比较和守恒的概念。

生活游戏中,也会经常涉及数学教育内容。比如午饭后散步时,教师和儿童玩一些简单的游戏,老师说:"找找找,找朋友。"儿童问:"几个朋友抱在一起?"老师答:"3个朋友抱在一起。"从而儿童感知集合总量的关系。再如教师利用马兰花的儿歌与儿童进行游戏,教师与儿童一起:"马兰花,马兰花,风吹雨打都不怕。勤劳的人们在说话,请你马上就开花。"儿童问:"开几朵花?"教师:"开4朵花。"……同样,这样简单的生活游戏中也蕴含着数字集合总量的关系。

整理和收拾玩具的过程中,也涉及数学教育内容。比如教师会要求儿童按照某一标准将玩具分类,比如按照玩具的材质进行整理分类,按照游戏的种类将对应的玩具进行整理分类。

由以上论述可知,各种游戏中都蕴含着丰富的数学教育内容,而游戏又是儿童进行自主学习的最佳载体和活动形式,教师应该把握住游戏这种形式,注意在各种游戏中有机地加入一些数学教育内容,使儿童在游戏中的数学学习更加轻松、自然、活学活用。

> **案例 9-1**
>
> ### 渗透性数学教育活动举例:《秋天来到了——买菜》[①]
>
> (一)活动背景
>
> 在进行秋天的蔬菜活动阶段,有的幼儿带来土豆、小青菜、蘑菇、胡萝卜、芹菜等食物,办"小菜场"的;也有的把超市广告上的图片蔬菜剪下,粘贴在很大一个菜篮子里(墙面布置),一边搜集一边数数不同的品种有多少;还有的作秋天水果和蔬菜品种多少的比较。为给儿童创设一个关于蔬菜名称的交流环境,组织一次"买菜"游戏,让幼儿在游戏活动中,识别蔬菜名称和数量,倾听别人报出的菜名和数量,并作出相应的反应——卖给他还是不能卖他,多次反复,培养倾听、积极思维及多角度思维能力,从中体验秋天的蔬菜多及爱吃蔬菜的情感。
>
> (二)活动提示
>
> (1)通过游戏活动,让幼儿按卡片提示(菜名及数量)买相应数量的菜,练习目测数群,提高数数能力。
>
> (2)感受秋天蔬菜品种多的特征,知道蔬菜有营养,爱吃各种蔬菜。
>
> (三)活动材料
>
> (1)蔬菜卡片:青菜、土豆、胡萝卜、毛豆、蘑菇、青椒、西红柿、笋(数量为2~6个)。
>
> (2)菜单:青菜、土豆、胡萝卜、毛豆、蘑菇、青椒、西红柿、笋(数量为2~6个),一张菜单上有5种菜(每种菜都标明数量)。

[①] 引自徐苗郎.我的幼儿园数学活动模式[M].上海社会科学院出版社,2011,7:151.稍有改动。

(四)活动过程

1. 师生讨论：秋天蔬菜多、蔬菜营养好

(1)是否去过菜场,看见哪些蔬菜？

(2)说说你最喜欢吃的蔬菜是什么,你正在学着吃的蔬菜是什么？知道蔬菜有营养,爱吃各种菜。

2. 游戏：买菜

(1)介绍游戏方法。每位幼儿持有3~4个品种的菜卡片,一位幼儿来买菜,根据菜单一次报出需买的菜名和数量：如3个西红柿、2个土豆、4棵青菜、1根胡萝卜、5个蘑菇,其他幼儿在自己所持的蔬菜卡中找出某一品种且是相应数量的菜卖给他。

(2)请幼儿介绍自己有些什么菜及各种菜的数量。

(3)开始游戏。

①轮流取购菜的菜单去买菜。

②当游戏接近尾声时,可请卖完菜的幼儿跟着买菜的人一起买菜,将所有菜全买完。

3. 结束、整理

(五)活动评析

本次活动通过讨论秋天蔬菜品种及自己喜爱吃的蔬菜和正在学着吃的蔬菜,以及参加买菜游戏,让幼儿在扩大对蔬菜品种认识的同时,感受秋天蔬菜多以及爱吃蔬菜的情感。

通过游戏方式提高了幼儿主动参与活动的积极性,其中买菜人每次带领念的儿歌"买蔬菜、买蔬菜,蔬菜营养好,买蔬菜、买蔬菜,买些什么菜？"起了调动幼儿积极参与,集中注意力的作用。

在上则案例的游戏过程中,每个幼儿在听完买菜人报出的菜名和数量后,都要在自己所持的卡片中寻觅一遍,这一过程,让幼儿从蔬菜名称及数量两个方面加以考虑,作出回应,这对孩子具有一定的挑战性。

买菜人由教师和幼儿轮换,起到了锻炼孩子的作用。不少扮买菜角色的孩子,起初在发买菜指令时见一种叫一种,不按菜单上的次序,结果出现重复或遗漏。

游戏规则的制订和活动中规则的变化,可与孩子一起协商,如买菜人发指令,可以从讲两遍到讲一遍,由一次讲所买的一种菜(包括数量),到一次讲所要买的两种菜,使幼儿参与游戏的主体性更强。

本章小结

一方面,数学作为学前教育中的重要组成部分,与其他教育内容不是独立的、不是分割的,在整合课程理念的倡导下,我们的确需要思考数学教育与其他教育活动之间的关系。另一方面,幼儿数学教育越来越倡导生活化,从生活中来并运用于生活中,所以我们需要考虑生活化、游戏化的数学教育和渗透于其他教育形式中的数学教育。

本章第一节从建构主义、回归生活理论和整合课程理论出发,阐述了渗透性、整合性幼儿数学教育背后的理念。第二节从生活中的数学教育、环境中的数学教育、探究活动中的数学教育和游戏中的数学教育四个角度探讨了幼儿园数学教育渗透与整合的途径。

思考与练习

1. 建构主义理论、回归生活的理论与整合理论对我国幼儿园数学教育有何启发?
2. 结合幼儿园的见习、实习活动,分析具体的数学活动,运用本章所述的理论分析这些数学教育活动的优缺点。
3. 幼儿园开展渗透与整合式的数学教育有哪些有效途径?通过查阅文献与实地调查的形式获取资料,并与其他同学分享交流。

第 10 章　学前儿童数学教育的研究及发展趋向

> **教学目标**
>
> 1. 理解并把握学前儿童数学教育研究中的三对主要的关系。
> 2. 了解并把握学前儿童数学发展与教育研究的主要动态和趋向。

2010年2月国务院公布了《国家中长期教育改革和发展规划纲要(2010—2020年)》，明确了未来10年国家普及和发展学前教育的目标，以及政府的职责，把发展农村学前教育作为重点工作。随后，《国务院关于当前发展学前教育的若干意见》(简称"国十条")进一步规划了今后发展学前教育的具体目标和任务，提出了学前教育三年行动计划的构想。伴随世界各国政府对学前教育的重视，对学前儿童发展与教育的研究也呈蓬勃之势，对学前儿童数学认知发展与教育的相关研究也出现一些新的趋向。

10.1　学前儿童数学教育研究中的几个关系

科学研究是一个认识过程，是一种更有意识、有目的、有计划、有系统，并采用严密的方法去认识客观世界、探索客观真理的活动。学前儿童数学教育研究应该是广大的幼教工作者共同参与的一个过程，从学前儿童数学教育的特点和研究现状来看，我们在进行学前儿童数学教育研究时应把握好几个关系。

一、理论与实践的关系

理论与实践的关系是任何科学研究均严格遵守的原则。学前儿童数学教育科学研究要正确体现理论与实践关系主要可从两方面考虑：第一，选择科研课题要有理论价值和实践意义，或称为课题的确定要有理论和实际的依据。这是一项科研工作成功与否的首要条件。一个研究课题的提出可以是从理论学习中引发，也可是实际工作中有待解决的问题，但不论问题从何而出，最后选定时均需从理论和实践两个角度予以审视。研究实践中存在的问题，也应从理论、规律的角度进行探讨。而教师在总结自己的教育经验时，不应只停留在对现象的描述，而应该通过事实和现象分析和发掘出问题的实质，概括出带有规律性的东西，提高到理论高度予以阐明。

二、求实与创新的关系

科学研究首先要用严谨的科学的态度。这是一种求实精神。求实精神就要一切从客观事实出发，忠于事实，不夸大也不缩小，更不能只选取符合自己愿望的材料，而丢弃全面的素材。对广大幼教工作者，初学科学研究者来说，可以重复他人的研究，验证前人研究的科学性；也可以对他人研究中的某些不足之处或自己的不同的观点作进一步研究，对别人的成果作出补充或修正，或者如前所述，运用他人的心理研究进一步实验等。这些类型的研究都与前人的科研成果密切相关，是在前人研究的基础上作出不同程度的创新努力。珍惜自己的创造性劳动,又要尊重他人的成果。应该在文章或报告中如实地说明或注明,你的研究运用了什么研究成果,已有的结论是什么,你打算研究解决什么等。这样既说明了你研究工作的继承性和求实精神,又说明了研究的依据,既表示了自己工作创造性的因素,又尊重了他人的劳动,反映出科研工作者应有的高尚品德。因此,求实精神与创新劳动是相互联系,互为因果的。这同时也是一种科学研究的道德问题。

三、心理与教育的关系

学前儿童数学教育这门学科的研究对象,决定了它的研究课题可以是心理的,也可以是教育的。心理方面可研究幼儿数学概念发生、发展的规律,教育方面可研究向幼儿进行什么内容的教育和采用怎样的科学教育方法,也可以是将心理的研究与教育的研究联系起来,从心理入手落实到教育上,使心理研究的成果促进教育实践的提高。从心理研究出发,将心理科研成果运用到教育实验中,得出教育上有参考价值的研究成果。另一种形式是幼教工作者在他已有的心理科研成果的基础上,再进行教育科学的实验和研究,以解决数学教育的实践问题。幼教工作者不一定都有条件进行心理实验,但从事教育实验却有得天独厚的有利条件,而且心理学方面的研究成果是否能运用在教育实践中并取得成效尚未最后定论,需经过教育实践检验、证明、筛选和补充。这样,能扩大幼儿数学教育的研究内容,更快地解决较多的幼儿数学教育的实际问题,从而使学前儿童数学教育这门学科更加丰富和充实。在科研方法上,幼儿数学教育的科学研究应重视运用心理学研究的一些较为严密的科研方法,如测验法、实验法等。实际上这些方法现已被广泛地运用到教育科学的研究中,正式的幼儿数学教育研究,应不限于总结经验这种方法,而应步入科学的轨道。[①]

10.2 学前儿童数学教育研究的发展趋向

一、关注幼儿数学学习的内在心理过程与机制

数学教育无疑是教育与发展心理学领域中主题定向的最具代表性的领域。在过去的几十年中,数学教育与心理学内在地交织在一起。如今,数学学习与教学领域已经成为一个较为成熟的、多学科的研究领域,目标在于更好地理解儿童对数学知识、技能、信念、态度等方面的发展与获取的过程,从而为儿童的数学学习创设更强有力的教学环境。

学前儿童学习数学是动作探究、表象积累以及逻辑思维过程的统一体。学前儿童数学学习开始于动作。学前儿童的智慧发展体现在手指尖上,儿童思维的发展往往是从动作开始的。应该解放儿童的双手,让其通过动手操作实物进行数学学习,激发探索的兴趣,在操作过程中,儿童的手、眼、脑等器官协调活动,获得操作技能和感性经验,从而启迪大脑思维。学前儿童的数学学习对动作的依赖性很强,年龄越小,依赖性越强,如计数活动、数的组成、加减法、分类、排序、测量等,都是通过进行实物操作活动来感知与理解的。学前儿童需要对操作材料进行摆弄、观察、比较,获得直接的感性经验。表象是由直接感知到抽象思维的中间环节。表象是指过去感知过的事物在头脑中留下的印象,数学表象具有形象性、概括性、创造性和运动性等特征,它高于具体水平,又低于抽象水平,不能像抽象概念那样反映事物

[①] 林嘉绥,李丹玲. 学前儿童数学教育[M]. 北京:北京师范大学出版社,1994.

的本质属性,是儿童对客观世界的直接感知过渡到抽象思维的一个中间环节。表象的作用在于促使感性经验内化为抽象的数学概念。为帮助学前儿童在头脑中建立正确而丰富的表象,必须根据学前儿童的认知规律,为学前儿童创设适宜的实物数学情境,通过模型、图片、操作等途径,学前儿童多角度、多感官、多形式丰富表象的积累。例如,在学习加减法的过程,学前儿童学习数学的过程是感性认识与理性认识的相互促进,形象思维与抽象思维统一的过程。

幼儿思维的发展为他们学习数学提供了一定的心理准备。但是,幼儿逻辑思维发展的特点又造成了幼儿在建构抽象数学知识时的困难。在整个幼儿时期,数学概念对于他们来说都还没有成为头脑中的一个抽象的逻辑体系,它必须借助于具体的事物和形象。同时,幼儿在学习数学的过程中,也在不断努力摆脱具体事物的影响,使那些和具体事物相联系的知识能够内化于头脑,成为具有一定概括意义的数学知识。对幼儿数学教育的研究均需建立在对幼儿数学认知发展研究的基础上。因而,关注幼儿数学学习的内在心理过程一直是幼儿数学教育研究的一个重要方面。目前,对儿童数学能力发展的研究已成为认知发展研究领域中迅速崛起且令人瞩目的一个分支领域。这些研究成果已经并将要对世界各国早期儿童的数学教育产生深刻的影响。[1]

从近年来关于幼儿数学发展与教育的研究发表情况来看,大量的研究聚焦于儿童发展方面,且关注点逐步从儿童数学学习与发展的内容领域向过程领域转化。研究开始关注于学前儿童在各数学概念发展的过程中其相应的思维能力和问题解决能力的发展,也开始关注儿童数学经验获取和数学概念发展过程中的内在认知机制问题,其中对元认知、执行功能、记忆机制、多元表征等的研究是学前儿童数学认知发展研究领域值得继续深入探讨的主题。

对幼儿数学认知中的元认知和执行功能的研究表明,4～7岁儿童执行功能和空间图形认知能力具有显著的年龄效应,其执行功能与空间图形认知能力存在显著性相关。对5～6岁儿童元认知发展的研究发觉,5～6岁儿童解决计算、测量、空间几何、模式问题的元认知均具有显著的年龄差异,元认知知识均随年龄的发展而发展。5～6岁儿童的任务知识掌握较好,策略知识掌握较差。儿童在数学各领域之间的元认知水平均显著相关。低数学水平儿童的元认知知识水平较低,预测和评价能力均较低,计划、监控和修正能力较差。儿童的元认知知识和离线元认知通过干预训练取得较大的进步,个体知识和策略知识均获得较大发展。干预训练提高了儿童的预测和评价能力,但对儿童的计划、监控和修正能力水平的提高影响似乎并不明显。也有研究考察了不同类型的焦虑情绪对于大班幼儿数学认知加工以及执行功能的各个部分的影响,结果表明,对于6岁幼儿而言,焦虑情绪对简单和复杂数学加工的影响表现出了不同的模式。对于简单的数学任务而言,不论是状态焦虑和特质焦虑都没有影响。

多元表征是儿童数学能力和认知发展的核心要素,有利于儿童具体、深入地理解数学概念,有利于提高儿童思维的发散性、灵活性。华东师范大学的黄瑾教授的团队开展了历时三年的"多元表征在学前儿童数学学习中的研究",主要围绕"教师如何在区角活动中创设多元表征的数学学习路径和教师如何在集体教学活动中促进幼儿多元能力发展"两个问题展开。研究以早期儿童数学认知中的数、数运算以及模式三个维度为切入点,考察4～6岁儿童数

---

[1] 周欣.儿童数概念的早期发展[M].上海:华东师范大学出版社,2004.

学认知中的多元表征的发展特点、相互关系及影响因素。研究发现，4～6岁儿童在数学认知发展中已具备初步的多元表征能力，但在数、模式的多元表征中未出现明显的年龄差异，而在数运算多元表征中有明显的年龄差异。4～6岁儿童更倾向于使用描绘性表征中的实物情境表征与教具模型表征。多元表征教学干预研究表明，干预对4～6岁儿童多元表征能力提升有显著效果，尤其在较难的任务中体现得更为明显。

二、关注数学教育活动的游戏化、生活化和综合化

幼儿数学教育活动问题既是一个老问题，也是一个新问题，是早期数学学习领域一直关注的问题。当前，随着课程整合思想的逐步深入与发展，教学游戏化、生活化理念的普及与发展，对儿童数学学习本质中的操作性和探究性的深入理解，在国家推行《3～6岁儿童学习与发展指南》的背景下，数学教学活动的游戏性、生活性、整合性、探究性和操作性等问题的研究也应该从实践和理论层面走向深入。

(一)数学教育活动的游戏化

游戏应该是幼儿学习抽象数学知识与他们自身具体思维之间的桥梁，是一种学习手段和方法。游戏是促进学龄前儿童心理发展和智力发展的最好活动形式。而数学由于其学科特点，相对而言比较抽象和枯燥，如果将数学知识融入游戏和运动中，让幼儿在玩中学，在动中学，就既可满足幼儿的游戏和运动需要，又可很好地完成数学教学目标。数学游戏能为幼儿动手、动口、动脑，多种感官参与学习活动创设最佳情境，激发幼儿的学习兴趣，调动幼儿积极性，最大限度地发挥幼儿身心潜能，省时高效地完成学习任务。游戏新颖，形式多样，富于情趣，才能有效地激发幼儿的内驱力，使他们主动地学、愉快地学。

教师必须根据幼儿的年龄特点运用不同的方法来创设适合他们的游戏环境。让幼儿在游戏中、在生活中感受数学、学习数学、运用数学，帮助幼儿更轻松地领悟数学的抽象关系，提供幼儿解决现实问题的思想和方法，以幼儿为主体，精心设计游戏。在数学游戏中，应根据教学内容，摆正幼儿的主体位置，设计与之相应的能促进幼儿理解和掌握数概念的游戏活动，才能发挥其教育功效。首先要明确设计目的，把握设计环节，让幼儿在游戏活动中主动探索，发现物体间的数量关系，这是把握设计方向的关键。其中，动作是基础，游戏材料是媒介，主动探索是方式，物体间的数学关系则是认识的对象。应让幼儿通过主动、积极的探索活动去发现答案，要根据年龄特点设计安排游戏。小班幼儿知识贫乏，思维简单，一般是将某一教学要求结合在一个简单的游戏之中。中、大班幼儿抽象思维有一定发展，知识容量扩大，则可把新授内容尽可能编成有情节的游戏反复练习。到了大班后期，幼儿思维的敏捷性提高，每节课都可适当安排一些竞赛性游戏，以激发幼儿的进取心，进一步提高他们思维的敏捷性和准确性。应充分利用数学游戏的可变性，在不改变某一游戏目的和主要规则的前提下，改变某些游戏规则，使之派生为一个或另几个游戏，这样既可提高活动的趣味，又能增强教育效果。利用游戏的可变性，由浅入深，从易到难，使幼儿在熟悉游戏内容的基础上，不断明确新要求，接受新的挑战，也就能不断激发幼儿学习积极性，充分发展其主体性。在数学教育活动中，教师应充分发挥游戏功能，成为幼儿游戏的支持者和幼儿探索的引导者，使幼儿能在教师引导下充分发挥主体作用，自己操作、探索、发现、交流，从中形成正确的数概念。

游戏情境应配合主题创设环境，为幼儿提供可展开探索的操作材料，且材料的提供要体现层次性和阶段性，让幼儿通过对材料的摆弄和操作，充分地感知和体验，根据幼儿教学教

育的内容与要求,选择、设计符合幼儿年龄特点的游戏。随着幼儿年龄的增加、智力的发展,游戏化的程度宜逐渐减弱,游戏中宜减少游戏情境,增加智力因素。小班幼儿以有情境、有角色的娱乐性较强的游戏为主,如通过"喂娃娃"游戏学习数数;中班幼儿适宜开展有一定情节的游戏,如通过"蚂蚁妈妈找宝宝"的情境游戏学习分类;大班幼儿可安排有更多的竞赛性、智力性的游戏。

关于游戏与数学学习的关系问题,近年来有研究主要考察了幼儿在"游戏化"的数学教学活动中"游戏性"表现状况的问题。结果表明,幼儿的"明显的愉悦性"表现较"温和","认知自发性""社会自发性"出现频次较少,教师较少关注幼儿数学学习的个性化,师幼互动质量低下。关于积木游戏中幼儿的数学行为的研究表明,搭建游戏均涉及了学前儿童最基本的数学经验,不同搭建技能涉及的核心数学经验不尽相同,积木游戏中搭建技能困难与数学经验缺失有关,教师在积木游戏中的数学干预能有效推进幼儿的搭建技能提升;也有一些研究探讨了感数、点数、计数能力的不同游戏形式,数学棋类游戏、民间游戏与数学教育的有机结合问题。

(二)数学教育活动的生活化

数学教育的目标在于引导幼儿用能理解的数学观点和方法去发现和解决生活中的实际问题。引导幼儿运用观察、推理、验证等方法去发现和解决身边的实际数学问题;鼓励幼儿运用分析、综合、比较、抽象与概括、判断与推理等多种思维方式。数学教育的途径生活化,将数学教育活动渗透在幼儿一日生活之中,包括日常生活活动、游戏活动、专门的课堂学习活动等,都是实施数学教育不可缺少的环节。其中日常生活是幼儿数学教育的主要途径。让幼儿数一数家里有多少人;说一说自己的班级号、鞋子号码、体重、身高,家里的电话号码、门牌号码等与日常生活密切相关的一些数字及其作用;看一看日历,感知月、日的顺序,知道昨天、今天、明天是几月几日,在一日生活中轻松自如地感知数学现象,既可让幼儿获得初步的数学知识,又可逐步提高幼儿解决现实生活中数学问题的能力。可巧妙利用生活环节,有意识、有目的地进行数学教育。在开展数学操作学习活动时,应因地制宜地将现实生活中的环境材料当作数学操作材料。

(1)就地取材,如玩具、点心、瓶盖、废旧盒子等,只要干净、安全都可利用。这些物品是幼儿所喜欢和熟悉的,用它们作为操作材料,能激发幼儿进行数学操作活动的兴趣。

(2)有计划、有目的地创设适当的环境将数、形、序融入其中,帮助幼儿学习数学。使数学教育的内容生活化,强调从幼儿的生活经验和认知水平出发,选择幼儿能理解、感兴趣并密切贴近其生活实际的数学教育内容,从生活中选择具有启蒙性、实用性的数学教育内容。

数学来自生活,最终必然回归生活,用幼儿能理解的数学观点和方法去解决日常生活中的问题,丰富多彩的现实生活能够激发孩子数学学习的兴趣。只有让幼儿感到数学就在我们的生活中,才能引导他们更积极地投入到数学学习之中。因此幼儿数学教育生活化需要教师巧妙抓住一日生活中与数学有关的问题情境,让幼儿在各种活动中感知体验。教师要充分发掘一日活动各个环节中与幼儿生活息息相关的数学教育因素,让幼儿体验到数学不是一门枯燥乏味的学科,而是解决实际问题的工具。

(三)数学教育活动的综合化

整合不是简单地把一个个领域的学习内容相加,也不是在一个活动中拼合几个领域的学习内容,而是从幼儿的真实生活出发,把多个领域、多方面的经验放在一起来考虑。熟悉幼儿的生活,了解幼儿的需求是一切主题学习活动的基本出发点。

数学融入主题以后，不是先立足于数学的教学内容体系然后"打进主题"，而是立足主题的内容与要求去发掘数学教育内容，使数学成为主题学习中不可分割的一个组成部分。在幼儿数学教育中，教师不仅要能准确地把握数学概念的属性，还需要用幼儿容易懂的数学语言表达出来，语言是师幼之间有效沟通的工具，也是数学活动顺利开展的条件之一。在幼儿的数学操作活动中，教师不仅要给幼儿提供操作材料的机会，还要鼓励幼儿在活动中边操作边讲述。动手操作和语言讲述相互依赖，不可分割：一方面通过语言讲述，幼儿可以监控自己的操作行为；另一方面幼儿的语言表达能力也在操作过程中得到发展。数学活动也是训练幼儿倾听能力的好机会，首先是同伴交流中的倾听，还要认真倾听教师的要求。教师的数学语言也要求规范，语言表达要正确、明白、易懂、前后连贯、条理清楚且具有逻辑性等。

在科学探究中运用数学的工具解决问题，数学作为一种认识世界的工具，可以让我们对周围世界的认识更为精确。在科学探究中引导幼儿利用数学工具解决问题，有利于科学教育与数学教育的有机整合，同时也有利于培养幼儿求真、严谨的科学精神，培养幼儿解决问题的能力，以及幼儿数学经验的积累和巩固。在科学活动中，幼儿可以运用归纳、测量、数数等方法形成物体的概念，发现物体之间的数量关系和空间关系，提高其数学应用意识，发展分析问题、解决问题的能力。在科学活动中，幼儿可以通过记录自然界的变化，认识自然现象。教师应鼓励幼儿在记录中借助于数学的方法和形式，并在记录的基础上进行统计。在科学教育的过程中，教师要努力不断提高儿童思考的意识和能力，引导幼儿在科学探究的过程中运用数学工具解决问题，从而真正体现新《纲要》中将数学与科学有机整合的思想，促进幼儿科学能力和数学能力的发展。

在音乐教育中体验数学关系，音乐的乐曲中蕴含着一定的包含关系，即整体包含部分，部分包含于整体，它们之间是从属关系。有些歌曲的歌词也蕴含着一定的数学关系。如歌曲《苹果》的歌词为："树上许多红苹果，一个一个摘下来，我们喜欢吃苹果，多吃苹果身体好。"其中就蕴含了"1"和"许多"的关系。教师还可以在音乐教学中通过适当的引导让幼儿感受到一定的数学关系。如《找朋友》这首歌曲很简单，可以反复唱很多遍，幼儿在音乐游戏的过程中，每唱一遍就交换一次朋友，这样就能充分体现一一对应关系、互换关系。在音乐教育中，可以从多个角度、用多种方式引导幼儿体验数学关系。教师应该对数学关系进行细致、深入的分析，充分利用音乐教育中的显性的数学因素，深入挖掘出音乐教育中的隐性的数学因素，借助外在的表现形式将其有机地融进音乐教育，化抽象的数学关系为具体的活动内容，引导幼儿在生动、活泼、感兴趣的活动中体验数学关系，实现音乐教育与数学教育的有机融合。在舞蹈活动中也可以发展幼儿的空间能力。

在体育活动中渗透数学教育，首先有意识地赋予体育器械一定的数学知识，通过体育活动的形式渗透数学教育。另外，在有高低层次的体育器械材料中也隐含有一定的数学知识。如给幼儿提供的跨跳高度由低到高进行排列，可以丰富幼儿按照一定顺序排列的经验。

以数学内容为中心开展整合性的主题活动，要注意教学内容的选择和设置要符合幼儿的年龄特点。教师首先要明确这些主题中涵盖了哪些数学内容，并根据幼儿的年龄特点进行取舍；同时要兼顾到其他领域的教育内容以促进幼儿的全面发展。应该关注和支持幼儿在主题活动中生成的其他数学活动，将数学内容有机地渗透到一日生活中。

三、关注数学教育活动中的师幼互动关系

师幼互动是影响学前教育质量的一个重要因素，也是关于教师 PCK 的一项重要内容。

关于师幼互动的形式和质量问题是该领域研究的一个重点。关于幼儿数学学习与教育活动中的师幼互动问题也是幼儿数学领域研究的一个重要的取向。近年来在该主题上的研究已经关注到师幼互动的细节性问题,比如教师的提问、教师的观察、教师的评价、教师的数学语言以及教师对材料的取舍策略等问题,很多传统的研究领域中均牵涉到师幼互动的质量问题,因而,该主题应该是幼儿数学学习领域常研常新的话题。

在幼儿园的一日生活中,教师与儿童的关系如何,教师是否具有对话意识和对话精神,是否与儿童保持一种对话的关系状态,都可以在教师与儿童的共同活动中,在教师对儿童的态度中表现出来,在教师对儿童的有意和无意的行为中表现出来。从对话的角度讲,教师是儿童能够获得帮助、指导、合作的资源;儿童及其表现也是教师理解儿童、指导儿童、教育儿童的资源。儿童真实和坦率地表达自己的想法,应该说是对教师的一种帮助,它可以使教师了解儿童之所想。而试图以师道、权威等来压制儿童的行为,只能使儿童的行为、想法向不好的方向转化。

维果茨基指出,儿童与成人的互动给儿童的认知发展提供了关键的条件。这种互动帮助儿童对更为成熟的思维方式和解决问题的策略进行内化。[1] 教育活动是一种对话过程,它表现于教师与儿童在活动中的对话关系。因此,教师与儿童的对话关系本身就是对话教育的体现。教师与儿童的对话关系,是对"以教师为中心"和"以儿童为中心"的一种批判。教师与儿童在活动中的关系是对话关系,主要是指在活动中他们共同参与、相互合作、彼此投入。"对话不仅仅是指二者之间的狭隘的语言的谈话,而且是指双方的'敞开'和'接纳',是对'双方'的倾听,是指双方共同在场、互相吸引、互相包容、共同参与的关系,这种对话更多地是指相互接纳和共同分享,指双方的交互性和精神的互相承领。"[2]

教师在师幼互动中扮演引导的角色,幼儿的主体价值需要教师的引导和指导,教师作为互动的角色是学习的促进者,要提供引导性、支持性、合作性的有效的师生互动。[3] 幼儿在数学学习过程中会遇到困难,教师要采用引导性的语言,给儿童提供支持,帮助儿童找到克服困难的方法,保障幼儿的数学活动顺利进行。教师可以采用示范操作的方式,并通过幼儿感兴趣的话题或者操作材料对幼儿进行鼓励。教师也可以通过讲解式互动、指导式互动、建议式互动、提问式互动等形式,与幼儿进行有效互动。教师要适当设计一些比较开放的问题,引导儿童积极思考,同时要鼓励幼儿向教师提出自己的问题,从而发展幼儿的思维能力。教师在数学活动中可以以某种角色的形式来参与幼儿的活动,并且与幼儿发生互动,通过协商、讨论等形式进行合作,教师为幼儿提供机会,让幼儿能够自主选择。

教师回应幼儿发起的互动时要注意把握回应的时机,当教师发现幼儿在数学操作中遇到困难,而且困难发生的原因是由于幼儿的能力不足,这时教师要及时回应幼儿,并给予幼儿适当的支持和帮助。在这个过程中,教师不要急于对幼儿进行回应,应耐心等待,仔细观察,判断幼儿的需要,找到适当的切入点,并且要善于通过提问,将幼儿的问题抛回给幼儿,让幼儿积极主动地思考。

例如,针对目前数学教育活动中师幼互动存在的种种问题与弊端,有研究提出了一些增

---

[1] Rogoff, B. Apprenticeship in thinking: Cognitive development in social context. New York: Oxford Unversity Press, 1990: 25-42.
[2] 金生鈜. 理解与教育[M]. 教育科学出版社. 1997.
[3] Pianta, R. C. (1999). Enhancing relationships between children and teachers. American Psychological Association.

强师幼互动有效性的方法。研究关注于幼儿教师数学语言对幼儿数学能力发展的重要性，并提出了一些教师使用数学语言的建议与对策。也有研究通过案例研究分析了教师数学语言的外部特征与内部结构。

在师幼互动研究主题中，教师提问是一个重要的研究领域。研究表明，教师提问的目的一般有三种：明确数学任务、澄清数学概念和促进表达与交流。而幼儿园数学教学活动中教师提问多流于形式，数量多，质量低；教师提问偏重数学答案的正确性，忽视提问对幼儿教育性；教师提问数学语言缺乏科学性；教师忠实执行预设，提问时机把握不足；教师对幼儿回答的应答笼统不具体，缺乏实质性平等的对话；教师提问整体上偏易，问题间的逻辑顺序缺乏纵向的深入。那么，如何让教师的"问"发挥最大的教育价值？如何在幼儿"问"中捕捉有价值的教育契机？就是值得研究的主题。

此外，也有研究就幼儿数学操作活动中教师的观察和教师在数学活动中的引导策略进行了研究。有研究探讨了运用表现性评价方法，比如学习故事评价方法，可以帮助教师更好地了解和促进儿童的数学学习与发展的研究。就教师对学习材料的取放问题的研究提出了5条合理呈现学习材料的策略：通过观察和倾听，根据幼儿的已有经验提供学习材料；回应不同层次幼儿的学习要求，充分利用学习材料引导幼儿深入学习；为幼儿学习搭建鹰架，及时增减学习材料以支持幼儿学习；鼓励幼儿进行多维思考，生成学习材料；拓展学习材料，引导幼儿迁移学习经验，以内化知识概念。

四、关注幼儿的数学问题解决能力

问题解决是思维活动最普遍以及最重要的方式，问题解决能力是儿童智慧和创造性的集中体现，能让儿童把学会的知识运用到不熟悉的新的情境中。问题解决的过程是儿童运用分析、综合、抽象、概括、想象的过程，不同于传统意义上的"解题"而是更注重解决问题的过程、策略以及思维方式，是儿童发现、探索、创新的过程。研究认为，问题解决包含问题的定向组织、执行、确认等过程，而每个步骤包含着不同的元认知活动。[①] 数学的解题活动不仅是对目标、材料信息的认定和操作过程，也是积极自觉的定向、控制、检查调节的过程。数学问题解决更是具有创造性的思维活动，数学的问题解决过程中，儿童要通过学习新的知识与原有的数学知识相互作用，以形成新的数学知识。认知、元认知与动机在问题解决中都起着重要的作用。[②] 在儿童问题解决的学习中，不仅要培养他们的操作能力，而且要培养他们在操作前的计划能力，并能有效运用策略来解决问题，而不是盲目操作。学前儿童在很多领域已经具有调节能力，在学前儿童问题解决任务中确实存在着自我调节以及使用策略。仅仅让儿童解决数学问题是不够的，他们还需要理解数学语言，并通过自我质疑监控他们自己的想法。[③]

例如，有研究通过深入教育现场，获取并分析幼儿进行数学问题解决的微观过程的表现及特点。研究表明，5～6岁幼儿数学问题解决过程历经问题感知、问题表征、策略选择和策略执行四个环节。问题表征阶段的质疑和发问更有利于幼儿正确地理解问题。加减法策略

[①] Pugalee D. K. (2001). Writing, Mathematics, and Metacognition: Looking for Connections Through Students' Work in Mathematical Problem Solving. School Science & Mathematics,101(5),236-246.

[②] Mayer, R. E. (1998). Cognitive, Metacognitive, and Motivational Aspects of Problem Solving. Instructional Science,26(1-2),49-63.

[③] Larkin, S. (2010). Metacognition in young children. London: Routledge.

是 5~6 岁幼儿在进行数学问题解决的过程中常用的策略,但面对复杂的问题时,数手指和操作实物的策略有助于幼儿解决问题。儿童的注意力、生活经验、数学知识、分析综合能力、记忆力等因素会影响幼儿的数学问题解决。①

五、关注儿童的数学学习困难

关于幼儿数学学习困难问题的研究是国外近年来研究的一个热点领域。我国对该领域问题的相关研究较少。近年来,我国在该领域的研究有所发展,这是一个新的取向,关于弱势群体儿童的数学学习与发展问题今后应该会逐步得到较多人的关注。当然,此类研究也需逐步走向深入。国外对该主题的研究已经更多从认知机制方面进行深入的探查。

早期儿童的数学学习困难能够影响儿童今后的数学学习。排除了低智商、感统失调或资源缺乏等因素,大约有 6% 的学生被定义为数学学习困难儿童。② 数学学习困难儿童在师幼互动、同伴友谊、家庭环境、父母教育方法、亲子关系等诸多方面有负面经历,而这些经历直接或间接地影响了儿童的数学学习。③

脑与认知科学的研究结果表明,数学认知是一个多成分多系统的复杂认知系统,依赖于一个大范围的皮层支持网络,包括顶叶、额叶与颞叶的部分区域。尤其是顶叶皮层,在数学认知障碍与数学学习中有重要作用。这表明语言与视觉空间能力对数学认知具有非常重要的意义。④

数学学习困难儿童的监控技能较低,同时存在记忆缺失的问题,以及执行过程和归因信念问题,⑤因此影响了对数学事实的提取和数学的问题解决过程,同时在判断和推理上也会出现错误,导致了问题解决的错误。学习困难儿童,往往不能对他们要解决的问题进行判断,也不能计划解决问题要采用的步骤,对采用的问题解决程序也不能进行监控,通常当他们犯错的时候也不能正确判断。⑥

在解决数学问题的策略方面,蒙塔奇发现,学习困难儿童的策略描述多集中在低水平策略(如计算),而不是高水平策略(如表征)上。结果表明,学习困难儿童不是完全缺乏策略性知识,但在根据任务要求选择和使用策略上存在一定问题。⑦ 还有研究表明,社会经济地位也是造成儿童数学学习困难的重要因素。⑧ 而数学焦虑也会影响儿童的数学学习。⑨

对智力正常但数学能力显著低于一般儿童的 5 岁儿童的考察研究发觉,其执行功能水

---

① 丁丽. 5~6 岁幼儿数学问题解决过程的质化研究[D]. 东北师范大学,2011.
② Lyon G R. Learning disabilities. Future of Children,1996,6:54-76.
③ 宋兵. 对一位大班数学学习困难儿童的个案研究. 幼儿教育(教育科学),2011(3):51-56.
④ 董奇,张红川,周新林. 数学认知:脑与认知科学的研究成果及其教育启示. 北京师范大学学报(社会科学版),2005,189(3):40-46.
⑤ Rourke B P. Arithmetic Disabilities, Specific and Otherwise: A Neuropsychological Perspective. Journal of Learning Disabilities,1993,26(4):214-226.
⑥ Lucangeli D, Cornoldi C. Mathematics and Metacognition: What is the Nature of the Relationship?. Mathematical Cognition,1997,3(2):121-139.
⑦ Montague M. The Effects of Cognitive and Metacognitive Strategy Instruction on the Mathematical Problem Solving of Middle School Students with Learning Disabilities. Journal of Learning Disabilities,1992,25(4):230-248.
⑧ Jordan N C, Levine S C. Socioeconomic variation, number competence, and mathematics learning difficulties in young children. Developmental Disabilities Research Reviews,2009,15(1):60-68.
⑨ Vukovic R K, Kieffer M J, Bailey S P, et al. Mathematics anxiety in young children: Concurrent and longitudinal associations with mathematical performance. Contemporary educational psychology,2013,38(1):1-10.

平低下,特别是抑制控制和注意转换能力低下是影响儿童早期数学低分和数学学习困难的重要因素。低水平执行功能在鉴别数学学习困难儿童时可能是一个很有价值的参考因素。①对数学学习困难儿童的干预研究发觉,以数学操作游戏为方法,呈现结果反馈,提高幼儿的觉错能力,是一条提高数学学习困难儿童数学能力的有效途径。②

六、关注数学思维过程

数学是一种思维过程,幼儿期是智力发展的关键时期,数学内在的抽象性、逻辑性、辩证性以及广泛的应用性对发展幼儿的思维具有特殊的价值。学前儿童处于前运算阶段,这个阶段的特征就是思维不可逆,依赖具体的形象,以动作为基础。5岁时,儿童开始对自己的思维以及自己采用的策略进行有意识的控制。

思维是人脑对客观事物进行有意识的反映,所以人脑不但要意识到活动的目标、材料,以及操作这些客观对象的存在,同时也能意识到自己的存在,即意识到自己的思维活动过程,并能进行有意识的调控。从数学的学科特点来看,数学是高度抽象的科学,建立在对具体事物和现象的反省抽象的基础上,因此,数学思维更多是一种反省思维。

数学教学中要注意数学的严密性和内在的逻辑,遵守数学知识的系统性和规律性,而且在系统的数学知识学习的同时,应加强儿童的数学思维训练,要做到集中思维与发散思维的统一、分析思维与直觉思维的统一、顺向思维与逆向思维的统一。强调数学知识的逻辑性,意在挖掘儿童的智力价值;而强调思维训练和思维操作,意在让儿童领悟到某种数学思维和逻辑关系。二者结合,使儿童不断积累数学经验,促进儿童数学思维的发展。③

本章小结

本章主要阐述了学前儿童数学教育研究中的三对基本关系,以及六个方面的研究趋向:三对基本关系是指理论与实践的关系、心理与教育的关系、求实与创新的关系;六个方面的研究主题主要包括:学前儿童数学学习的心理过程与机制,学前数学教育活动的游戏化、生活化和综合化研究,数学教育活动中的师幼互动关系,幼儿的数学问题解决能力,儿童早期的数学学习困难问题,数学思维问题。

思考与练习

1. 就早期儿童数学学习领域的某一个主题进行文献的搜集和整理,尝试写出一篇短小的文献综述。

2. 就早期儿童数学学习领域的某一个主题,在文献研究的基础上,确立自己的研究问题,并写出一个研究计划,尝试进行相应的研究。

---

① 周欣,赵振国,李娟,等.认知因素对儿童早期数学学习困难的影响[J].学前教育研究,2013(11):4-14.
② 李正清,周欣,康丹,等.大班数学学习困难儿童的个案干预研究[J].幼儿教育,2013(8).
③ 林泳海.学前儿童数学教育的发展趋向.山东教育,2001(12):4-6.

参考文献

中文部分：

[1] 阿林·普拉特·普莱瑞.幼儿园科学探究教学——科学、数学与技术的融合[M].霍力岩,等译.北京:教育科学出版社,2009.

[2] 埃德·拉宾诺威克兹.皮亚杰学说入门:思维·学习·教学[M].杭生,译.北京:人民教育出版社,1985.

[3] 常宏.3～6岁儿童平面几何图形组合能力的发展研究[D].上海:华东师范大学硕士学位论文,2009.

[4] 陈帼眉.学前心理学[M].北京:人民教育出版社,2003.

[5] 陈琦,刘德儒.教育心理学[M].北京:高等教育出版社,2005.

[6] 崔小春."说课"断想[J].人民教育,2005(2).

[7] 方贤忠.如何说课[M].上海:华东师范大学出版社,2008.

[8] 高健.幼儿手指直觉与数感发展及其相关研究[D].重庆:西南大学硕士学位论文,2009.

[9] 高隆昌.数学及其认识[M].北京:高等教育出版社,2001.

[10] 河南省新乡市红旗区教育委员会.说课论[M].北京:北京科学技术出版社,1996.

[11] 黄瑾.幼儿园数学教育与活动设计[M].北京:高等教育出版社,2010.

[12] 黄瑾.从"操作中学习"到"社会情境中学习"——学前儿童数学教育观刍议[J].幼儿教育,2002(12).

[13] 黄瑾,章佳颖.4～6岁儿童数学认知中的多元表征研究[J].心理科学,2012(6).

[14] 江苏省教科院幼特教研究所.从理念到行为——《幼儿园教育指导纲要(试行)》行动指南[M].南京:江苏少年儿童出版社,2003.

[15] 李娟.提高教师观察了解儿童数学学习与发展水平的研究[D].上海:华东师范大学博士学位论文,2011.

[16] 梁慧琳.幼儿园数学教育活动设计[M].北京:中国社会出版社,2010.

[17] 林嘉绥,李丹玲.学前儿童数学教育[M].北京:北京师范大学出版社,1994.

[18] 林嘉绥.儿童对部分与整体关系认识发展的实验研究——4～7岁儿童数的组成与分解[J].心理学报,1979.

[19] 林泳海,周葱葱.3.5～6.5岁儿童式样认知发展的实验研究[J].心理学探新,2003(1).

[20] 列乌申娜.学前儿童初步数概念的形成[M].曹莜宁,成有信,朴永馨,译.北京:人民教育出版社,1982.

[21] 刘彦昆.教师如何提高说课艺术[M].长春:吉林大学出版社,2010.

[22] 刘占兰.新《纲要》中的幼儿科学教育.载于教育部基础教育司组织编写《幼儿园教育指导纲要(试行)》解读[M].南京:江苏教育出版社,2002.

[23] 刘焕.4～7岁儿童执行功能与空间图形认知能力的关系研究[D].辽宁师范大学,2013.

[24] 陆敏.多元表征学习在幼儿园数学活动中的应用研究[D].华东师范大学,2013.

[25] 罗莎琳德·查尔斯沃斯.3～8岁儿童的数学经验[M].第5版.北京:人民教育出版社,2007.

[26] 裴新宁.从学习理论的现代发展谈建构主义在科学教学设计中的实践[J].全球教育展望,

2004(7).

[27] 史亚娟.论模式能力及其对儿童数学认知能力发展的影响[J].学前教育研究,2003(Z1).

[28] 斯图尔特·夏皮罗.数学哲学——对数学的思考[M].郝兆宽,杨睿之,译.上海:复旦大学出版社,2009.

[29] 宋兵.焦虑情绪对大班幼儿数学学习及其加工机制的影响[D].华东师范大学,2013.

[30] 王志明,张慧和.幼儿园课程指导丛书·科学(大班)[M].南京:南京师范大学出版社,1997.

[31] 徐苗郎.我的幼儿园数学活动模式[M].上海:上海社会科学院出版社,2004.

[32] 余震球选译.维果茨基教育论著选[M].北京:人民教育出版社,1994.

[33] 袁贵仁.中国教师新百科——幼儿教育卷[M].北京:中国大百科全书出版社,2002.

[34] 张慧和,张俊.幼儿园数学教育[M].北京:人民教育出版社,2004.

[35] 张仁俊.儿童对空间词汇的掌握[J].华东师范大学学报,1985(4).

[36] 张亚杰.5～6岁儿童数学活动中的元认知发展和干预研究[D].华东师范大学,2013.

[37] 章佳颖.4～6岁儿童数学认知中的多元表征研究[D].华东师范大学,2011.

[38] 赵振国.儿童估算发展研究综述[J].学前教育研究,2007(3).

[39] 赵振国.3～6岁儿童数量估算发展的研究[J].心理科学,2008(5).

[40] 赵振国.3～6岁儿童数感发展的研究[J].心理发展与教育,2008(4).

[41] 郑毓信.数学教育哲学[M].成都:四川教育出版社,2001.

[42] 周欣.儿童数概念的早期发展[M].上海:华东师范大学出版社,2004.

[43] 周欣,黄瑾,杨宗华.幼儿园综合课程中的数学教育[M].南京:南京师范大学出版社,2012.

[44] 周欣,赵振国,陈淑华.对儿童的学习与发展的再认识[J].学前教育研究,2009(3).

[45] 朱家雄.幼儿园教育活动设计与实施[M].高等教育出版社,2008.

英文部分:

[1] Afzal Ahmed, Alison Clark-Jeavons, & Adrian Oldknow. (2004). How can teaching aids improve the quality of mathematics education. Educational Studies in Mathematics, 56:313-328.

[2] Baroody, A. J. (1993). Fostering the mathematical learning of young children. In B. Spodek (Ed.), Handbook of Research on the Education of Young Children(pp. 151-175). New York: Macmillan Publishing Company.

[3] Chi, M. T. H., de Leeuw, N., Chiu, M. H., & LaVancher, C. (1994). Eliciting self-explanations improves understanding. Cognitive Science, 18:439-477.

[4] Cooper, R. G. (1984). Early number development: Discovering number space with addition and subtraction. In C. Sophian (Ed.), Origins of Cognitives Skills, the Eignteenth Annual Carnegie Symposium on Cognition (pp. 157-192). Hillsdale, NJ: Lawrence Erlbaum Associates.

[5] Crowley, K., & Siegler, R. S. (1999). Explanation and generalization in young children's strategy learning. Child Development, 70:304-316.

[6] Gallistel, C. R., and Gelman, R. (2005). Mathematical Cognition. In K Holyoak & R. Morrison (Eds) The Cambridge handbook of thinking and reasoning, Cambridge University Press, 23:559-588.

[7] Gelman, R., and Butterworth, B. (2005). Number and language: how are they related? Trends In Cognitive Science, 9:6-10.

[8] Griffin S, Case, R. (1997). Re-thinking the primary school math curriculum: An approach based on cognitive science. Issues in Education, 3(1):1-49.

[9] Kuhn, D., Garcia-Mila, M., Zohar, A., & Andersen, C. (1995). Strategies of knowledge acquisition. Monographs of the Society for Research in Child Development, 60:4.

[10] Leslie, A. M., Gelman, R., Gallistel, C. R. (2008). The generative basis of natural number concepts, Trends in Cognitive Sciences, 12(6):213-218.

[11] Nayfeld, I., Brenneman, K., & Gelman, R. (2012). Science in the classroom: Finding a balance between autonomous exploration and teacher-led instruction in preschool settings. Early Education and Development 22 (6):970-988.

[12] NCTM. (2000). Principles and standards for school mathematics (prekindergarten-2 grade). http://standards.nctm.org/document/appendix/numb.htm

[13] Siegle, R. S. (1996). Emerging minds: The process of change in children's thinking. New York: Oxford University Press.

[14] Siegler, R. S. (1995). How does cognitive change occur: A microgenetic study of number conservation. Cognitive Psychology, 25:225-273.

北京大学出版社
教育出版中心 精品图书

21世纪特殊教育创新教材·理论与基础系列

特殊教育的哲学基础	方俊明 主编	29元
特殊教育的医学基础	张 婷 主编	32元
融合教育导论	雷江华 主编	28元
特殊教育学	雷江华 方俊明 主编	33元
特殊儿童心理学	方俊明 雷江华 主编	31元
特殊教育史	朱宗顺 主编	36元
特殊教育研究方法（第二版）	杜晓新 宋永宁等 主编	39元
特殊教育发展模式	任颂羔 主编	33元
特殊儿童心理与教育	张巧明 杨广学 主编	36元

21世纪特殊教育创新教材·发展与教育系列

书名	编者	价格
视觉障碍儿童的发展与教育	邓 猛 编著	33元
听觉障碍儿童的发展与教育	贺荟中 编著	29元
智力障碍儿童的发展与教育	刘春玲 马红英 编著	32元
学习困难儿童的发展与教育	赵 微 编著	32元
自闭症谱系障碍儿童的发展与教育	周念丽 编著	32元
情绪与行为障碍儿童的发展与教育	李闻戈 编著	32元
超常儿童的发展与教育	苏雪云 张 旭 编著	31元

21世纪特殊教育创新教材·康复与训练系列

书名	编者	价格
特殊儿童应用行为分析	李 芳 李 丹 编著	29元
特殊儿童的游戏治疗	周念丽 编著	30元
特殊儿童的美术治疗	孙 霞 编著	38元
特殊儿童的音乐治疗	胡世红 编著	32元
特殊儿童的心理治疗	杨广学 编著	32元
特殊教育的辅具与康复	蒋建荣 编著	29元
特殊儿童的感觉统合训练	王和平 编著	45元
孤独症儿童课程与教学设计	王 梅 著	37元

自闭谱系障碍儿童早期干预丛书

书名	编者	价格
如何发展自闭谱系障碍儿童的沟通能力	朱晓晨 苏雪云	29.00元
如何理解自闭谱系障碍和早期干预	苏雪云	32.00元
如何发展自闭谱系障碍儿童的社会交往能力	吕 梦 杨广学	33.00元
如何发展自闭谱系障碍儿童的自我照料能力	倪萍萍 周 波	32.00元
如何在游戏中干预自闭谱系障碍儿童	朱 瑞 周念丽	32.00元
如何发展自闭谱系障碍儿童的感知和运动能力	韩文娟 徐芳 王和平	32.00元
如何发展自闭谱系障碍儿童的认知能力	潘前前 杨福义	39.00元
自闭症谱系障碍儿童的发展与教育	周念丽	32.00元
如何通过音乐干预自闭谱系障碍儿童	张正琴	36.00元
如何通过画画干预自闭谱系障碍儿童	张正琴	36.00元
如何运用ACC促进自闭谱系障碍儿童的发展	苏雪云	36.00元
孤独症儿童的关键性技能训练法	李 丹	45.00元
自闭症儿童家长辅导手册	雷江华	35.00元
孤独症儿童课程与教学设计	王 梅	37.00元
融合教育理论反思与本土化探索	邓 猛	58.00元
自闭症谱系障碍儿童团体社交游戏干预	李 芳	39.00元
自闭症谱系障碍儿童家庭支持系统	孙玉梅	36.00元
孤独症儿童游戏与康复	王丽英	39.00元
自闭症谱系障碍儿童的家庭康复	孙玉梅	38.00元

特殊学校教育·康复·职业训练丛书
（黄建行 雷江华 主编）

信息技术在特殊教育中的应用	55.00元
智障学生职业教育模式	36.00元
特殊教育学校学生康复与训练	59.00元
特殊教育学校校本课程开发	45.00元
特殊教育学校特奥运动项目建设	49.00元

21世纪学前教育规划教材

学前教育管理学	王 雯	45元
幼儿园歌曲钢琴伴奏教程	果旭伟	39元
幼儿园舞蹈教学活动设计与指导	董 丽	36元
实用乐理与视唱	代 苗	35元
学前儿童美术教育	冯婉贞	45元
学前儿童科学教育	洪秀敏	36元
学前儿童游戏	范明丽	36元
学前教育研究方法	郑福明	39元

外国学前教育史	郭法奇	36元
学前教育政策与法规	魏 真	36元
学前心理学	涂艳国、蔡 艳	36元
学前现代教育技术	吴忠良	36元
学前教育理论与实践教程	王 维 王维娅 孙 岩	39.00元
学前儿童数学教育	赵振国	39.00元

大学之道丛书

哈佛：谁说了算	[美]理查德·布瑞德利 著	48元
麻省理工学院如何追求卓越	[美]查尔斯·维斯特 著	35元
大学与市场的悖论	[美]罗杰·盖格 著	48元
现代大学及其图新	[美]谢尔顿·罗斯布莱特 著	60元
美国文理学院的兴衰——凯尼恩学院纪实	[美]P.F.克鲁格 著	42元
教育的终结：大学何以放弃了对人生意义的追求	[美]安东尼·T.克龙曼 著	35元
大学的逻辑（第三版）	张维迎 著	38元
我的科大十年（续集）	孔宪铎 著	35元
高等教育理念	[英]罗纳德·巴尼特 著	45元
美国现代大学的崛起	[美]劳伦斯·维赛 著	66元
美国大学时代的学术自由	[美]沃特·梅兹格 著	39元
美国高等教育通史	[美]亚瑟·科恩 著	59元
美国高等教育史	[美]约翰·塞林 著	69元
哈佛通识教育红皮书	哈佛委员会撰	38元
高等教育何以为"高"——牛津导师制教学反思	[英]大卫·帕尔菲曼 著	39元
印度理工学院的精英们	[印度]桑迪潘·德布 著	39元
知识社会中的大学	[英]杰勒德·德兰迪 著	32元
高等教育的未来：浮言、现实与市场风险	[美]弗兰克·纽曼等 著	39元
后现代大学来临？	[英]安东尼·史密斯等 主编	32元
美国大学之魂	[美]乔治·M.马斯登 著	58元
大学理念重审：与纽曼对话	[美]雅罗斯拉夫·帕利坎 著	35元
学术部落及其领地——知识探索与学科文化	[英]托尼·比彻 保罗·特罗勒尔 著	33元
德国古典大学观及其对中国大学的影响	陈洪捷 著	22元
大学校长遴选：理念与实务	黄俊杰 主编	28元
转变中的大学：传统、议题与前景	郭为藩 著	23元
学术资本主义：政治、政策和创业型大学	[美]希拉·斯劳特 拉里·莱斯利 著	36元
什么是世界一流大学	丁学良 著	23元
21世纪的大学	[美]詹姆斯·杜德斯达 著	38元
公司文化中的大学	[美]埃里克·古尔德 著	23元
美国公立大学的未来	[美]詹姆斯·杜德斯达 弗瑞斯·沃马克 著	30元
高等教育公司：营利性大学的崛起	[美]理查德·鲁克 著	24元
东西象牙塔	孔宪铎 著	32元

学术规范与研究方法系列

社会科学研究方法100问	[美]萨子金德 著	38元
如何利用互联网做研究	[爱尔兰]杜恰泰 著	38元
如何为学术刊物撰稿：写作技能与规范（英文影印版）	[英]罗薇娜·莫 编著	26元
如何撰写和发表科技论文（英文影印版）	[美]罗伯特·戴 等著	39元
如何撰写与发表社会科学论文：国际刊物指南	蔡今忠 著	35元
如何查找文献	[英]萨莉拉·姆齐 著	35元
给研究生的学术建议	[英]戈登·鲁格 等著	26元
科技论文写作快速入门	[瑞典]比约·古斯塔维 著	19元
社会科学研究的基本规则（第四版）	[英]朱迪斯·贝尔 著	32元
做好社会研究的10个关键	[英]马丁·丹斯考姆 著	20元
如何写好科研项目申请书	[美]安德鲁·弗里德兰德 等著	28元
教育研究方法：实用指南	[美]乔伊斯·高尔 等著	98元
高等教育研究：进展与方法	[英]马尔科姆·泰特 著	25元
如何成为论文写作高手	华莱士 著	32元
参加国际学术会议必须要做的那些事	华莱士 著	32元
如何成为卓越的博士生	布卢姆 著	32元

21世纪高校职业发展读本

如何成为卓越的大学教师	肯·贝恩 著	32元
给大学新教员的建议	罗伯特·博伊斯 著	35元
如何提高学生学习质量	[英]迈克尔·普洛瑟 等著	35元
学术界的生存智慧	[美]约翰·达利 等主编	35元

给研究生导师的建议（第2版）
　　　　　　　　　　　　　　　[英]萨拉·德拉蒙特 等著 30元

21世纪教师教育系列教材·物理教育系列

中学物理微格教学教程（第二版）
　　　　　　　　　　　张军朋 詹伟琴 王恬 编著 32元
中学物理科学探究学习评价与案例
　　　　　　　　　　　　　张军朋 许桂清 编著 32元

21世纪教育科学系列教材·学科学习心理学系列

数学学习心理学　　　　　孔凡哲 曾峥 编著 29元
语文学习心理学　　　　　　　　李广 主编 29元
化学学习心理学　　　　　　　王后雄 主编 29元

21世纪教育科学系列教材

教育学基础　　　　　　　　　　庞守兴 40元
教育学　　　　　　　　　余文森 王晞 26元
教育心理学　　　　　　　李晓东 赵群 45元
教育心理学概论　　　　　　连榕 罗丽芳 42元
课程与教学论　　　　　　　　　李允 42元
发展心理学　　　　　　　　　李晓东 29元
教师专业发展导论　　　　　　　于胜刚 42元
学校教育概论　　　　　　　　　李清雁 42元
教师心理健康　　　　　郑淑杰 孙静 王丽 32元
家庭教育新论　　　　　　　闫旭蕾 杨萍 39元
教师教育技术——从理论到实践　　王以宁 36元
教师礼仪实务　　　　　　　　　刘霄
现代教育评价教程（第二版）　　　吴钢 45元
中学生学习方法　　　　　　　　宋坤强 42元
中学班级管理　　　　　　　　　张宝生 39元
小学教育学基础　　　　　　张永明 曾碧 42元
小学教育学　　　　　　　　　　田友谊 39元
新理念小学语文教学论　　　　　　易进 39元
新理念小学数学教学论　　　　　刘京莉 38元
小学班级管理　　　　　　张永明 宋彩琴 39元
现代教育技术——信息技术走进新课程　冯玲玉 39元

教师资格认定及师范类毕业生上岗考试辅导教材

教育学　　　　　　　　余文森 王晞 主编 26元
教育心理学概论　　　　　连榕 罗丽芳 主编 42元

21世纪教师教育系列教材·学科教学论系列

新理念化学教学论（第二版）　　王后雄 主编 45元
新理念科学教学论（第二版）　崔鸿 张海珠 主编 36元
新理念生物教学论　　　　崔鸿 郑晓慧 主编 36元
新理念地理教学论（第二版）　　李家清 主编 45元
新理念历史教学论（第二版）　　　杜芳 主编 33元
新理念思想政治（品德）教学论（第二版）
　　　　　　　　　　　　　　胡田庚 主编 36元
新理念信息技术教学论（第二版）　吴军其 主编 32元
新理念数学教学论　　　　　　　冯虹 主编 36元
新理念小学数学教学论　　　　刘京莉 主编 38元
新理念小学语文教学论　　　　　易进 主编 38元

21教师教育系列教材·学科教学技能训练系列

新理念生物教学技能训练（第二版）　崔鸿 33元
新理念思想政治（品德）教学技能训练（第二版）
　　　　　　　　　　　　　　胡田庚 赵海山 29元
新理念地理教学技能训练　　　　李家清 32元
新理念化学教学技能训练　　　　王后雄 28元
新理念数学教学技能训练　　　　王光明 36元

王后雄教师教育系列教材

教育考试的理论与方法　　　王后雄 主编 35元
化学教育测量与评价　　　　王后雄 主编 45元

西方心理学名著译丛

拓扑心理学原理　　　　　[德]库尔德·勒温 32元
系统心理学：绪论　　　　[美]爱德华·铁钦纳 30元
社会心理学导论　　　　　[美]威廉·麦独孤 36元
思维与语言　　　　　　[俄]列夫·维果茨基 30元
人类的学习　　　　　　[美]爱德华·桑代克 30元
基础与应用心理学　　　[德]雨果·闵斯特伯格 36元

格式塔心理学原理	[美]库尔特·考夫卡 75元
动物和人的目的性行为	[美]爱德华·托尔曼 44元
西方心理学史大纲	唐钺 42元

心理学视野中的文学丛书

围城内外——西方经典爱情小说的进化心理学透视	
	熊哲宏 32元
我爱故我在——西方文学大师的爱情与爱情心理学	
	熊哲宏 32元

21世纪教学活动设计案例精选丛书（禹明 主编）

初中语文教学活动设计案例精选	23元
初中数学教学活动设计案例精选	30元
初中科学教学活动设计案例精选	27元
初中历史与社会教学活动设计案例精选	30元
初中英语教学活动设计案例精选	26元
初中思想品德教学活动设计案例精选	20元
中小学音乐教学活动设计案例精选	27元
中小学体育（体育与健康）教学活动设计案例精选	25元
中小学美术教学活动设计案例精选	34元
中小学综合实践活动教学活动设计案例精选	27元
小学语文教学活动设计案例精选	29元
小学数学教学活动设计案例精选	33元
小学科学教学活动设计案例精选	32元
小学英语教学活动设计案例精选	25元
小学品德与生活（社会）教学活动设计案例精选	24元
幼儿教育教学活动设计案例精选	39元

全国高校网络与新媒体专业规划教材

文化产业概论	尹章池 38元
网络文化教程	李文明 39元
网络与新媒体评论	杨娟 38元
数字媒体导论	尹章池 39元
网络新媒体实务	张合斌 39元
网页设计与制作	惠悲荷 39元
突发新闻报道	李军 39元
视听新媒体节目制作	周建青 45元

21世纪教育技术学精品教材（张景中 主编）

教育技术学导论（第二版）	李芒 金林 编著 33元
远程教育原理与技术	王继新 张屹 编著 41元
教学系统设计理论与实践	杨九民 梁林梅 编著 29元
信息技术教学论	雷体南 叶良明 主编 29元
网络教育资源设计与开发	刘清堂 主编 30元
学与教的理论与方式	刘雍潜 32元
信息技术与课程整合（第二版）	
	赵呈领 杨琳 刘清堂 39元
教育技术研究方法	张屹 黄磊 38元
教育技术项目实践	潘克明 32元

21世纪信息传播实验系列教材（徐福荫 黄慕雄 主编）

多媒体软件设计与开发	32元
电视照明·电视音乐音响	26元
播音主持	26元
广告策划与创意	26元

21世纪教师教育系列教材·专业养成系列（赵国栋主编）

微课与慕课设计初级教程	40元
微课与慕课设计高级教程	48元
微课、翻转课堂与慕课实操教程	188元
网络调查研究方法概论（第二版）	49元